日本史籍協會編

# 水戸藩關係文書

東京大學出版會發行

# 水戸藩關係文書第一

## 緒言

一本卷ニハ舊水戸藩ニ關係アル史料ヲ蒐集編次セリ床井親德手記ハ原題秘笈日錄四册秘笈雜錄四册秘笈聞見漫筆一册秘笈筆叢一册秘笈二册秘笈歌詞及詩歌二册ヲ收ム日錄一ハ萬延元年正月朔日ヨリ同年同月十六日ニ至リ勅諚返納ニ關シ幕府ト水戸藩トノ交涉水戸藩內ノ葛藤及ビ長岡屯集ノ徒ノ奮起ノ狀況等ヲ載セ其二（原本二）ハ同年八月四日ヨリ同月廿九日ニ至ル就中德川齊昭ノ發病ヨリ薨去ニ至ル記事ノ如キハ兎角ノ風說アル齊昭ノ薨去ノ眞相ヲ斷

ズベキ好史料ナリ其三(原本二)ハ同年九月朔日ヨリ同月晦日ニ至リ德川慶篤ノ就國同齊昭ノ斂葬長岡勢ノ情實等ヲ記シ其四(原本三)ハ同年十月朔日ヨリ十一月八日ニ至リ雄藩ノ消息幕水間ノ情僞及ビ江水往復等ヲ掲グ共ニ親德ノ日記ナリ

一秘笈雜錄ハ親德ノ蒐輯文書ニシテ其一ハ題シテ秘笈御廟算高松ト云フ安政五年六月德川齊昭ノ幕府ニ呈セシ御廟算伺書ト稱スル意見書及ビ同年十二月十八日水戶藩士高橋愛諸ガ高松藩邸ニ於テ藩主松平賴胤トノ問答書ニシテ高松邸館問答ト題スルモノヲ收メ其二ハ安政六年七月六日尾水兩家一橋越前等處分ノ幕命ニ始マリ松平慶永ノ諭

書鍋島齊正ノ呈書間部詮勝ノ建議安島信茅根泰鵜飼知信以下有志所刑ノ事等ヲ收メ其三ハ安政六年十一月五日島津茂久ノ諭書萬延元年三月三日櫻田一黨ノ老中脇坂安宅ヘ呈書懷中存意書及同年同月水戸藩家老大場景淑ノ德川齊昭ヘノ呈書等ヲ收メ其四ハ櫻田一件ニ關スル問答書安積艮齋ノ熊谷某ニ與フル書及鹽谷宕陰ノ水野忠精ニ呈セル書等ヲ收ム

一秘笈聞見漫筆ハ親德ノ遭遇スル所ニ就キテ所感ヲ錄セシモノニシテ題シテ心之友ト云フ安政五年八月以來天下ノ形勢ト內敕水戸藩ニ降下ニ關シ高橋愛諸等ノ運動ヲ記セルモノナリマタ秘笈筆叢一册アリ文久元年五月嚴原藩主

宗義達ヨリ魯國船渡來ニ付キ幕府ヘノ屆書及ビ水戸藩士東禪寺襲擊一件等ヲ載ス秘笈二册ハ親德文久三年二月藩主德川慶篤ニ隨從シテ上京セシ時ノ日記ニシテ日錄ノ後ヲ承クベキモノナリ秘笈歌詞及詩歌共ニ時事ニ關スル親德ノ詠草及同志ノ詩歌等ヲ錄ス全篇ヲ通覽スルニ本書ハ猶數册アリタルガ如ク思ハルレドモ今自筆原本十四册ヲ存スルノミニシテ他ハ傳ハラズ

一再來紀行ハ水戸藩士鮎澤國維ガ戊午ノ黨獄ニ坐シ豐後佐伯ニ謫セラレ文久二年十二月赦ニ遭ウテ歸藩セシ際ノ日記ナリ

一春雪偉談ハ櫻田十八士ノ一人海後宗親ガ櫻田一擧ニ關ス

ル經歷ヲ手錄セシモノナリ

一下野氏文書ハ水戸藩士下野遠明ノ家ニ存セル往復文書等ヲ蒐集セルモノナリ

一終ニ澁ミ床井弘鮎澤武下野一夫等ノ諸氏ガ此貴重ナル原本ノ謄寫刊行配本ヲ許サレタル厚意ヲ深謝ス猶本書ノ刊行ニ關シテハ高橋諸隨氏ノ斡旋ニ俟ツコト頗ル多シ併セテ之ヲ謝ス

大正五年八月

日本史籍協會

# 床井親德小傳

床井親德通稱ハ庄三晩綠齋ト號ス平藏顯善ノ次子ナリ兄親忠ノ後ヲ紹グ歩士組トナリ小十人組ニ遷ル始メ業ヲ茅根泰ニ受ケ才學アリ家塾ヲ開キテ門人ヲ敎授ス安政戊午己未ノ變ニ同志ノ士ト江戸邸ニ赴キ黨議ヲ陳ベ遂ニ松平賴德ニ從ヒ那珂湊ニ戰フ後忍藩ニ預ケラレ慶應元年四月四日斬ラル年二十八四中ノ詩數多カル中ニ歳晩感慨トイフ題ニテ

我既不能揮長戟。以除姦邪滔天逆。又不能晦跡江湖。一葉輕舟從閑適。五尺小身膽氣豪。此中自存日本魂。日本之魄是天稟。養成實賴祖宗澤。一朝忽處國步艱。難收熱血流脈々。消息盈虛雖有數。至情豈忍安枕席。一封章奏灑肺腑。仗劍南馳十八驛。欲將礫川混々水。淨洗滿城氛塵跡。何圖世途如波瀾。志業忽焉付一擲。萬曆不察東林寃。元祐更削黨人籍。赭衣對薄陳赤誠。幽囚且作他鄉客。故山縹渺知何處。北望唯見浮雲白。富嶽摩天幾百里。滄海捲沙數千尺山是最高水至深。不及我心萬憂迫。回首光陰疾如箭。況復明朝風物革。生平心等毫末酬。二十七年如一夕。愁添寒燈千緒亂。夢伴斷鴻雙涙瀉。何時新恩得歸鄉。飽看花紅與山碧。

以テ其氣魄ノ存スル所ヲ見ルベシ大正四年十一月正五位ヲ贈ラル

# 鮎澤國維小傳

鮎澤國維通稱ハ伊太夫字ハ廉夫水戸ノ藩士ニシテ實ハ高橋諸往ノ次子多一郎愛諸ノ弟ナリ鮎澤正行ノ爲ニ養ハレ天保ノ末其家ヲ繼ギ小十人組トナリ弘道館舍長ヲ兼ヌ夙ニ學ヲ國友尙克ニ受ケ才氣俊敏辯舌流ル丶ガ如シ弘化甲辰ノ變ニハ兄愛諸等ト議シ誓テ國寃ヲ洗雪セント欲シ四方ニ奔走ス却テ奸黨ノ爲メニ忌マレ歩士組ニ左遷シ尋テ職ヲ褫ハレ其家ニ禁錮ス後マタ出ヲ倉奉行寺社奉行役等ヲ歷安政年中勘定奉行ニ進ム戊午ノ秋敕書ノ水戸藩ニ下ルヤ議ヲ上リ速カニ之ヲ列藩ニ廣布セントス支ヘラレテ行ハレズ明年夏幕府大ニ獄ヲ起シ國維亦連及セントス國維其免ルベカラザルヲ慮リ一タビ鄕ニ歸リ永訣ヲ期シテ復江戸ニ抵ル幾バクモナク評定所ニ呼バレ屢々鞫訊ノ後獄ニ下リ罪名未ダ定マラザル內萬延元年ノ春井伊大老刺サレシカバ危クモ死ヲ免ガレ其年十一月豐後佐伯ニ謫セラレ

居ルコト三年赦サレテ國ニ歸リ勘定奉行ニ復シ奥右筆頭取ト爲ル元治甲子ノ難榊原照煦ト南上シテ松平頼德ヲ護シ那珂湊ニ據ル頼德欺カレテ自殺シ武田正生マタ北行スルニ及ビ國維他日ノ恢復ヲ圖ルニ如カズトナシ途中ヨリ身ヲ脱シテ京師ニ走リ大德寺ノ畔ニ匿ル既ニシテ時勢漸ク旋轉シ戊辰正月赦ヲ奉ジ水戸ニ歸リテ郡奉行ト爲リ賊徒ヲ追討シテ奥州白川ニ到ル奸黨市川弘美等間道ヨリ水戸ニ逼リ城殆ド危シト聞キ國維諸隊ヲ督シテ歸リ十月朔日弘道館ニ戰ヒ遂ニ敵ヲ撃チ斥ケシカドモ流丸ニ中リテ斃ル于時年四十五明治三十一年七月從四位ヲ贈ラル

# 海後宗親小傳

海後宗親通稱ハ磋磯之助常陸國那珂郡本米崎村ノ神職大和ノ二男ナリ兄某ノ後ヲ承ケ父ノ職ヲ紹グ年二十家ヲ兄ノ子ニ讓リ水戸ニ出デ上市釜上町ニ寓シ劍砲ノ術ヲ講ズ夙ニ高橋愛諸齋藤一德等ニ交ハリ志節ヲ砥礪シ報效ノ志アリ安政戊午別敕ノ事起ルヤ數〻同志ト共ニ南上シテ敕旨奉行主寃洗雪ノ事ヲ謀ル翌六年六月愛諸及ビ金子敎孝ノ意ヲ受ケテ下總國八幡驛ニ屯ス八月藩主德川齊昭水戸ニ徙サレ永蟄居ノ命アリ幕府敕諚ノ返納ヲ迫ル益〻急ナルニ及ビマタ長岡驛ニ屯シテ之ヲ遮ラントス既ニシテ愛諸敎孝等大老井伊直弼斬除ノ計ヲ畫スルヤ宗親モ亦之ニ與ル萬延元年二月廿一日密ニ家ヲ出デ江戸ニ至リ馬喰町二丁目旅舍井筒屋ニ匿ル上巳ノ擧宗親右翼タリ捷鬬シテ右指ヲ傷ク同志直弼ノ首ヲ擧ゲ四散スルヤ宗親增子誠ト潛行シテ國ニ歸リ那珂郡薩江村神官高野某ノ家ニ隱レマタ奥州ヨ

リ越後ニ入リ諸所ニ跼蹐シテ幕吏ノ追捕ヲ遁ル文久三年藩政漸ク恢復スルニ及ビ始メテ家ニ歸リ姓名ヲ改メテ菊地剛藏ト云フ元治甲子ノ役ニハマタ那珂湊ニ市川弘美等ト戰フ王政維新ノ後職ヲ警視廳ニ奉スルコト數年職ヲ罷メテ故鄕ニ歸リ晩年ヲ養フ明治三十六年五月十八日病漸ク篤シトノ事天聽ニ達スルヤ特旨ヲ以テ從六位ニ叙セラレ翌十九日其家ニ歿ス宗親嘗テ經歷スル所ノ櫻田ノ一擧ヲ記スモノ之ヲ春雪偉談ト云フ

# 下野遠明小傳

下野遠明ハ隼次郎ト稱ス源太遠歷ノ次子ナリ幼ヨリ學ヲ好ミテ藤田東湖ニ師事ス才識超羣東湖太ダ之ヲ器トス又武藝ヲ勵ミ劍術ヲ善クス藩主德川齊昭之ヲ賞シテ白銀ヲ賜フ安政年間別ニ俸祿ヲ賜ハリ歩士組ニ列シ弘道館訓導ヲ兼ネ彰考館ノ編修ヲ掌ル後小十人組郡奉行見習ヲ歷テ大番組ニ進ム安政中内敕ノ事起ルニ及ビ同志ノ士ト共ニ江戸邸ニ赴キ朝旨ヲ奉ジ藩主ノ寃ヲ雪メン事ヲ建議スソノ明年士民等大ニ騷動シ江戸邸ニ推登ルヤ遠明鎭撫ノ命ヲ蒙リ小金松戸ニ行向ヒ説諭シテ歸國セシム遠明夙ニ時勢ヲ憂ヒ匡濟ノ志アリ岳父金子敎孝等ト密ニ相謀ル所アリ内外相應ジ時機ヲ伺ヒ事ヲ擧ント欲シ敎孝ハ國ヲ去リ遠明ハ矢野長道等ト留リテ水戸ニ在リカクテ櫻田ノ一擧ニ井伊直弼ヲ討チシガ敎孝等捕ハレケレバ遠明事ノ未タ爲スベカラザルヲ知リ潛ニ家ヲ出テ所々ニ流寓シ時勢ヲ觀望

ス文久二年ノ夏敕使大原重德ノ東下スルヤ遠明宮本信守等ト共ニ江戸ニ馳到リ外夷掃攘ノ事ヲ建白シ又諸藩憂國ノ士ニ交リ力ヲ戮セ世運ヲ挽回セントス其冬敕使三條實美及ビ一橋慶喜松平慶德等ニ就キマタ意見書ヲ呈スカクテ京師ニ上リ諸公卿ニ見エ策ヲ獻ジ當世ノ急務ヲ論議ス同三年幕府ニ敕命アリ速ニ外夷ヲ拒絕セシム一橋慶喜コレヲ承リ東下スル由聞エシカバ遠明又同志ト共ニ江戸ニ至リ密ニ力ヲツクスト雖幕議因循シテ事決セズ遠明太ク之ヲ憤リ直ニ上京シ其志ヲ達セントスルニ途中俄ニ病起リテ起ツコト能ハズ數旬ヲ經テ漸ク京師ニ到リ奔走ス元治甲子ノ難江戸邸ニ抵リ意見ヲ述ベ松平賴德ヲ護衞シ遂ニ那珂湊ニ據リ山國共昌ト同ジク軍機ヲ司リ奇計ヲ出シテ屢〻敵兵ヲ破ル後武藏岩槻ニ禁錮セラレ翌年四月四日斬ラル年四十三遠明嘗テ脩攘餘論若干ヲ著ハスマタ詩集若干卷アリトイフ大正四年十一月正五位ヲ贈ラル

# 水戸藩關係文書第一目次

## 一　床井親德手記

自萬延紀元正月朔至十六日

# 秘笈日錄

（正月）

# 晚綠齋秘笈

目次

日錄附時事數件

自萬延紀元正月朔至十六日

安政七年庚申正月元日夜明七ッ時比（二日の明七ッ比なり）弘道館御軍用御庫燒失初メ黑き頭巾をかふりなやしけなる者弘道館北門より出つ既にして火起るといふ此庫中に威義公抔之御印書もありしゟ是ハ燒失を免るといふ

學校武庫燒失

一當時政府外路多くハ臆病家之耳目にて　老公をも樣々奉欺しに　太夫人及近臣抔百方力を盡し只今にてハ七分程も御悔悟之よし三隱も近々出現之よし

老公悔悟

一南郭側と合從し頗る　老公を奉欺しに此八々及ひ森亥之等之君に事ふる道を太らぬ事又ハなしき確證抔もなふ見れ　老公も是等より益御悔悟と申事

詐僞發露

二日

一間諜と覺しき者四人程九條卿御使とゟ稱し下町に來りしよし之所探索に逢上町に至りし由搦捕て糺問いなし度事之

間諜

三日

兩執政南上

一去月廿六日太田肥田兩執政南上之所長岡へ出張之人々（是は此度　勅諚御指出し之儀幕府ゟ命あれとも今更空しく勅を指出し候てハ　水國より日本を滅候よて天下之安危國の存亡此一擧よ決候事なるよ廟算も御指出しさ云所へ多分決し候故萬一　勅を持去る者あらは奪取て御城に奉入させて廿日方より出張セしなり）議論を盡し候上十貳人程其後よ添南上セしゟ其内三人昨夜歸り來れり其事を聞よ兩執廿八日夜邸著拜謁して　勅之事を言上セしよ　公其儀ハ安藤委細承知いさし居候事故是へ參り承り候樣との事之依て廿九日兩執へ輿津大夫添て對馬守宅へ參り候所對州過言いふへき樣なく肥執壹人ニて彼是と取合しよ重々之過言故存分よ言切んとセしゟ又思ひ返しよき程よして立歸り其旨　公聽よ達し直樣御暇を賜り歸國セん事を願ひしよ　公指留給ひしとそ　公三藩之地ニ被爲入三十五萬石よ君臨し給ふ御身殊よ　勅諚ハ重大之事なるを兩執政其爲よ南上セしよ其儀ハ安藤ニ承るへしとハ扨々淺間敷御事安藤も三藩の君の臣下よ對し　勅諚之事彼是といふ奴ハ縛り首を刎へし　勅ハ安茅の𢬵物役よ立ず抔ハ決していはれさる口氣　公此事

執政與安藤議論

を聞給ひハ定て御憤怒も被遊へきよ其儀あきハ　公と安藤との間如何ミ譯あるや知れす

安藤過言

可刎義士
無用之勅

一來書畧昨夜南便定て御承知とハ奉存候へ共大肥大夫安藤宅へ被參候所安藤重々過言實よ可惡奸賊と奉存候家中よて働候者ハ　一々首を刎可申候　勅ハ安茅等ミ拵物役よ不立候間早々御納可被成候右ミ御品御國へ參候筈無之　中樣御肥を御離し不被遊事とハ奉存候へ共云々其外難打捨程ミ過言扨々ニ御坐候水國の義氣此上撓候て　君上をして不忠不孝ミ境よ奉陷尙更　神州回復どころよハ無之　水より日本を滅し候罪難遁樣後世よりも謗を取　天朝へ奉對我君臣如何此度ミ所人臣竭節ミ日と奉存候赤鬼京より御呼付夷賊一條嚴重御尋も可被爲在やよて內懷切迫ミ趣ニ御坐候　勅ハ何ても御指出し無之樣人臣竭節ミ日と奉存候ヶ樣危急ニ相成候てハ人心反復を恐れ申候間先つさよ對話腹心ハなら

九重召赤鬼

し兼申候杉久君よ事るの道を取失候段ハ呈書も出申候由三隱も近々と

杉久失臣道

三隱出現

ふり出そふな由ニ御坐候

久世再勤之說不可信　脇坂辭職之說不可信

一來書署兩政下りも先御指留ニも相成候趣ニ承り申候ともかくも六ヶ敷場合ニ相成申候乍去因州公御骨折も御坐候趣何レ次第ニ切迫いたし候間今少々持張申度久世再勤等之沙汰安心不仕候得とも左樣も有之候ハヽ少々ハ見直し可申候併安印之口氣何れニもにくき奴ニ御坐候右ニても安印寄付候と申も扨々御座候脇坂等も五夷之儀ニ就てハあきれ切御免願候趣左も可有之筈ニ御坐候

返勅之不可

一南便ニ水國ニて今更勅を指出し候ハヽ天下之笑物ニ相成候間其御積りニてと邸外よりも申候由

四日

太誠歸國

一太誠執政歸著尤如何之儀ニて云々なるを志らす

五日

公贇奉勅

一太夫人初駟邸ニまし／＼たる時やうく御下向被遊候事故　小石川より

御成被遊様々之御物語共なりし時　勅之事仰出されハ　公其儀ニ於て
ハ決して打捨不申旨被仰しニいやとよおことニ今迄ゝまされし事いく
ふとなき事なれハいかニ被申候とて信しかゝしと被仰ゝれハ　公他の
事ハともなれ　勅之儀ニ於てハ誓て打捨不申ましていか様之事有之と
も指出し候様なる事ハ仕るましと再三被仰し故然らハ其證據を指出すべ
しと被（被ノ下脱字アラン）　公やそひ事ニ候とて御自ら筆を染給ひ其旨御認ニて　太夫人
ニ獻セらる然るニ此度之事到來セしかハ　公　太夫人ニ奉對御不都合
之儀ニて近比ハ　老公之御言葉よりハ　太夫人之命ニ従ひ給ふといふ
只今ニてハ　勅も太夫人御肌を御離不被遊者なる近臣ニ向ひ給ひ人數
なら孫とも　勅ハみつからふか御預り爲參し故假令　老公之命ニもセよ
中納言の請ニもセよ筋道之ともかふぬニ　勅を指出す様なる事ハ得そま
しゝれハ心安く思ふへしと被仰しとそ　大夫人ニてハ此度之事誠ニ重
大之儀ニて今の執政抔ニてハ回復之功中々思ひも不寄金高等之忠（忠一ハ衍字ナラン）忠誠

智畧闔國に比類なき者なれハ此者を引起そ非され〔ハ脱カ〕決して成功ハ難
成とて時々　老公へ仰上られしハ　老公ハ杉久等之一類百方説を勸
勅をハ金高ゟ作し事一國鎮靜セさるハ高金の玄りおし故なとゝ虚説を
以奉欺し故最早一命ニ拘る樣ハ可成も玄れさるハ　太夫人百方御諫言

大夫人賢明

なりしゟハ　老公ハも深悔悟し給ひし之併是ハ何を申も小臣の事國家
之大本を立て押拔ハ執政大臣其人を得るハ非されハ出來ぬ事之とて大
場武田岡田三隱居御登用之思召ハて先日　小石川へも御申立ニ相成歟
之事三隱之事ハ大發中より度々諸方な呈書セしハ　公も御承引被爲在
旣ハ執政な内々諭迄もなりしゟ杉執已ハ便なふさるを以妨をなし今迄
打捨おかれし之

大場欲死於勅

一大場一眞齋いひしハ　勅ハ眼前我御預り申上ーなれハ決して指出へゟ
らす萬々一指出へきハ極らハ最初よりの御預りといひ我亦　勅を奉し
て南上そるハ必定なれハ其節輿中ハて火中し割腹して畢らハ何の難き

事なふん人々　勅ニ心を苦る事なりれといひしと

六日

老公親簡

一去月廿九晦日之比　老公之御手簡　小石川へ被遣し寫しを見しといふ人之咄ニ　威義両公以來代々天朝幕府へ忠誠を盡し候を以畢竟天朝より　勅をも下されしなれハ此度之所置ニよりてハ是迄之忠誠も水之泡と相成可申我等愼中故是迄ハ一言も不申罷在候へ共愈と申時ニ相成候ハヽ一言可申心得ニ候實ニ大切之場合故何分ニも思慮を盡し所置之宜ニ叶ひ候樣可仕云々之御意味之よし是迄ハ邸中も一定之議なく樣々なる議論之所此御書を拜し初メて　老公之思召も相分り人心も今迄とハ違ひ候由

白井執政

一白執政此度之事ニ付周旋セしハ莫大之事　公之少々御悔悟被遊しハ白の功居多之よし然るニ兩執政登り大評定のなりし時病と稱し席ニ臨ます依て物議を來セしとそ晦日の比ニや或人白へ往きしニ月代をもそり

病る様子もなきとの如何之所存にや

尾崎執政
一尾崎執政初メ之比ハさしたる事も聞さりしに近比ハ余程盛にて邸中にても依頼そる様子之全體の生質意地之強き人之よしなれハ何卒其勢にて始終へ押張度併一家之説を立居者共様々之論を入るよしなれハ後々ハいかゝなるへきや

飯田正言
一飯田總藏側用人を勤メし人之一昨年御開達之思召有し時御袖にそかり直言して御勸申上しかとも遂に御開達もなくて過し内去年の夏之比よりして臆病家に引込れし様子なるか流石に人物なる故此度ハ必死之盡力いたすよし右故　幕にても殊の外忌み憚るよし之或人四五人連にて飯田へ行いかなる所存にやなりなん　勅も止む事を不得御返しに相成候なふハ　幕府へ御返しと申も誠に名義に於て如何と存候間可相成ハ　天朝へ御返し申候様仕度といひなれハ飯田色を變しそれハなるたけの御論にや又皆様とても其御思召に御坐候や扨々淺間敷御事之是迄

御國之皆様方を力ニ仕候所其思召ニてハ誠ニ御恃みかひもなき事拙者なと了簡ニてハ　勅をハ決して御指出ニ相成べかふすどの様之事ニても御國を離すまじと一筋ニ存詰罷在候ニ只今之御言葉扨々存外なる儀ニて候と被申けれハ其人赤面して答もなかりしニ内心ニてハ深く感し候由青山先生邸中にあれとも百方術盡いかんともすへき様なく深く飯田之周旋を感し心付し事共ハ飯田へ通し　高聴ニ達するよし

太誠歸國

一太誠執政唯々諾々是といふ事もなく且ハ登りし時も長岡之有志肥執ハ御登り御盡力可被成太執ハ去年御引請被成候得共一廉之儀も無之候へハ此度ハ御登りニハ及まじなといふ事君聴ニ達セしニや兩執南上御國之動靜もしれされハ太誠殿ハ御下りニて御國之方御取計との事ニて下されしよし

南發有志歸國

一二日ニ南上有志（是ハ長岡ゟ登りし十二人之事なり）邸發足歸國す是ハいかゝの譯ニや付添之人之話ニハ執政引請て罷登りしニ跡より付從される様ニてハ引請

之甲斐もなけれハ歸國可仕御歸國なけれハ拙者罷下り候間いかゝとも御盡し可被成と肥執より被諭し故之且間柄同役付添ニて下り之旨を聞とても下るならハとて實ハ三日ニ下るへき所を二日俄ニ下りしよし其下る時存意したゝめし物を大監今井金右衛門へ呈し下りしといふ

福田八郎衛門

一福田八郎衛門と云ハ世々上野ニ住セし者ニて義公御代　幕下之士水野某といふ途中ニて喧嘩出來某甚た難儀ニ及ひし所を八郎衛門先祖（六代之祖なり）通りかゝり二十余人切殺水野を助けしを　義公ニて被聞召御登城御道先へ指出可置旨命セられ依て八郎衛門罷出居しニ屋形まて供いたすへき旨命セられ御歸館之後召セられ我家ニ仕なんやと被仰しニ仰難有ハ候へとも矢張上州ニ罷在某勝手ニ御坐候間上州ニ住居仕いつ何時いか樣之儀歟到來仕候ハゝ身命を捨て御奉公可申上と御答申上しかハ　義公常ニさゝせ給ひし長光之御刀忠吉之御脇指を御手つから給ひしからハ是をしるしニ遺候間永代我家ニ出入可仕と被仰しかハ福田も恩ニ感

激し其後ハ時々屋形ニも出しカ八郎衛門死して其子僅ニ二歳なりし故それよりハ出る事もなかりしニ當八郎衛門舊恩ニ感し東湖先生ニ就て心底上言し以前之如く屋形へも出先年　老公御國へ被爲入し時ハ拜謁もいたしそれ故戊午之國難ニハ手下之者共二百人程引具し龍ケ崎へ出張十八日之間といふ八郎衛門ハ龍ケ崎ニハ七八日居しよしセしカ何事もなく歸國し去年　老公より御親奎を下し給ひしカハ益感激し此後いカ樣之事ならんニハ必一方をハ某ニ可被仰付何卒年來之御恩ニ報し度といひ出し由八郎衛門今年三十九才上杉謙信の遺烈を欽し古の事をしたひ文武ニ長し手下之者貳百人餘何レも鬼の子の如き者共ニて常ニハ博奕追剝を業とし龍ケ崎へ來りし時ハ手下之者皆一尺九寸二尺計の脇指をさし刀をハ帶セす八郎衛門人ニ語りしハ手下之者共何レも無頼之惡物ニて一人二人之人殺さぬ者ハ無之候故腥さき事抔ハ何とも不存固より義理名分抔と申ハ如何之物カ露計もしらす博奕を以渡世いたし候者故某一言ニてハ假令いカ樣

のひか事・あり共皆命を捨申候間某いかなる事か御坐候もどなふにても手下之御指圖被下候ハヽ難有事と奉存候某も先祖以來廿六代上州に住し代官抔のやかましき者ハ追かへし幼少なとにてとの樣にも出來候者を代官といふし置候間是迄年貢を納むると申事もなく世を送り申候次第に面白き世の中に相成申候卅九才ハ英雄の　厄年と申候へハ只今抔死候かも不相知此世に生れ今年抔死し候てハ扨々殘念なりと云てわらひしとそ右ハ對話セし人の咄之

### 大誠一條

一來書畧太田下り云々之儀格別之意味も無之樣承り申候右下り之儀ハ江南御目付方申立太田居留り候樣にてハ御國靜候程不安心依てハ先御下し之方可然と申立候より下りニ相成候との事に承り申候肥田之儀ハ存外居り合も宜敷此砌に至り候てハ　上公にも思召込存之外との事に御坐候併安印にくき奴御同樣殘念奉存候昨夜杉彌も歸宅夜八ッ比參候間得と承り候所太田之儀ハ相違も無之樣承り申候肥田存外都合も宜敷至

極張込居候事も相違なき趣原熊側ニ居委細肥の口氣も委細相分り候と
の事白も引込居候へとも實ニ不快のよし前日之所ハ白も至極よろしく
安印も白ニハ少々やられかけんとの事併安印も白太位之氣力ハ有之候

白安人物の高卑

との事君側内々承り居候趣白之方人物くらへニてハ少々上手ゟと申事
實正之様承り申候尾太夫存外正論ニ押貫居候との趣右ニ杉彌計之咄ニ
も無之五間ニて承候間相違なき事と相見申候

尾崎正論

九日

一來書畧昨日　奥御殿様より大場へ御使被下置候所長岡勢出張居候儀も
　幕へハ大ニ響きニ相成可申ニ付とかく亂妨ヶ間敷事無之様いたし度よ
し御内々御使被下置候趣内々承り申候併先日抔ハ安藤の家來長岡を通
行之折二階より紙をまるめなけ候沙汰尤當りも不致候へとも若き者共
ニてハ殊之外惡口ヶ間敷事抔も難計右様之仕末ニてハ以の外ニ御坐候
得とも穩便ニ出張居候儀ハ隨分宜敷と申事のよし承り申候扨又長岡勢

大夫人患長岡之濫

岡部募金　此言三十所々へ吹聴セし如く長岡にて聞込大に立腹し是迄一文にても三十方貫ひ候事無之さて岡部兩人程持込し沙汰左すれへ全く捗へ物なろ事さむすして可知

兵粮之儀岡部三十郎郷中へ參り才覺いたし長岡へ送り申候由沙汰いたし　老公へ右之趣可然正邪（按るに正邪ハ杉久等之臆病家之事なるべし）之者より御咄し申上候よし此節ハとかく長岡勢兵粮助力をセくり候て右之助力いたし候者を打落し候策のよし右に付てハ今日抔よりハ宿内の明キ家をかり米味噌等自分〳〵より持集め長く持張度者に御坐候様奉存候とかく風説を不受様いたし度候御盡力奉願候

待京師之賀年

一勅之儀も何分にも押張三月迄押張候へハ京師ゟ年頭御使三月中參候節にともかくもと申思召之よし右ニ付ても長勢之儀ハ三月中迄ハ相掛り可申奉存候

老公患全衆之出於金高

一此節長岡兵粮等之儀ニ付金高等より送候樣之儀も有之候てハ兩人之爲に不相成候故何分にも心を付度とて　老公殊之外御配慮有之候よし難有且恐入候事御坐候

一十二人之者此間下りニ相成候所一昨日若年寄衆より達しニ相成引取候

（十二人下向）族も有之又ハ不引取族も有之候よし矢張思ひ〳〵よて至極面白キ事よ御坐候よし

（岩瀨筒井永井水野）（九條公謀廢立未可信）
一來書略　京師之勢極盛之よし舊秋來　幕府之所置付候故諸大夫等歸鄕又々正氣異日よ十倍なるのみならず岩瀨筒井永井水野筑後之輩必至之盡力關東之時情手よ取如く　鳳聽よ入候よし近來ハ九條殿下も（是は舊冬乍恐廢立を謀候との事）御不都合之儀有之參殿も無之よし大原三位（右廢立之謀有之候を見あらはし粟田口青蓮院兩法親王へ一本槍を入候よし兼々承及候よ不違人物と相見申候）の輩有之　紫宸を守衞西州之諸侯ハ薩州毛利等之勢を以推考致候へハ天下實よ挽回之時至り候所故何卒此度ハ御家之御所置御英氣御振ひ被遊候樣仕度所祈御坐候云々

（江南急便但係去冬之事）
書中九條公廢立を謀りし事ハ大老閣老等之策よて舊冬廿四五之比よやありけん江南急便を以て通セし事なりそれハ大老閣老天下之大政を思ふろ儘ニなし（井伊外櫻田よ居る故世の人櫻田將軍といふ）〔ニ脫カ〕ぬるよ異國之要求ハ日增よ重り天下之人民ハ頻り憤怒し殊よ　天朝御英明よ被爲入公卿百司一圖

一昨年來之大意

に回復を謀り
一昨年之事なりし　主上天下之衰運夷狄之强梁を御憂被遊忝くも精進潔齋石清水に御祈請を籠給ひ　神武帝以來三千余年未タ一度も夷狄之辱をうけし事なふす今朕か世に當りかゝる事に及ぬる事誠に殘念至極併天下存亡之係る所なれハ神明之擁護によらそんハいかんそ長久を謀るへき和戰の策神詫に依て　叡斷なふせらるへしとて御手つかふ錢をなけさせ給ふに不思議や戰といふ文字ならせれたれハ主上を始まゐふせ月卿雲客百官諸司おたけひをなしていさみッヽさふハ天下諸侯の心得をとり天下之勢を見めとて幕府へ仰下れしに幕府にてハ專ら和議を主とせられしかハ心得書を取給せし程經て大老閣老等愈和議と決し　天朝へも其趣奏聞し條約をも可結とて閣老堀田備中守上京に決したるに　京師にも關東與力之者なりたれハ内通して財利ヲ貪らんとや思ひたん何某二人（二人さも名をわすれたり）竊に關東へい

ひたるハ　天朝ニてハ諸侯の存意次第ニてともかくも可被遊と先日評定一決セし所なれハ和議御免を願はるゝのみニてハ事の成へしとも思はれす天下諸侯皆和議を主とセらるゝニ　主上いかニ思召立セ給ふともなとか關東ニ從ひ給はさふん此心ニて如何とも謀り給はゝ萬至ニも候らはめと被申しかハさふハとて諸侯の存意をとられしニ和戰樣々なりたれハ閣老等戰を主とセしをハ盡く和議の論ニかきかへ備中守是を持て上　京をそしふりたる　主上ハかくとハ夢ニも忘り給はす三條公はそれと曉り給へとも深き思召之なりたれハ人ニ語り給はす程なく備中守御前へ進出三百年之太平いつとなく天下武道ニうとく武備の心かけもうすく成行候を見すまし異國入津交易を願出候夷人と見かけ候へハ速ニ打拂ひ候ハ祖宗より之法制ニハ候へともいかニせん今戰んとすれハ太平ニ狃て百戰ニ一勝の利も見す戰されハ祖宗之法度ニそむき關東ニても日夜ニ心を勞し候へとも致へき

様もなく一時之權宜止む事を得さる儀にて候へハ一旦交易を許し彼か望に應し其ひまに武備をとゝのへ其上にて打拂候外良策あるへしともおほへすなされ御免を蒙り交易を許さへうもや候と申けれハ　主上被聞召假令太平になれて武事に怠るにもセよ天下之諸侯盡く武事をわすれしにもなるまし又盡く交易を尤とも思ふまし朕ハ　天祖以來之國を辱め關東にてハ東照宮之法度を失ふて天下之存亡にも係る事なれハ一先立歸り諸大名之存意をとりそれを持て又々上京まへしと被仰しかハ備中守此度之願出候ハ誠に殘念之事共にハ御坐候へとも止む事を得さる勢にてケ様も決し候事に御坐候　叡慮迄も候をす既に諸大名之存意をもとり候に何レも和議を主といたし候故とても只今打拂候事ハ難叶候へハ何卒　勅許を得一旦交易を指許し申度とて懐より諸侯之存意を出し是にて候と申てさしおきけれハ　主上御覽セられ驚かセ給ひて世ハかく迄も衰へしか扨々是非もなき事共

なりといたく打嘆かせ給ひし所へ三條公進出それハ皆にせ物にて候と被仰けれハ　主上諸大名之存意なりとて指出せし物をいかなる證據なりてかにせ物とハ申そと被仰しか三條公其證據只今奉入　叡覽候へしとて御前を罷立何某に可尋事なり近ふ参れとめし（何某は前之内通二人之）（一人はヽヽ駿河守さけ覺へし召されし　はヽヽ三位さけヽ侍従さかいひけり）一間なる所にて何某をむつたとにらみやなおのれこそ　朝敵なれ　禁裡の御評議を關東へ内通せしハ我盡くしりつるとハしらさるかなりし事共一々に屹ト申せ一言半句も僞なといひとんに於てハしやつ首打落してくれなんすいかに〳〵と鍔本くつろけ責給ひしに何某おそろしさの餘り内通之事共盡く白状しなされ命たにたすけ給ふハ廣大之御恩にて候とふるへ〳〵申けれハ何某を引立て御前に出給ひ此者關東へ内通いたししり〳〵之旨只今白状仕候是にせの證據にてハ候ハすやと申を被聞召さる事のなりしや甚た奇怪の事共之さハさりなからよしや此者の内通せしにも

セに關東にて其以前に諸大名之存意をとりしもさかるへからす内通セしとてそれを證據とのみハ定かさし是ハいかにと被仰けれハさん候某此者之内通セしを存候てうか〳〵と只今迄見て居申へきや今日の事ならんと存候へハ先日より諸方へ手を廻し諸大名直筆之存意をとり申候所それ〳〵議論も御坐候とて懷中より存意書を取いさされ備中守持參之品にセかまことか是にて　御叡斷可被爲在にて候と御前にさし出されけれハ

主上御逆鱗被遊備中守是ハいかにと被仰しに備中守一言の答もなくそこ〳〵御前を退出すかくて何某をハ押込給ひけるに外之一人ハ駿河守之かいひし人之ハ其事を聞て自害して失ぬ誠に危き事なりけり其後備中守將軍家御養君之事申上しに賢明にて年の長セし人を撰ひて世嗣となし給ふへしと被仰しを玄ほとして備中守下向をそしさりける賢明にて年の長セし君は一橋公より外なかりし之備中守も一橋公を西丸へ御直し之事ハ盡力セし之されと和議を主とせる事ハ

益深かりし此時ニ當て御家門ニハ御家を始メとして尾州家越前家國主ニハ毛利島津仙臺阿波土佐立花宇和島等之諸大名ひとすふ回復を計り　天朝ニ力を盡す者多かりけり越前侯なる時　尾州家へ被爲入ケ様相成候かふハとても只今迄之姿ニて事もくへしとも思召す一橋ニハ賢明ニて天下之心を屬し居る事なれハ大老閣老等の腹ニもいりてとやかくせる内ニ一橋を西丸ニ直し其上ニてこそ回復をもせかふ况と被仰しニ尾州侯これハ心得ぬ事を承り候者かな拙者之論ハそれとハ相違せり只今ニてハ間ニ合申間敷いかんとなれハ只今志を狂て閣老等か腹ニもいりて事をなさんニハ近き内ニ外國と條約を結せるヽニ貴殿ハ共ニ調印も被成候や貴殿之御論是迄ニ至ふさる内なふハ可然只今ニてハ間ニ合ひ申間敷とハ此所ニて候拙者ハケ様相成候てハ天朝へ力を盡し天下之諸侯とも合從して回復を謀るより外ハ無之事と存候と被仰けれハ越前侯扨ハ尾州ニてハおのれ西丸ニ直らんと思

へハこそかくハいふならめと被思しかハまに/\聞給はす幕の腹にむいりて事を成さんに一定仕遂け可申物を（さ脱カ）被仰けるに尾州も更に御承引なかりしかハさらハ以後ハ御論も伺候まし御勝手に可被成とて御退出被成けれハ越前侯ハそれより二三日之内に大老の宅へ被爲入何某之申者ハ貴殿之事彼是之申よからぬ事共ハ皆貴殿へぬり付申候与石なから扱々殘念に存候なさゝ云れしかハ大老怒りて其人を直樣退けしなり何某ハ井伊の腹心にて事を執りし者なりしか名をハわすれぬ宇和島侯を始として尾州家之田宮彌太郎及ひ　御家之諸有志其事を聞両家之和睦を周旋せしに依て程なく又以前の姿にハなりにけるかゝる所に去々年六月の比にやなりけん幕府にて愈假條約を結むるゝと聞へけれハすハこそ國家之大事天下之存亡ニこそあんなれいさや其事を打破んとて尾州家越前家小石川に被爲入　老公　今公御同道にて俄に登營をそし給ひけるかくて御正議建白被遊しかハ松平伊賀守堀田備中守ハ閣老退轉太田道醇間部下總守そ閣老にハなりにける然るに二人も内心ハ備中伊賀抔同意之者なりけれハ俗にいふ虎を拒

此後假條約ハ結ひし之其事を宿継にて京へ御申立に相成し故天下にても幕之軽卒を憤りし之

きて猥を進めし如くなり　併是は跡にて見れはこそかくハなりけれと其時ハそれともしれさりし太田ハ後より回復を計りて退隠しぬ　かくて幾程もならぬに七月の三日にや　將軍家薨去し給ひ是ハ非伊抔のひそかに薬をすゝめしといふ　同しく六日の比五日なりけるか　老公御慎　今公御指扣　尾越ハ御慎御隠居被仰出し御遺命と稱しぬれと閣老等か所為たる事明かなり　將軍家ハ多病の御性質にましましけれハ御蘇生被遊御遺命ありとは誰か信せへきや　同しき中旬の比　天朝より　御家へ　勅諚御下しニ相成鵜飼吉左衛門父子木曾路旅行四日切にて　小石川へ著同しき時幕府へ同し事を被仰下しなりかゝりしかハ是迄ハ暗夜に迷ひし闔國の人士喜ひいさむ事大方ならす　闔國の人民ならんかきりハ　叡慮を枕としてともかくもなるへき物をといさみ立　君上にも御親ら筆を染給ひ事の成否ハ難計といへとも叡慮の趣いつく迄も遵奉仕　宸襟をやすめ不奉しては候へきと御奉答被遊しそなりかたきさらハ　勅諚を天下諸侯へ傳達せへしとて八月の末の比より取かゝり其評議を被為盡既に諸公子へも御相談閣老

等も被爲召其御使をもそれそれに命セられしに大老閣老おの〳〵罪を遁れんとて太田間部等百方　公をあさむき奉り臣子の内にもさゝへ申者なりく其事を遂すなりにたりなむれ此時にふに御傳達になふましかハ所謂迅雷耳を掩ふに暇なふさるといふ古語の如くなふんに其時空しく過しぬれハ今ハ　勅を御返し被遊抔の事いてきて天下にも恥の上に恥をさらす事とハなりぬかくて　主上にハ竊に大藩諸侯に　勅を下し給ひ　水戸家へ　勅を下セし故其旨心[得脱カ]可申とそ命セられたる扨　將軍家かくれさセ給ひ世嗣と定まらセ給ふ君ましまさゝれハ閣老間部下總守上京し宣下をそ請申されたる初メ下總守の上京セし時天下有志之天朝へ忠誠を盡すを憎み所々へ關所を設け往來之人を改め抔したるか猶も諸大夫等堂上方を助け百方周旋せるをさくりて一々に召捕關東へそ（此時の伏見町奉行内藤豐後守之力も多しとそ是ハ間部よりハ氣力もなりしとそ）送りたるかくて金銀を山の如く積おきて内外之人ニ賄たれハ利にや迷ハさ

鷹司殿下の子息なりし人を召捕んさてさまきし事抔も此時　叡聞よ入し之　叡慮ハいつく迄も奉ろさいひなゟらかゝろ亂妨をなしぬれハ彼ゟいふ事決して信そへゟらすさ思召返されしさそ

れゟん將又いろなる心なりや宣下を許し給ふへき旨達て請申されゟれハ　主上よも然らハ請よ可任と思召れゟる三條近衞之人々ハ此事を忘り給ひかくてハ事の成さるのみなふに其後の回復よも己より引込されハ後の力よハなりろしと思召れ俄よ引込給ひゟる　主上ハ此人々をこそ頼ニ思召れゟれハ大よ驚き給ひいろなる事よてろかゝる心よハなりし朕も卿等を頼よしてこそ回復を謀るへきと仰出されゟれハ人々一同よ子細を申出ヶ樣よ候へハかくも存し候と申を聞召扨ハ間部の奸謀よこそごさんなれいろて彼等ろ言よ迷ふへきと思召返させ給ふそなりかしき其明日ハ愈宣下を許し給ふへきよ定りし日なりゟれハ下總守忘すましくりと思ひ諸所（所司カ）代よ就て參内しゟるよ思ひも不寄是迄之事一々御糺問なりゟれハ下總守一言の答よも不及退出す下總守又策をかへ百方宣下を望み達て願申されゟるハ夷狄日增よ驕暴之振舞仕候儀日本之恥辱度々　叡慮も被爲在候所今以一廉も

奉慰　宸襟候事も無之私共不行届ニてかくハ相成候事　天朝ニ奉對誠ニ奉恐入候次第此度　將軍薨逝被致候所右等之儀を以宣下も御免無之ニて候ハヽ　德川家天下ニ顏を向け候事も不相成　叡慮之趣ハ如何程も以來遵奉仕必ず　叡慮を安し申さてハ候へき且是迄之事有司之行屆ゟさるニて　天朝ニても　德川家を御絕し被遊候思召ニハよも候まじ殊ニ世嗣之儀ハ未タ十二才幼少之者ニ罪科ハ有之間敷一門之人々を始內外心を合セ輔翼仕候ハヽ天下之事も相應ニハ出來可申當年も押詰候儀來年元旦ニも戴くへき君なくハ天下ニ對し何等之面目も無之事是迄之事ハ皆我々共之不行屆ニ御坐候へハ宣下御許しニ可相成ニて候ハヽ我々共如何計之罪科被仰付候とも露計も厭ひ不申なそれ宣下をゐニ許し給ふんニ於てハ德川家之面目何事ゟ是ニ過候へきと强て申されれ　天朝ニて德川家を恨候譯ハ無之　叡慮を奉セん上なられ宣下も官位も下し候事申迄もなしと被仰下たるを再三

様々ニ逢て願ひやふやく御許容なりしかハ去々年十二月朔日ニなん宣下をそ下し給ひたる其後ニなりとも幕府益和議を主とし本條約迄も結れし事ニて其前より度々大老を被召とも命を奉せす　三家之君を被召たれとも大老等又不聞夷狄之事度々被仰下候へとも是又御奉答申セし事もなく是ニよりて天下有志之諸侯を始として兼て暴政をうしろめたく思ひ夷狄を悪める者天下を回復せんと思ひてなりたれハ皆百方　天朝へ力を盡し　叡慮を助け奉り天下之形勢關東之所置等事々物々　叡覽ニ入らさるハなく間部等か爲ニ召捕し者共去年之冬或ハ死刑或ハ流罪追放様々ニて（間部上京之節間部を一丸の中ニ打殺さんとセし長州之吉田虎次郎も此時死刑ニ處す）追放ニて歸りし者共　京之最寄ニなりて時情を通し又諸大夫等之幕囚ニ逢ふへき者ハ預メ暇を被遣天下を周遊し形勢人情をさくり一々　京ニ通し天下之回復近きニなりとそ思たれたる

なる（是ノ誤カ）を忌憚り關白九條公なと計り恐多くも仙洞御所之策を廻しぬるニ事

なふせれたれハ　主上逆鱗ましく毛利島津等へ　勅を下され京師を守護をへき旨被仰出それとご（な カ）ふんに　勅諚御返納之事　御家へ被下しといふ併未タ信しゥふし

後宮之内策

一今日夜通し到來去ル六日幕の奥より此方奥へ相運ひ江南奥ゟ其事を御國の奥に通し極内々にて奥御殿様ゟ　勅を奥廻りに爲御登ニ相成候樣といふ事を　九郎公子へ申上しゥハ　公子より直に其事を御通しに相成それより露顯に及ひ　公も御配慮被爲在飯田へ如何樣にゥ扱振もなる間敷やと被仰しに依て白執政へ相談なりしと之是ハ幕にて表向返勅とてハ事六ヶ敷とてかくハ謀りしなりおそるへき事にこそ同し夜通し

杉久南上之命

に杉浦執政久木側用可南上之旨申來る

十日

白執政屏居

一白執政引込しハ安藤より　勅之事頻に催促あり其事に付是非引込されハ都合のなしき事のなりて引込しといふ

青山頭取

一公青山頭取へ　勅諚をはざふさもなく納る樣ニ出來そふな物なるニ國表ニて彼是とさゝへ申候何とゝ手易く爲登候樣ニは出來申間敷やと被仰青山左樣ニ御坐候それは何より易き事ニ御坐候一体弘道館抔御立ニ相成候故人々義と申を呑込候故ニ空しく御納ニては御名義ニかゝはると申ニて御さゝへ申上候事之それ故先學校を御潰しニ相成御碑文抔も御坐候ては矢張人々義を重し候故是をも打こはし候上なふは　勅も易く御納メニも相成可申と申上候よし

可毀學校

密勅

一密勅といふは鵜飼の勅を拜受セし時被爲召口つゝふ被仰出し之是は祕密ニして不容易故なるへしそれを鵜飼心覺の爲鼻紙ニ志るゝ置し物之勅の下りし時より　公は奸邪の言ニ御迷ひ被遊ゟれはニや　老公へも御覽ニ入給ひさるよし去年の暮の比大場大夫風と心付其事を　老公へ申上しニ更ニ御覽のなきとの事故是ニて候とて鵜飼直筆の書を御覽ニ入ゟれは　老公驚き給ひかゝる事のありしや初メて見申さり是をは我

ふ貰ひ申度と被仰大場それハ字をけしたる所抔もなりにくと御分りにも相成申間敷なれハめ直し候て可指上と申けれハ却て直筆こそ望む所なれと被仰則さし上しとそ廿八日　公へ御書簡御遣しに相成可然役人之其御寫しを見たりといふハ此方の事なるへし

大場謁太夫人　一大場殿執政より被呼し故御城へ行しに執政未タ參らさる故其前に太夫人之御前に參り候所太夫人　勅之儀ハ決して心配致すましく政府の論ハ如何に出來候とも其方へ相談不致内ハ決し（て脱カ）指出とも何とも不致候間心配ハ實に無用たるへしと被仰けれハそれなるハ誠に安心仕候最早今日こそ再ひ家に歸られ申間敷と存罷出候に右之儀相伺候てハ何も心配ハ仕り不申とそれより咄之つゝきにて　誠に　前樣へも色々之事申上

金高如老公　候者もあり萬事金孫高橋になすり候にハ困り申候と被仰けれハ左樣に御坐候御國にてハ何事も高金三隱居と申候　幕にてハ何事も　老公老

長岡之動靜　公と申上候矢張それと同し事と存候と申を被聞召尤なりと被仰　太夫

人長岡之事も　幕の響きにありてよきあり併何ゟ榮耀ヶ間敷事にても
有之候てハ誠ニ困り申候命をも捨て國に報せんと存詰候者ゟ榮耀をい
たすにも及ぬ事故どふぞ堅く愼しんて長岡ニ居候樣是のみ心に掛る故
何分にも宜敷樣賴む之と返〳〵被仰それより杉久之一條長岡爲引抔之
御問答もありしゟ是ハ十一日之來書にくわしければ畧しぬ
一來書畧奧廻り云々扨々おそるへき事ニ御坐候早速御運ひ難有奉存候乍
去　奧御殿樣にハ大御丈夫之樣奉伺候一昨夜もカンシ被參極內々之咄
に御坐候所此節ハ　奧御殿樣御側に御指置より　老公にて御仕舞所を
御見付被遊候付是へ入れろと被仰付萬一之節ハ尼子三浦三輪三人之者
共無斷踏込持出し候て不苦候と被仰付右三人之者共必死と心を付居外
にこゐる人ハ無之と申內話に御坐候尤疑心いたし候てハ何事も苦勞に相
成候事ニ御坐候得共先ッ少々ハ安心いたし居候事に御坐候併此度之策
ハ不容易事ニ御坐候早速尼子へ運ひ可申奉存候

十一日

昨日一眞齋殿後宮へ罷出　勅書云々正論申上候事實定て御承知と奉存候久木登りゝ事も御相談御坐候ハヽ私儀去年出府中ゝ心術見拔申候間爲御登ハ御無用ゟ宜敷樣存候　奥御殿樣へも執政不殘へも右申述堂々相引申候長岡鎭撫被仰付候所隱居の身罷出候譯ハ有之間敷御役方ょて鎭撫出來候者も有之候ハヽ御指出し可然とても久木ら爲通ハ仕間敷云々申上候よし四五日前岡新武田へ參り武の申事ょ久木も氣力有之者故愈正論ニ骨折御返納論ょ無之候ハヽ爲登候方宜敷候間一寸御出御論判ょてハ如何との相談ょて直ょ新太郎殿被參候所板橋坐ょあり酒宴ゝ由久曰世上ょて　勅を御返納不宜と申由扨々間違ゝ事之　上公へ御下ヶゝ　勅書　上公ょて御返納被遊あれハそれて可然所臣下ゝ身として御返納一圓不相成と申論ハ　上公ゝ御首へ繩を付候ょ均しく　上公を罪ニ陷り候と申者之と申候付新太殿論判ゝ由久曰ょ長岡ゝ引不申候事ハ

(來書一畧) 久木心術不正

岡久問答 久木心術不正之證

三隱庇長岡

長岡有志死を以久木を防く

杉執愚執政

肥田如板倉

三隱居尻押故益強く相成候由三隱も出さぬゆへ右樣之事をいたし候沙汰之云々新太殿大ニ憤り最早咄も不申候とて刀おつ取歸り申候へハ板橋罷出留申候所踏拂申候由其足ニて武田へ寄云々翌朝板橋大場へ參り種々申譯の由依て昨日ハ武岡大相談ニて罷出大場老大夫堂々押拔ニて御退出之由扨々愉快なる事ニ御坐候久も愈横甚論故　上公ニて御呼被遊御返納之御力ニ被遊度御内含と相見申候長岡勢も死を以ても防切候趣ニ御坐候杉浦登りハ如何ヵ未タ不相分此人も人臣の道取失候愚執政故登り候へハ媚を獻し御返納論を奉助肥田殿落職眼前と奉存候肥田殿忠誠一國人望も有之斯迄ニ仕事押拔候所へ杉爲御登ハ肥田の面をぬを失ひ天草の板倉へ伊豆被遣候如くニ相成へく奉存候原任門弟不殘久木爲登論ニ有之候所久の爲人君の意を逢迎致候事得手の人物ニて出府中君へ仕候情實ニても相分り申候一身の過失なふハ宜候得共君父へ仕の道を取失候重役爲御登ハ一切相成間敷奉存候杉久人臣之道取失候ヶ條

數多有之候間爲登候ハヽ國家を誤候儀眼前と奉存候尚々青山頭取ハ學校打こはしの上ニて御返納可然と申上候よし君側皆々返納之論一の酒泉忰少年確乎として諫言御返納ハ決して不相成との論ニて又々御目通相引居申候由正議のなる所天地感極と奉存候

酒泉正論

一大場執政と問答之時執此度長岡を爲引申度候所御出ニて御引セニハ相成申間敷やと被申候所大曰此儀ハ拙者隱居之身分左樣之所へ罷出候筋も無之候間參り兼候と申されハ執曰それハ何分ニも御賴み申候間何卒御出ニて爲御引ニ仕度大曰成程それ〳〵之役方ニて爲御引ハ可然候御役方ニて長岡の者の首へ縄を付ても爲引可申と申人も有之よし其人を御指出しヵ宜敷候ヰさヵ手も足も有之候へハ引ヱふれて歸ム物てごさろふヵ愈御廟算御指出しなき樣ニ決し候ハヽ爲引候もともか〳〵國家之大事と存死生迄も決し候者を今更爲引候事ニハ參り申間敷と申候所執曰此度某及久木被召候所是ハ如何と問ゟれハ大曰それハ御咄ニ候や御

大場執政問答

相談ニ候や勿論御相談申候然ふれ可申候一体久木ハ去年出府中ヶ様ヶ様之事も有之彼之心中も見抜申候間御相談とならハ為御登ハ決して相成不申と申切しとそ為國家可賀々々後宮ニて申上しも右の如く之

（久木決不可南上）

十二日

一奥右筆龜井宇八郎御國下向是ハ去ル九日安藤參り勅書御返納之儀余り遲々いたし候ハヽ　天朝より又々其御廉ニて御危難ニ及候間一刻も早く御指出し云々之依て江南ニても彼是議論ありしか何レも御返納可然と相成しニ執政壹人押張り愈御返納と御挨拶之上ニて御國騷立候てハ大變を生し候間一應御國へ相談之上といふ事ニなり依て宇八下りし由

（龜井下向）

（宇八ハ因州目白候杯之前ニて命を受下りしと云）

一長岡も榮耀ヶ間敷といふ事　太夫人深く御配慮被遊し故そこらも長岡へ通セしニ長岡ニても榮耀ニひとしき事もなかりしかと尙々愼むへしとて大ニ規則を立酒抔ハ決して不用位ニ定しと之

（長岡約束）

十三日

長岡鎭撫

一參政大森岡田郡宰村田大監　小監　大勢ニて長岡鎭撫ニ行し之今日長岡之所置ニて　勅の不出も久木の登らさるも決せるなれハ大切之場合如何なりしニや後ニ聞ニ此時之人々ニハ參政(大森　岡田)側用人(戸田　大監　長尾)(田丸佐野清富　田佐野四郎)郡宰(村田)市正(里見)及ひ小監兵庫ニハ立花等を始として下監抔大勢引具し來りしニ有志之議論強く側用第一ニ引返し追々引返しニ相成尤呈書指出しそれを以歸りしといふ

一來書畧龜井下向御一卷云々之儀委細被仰下候趣之通りニ小生も承り申候乍去此間中　奥御殿様大盤石之様承知仕候間急々ニ御指出しニハ相成間敷天王御大將も此間中御決心ニて登城云々久木登指留候一条も定て御承知と奉存候實ニ狠大夫存生之内ハ兎つゝニ被取戻レも致間敷奉存候尤右様の幕風精々吹かゝり候かふれ國家之分ケ目神州之滅亡近々ニ可有之苦心仕候武田大場兩大夫必死之勢ニ御坐候間安心仕候肥田大夫も六日安藤へ罷出論判被致廿九日御挨拶承度とセり込申候所安も少

六日廿九日可疑

々困りおまひハ鎮撫掛りゝ内ニ名前見へ申候間早々御下向可被申候所大夫益激論押張申候由ニも相聞申候憲ニ頼母敷大將ニ御坐候今日參政衆長岡鎮撫如何出來候や昨朝板橋武田殿ニ被參長岡靜り不申候ハヽ打候より外無之と申候由武田殿曰ニ何程打候とて靜り引取候者有之間敷及挨拶候由益三隱ヲ政府ニて惡申候由最早天下ゝ大難御家ゝ御至難故人臣人々盡忠ゝ日と奉存候色々御相談も申度云々

十四日

一菊龜一手十七八人正ニ歸り御城ニ出申候所林丁一手小松崎司馬等を先として二三十人是も御城ニ出居是ハ久木爲登を主とせし人々之依て菊龜及二三人ニて其中ニむいり存分議論小松崎始メいひまくられ二三十人不殘下城そこて龜の一手參政衆を呼出しニ岡田出來り則議論ニ及候所大監長尾佐清も參り是ハ久木ゝ一黨之龜等一手得ゟりと是ニ渡り合久木等ゝ罪狀人臣ゝ道を失ひしを殊ゝ外大激ニ論し岡田もはつゟひゟ

ね顏色迄もかゝりしといふ又龜井宇八を大勢ニて御城ニて取圍存分論セしニ龜井如何ニも窮し此上ハ因州公へ嘆願より外無之如何程も御取次可申上と申候由菊龜ゟ杉浦南上ならハ途中ニて詰腹切らセ可申との論小田彥ハ久木等登りならハ神崎ゟ先へハ一寸もやらす必す壹人ニて仕留可申との趣意長岡ニてハ死を以て防留へしとて待かけたり忠憤之氣實ニ金石をもつらぬくへし

十五日

一來書畧長岡ニて大森等諸生へ御達し申候儀有之候間三人位ツヽ追々ニ御詰被成候樣と被申依て諸生三人ツヽいく立ニも罷出候所大森扨今日ハ鎭撫ニ罷出候所　兩公殊之外御配慮被爲在候ニ付御一同御引取ニハ相成申間敷やと被申候由然る所壹人も口を閉返事いたし候者無之由是ハ始メ一同申合ニて始一ト通りハ命を受候計其後存分ニ論し可申との事なりしそ　三四度變り合森五六等三人ニて罷出候所右之通りニて御返事いかゝとセり込候由森等左候ハヽ其節

之儀ハ實ニ不容易儀故引取候事ハ中々以て相成兼申候尤一同相談之上御挨拶と申候追々相濟又々森五罷出一切引取候事ハ不相成旨挨拶ニ及候旨挨拶ニ及候所君の爲と御坐候ハヽ無據と申候由森五ハ二度目の節次の間ニて戸田といふ人ハ叔父之首を切れても何とも思はすよくこヽへ鎮撫ニハ來られし物ぞとつぶやきしを戸田聞て甚しひるみしとそ然るニ森五戸田ニ別間ニて御目ニ懸り度といひし故（是は戸田のよからぬ口を聞し故指殺さんこ思ひしゆへこそ）其夜人より先ニ返り其外之役人こそ〳〵と引取皆々門前へ馬駕籠乘捨直ニ登城十四日夜四ツ時比退散之由ニ御坐候

一幕府ニて池田播州を以て因州侯へ申上しハ去年中　天朝より　勅書御下ケニ相成居候一昨年　水戸家へ御下ケ之　勅書と御引替ニ相成候事故何分ニも御周旋水戸家之御爲少しも早く御返納ニ相成候樣との事なりとそ

一粟田口青蓮院宮樣永御蟄居被仰出しと之尤飛鳥井等を始として其外な

りといふ未知

一他藩ニては此度之事水國ニては四方や御返納ハ致まし御返納ニなれハ別藩へ　勅を御下ヶニ相成水國ハ其爲ニ滅亡仕るなれハ此度こそ二ッ一ッ之時なりといひ居るよし

一久木のいひしハ此度　勅さへ御返納申セハ決して後日何等之御危難もなきといふハ屹度受合可申といひしと原任人ニ語りしといふ或人杉浦ニ往きしニ次の間ニて杉の人ニ語るを聞ニとふセこしらへ物か何ぶかこれなれ　勅諚て見れハ少しも早く納ム方かよかろふといひしとそかゝる人の國政を取行世なれハ大計の不宜も尤なり久木之言ハ三ッ子ニても久か　幕府へ内通セしといふハこるへきこ且又久　幕へ取入て有志打を目論しといふ何とも側るへかぶす

一龜井宇八郎十四日夕出立長岡泊り有志と再三之議論十五日八ッ時比長岡出立

十六日

一肥田大夫四日安藤へ行しよし（興津も行しといふ）安云早々罷下り御返納被致候様と申よ肥何程申諭候ても我々力よハ及ひ不申却て貴殿御下向御取靜被成候ハヽ無事よ參候も難計安曰とよかく十日の暇よて罷下り鎮靜可被致といひしよ肥貴殿より御覧なされ候てハ十日位よて過分とも思召候へとも水國之儀ハ十日廿日位よてハ相諭兼申候段々議論　勅御返納之儀ハ私よ於てハ決して御返納ニ相成兼申候といふを聞　君公よて御返納御申切被成候を臣下之身として彼是と申候ハ甚不忠之振舞之と立腹セし由安ハ頻りよ然ふハ往來之外十日抔と切目を付申候へ共我々共よてハ中々十日廿日ニてハ諭候事不相成何卒貴殿御下向御申諭被下候様仕度と押張りしとそ

九郎公子

公子之御賢明世之景慕する所之されと所謂盛名ハ世ニ忌るヽ姿殊ニ人君

ハ尤猜忌之念深き習ひニや　公殊ニ忌給ひ初歸邸之時　九郎公子ハ御國ニ御下し申上　老公御側ニ御置なされ候てハ如何と申上しニ　公聞し召九郎を國ニ下さハ國の天狗等ら是を大將として如何樣我ニ抗セんも得知れす先此方ニ置ける方可然とそ思召　公子も其情を察し給ひ萬事深く愼ミ給ひしニ去年ニやなりけん　公之妾を　公子ニ賜りしニ公子辭し給ひ思召ハ難有候へ共此先いつ迄ともなく　御兄樣之御厄介ニ相成申候も不知身分ニて右之賜物さへも拜受仕候てハ益恐入申候間云々辭し給ひ　公ニも御快を被思召しニ去年　勅諚御返納御沙汰之時　公　公子ニ如何を へきと被遊しニ　公之思召是非御返納之御含故　公子も此度之事　勅命を以て御返納被仰出候上ハ不得巳候間御返納より外有之間敷と被遊し故公も扨こそ九郎も我と同論之上ハ此後相談相手ニもなると御喜ひ被遊けるら　公子ハ御返納な外ハ無御坐候得共何を申も重大之義　御父樣ハ勿論御家中へも御懸ケニて居り合宜敷被遊候樣御工風不被爲在候てハ如何樣

之事ニ可及も難計云々被遊けれハ　公も尤と思召御國へ御懸ケ被遊しよ
御國之正氣一時ニ憤發し追々南上之人もあり御國中沸湯之如くなれハ
公子則御返納ハ不得已儀ニ候得とも右様御國元不居り合之所御納ニ相成
候ハヽ如何相成可申や先此度ハ如何様とも御猶豫御願被遊候方可然歟と
申上しかハ　公聞給ひて扨こそ九郎之心中斯もありけるよと御疑心忽ち
昔ニ戻り激論有志と内々相應し居るなるへしと被思召御都合も頗りニ不
宜　公子も益御晦迹被遊候よし可歎々々

久世内藤

關宿侯再ひ閣老ニ任してより天下之事を憂勞せる事至誠より發セり任職
以來今以私室ニ臥さヽるよし好色ハ人ハ（のカ）欲せる所なれともそれさへ痛く
絶切内室と寢を共ニセさる事感ニ不堪事之我藩ノ有志關宿の臣と相知る
者ありて國家之事抔何となく聞ふりしニ其人答て云寡君任職以來別して
天下ニ力を盡し居候なれハ凡天下之爲とさへ申候得ハ如何なる事も骨折

候積り候獨り御藩之事ニ限りたる譯ニてハ無之候と答しとそされと　幕府之政も大ニ乱れ元老天誅ニ伏し後とても其餘類内外ニ布列し窮鼠之勢牢乎として難抜頻りニそめ合候由閣老久世之同心ニて正しき人とてハ脇坂内藤なれとも内藤ハ近比餘類ニ引込るゝ勢なりとそ是ハ内藤ハ子なくして内藤豊後守の子を養子とせしニ豊州ハ死したれ共尾張家之竹腰兵部少輔（尾州家ヲ掌握せんとする奸賊也）豊州之女を妻としたる故其ゆかりを以て説を入られしといふ風聞とかく餘類ニ巻込るゝ勢なりといふ

外山公挫閣老

安藤對馬守如何なる事ニてか外山公ニ參りしニ　公宣く我一昨年愼隱居被仰付候以來天下之事少しも耳ニ不入殊ニ一昨年ハ一橋水戸越前も我等同様嚴重被仰出候儀如何之罪科ニ可有之や且又我等とても我なかふ何罪狀ニてケ様と申事少しも身ニ覺へ無之其方閣老ニも有之候上ハ我等始メ之罪科ハ委細承知之事ニ可有之不包承り申度と被仰られハ安藤一言之い

なへも不申上そこ〳〵ニ退出セしとそ

薩州長州

當今天下之危急累卵ニ甚しく

明天子深く　宸襟ヲ被悩回復ヲ御計被遊る時節なれハ凡　神州ニ生れな

なん者貴賤となく　叡慮ヲ助参なセ　天恩ニ報する者多き中ニ大國ニ割

據し義氣堂々なる者ハ薩長二國抔天下之巨擘といふへし長州ニて軍政を

修するを聞しニ初三月三日大老道路ニて討なりと聞扨ハ天下之乱近ニ在

とて同く四日衆議之上先兵粮を用意すへしとて同く五日江戸中を打廻り

五万俵程買入其内三万俵を本所なる倉廩ニ藏め殘る二万俵を屋敷へ儲へ

江戸ハ人家も多く自然火難も頻りなれハ此上ハ江戸近所ニ儲へへ（マヽ）しとて

江戸を去ル事六七里墨江之上流ニ於て（地・名なれハわすれぬ）豪富なる者を呼出し家之

印章を與へ（御用町人抔之類なり）穀を買入且儲へさしむ併それ計ニてハ其者之利得

も薄かるへしとて長州鹽を大坂ニ運送し是を以利を得る様之仕組ニなし

是ニて兵粮ニハ事欠へからす此上ハ民兵を組立へしと先大凡領中之人數を計るニ男女共ニ合セて百万人（ハ歟）なるへし其中女を半分と見ても五十万ハなるへし五十万之中老人子供を二十万と見る時ハ精兵三十万を得へしかゝる世となりてハ自國之守備ハ勿論　京大坂如何なる事なからんも測るへからす將又江戸も主人參勤もなす事なれハ是又備へすんハなるへからす依て右之三十万を分て六ッとなセハ一手五万人ッゝなり六隊合セて三十万人豫め先後之序を立置一旦如何樣之事變到來すとも事欠さる樣可致と評議一決當時も其事ニ懸り居るよし是皆三月三日之一条を聞四日ニ直ニ右之評議ニ至りしことそ此一事を見ても其余之事察すへし國家老毛利筑前參政周布政之介抔必死周旋之よし乍去先達て長州有志　主君を勸メ歸國前天下諸侯と申合セ一封之書を呈し候上ニて御歸國云々達て願れしニ侯も嫌疑を避しニや終ニ決斷なく有志も大ニ嘆息セし由薩州之盛なるも是又人の知る所客冬侯之直筆を一見しても可知乍去島津豊後奸を察し

なりぶ是を討事ならざわすとかくて愈明日吹出へしと内幕も定り諸有志何レも手を拍て慶ひしゟ如何なしけん斯迄極りし事の俄ニ又止メニなりし由依て有志大ニ力を落したりとそ奸賊を處置せんニハ決斷セし上ハ神速ニ刑を行ふへしとても打事なぶす半途ニして止るなぶハ初より不打ゟよし虎狼ニ手涎を少し爲負たるゟ如く其害をなす事是迄ニ百倍まれハなり是を以て見れハ如何ニ盛の國なりとも万事盛擧のみハなき者と見へたり
大嗚（嘆カ）大息

萬延紀元庚申八月

# 秘笈日録

一

# 晩綠齋秘笈

目次

日錄之一

萬延紀元庚申八月

萬延紀元庚申八月四日陰雨

一大久保隅州未タ上京セす尤去月廿日時服等拜賜御暇も出たる由然るよ只今迄遷延如何ゝ譯なりや隅州ゝ下著ハ六月晦なりそれより幾程もなく黑田侯を召れ

侯ハ關西有志ゝ君百方　叡慮を助け參らせし事抔　幕府よ聞え依て奉書を付し者之と云江戸ゝ家老ハ此度ハ矢張參府ゝ方可然ゝ論之とそ

又幕府ゝ老女姉ゝ小路なる者を以て上京セしめ去月十八日出出ゝ風說是ハ五萬金を以　京を繕ひ期月を延さんとする策なるよしゝ所是も出立セす又隅州へ陰よ出入する者なるを恐人を付置用心きひとす由是等ゝ所都て　勅意を謹奉するよならさる心事ハ可知之大久保遷延ゝ風說紛々なれ共先ツ一說ハ此間中海道筋大風雨河水皆溢依て遷延セしといひ

「出出」マヽ、出立カ

井伊家之屆ニハ七月朔日ゟ同十一日迄大風雨田畑ハ言もさら之人民之死傷も不少云々之よし

或ハ閣老ニ上京答謝之人なき故といひ本多濃州を上京セしめんとすれ共とかく不往工風のみニて未タ決セすといふ風聞

或ハ隅州上途セんとすれとも　幕之議曖昧ニて我是等を以て復命する事ハ出來ぬとて發途セすともいふ

按するニ隅州安政元年禁裡付となり其後千變萬化之時ニ處し一言一行漠然として聞事なし此言を發セりといふも如何

とにかく隅州上途之譯ハ不知れとも　幕も當節ハ大ニ弱り先只今之姿ニてハ　勅意十ヶ条ならハ五ヶ条も遵奉し一旦之御申譯ゟ外なるまし抔位ニハ切付居るよし或ハ閣老ハ左程なしからねとも井伊抔と同意セし姦邪も　幕廷ニ充滿セる故事も果敢取すともいふ

安藤對州も弱りたる抔之風聞もなれとも脇坂ハ引込居久世も微力ニて決斷も甲斐なきのみならす姦邪之臣中外ニ布列し何程歟勢も變化せるなるへし

されと親藩御氷解位之論ハ所々より起れり

一近比之事なりし溜詰大名一同ゟ呈書せしハヶ樣之時節ニ至り内地如此之勢なるハ誠ニ危き事ニ當今之急務内を實する事肝要なるニ御三家御三卿今以御愼みと申樣ニてハ無致方故少しも早御開明云々之よし

一御家之御名聲日増ニ御盛　京師も江戸もおしなへて稱慕し下ハ車引之如き者迄も休みなかりふも　水戸てなけれハいりぬといふ樣ニ成たるとこされハ幕下之士も彼是周旋する者不少といふ

一說ニ隅州上京之時ハ御挨拶何と歟不被遊候てハ不相成御氷解抔も當時　幕廷ニ議論も起り居る所なれハ愈隅州上途　京著ニなるへき比ニハ必御氷解も吹出へしとそ

まして是迄志を抱き時を待て居ふりし者ハ元よりいふ迄もなき事なるへし近比ニなりてハ去年中井伊の跋扈せる時ハ水國之士之交りを斷りし者も御家之事ニ就て周旋も仕度候間折々ハ御光駕云々却て彼な交を求る勢ニなりふるといふ作去右之如く順風ニ乘するハ我ニ在てハ不堪喜事なれ共彼姦邪ニ在てハ生死浮沈之係る所ニて必至之力を盡し正議之害をなさハ必然之勢今そ却て天下之分ヶ目國家ニ報ゆる時節今をもてヽいつの日を可待そや考ふるニ戊午之難以來財用甚窮空しく志を抱て成るを待胸中之鬱勃果して如何そや

五日陰雨暮ニ至て風起

一石幹陰險憎むニ不堪事之其大意をいはんニ彼元より忠義之士を忌陰謀密計不少といふ當時ハ學校も不盛して文武合せて貳百人ニ不足と云總数も大ニ憂るよし石河依て策を進め先一國ニ達を出し文武出精可致不精之者ハ屹ト御沙汰云々之旨令し扱達ふりとて不精するハ必定なれハ

鈴木諸生に勸て學校ニ不出樣ニなす抔と虛說も起せり

其時ハ嚴重之御沙汰有之學校を一洗濯せへしといふ是ハ少壯有志之士も此大危難なれハ今更文武せるにも何となく不落付又彼是奔走抔もあり畏縮諸生よりハ不精之者多きを以て網を國中に張て少壯之有志を一打に打盡し合セて其指南〳〵へも及さんとせる策也又鈴木助敎ハ忠純之士也位石河之上に在るを以て殊に是を邪魔とし先日野隼史館を離れし時石河策を出し史館せた不勤を以て御免になりたる程之者を今又風敎之地に置ハ學校ハ所謂はきためといふ者なるへしといひ立しに豐田も野隼を異論なりとて惜み政府へ建白セし事もあり政府ハ元より姦邪之巢窟之如くなれハ終に學校迄をも離したりとそ石河之此論を立しハ獨野隼を惜みたるのみなたに鈴木之我上に在るを打落さんとての策也淺川訓導も石河に同意し共に鈴木を打んとす名敎之地無恥無義あけて可嘆や石河又一日南郡宰に往き野島之元締ハ金祿之使ひし者なれハ當今抔用候ては決して不相成如何之心得抔と激論に論セしよし

一無念流當時指南なし小川留抔ハ人物といひ藝といひ是ヲこそ指南にもせへきを政府にてハ己と異論なるを以菊池鑑藏を江戸ゟ呼下し指南となすへき心頻りニといふ菊池ハ二君に仕たる者且ハ菊池一家之榮利當今無比菊池家に非されハ益に立ぬといふもよく〳〵人物のなきと見へたり都て當時政事之偏頗己か黨類を汲引して祿位之安存を計る事元より言に不足併いもゝ政事ハ人さへ替れハ又致方なきにもあるましけれとも敎を以て少年之士を誘き報國之者を他に移さしむるハ其害如何にして可なるへき嘆息〳〵

當時抔御解になりてハ實に不容易或ハ今ハ少し早し抔いふ人もあるよし人臣たる者聞に忍ひさる事ニ

一横甚久世へ行きて國之悪を誣て中立しに（有志之害をなし長岡勢の無法等なるへし）久世いやそれハ此方にも疾に分り候事有之伺候にも不及と突離されたるよし

一林丁抔之所々遊説或ハ失策抔之ありしを日定聞て岡田之長作を信し肥

田の原を信せる如き其信する人を心も不知者が行て説ふりとて我言よ従ひんや併余をして説しめハ七八日之内よハ信を移して見せへしといひしとそ

一昨夕夜通到來政府よて深秘す

一此夜有志南發大高彦次郎安金之介鈴木秀太郎齋藤新七（右御先手同心）田邊貞介（三木氏用達）等之如何之譯よて發せるを不知大高の同志へ書を遺せしハ兼々御申合申候し通切迫之余出發云々計之尤日比大久保へ嘆願又横濱斬夷之論なりし由當今之勢よてハ得失不可測

一大久保隅州ハ殊之外水國之事情を詳悉よ知度思ふ由之隅州幕おみふる事もなきとそ可感

一昨夜出發之前出發之人もなりし由併是ハ未タ突留す姓名ハ園部敏雄（醫者）岡崎市太郎（御持同心）柴田市之介（御先手同心）與野眞之介（北郡吏）等なりといふ是ハ三日方出發之外ニ片澤秀藏も出（是ハ先日東海にて失策なりし人之）

六日陰雨此日釋奠

一原任當時罪を蒙ふんとする事益急なり是ハ先年秋山長太郎之娘を妻とセんとし願迄も濟さりしゟ國難ヿ奔走し嫁娶ニ暇なくてなりし内ヿ秋山之塾生と密會し已懐妊之身となりし由且其時塾生下町ヿて藥を買なる者の妻へ託し娘ヿ送りし事且其節口留金と號し金を貰ひし事抔之確證もなり眼前妊身之事なれハ縁を絶政府ヿても其通聞濟さりしヿ近比惡説を起し秋山娘實孕めるヿなふす原秋山と異論なれハ是ゟ妻を迎ふる事やなると激仲間ヿて原ヿ説を入失行もなき者を不縁ヿしさるハ一ッハ己と異論なるをにくみ且ハ會澤惣教之孫なれハ合セて會澤ヿ迄恥を與んとの企なりといひふらし此事を會澤青山豊田を初とし百方周旋原を折んとす學校ヿてハ鈴木助教只壹人正議を持原を救ふよし原ハ既ヿ秋山を不縁し政府へも届さる上なれハ松本平左衛門之女を娶る約諾ヿて双方ゟ願を指出し置さる所御故障之筋ありとて不濟よし政府監府

其虚實ハ承知なるへけれとも如何判談せるや否壹人を誣ゆるとも一國を惑す事ハ出來間敷なり

一此夜谷彌ニ行飲酒深更家ニ歸

七日陰雨

一大久保隅州へハ他藩有志ゟも手を入本藩ゟも彼是周旋戊午之難以來所々ニて割腹　勅諚之趣向一國之精神且ハ嘆願書迄も大久保之手ニ入レさるよし

一初武田大夫南上之時邸外有志來りて長岡有志之呈書を得度由懇願ニ及とも太夫承引せす三度ニ至て已む事を不得寫を遺しさりしニ今ハ幕府監府ニ其下書廻り居拟も長岡出張暴發之譯ニハなく至情不得已所より起りしことて大ニ感し居る由先達より横甚等を始として有志をなし樣ニ申立さる中ニも長岡ハ別して甚しかりしか此下書ニて少しハ寃を晴ぶしさるなるへし

一四日之夜通しハ二ヶ条ニて其一ツハ武田へ御書を下されし之といふ又
一說ニ溫恭公御法事之夜通之といふ御法事八日之
八日晴
一大久保隅州去月廿九日江戸出立木曾路旅行　（朱書）姉小路も同日出立是ハ東
海道之
一「姉小路上京去月十八日出立之說なりしヵ遷延して今月十三日方出立之
よし是ニて京をはくらひ其跡ゟ閣老ニて上京之含あるへし京ニも關白
ハ今以出仕之よし」
一祐宮と奉申ハ大納言中山公之女之御所生ニて當時御幼稚ニ被爲入しヵ
と聰明絕倫御年齡とハ大きニ御相違宮中へハ馬を入る事不出來ハ犬抔
を淸淨ニして馬の稽古を被遊抔二三年以前ニも奉伺しヵ此度之　叡慮
ニ當九月方親王ニ冊し奉り當年之內ニ立太子之思召ニて九條公を以て
所司代ゟ　關東御懸被遊しニ何等御故障も無之都而御內意次第と申儀

閣老連名にて御請申上則來月ハ立太子之儀行るへきとの中山公ハ賢明之君なれハ彼といひ是といひ可賀之至りなれとも　皇后にてハ無之(皇后)(ハ九條公之女皇子なし)併正しく　當今之皇子しましましせハそれもよろしけれと七八年以前ゟ之時勢を深く御憂慮被爲在候餘　祖宗へ之御申譯に萬一仙洞之思召もはふせふれなハ水戸家之　天朝に奉對如何樣にても御申譯ハ無之のみなふす天下之回復終天見るへかふす天下不幸之大不幸なれハ流石に左程之思召にハ被爲在間敷とハいへ如何之宸慮なりや　京之事情聞まほし

一去月廿一日獨逸國入津幕ゟも應接セしに其驕暴甚敷舟中にて應接ハ得すましきそとて直に東禪寺ニ入應接幕にても定めて開港許容なりしなるへし然るに又其後孛漏生渡來其驕暴又前之如し且彼之所言五夷に比すれ(ハ脱カ)又一層之暴を増セりといふ去月廿九日內藤對州宅にて應接なりしに彼ハ先初に江戸に商館を立條約ハゆる〳〵可結といひ對州ハ條約を

結ての後に開港を許すへしといふ條約を結ふといふハ五夷之時迄ハ憚りて容易に許さじとせしか今ハ初に條約して商館を建度とわぶるハいかに末世なれハとて長嘆〳〵（品川にてハ發砲せさる日なしといふ）

一江戸ハ窮困いふ計なし大町人といはるゝ者ハ其日〳〵之暮しのみを本とし來年を考へすまして裡店小店之者抔ハ食事さへもろくにハ出來す僅に露命を繋くのみ是皆交易之爲之とて萬口一聲水戸水戸とて我　老公之出現を待ぬ者なし別して旗本等ハ近比一体に水戸〳〵と景慕し奉り近比に至りてハ武藝も追々盛になりしよし當時物價之騰貴世上一体にて人民之困む者不大方江戸之價を記す茄子十にて百四五十文一ッにて三十貳文位もなりといふ米百文にて四合五勺油壹合百文味噌百文ニ（欠本ノマヽ）　其外ハ推して可知右故に小者抔ハ米をのみ食する事不出來多くハ薩摩芋抔を以食とすといふ上ハ　天朝之　宸襟を惱し下ハ天下萬民を飢餓せしめ己の一身を養ふ其心如何そや

一初大久保隅州之下る時　公　勅書御開達延引ニ付　天朝ゟ御譴責欤又ハ幕府を御譴責合セて　水戸家へ及ふ欤何レ𛁈しても　勅書之事𛁈て下向あらん欤とて深く御配慮なりし𛁈横山甚左衛門等　公を欺き　勅書𛁈て下向之由之抔申上それゟ所々事情抔探索せ𛂁れし𛁈　御家之勅云々𛁈てハあきと申事御受合申候方抔もなりて御安心之所去月末又何者ゟ虚言を起し　幕之書記何某之言𛁈此度之下向ハ　勅書五ヶ条ニて其第三條ハ御家之　勅御返納云々と申上しゟハ　公それより御内心ハ御配慮之由當時要路之所爲皆如此一國靡然其下風𛁈つゟん事を願ふハ何そや

一物頭一同連署之申合なり其詳悉を𛀙𛂁す

九日晴秋分

一是日夙𛁈家を發して笠間𛁈赴上午伯父原氏へ投す夜𛁈至て中林松壽來訪

十日陰夜ニ入りて雨
一此日家ニ歸らんとせしニ久しぬりにて行しなれハ達て留られ不得已宿しぬ石倉大森氏等來訪
十一日陰雨巳の刻ゟ雨止雲散
一午の刻笠間を出市原なる見張所を通りしニ是は幕府之命ニ立し之得物抔立置幕打廻し上下六人して番をなす番所ハ凡六七間もなるへし其内四間をなけ拂ひ疊十五六疊もすゥりぬへし屋根ハわらにてぬく番人等間暇と見へて碁なと圍みておりし七半時家ニ歸
十二日晴
一川瀨抔申合原任之寃を蒙らさる樣彼是論議し梅澤鈴子木カなとも其事ハ周旋もなりし樣聞し故鈴木へ行しニ梅も落合ひ色々相談せし時梅いへりゟるハ去月八日夜武田殿へ行しニ鈴木安太郎參り談論せし時鈴曰原任之女房娠みなる事ハ相違なし既ニ我等江戸ゟ下りし三日目之晩ニ𩥭と

（三人共ニ人ニも存分ニ咄し居る之）

聞ざり何をいひても朋友之義なれハ此段を原任へもとなし離別いたさセんと思し内原も不縁しゐる由聞て止めたりなれハ孕めるニ相違なしといひしと之其時藥をもりたる醫者も一命ニかけ實情を申上たしといひ醫者貳人長屋持妻（村島辰十郎借住）此三人何レも實情を分明ニ存し居是さへ穿鑿をされハ直ニ分るなり秋山婦人ニ通しゐる醫生ハ在所ニ逃歸りしを（大久保さりいふ）秋山婦人ハ孕みもセぬニ原任のいひふらしたる故云々と原任壹人を罪ニ落す積り故其蜜（マヽ）夫を金をとりて再ひ秋山家へ呼寄置たる之秋山長太郎訓導も勤ゐる者の所業言語ニ絶したる事之

一昨年　勅諚之事間部閣老へ御託し被成閣老下りし時　公ニも諸臣も御催促之思召　幕ニて其事を聞大きニ困り久木直次郎へ内意を通したり此時ハ水戸ゟも御催促〳〵と度々呈書抔もセし程なるニ久木とふとふ　公を欺き御催促なき樣計ひたるとえ可憎々々

十三日晴

出發前他人へ對話等ハ堅く禁セられさる之

一去月廿九日大久保上京と同日ニ姉小路出立是ハ東海道之大久保之上京ハ上方洪水なとゝ號し延引セしハ畢竟内幕の一定セさる故なりとそ是ニ至て兩人同日出立になりし之姉先日御用御取次坪内伊豆守へ行（都合三日）いつも長談何事なるを志らす表向ハ私用願とし又姉之人ニ語るハ御縁談之よし花の井も（姉の妹之）邸中ニ參り右之旨申上候よし其御縁談といふハ主上之姫宮を　大將軍家へ入輿なしまゐらせんとの事之併　天朝より直ニ關東へといひてハ何欤乙甲之儀故有栖川家御養女とし關東へ被爲入候振之扱之とそ一説ニハ初メ此姫宮四歳ニなられ給ふ時有栖川家へ被爲入るへきニ定りさるを井伊在職中色々策を運し此姫宮を關東へ下し有栖川家へハ別ニ姫宮を（親王家の内之云）配し申さんとの振りニ企置さる事之ともいふ併ともかく姉の上京ハ　勅答之節之都合もよからん爲又ハ別ニ深蜜（マヽ）之意なるなるへし

一先月黒田侯へ召狀を付さる所國ニハ中立場以下ニは人物も少しハなれ

とも大臣巨室何レも凡庸併侯之了簡ハ今直ニ参府も良策ニ非すとかくこしらへ期月迄延申度〔十一月なり〕若事ニ寄なハ十月方参府も無據なれとも先ハ當分在國之方可然との意なるよし

一先月廿一日獨逸國應接なりしよしなれ共風説ニて實事なふさる説なり

一孛漏生廿九日安藤宅ニて應接ハ驕慢至極之よしなれとも如何なる譯ゟ其節交易を斷りたるよしそれハ去年中五ヶ國ニ和親交易をなしたるハ以前ゟ達て懇願する所不得已次第ニて許し申候外ハ決して許し不申其後ホルトカルニも許したれとも是ハ二三百年〔聞之歟〕以前ゟ達て申込有之且ハ證文之如き者迄も遣〔遺カ〕し置たれハ是又不得已許したり乍去交易セしより以來物價ハ次第ニ騰貴町人百姓なと甚た難儀いたし交易ハ如何ニも張込不申此先も如何と存し候なれハ實ハ五ヶ國交易も斷り申度位ニて今更余國と交通いたし候ハ決して出來兼申候云々之意味之よしアメリカのミニストルバルリスに右之旨申聞セ是より孛夷ニ通しさセたり

といふ

一日定ヲ書記魁ニせんとする事盛ニして執政も半分書記も二ツニ分れ議論紛々なり日を信する者ハ不承知之執政を打ても日を出さんとする勢とそ石河小田部なとハ今日定を出してハ早しといひ杉浦執政も右之論杉日之交ハ金石之如執政ニて日ニ深く惑わされさるハ杉第一なり杉のいへるハ只今日を書記ニ入なハ假令我等ハ推擧せすとも一國我尻押といふハ必定ニて國中の怨を一人ニ引負ふ姿なれハ他人之力ヲて出さんといふなれハ我ハ尙以押へ可申と人ニ語りしよし將又日も今出候てハ余り早しと杉もいひしと之士道之棄りさる者之爲ニ欺れ專ふ推擧して國政を取せんするハ愚の愚なる者といふへし

十四日晴是夜御城不寐番

一老公此間中ゟ御胸痛醫藥も今以無其驗是ニ加ふるニ要路之者を始とし彼是と御配慮ニなるへき事を羅織して申上何程ゟ御心苦思召給ふへし

畢竟天下國家之御憂慮より起らせられさるよて異國船一條櫻田之事抔承候得ハ余計ょ病ょ障るとの御意屢被仰るゝと之此間も奸書生なるへし何欤呈書セし事なり其節ハ二日計少し御機嫌もよろしかりしか御一見被成候と直様又々御痛み強く被爲入しと之

一奸人之いひしょ此度　公邊より之御沙汰ょハ長岡出張之人櫻田之殘黨召捕指出候樣左もれハ櫻田一件之御處置も付可申右之儀ニ付てハ　當君樣ょも御無事ニ被爲入難候間銕之允樣御嫡御申立可被成との吹懸ケなりしといひ又御嫡御願計參りしとともいふ心得難き事之　御廉中樣も最早當月ハ御臨月なるへし

一先日蜜(マヽ)ょ出穀セんとしさりし者四五人召捕入牢鹽を〆置し者も捕れしといふ

十五日晴

一我　前納言公先達中ゟ御不例當月五日六日之比ハ余程御機嫌も不宜し

ゟ今日抔ハ少し心能と御意被遊諸公子ニ御書物之事抔被仰又明月なれハとて御白書院ニて月抔御覧被遊御膳も常之如く被聞召醫者抔御脉を伺しに御別條もなきよし　公にも最早大丈夫なりと被仰（御尤十四日抔ハよれかゝり御高枕にて御座被遊しといふ）　暫くして厠へ被為入御歸りニ御手を御嗽き被遊んとセしに俄に御指込醫者ハいふもさらなり（此ハ關口秀南針醫清水宗安宿直）詰合ふ人々百方介抱し奉しに御開き不被為付急に諸方へ御使出御醫者不殘御召尚又岡田殿抔初被為召（諸方へ御使出し故無人ニ付御床机廻り御使相勤）執政參政内外之役人物頭以上不殘急登城御機嫌伺しに御參被聞召御間ぶに無之是を聞傳ふ一國之人々何ゟハ少しも猶豫へき御容体如何〳〵と八ツ時位な（御指込ハ夜四ツ半時之）八方へ奔走ならせる神社へ願を籠御平癒を祈りしに終に御開無之直樣御小姓頭取中村彦之進新井源八郎御馬乘後藤政次郎（外に今壹人もなろなれとも未タ不聞）へ江戸出立御大變言上又執政大森多膳側用人青山重太郎御目附會澤熊三郎奥右筆小田部幸吉引續出立御愼解之儀嘆願一國之人々今ハ術盡き心も乱れ只

御書物之事八十四也

なきれになきれ哀さも余りて涙さへ出す赤子の父母に離れしも是には
いろてまさるへき嗚呼萬延元年庚申八月十五日といふはいかなる凶日
にてかなりけん古今無双之御明君に被爲入御一生ニ三度迄も重き御寃
罪に沈給ふそらなるに御生前ニ御明白にもなふせられ給はて御逝去な
し給ひぬる其御殘念いか計なるへきや況や臣子之分として三年之御愼
も不奉解かゝる事ニ及ひ萬死も罪を補ひかたし　公三藩之重に任し神
州之安危存亡實に　公御一身に係り百萬之生靈も父とも母とも奉景慕
しにはけて　天朝にては深く御依頼被爲在六十余州之人民御氷解を
祈らさる者なかりしに御年未タ六十一にて黄泉の　君となふせ給ふ國
の亡んとする時は柱石之人先死すとは昔の事なふて今は我身の上ニな
りぬるそかなしき　徳川家もいかに流の末になりされはとて天地も未
タ覆らず日月も未タ地に墜す　天朝之　叡念を被知食天下萬民之塗
炭を救せんと思食されなとて天下之重きに任し給ふ御明君を今更奪給

へるや天道之是非果して如何か志らされとも公かくならセ給ふからハ徳川家之命脉是先如何なるへきや　神州之回復終天期すへからす千悔万痛血涙紙を濕し筆も下しかたし

一先日南發セし人々半ハ磯濱迄行しを押止め引返し其余大高喜次郎鈴木秀太郎安金之介齋藤新七田邊貞介之五人ハ小川迄行居しに十五日之夕監府之人いひしに縄取五人外十七人といふ言葉もあり且御先手にも呼出し杯ありしといふ右五人之事なるへし五人之者最早召捕れたり〔ろカ〕歟未夕なる歟志れす

十六日陰

一早朝　老公御平癒ヲ　　八幡神社へ祈請淺田富之允小林六衛門須藤秀五郎同敬之進大井六郎左衛門岡部藤介岡見留次郎白石甚太郎海野八之進師岡猪之介及予都合十壹人又原任梅澤等と共に鹿島へ祈らんとセしに最早愈御開きもつかぬと聞てやみぬ小川田谷之同志之方へも長岡勢之是を

通し將又磯濱へも人を遣しぬ（是は外に申合なり）

一老公厠より御歸りに急ニ御指込之時御胸を御押被遊片手をは柱に御懸ケ被遊戸田をよべ〳〵と二聲御意被遊其儘御開き不被爲付よし戸田執政へ御遺命にても可被遊思召なるへけれとも折惡く未タ出仕もせす戸田も何程歟殘念なるべし

一御逝去故にや今年は見る物聞く者凶を示さすといふ事なし其一ッ二ッをいはゝ弘道館數千樹之梅不殘枯果（尺蠖の如き虫葉を食盡せし之）鹿島社神木も枯是さへ不吉と思ふに同社玉垣の中なる藤花（是は年々の吉凶花の多少にて分るといふ）一ッも花咲す又大星東方に出行道甚疾し老公松平友三郎等天文之者に被命星を圖せしめらるゝに矢の如くにして圖しかたし乱逆星とか歟いふ忠臣義士盡く亡る象なりといふ又近比は白氣辰巳の方に出（天保甲辰にも出たりといふ）又御國中の鳥夜毎に飛鳴御城中尤甚し怪しけなる聲して毎夜鳴すといふ事なしそれかれ心に懸る事のみ多きに午之八月は　老公紀州へ御預ケ等之

大難降來り未の八月ハ御後闇との御寃罪ニて御愼の內ニ又御愼を重ね今茲の八月ハ如何なる事やならんすらん併天下之公論も定り　幕府之議も　公之御忠正を深く奉察御氷解ニ力を用ゆる者多ゝれハ此度こそ凶を變して吉とし神州之回復も近きニならんと思ひしニ不圖も此事いてきぬるそいかニもかなき世ならすやよしや御命數限りなるニもせよ天地神明なとて　神州之滅亡を顧み給ハさる

十七日晴

一老公御氷解來月朔日方ニハ　幕ニても吹出すへき模樣なりといふ嗚呼天歟命歟抑又人歟浩嘆

一姉の小路上京之時花の井を御暇乞名代として遣しふりし時老公へ之書ニ御愼解大丈夫近々御出來之事申上し由

一幕勢大變革　三公御愼解近々吹出し十三日白井執政久世ニ出ふるよし（深意不知）ハ十五日夜通し到來（十六日ともいふ十四日仕出しゝも不知可尋）公邊御模樣宜敷是非

御國ゟも執政出府之事申來ル又一說ニ是迄勢もよき故先日江執政ゟ申來るハ都合も宜候間是非御同列ニて御登りニ致度併幕之模樣も承り又々可申上候間御上途之御方ハ御支度之御心得ニて可然云々申來る所十五日之御大變故それニも不構執政始上途しけるニ十六日ニ至り江執政連狀ニて右出府之所申來るといふ

一十五日之夜執政等只なきれニなきれ議論も締り兼ぬる所へ　奥御殿樣被仰しハ今ニ至りて議論ニも及まし御寃罪も不奉雪御葬り申上候積歟と被仰しかハ議論一定直樣上途しぬりとそ

一十六日繩取五人外十七人云々監府ニて云しハ大高等を捕るニ非す先日出穀を計りぬる者を府下ニ引來る爲之大高等ハ皆先手同心なれハ是へハ頭ニ達しニなり小頭ニ命し引返し可申旨被命しといふ

一出穀を計し者を引來んとセしニ其者も金持なれハ存分ニまき散し郡の方を拵へ依て郡ゟ監府へ其者共を預り申度旨申入其時監府ニてハ更ニ

承知せす信木尤强し監府よて人を捕るよ決して間違候儀無之眼前確證もなる者をいゝて其儘ニなすへきと申張るよし

一昨十六日の事之しゝ大内悌三郎肴町園部俊雄之宅よて割腹臍の上四寸程此時俊雄不居同志とてハ小野鍋吉柴田市之介之雨宮銕三郎等も行て大音大内兄〳〵とやまりハせぬゝといひしゝハ水戸も最早是迄之といひしとそ大内兼ていひしよ磯濱よて出發を計りし時直よ南上よてもせいかゝる事も聞まじ長岡へ出てな今迄斯艱難之中よ日を過しぬるよ老公御不例扨々無是非事之男子之情府下之有志よ先を越れるも殘念のみなふけ此大難よ處しうか〳〵致居候てハ實よ我義よ背く左なられ出府せんとそれハ國事を敗り時勢云々等よて被押實よ進退よ窮せりといへりとそ大内十八日抔ハ少し宜しけれ共終よ死す

十八日晴陰不一晝夜雨

一勅書ハ　太夫人よて御預りニなり居るよし老公御不例之前な之

一南郭日定と內々相應し先南郭ハ日をハ不用といふ說をいひふらし置其後へ板橋行て陰ニ日定引出しヽ議なり其大意ハ日のみ引出さハ人心も甚不服されハ先激論ヽ三四人も出しそれと共ニ日を出さハ居り合も可然旨談合しニ其議ハ石竹ニ破ふれたりといふ

一戶田大夫石竹抔ハ少しも長岡を打如き心ハなきよし當時此御大變なれハ尙以少しも早く引返さへしとても只返れといひてハ不宜何分一事業施是を以て引返し可申と思ひ居る由

一信木當時打レそふ之といふ深意を不知

一當時奸物ヽ喜ひ不大方當政府ハ大きニ弱りし樣子併此大變ニ國家三分互ニ必至を盡す故政府監察中のもめ沸湯の如し三隱も出現ヽ樣周旋ヽ人もなり何卒斯ならまほし

一熱田祐元今朝江戶ゟ著是ハ祐元も是非一度老公へ御療治をなけ度至願ヽ所先日篠本通元大誠へ行て老公御樣子相伺候所平常ヽ御持病ニ相見

候得ども内實ハ甚しく御疲レも有之各々樣ニても何分御了簡可然といひしとそ執政ニてそれを江戸ニ通し是ニ依て祐元下向ニなりし之十三四日之比なふハ御平愈被遊るゝも不知しニ惜し事之（き脱カ）

一當時天下之勢も大きニ變セし樣子一二萬石位之大名迄も　御家を景慕し東湖先生正氣歌貰ひ度抔之譯ニて江南ゟ申來候明日爲登候事

一大番頭一同申合存意可申合相談如何なりしや

一修驗廿人呈書す余ゟ住悌下書を認大意ハ御愼解と御歸國御看病之

一長岡有志東海ニ在者書を同志へ遣し早速小川ニ可出との事之府下有志一同心配余前木武田を諭しぬ横山矢野も止りぬ國分のみ出立之譯之

一渡邊半介等所謂新奸之者共十五日之夜諸方へ御呼御使被遣し時已ニ仲間ニのみ重ニ通し置しニ岡田殿出仕半介云く岡田殿ニハ御早き御出仕何方ゟ御承知ニなりしやといひしとそ是ハ激論之者共ハ老公御不例ニも御樣子さへ不伺といふ所ニて可打合なりしといふ

一先日望月彦左衛門桑原力太郎等御黒（原本注）白カ書院ニて墓之形を一ツ拵へ材木板之切端を集墳の形とし其上ニ木碑の形なる木をのせ其表ニ南無阿彌陀佛と記脇ニ御床机廻建之と書其前へ手提ケ之内へ灰を入れ香爐とし其兩脇ニ葵の御高張を建如何ニも　老公ニても葬りし姿の如し御床机廻り之者共是を見て大きニ怒り申立んとひしめきたる時御小姓仲間ニて頭取へ賴み何分申譯事表向ぬ樣相賴稍無事ニ治りたるか十五日之御大變ニて右之事甚た不祥之致方云々ニて其事監府へ懸りたりといふ下監何某咄右之事ハ其當座人々取沙汰したる事之

十九日陰又晴

一瑞龍ニハ最早御土地も塞りたれハ兼て　老公ニて國見山御見立被遊置たれハ　老公をハ國見山ニ奉葬內決定ニて追々少々其用意もなり

一大番頭等一同申合之事ハ此度之御不例一日も早御愼解ニ不相成候てハ一國大動乱ニ及ふ事將又御下向云々ニても無之てハ御孝道云々のみな

小番頭も此日論なるといふ

ふす人心安堵之場ニ至るへき理なく云々抔之意味之

一當時之要路ニてハ有志之動き立勢を殊之外おそれ且十五日以來奸物等酒肴ニて大祝ひしめけ〳〵之勢余程頭を擧けるを見て大き驚き奸の探索懸抔出來けり

一昨夜御小姓頭取三輪友衞門下著引續側用人今井金衞門著之

一昨夜　老公御尊体御入棺

一十五六日之比江南ニてハ御愼解余程聢としける事來るといふ

一久貝因幡守御側衆御用御取次となる十二日之事之

一櫻田之義士御所置之事先日死刑之振りニ極り其旨久貝因州山口丹波守へ申出兩人其儀を評定所留役ニ達セしニ高木何某（留役ニ高木源六郞なり是なりや）等四人計ニて押返し一体櫻田一條井伊家へ何等御當りもなく此方計死刑と申ハ如何井伊を其儘ニ被遊候御所置ニてハ穿鑿口抔之所死刑之罪も無之樣之殊ニ尋常ニ自身名乘出ける程之者なれハ是等も御斟酌可被爲在

儀と奉存候云々先永預ヶ位之所ニて申切一同ニ引込ミるよし之所其後
又一同出勤しミり左候ハヽ先右之論貫くへき勢なるへきや是ハとも㐧
れ近々御所置可在沙汰矢張永預之儀行る

一櫻田御穿鑿ニ付佐倉ニて此度之事名乘出候者共計御穿鑿井伊之家臣ニ
ハ不構といふハ余り偏頗之御了簡喧嘩ニもせよ何なりとも相手なしと
いふハなき筈なれハ相手も御吟味ニ相成候ハヽ直樣分り可申といひし
よし

一十五日之夜四ッ半比　上公熱田祢元を被爲召　御父樣御身の上何とな
く心配ニ相成誠ニ心持不宜候間少しも早く發足いミし御機嫌伺候樣云
々被命熱田直樣支度して下りしといふ四半時ハ　老公御指込ニ相成し
時之　御父子樣ニてハ斯も可被爲在之一説ニ　十三日ニ　奥御殿樣右
夜通しニて御不例之所御申越ニ相成それ故熱田ニ被命しといふ十六日
未明ニ中村新井等三騎小金ニ至りし時熱田行違ミり是ハ夕刻之事と歟

いひし
一老公ㇵも胸痛ㇵてハ死へくも不覺横合ゟ發してハ生死不可知と被遊しㇿ此度之御病ハ御脚氣の傷身（ショウシン）之といふ
一二三日前　當公より御書參りしㇵ是迄とハ違ひ細々と御愼等之所被仰遣しといふ
一一昨夜三輪等下著其言ㇵ新井中村等上著　老公之御事申上しㇵ　公殊之外御驚き且御嘆申上る迄も無之且ハ右様ニ相成候かふハ一家中ハ勿論農民等ㇵ至る迄如何之事ㇵ及候やも難計と深く御配慮被遊是非此度ハ如何様ㇵも申立下向可致とて直様脇坂或ハ上野等へも御使被遣又御愼解の事ハ勿論指懸り御催促御解之上使御受ニて直様御下りと思召云々依て今夕大廣間御疊替等抔被仰出しㇵ夜ㇵ入中村下著十八日大森執政關宿ㇵ出　老公御城内御歩行御免被仰出　當公ㇵハ九郎公子御同道御乗切御下國之振多分廿日御著なるへしといふ尤中村ハ十八日七ッ時

大森に非ず

出立ニて何時御立といふ事ハ不相分といふ

廿日雨

一御下向大御供ハ執政白井織部尾崎豊後被仰付しよし

一右之譯柄小川長岡有志之へも人を遣しぬ

一十五日之夜御床机廻り御使を蒙執政太田殿誠左衛門へ行御使之旨申入しに心中に兼て思ひ設し事なれハ刺れん事をおそれ面會せす達て申入〻れ共一円不逢不得已取次之者へ　君命を傳へ歸りしといふ大森執政へも御床机廻り行しに是又同斷良久して出迎ひし時間隔り居りし故ぞる〳〵と膝を進めしにそれやと驚き五六尺飛ひさり〻る故左樣御驚被遊間敷斯々之事にて御使被命候といひしかハ稍心落付さりといふ是を見ても執政日比之所業可知之

廿一日雨

一十五六の比　一橋　尾越等へ御愼解之儀幕府ゟ吹懸なりて嘆願書出さ

りといふ

一執政側用等南上之時江南なハ中村下りし時なるに日夜兼行せる中終に壹人にゐに不行逢と云左されハ執政等かゝる大事を引受なりふニ旅枕を高くせるなるへし臣子之情に於てよくハ安んせふるゝ事之

「側用」ノ下「人」脱カ

一土浦にてハ先達より　幕命にて見張所抔立置往來之人を求しに先日新井等三騎乘通し時ハ無事ニ通せしに其後に監察行し時ハ最早門を閉て不入依て門を叩我等ハ江南に行者に非す此方重役之御方に御目に懸り度子細あり其旨通せさせ給へといひ入しりハ門より入扨重役ハ不快にて御面會不相叶といひられハ監察然ふハ御目付へ拜晤可仕といひしに暫して御目付に逢扨ゑりく之事到來致それニ付てハ江水之往來も不時に有之中々　幕府抔へ申出候暇無之此段ハ此方にて御含被下爲御通ニ相成候樣云々申入しに目付役之者其儀に御座候ハヽ一先重役とも相談可仕とて暫していて來ゐり扨此度之事さそく御心配敝藩にて番所

等立置候も少しも御家ニ對し惡意ヶ間敷事ニても御坐候ニハ毛頭無之
全く幕府之命故不得已右樣之始末何分不惡思召可被下候爲御通申候て
突當り不出來候ハ宜敷萬一出來候とも敝藩壹人引受辭職ニても仕候ハ
ヽ主人ニ何等之事も懸り申間敷候得ハ御申聞之所承知仕候併余り御大
勢御登りニてハ甚ゝ指支申候云々との申聞故此方ニても爲登候ニハ監
府之印鑑遣し可申候間是を證據ニ御通セ可被下候大勢罷登候譯ニハ無
之と申して歸りゝり執政抔登る前の事之
一老公御城內外御步行御免　當公御下向御願相濟尤御愼解御催促御濟之
上御下向
廿二日晴
一八ッ時輪貫到來　當公廿四日御發駕右御供として床机隊二組支度次第
急速爲御登尤支度致置御一左右次第可罷登旨ハ前日達しニ相成候事
一廿四日御發駕四日御道中云々との事を奧御殿樣ニて三浦贇男へ被仰し

は四日道中は如何極いそきにて廿七日曉迄に著城に致度云々被仰しよし

一廿四日御發駕にて途中御宿り御小休抔も不仰出といふ又曰千住迄は御駕籠それより御乘切ともいふ

一廿三日方にても御愼解被仰出になるや未夕何日といふ事不分又御國にも上使被遣旁御下國御急きとの事未詳

一奥御殿樣三浦へ被仰しは此度は九郎も内々にて下るよしなれはまさしもこと被仰しよし「朱書九郎公子は御都合ありて御下向なし

一白井織部廿三日出立大森は殘り居るよし御愼解上使御受になりては萬事御乙甲故御發駕になりし計の所へ上使參る樣之御含之よし廿三日夕抔と被仰出し之江戸を以て見そこふそ御響もゐるなるへし

廿三日陰過雨

一御愼解之事久世へ託せしに久世は尾越ともに御愼解に可致含故御愼解

之事少々隙取可申併身ニ替ても周旋可仕云々左されハ御一所御解なるへし尾州よてハ今月始嘆願書出セりといふ尾越等之御解天運よ寄るといへとも人の褌よて角力の姿なり

一目白隠侯御出よなるよし風説山中新左衛門ハ目白御付近々罷下可申とて舊宅留守居の者へ申越ふりといふ

一上下街有志御迎ひとて昨夜より出發尤此度御下りハ常例御供之外よ床几隊(蝕)□人江戸文武諸生四五十人はあるへし御召連よて御下向なれハ御警衛人よ乏しきよ非すされと櫻田の事もなれハ万々一如何なる馬鹿者なふんも得しれすと過憂之餘出發せるなれと實ハおふ／＼押登る事御外見もいろ丶且ハ心喪を持して遠方ども／＼情よ於ていろ丶恐くハ虚名無實之憂もなふん歟長岡有志も途中よて奉迎途中迄も御供せんとて押出しふりといふ實なふハ失体なるへし

一當公御下國御濟なれとも御愼御解を御待被遊邸中よまし／＼ふるよ

幕府ゟ御解之事ハ御都合次第早速上使も可被遣とにかく　御父様之御不例直様御下り可然と被仰出しニ寄て俄ニ御下國といふ説なり

廿四日晴

一晝四ッ時過夜通到來何事ヵ深敷事ハ不知とも政府にてハ廿三日夕御發駕之所廿三日ハ御延ニ相成候よし多分今日御發駕之事なるへしといひ監府にても右樣いひゐるよし廿三日ハ御腹痛ヵにて御延抔ともいふ

一廿一日方にや美濃部新藏御小姓頭梶九介御留守居物頭山中新左衛門御國勝手となる

一仙臺にてハ當時大騒動なるよし其地ゟ來りし人の咄なりといふ追々聞に柴田民部廢立を謀りし時井伊水土等を始メなふゆる所に賄を遣ひ々る故中々國財を竊みゐる位にてハ不足ニ付紙錢を造りて國中通用し六十萬金程自引〆メ其内民部も事露れしヵと紙金之事大に六ヶ敷國中に令を下し紙金引替之事を令セしに國用とても窮し居中々引替へき金無

之農商ハ空しく紙金を抱き居其嘆き大方ならす（壹分の紙金百五十か二百文位の通用のよし）
仙臺よてハ近々内乱可發といふ説なりしか其事なるべし
一磐城よて水國を恐るゝ事余程甚敷樣子或人磐城之藩と志り合よて談合しよ主人之首ハ水戸家ゟ御預り申居候首之由なれハ水戸を恐れ候事尤ニ御坐候何レ當時之姿ハむつれ芝居よて主人よてハ金主のつふれ候迄ハ芝居を打候見込なれハ先それなりニ致置候誠よ致方無之と申居候よし

廿五日晴

一昨四ッ過比之夜通しハ廿二日立よて明廿三日御發駕之所俄よ御腹痛よて御見合ニ相成候所少しも御快能候ハゝ直樣御出立ニ相成候條御供方之面々ハ其含よて支度罷在候樣云々之振達し指出し候間其旨御運ひ申との夜通之よし御發駕候所右等御見合セといふハ内實ハ御愼解之事よても可被仰出よて御扣よなりしなるへしと政府抔よてハ思ひ居よし併

政府ゟハ御日限之所今以何日といふ事不申來廿四日云々も青山頭取ゟ
富田三保へ運ひしゟて廿三日夕發駕候振被仰出候得ともも實ハ廿四日朝
御發し云々申來りしのみ之依て政府ゟても江南いろ程取込されハとて
今少し悉しく申越候樣致度と申候居るよし（委カ）
一櫻田之事もありし故人々過憂之余り御警衛と號し廿二日夜ゟ引續出發
何百人といふ事を不知依て政府ゟても昨夕輪貫早指立一刻も早く御下
り無之てハ一國ハ大變之との事申越しあり
一昨夜五ッ時過又々夜通し到來是ハ側用ゟ側用へ運ひありしこといふ
一南領之者十五人計御迎として稲吉へ出一宿初メハ一宿之積り之所思ひ
之外御下向も御隙取故是へ二三夜泊り飯盛り等と日夜飲居し内元ゟ路
用も多く用意セされハ必至と金ゟ指支刀ゟても拔計之騷き之所へ下監
通り懸り悉く探索其跡へ御飛脚之通り馬士と欵之咄ゟて承知御飛脚も
國喪を服しなからふ御迎ゟ出右等之始末扨々可嘆事之とて著して右之趣

いひしよ其以前既よ右下監ゟ探索も出兩説符合しける故監府よても右申立よしけるとゝ實よ十五人ゟ所行言語道斷なれとも是を以て御迎ゟ者皆是の如しといへるゝハ痛嘆ゟ又痛嘆ゝ

一鄕中ゟ者土浦へ行しよ門を閉て不入依て無理よ押拔て通りしといふ依て土浦よても大きよ怒り直樣御家へ屆ヶ又　公邊へも申立しともいふ虛ゝ

一御棺板水戶よ無之よし江南よ申越セしよ江戶ゟ此間下セしといふ板六枚幅三尺よ不滿六十兩ゝといふ然るよ裂ける所なりて用よ不立鳥子邊よて獻上木よをへきといふを指留御買入よて引裂けるよ尤二本其內入用ゟ所のみ取けれとも百五十兩計ゝといふ尤何レも石樋ゝ

一久しく御入部もなき上よ御窮迫ゟ所なれハどこといふ譯なく御普請城下ゟ人計よてハ不足よて鄕中迄募り二千人余も入込居其混雜譬ふる物なし御城中不殘御疊替ハ勿論御張付御障子張或ハ內下馬新規御取立大

手之橋上張御屏之御手入家根去つくれを付る下ゟハ柱の根繼學校も御屏抔御手入人々必死之力を出して日夜となく働故御普請果敢の行事驚く計之五六十間位之御屏ハ一瞬之中ニ出來併惣体御修覆故夜を日ニ繼とも中々不出來上昔豊太閤一夜の中ニ洲股の城を築しも此度之事を見れハ余り難物とも思れす前代未聞之御急き普請人心必死を極る程恐敷者ハなし

一此間中ゟ四郡之農民洪河之溢るヽ如く城下へ群集し御迎とて出府之者も夥敷斯てハ如何ならんとて郡宰ニ被爲命鎮撫セしめしニ郡宰も我々共斯て候ともニ尚如此なれハ我々出さりと聞候ハヽ如何様出發せんも去れす此儀ハ御斷申上候旨之是ハ今日之

一昨夜通しハ廿六日江戸御發駕御愼も御解ニて御下り委細ハ新井源八郎下り候上ニて云々之意味之よし

廿六日晴

一昨夜新井源八郎著昨日五ッ時江戸出立なりといふ廿六日愈御發駕其跡よ直よ　礫川へ上使御愼解之御都合廿九日御著（廿八日之明方迄ニ御著ともいふ）尾越ハ御一所よてハ有まじなといふ

一幕府之命よて三十里之間双方十五間ッヽ藪刈拂左右よて三十間ッヽ之又幕の旗本二頭御警衞として途中ニ御指出なと風説虚之

一土浦ニてハ番所を立置しか水戸之眞情を察し新規よ別道を開き番所ハ番所よて立置是非登候者ハ別道ゟ往來爲致候積り萬一突當よても出來候ハヽ土浦よて引受少しも　水府へ御迷惑ハ懸ぬといひしよし

一度之二度ニ非す

一昨夜九ッ時夜過到來又今朝も來ると云

一此間中ゟ御迎ニ出さる者御日限も延さる故いつといふ事不分四五百人程引返せし由

一先日板橋石河と大議論是ハ板久木日定も此時節なれハ是非可引出江戸伺迄もなくれハ直よ此方ニて可出といひしを石河不承知久木等か如き

眼前士道を失候者を引出すハ江戸へ不伺とも不宜ハ忘れ可申ましても此方ニて引出しハ如何此先一國之動揺如何可有之云々之意味次第ニ論も募り石河ハ脇指を引寄らる位之よし

一廿四日尾崎興津兩大夫幕へ呼出しニて出らるニ明後日御愼解上使可被進依てハ其方御都合も可有之　當公御在邸なれハ其方ニて御乙甲ニ有之御發駕ニなれハ途中迄幕ゟ上使是又乙甲依て御發駕ニなりて御屆出候を機會ニ幕ゟ上使可被迎尤御發駕を忘ふぬ振ニて被遣なれハ其御含云々何時といふ事も打合セニても成しよし誠ニ手を取て之指圖關宿も此度ハ余程周旋有し樣子之新井是ヲ以直樣出立委細ハ昨夜夜通ニて分りし之

一初メ御愼解之事願ひし時關宿云々此度ハ御家のみ御解余ハ少々隙取可申若尾越抔御一所なれハ　御家迄御隙取ニ相　當君樣ニもいつ迄も江戸ニハ被爲入間敷　老公とてもいつ迄御廣め不申樣ニも相成間敷依て

相ノ下「成」脱カ

非常之　德命ニて御解ニ相成可申尾越之御解之節ニハ　一橋樣のみな
らハ　堂上方も矢張御同斷故自然御隙取ニ可相成云々申候よし
一當公御下國之上ハ一ヶ年位ハ御在國も御濟ニ可相成模樣之よし
一幕ニて旗本を御警衞ニ被指出事虛實しれす併取手ニハ何方之欤人數出
居よし三十間藪刈拂も非常なりや又常例なりや不分
廿七日朝雨終日陰
一晝比早到來昨廿六日上使久世大和守本多美濃守を以　老公御愼出格之
思召を以て御免被仰出
一土浦ニてハ番所を立居事故　公邊へ之義理を立　御家之情實を察し間
部ゟ城下ならぬの橋へ出る道ニ人を付置番所ニ懸りし者ハ　公邊之命
云々采女正迷惑云々を以引返せしめ間部迄行時ニ是ゟ御通行可然と申
案內をるよし
一菊鼎等同志と先日出發せし時土浦之間道を通り行しニ其內本道を押ゐ

る者なり時に土浦家老之見廻りニ出逢應接家老ゟ何レ之御藩なりや姓名如何抔承れし故仙臺藩之振答しに家老不承知左様にてハなるまし敝藩も公邊ゟ御達にて云々故御引返被下候様との押合せる中に跡ゟ行し二三十人それニ不構通り過るを見て我々同役之者ハ御通しに相成我々に限り御通し無之ハ如何家老曰なの様無体に御通りにてハ御押へ申も不出來貴君とハ是迄御談し申候所故釆女正迷惑に相成候儀御了簡被下殊に本道御通行ニ限りも仕間敷何卒御引返し被下候様といひしに通行不相成ハ不相成と可被仰に何卒の御口上如何我々も實ハ水戸藩何某に候也此事後日突當候節ハ屋敷ゟ御懸合可申其爲名前御渡可申とて懷中紙へ名前認印形を居へ家老の前に突出し扨御通セ可被下と押張しを家老それにてハ甚ゝ指支申候公邊云々釆女正云々之所御了簡可被成とにかく途中之儀なれハとて宿屋へ案内し萬心を付丁寧ニ致し候様宿屋へ申付家老ハ一先引取し内（是ハ同列之も相談可仕云々にて引し之）に濳に其家を遁出番所を

「限りも」本ノマヽ

通り拔しゟ依て土浦よても大よ怒りしといふ

廿八日朝雨風起巳牌歇陰

一昨夜上金町船屋よて少し計りゝ事ゟ事起り岡見甚内ゝ組ゝ者小菅村郷士中野次郎左衛門を軒（中のハ年來ゝ正士なり）湯よ入りし所を斬し之横腹なれと疵ハ淺きよし當時ハ郷中ゟも大勢出居故其者をたら卷よして大勢して國居筋へ屆し由それよて當時大騷き之同心ハ久木ゝ用立抔せる者之といふ畢竟ハ酒乱よて右樣ゝ事よ及ひし由眼前中野ゝ孫も其席よ在なゝふたふ卷よし置て御筋ニ屆ケ判談を待といふハ士道よ於て如何

一一昨日遠郷ゝ者ハ青柳よ引取近郷ハ宿所よ相引御营日可罷出旨郡宰ゟ達出しと云

一今日　老公御不例御大切被仰出是ハ上使抔ゝ類旁御差略ゝ廉抔よも可有之且　大將軍御不例よて御急きよなりしなといふ　將軍家御不例難信

一今公御下りニ付長岡有志衆議區々にして御迎へや出る此地にや止るとて未タ一決セさる所に芹澤又衛門へ（是ハ先日東海にて形跡を顯し小川行出し之一体ハ當時愼中之人之）來りて曰諸兄御論何レも御尤之小生とても御迎に可出所存併何を申ても小生ハ愼中故なつて潛伏致し候身分諸兄とても日陰の御身分それにて御迎之上御供抔申ハ上へ對し恐入候次第故御同樣途中ニ罷出なハ　今公なれハ何物そと御尋もなるならん最早斯被仰るゝならハ君の御目に留りたる事故それを合圖に割腹して是迄不敬之罪を謝すへし諸兄御同論ならハ可罷出如何と突込しに諸人目と目を見合セ一言なし其時芹澤諸兄右之思召ニ無之ハ小生も諸兄と御一ッに御供ハ仕るまし然らハ御迎も乍陰一拜ハいたすとも公然と形跡をならとす事ハすましきと議論一決したる由近比聞に小金邊へ長岡も出たり抔いふ未詳

一廿六日　老公御逝去被遊旨被仰出（今日之）

一土浦にてハ此度之事ハ余程之決斷家中にも內意にても致置事と見へ番

所を無体ニ通抜抔しされとも其跡へ行て承れハ御通行之御方と少々御問答申候事もありしか御聞入被成稲吉邊へ御引返し被成候抔挨拶せるよし今度之取扱都て可感事共之

廿九日朝陰巳牌ゟ晴上酉陰過雨 是月小建

一申ノ中刻　今公御著城尤　老公御逝去故御下國之御機嫌のみ奉伺恐悦之儀ニ不及 小金藤代府中御泊り之

一初新井下向之前　公宣く　老公御下り之時ハ大勢御迎ニ出さるよし此度ハ如何あるへしと被仰しニ新井仰迄も候ハす何程歟罷出候半と申上しニ御喜悦之御様子ニてとふか御府内へハ入り不申様致度と被仰新又曰此度御迎ニ罷出候者皆正心之者ニ候へハ御府内へ罷出候様ある事ハ心得罷在ニて候と申上しニ　公左様ニてハあるへけれとも万一出候てハ不宜輕部ニても鎮撫ニ下り可申と被仰新曰御迎ニ鎮撫も如何私只今ゟ下向逢候者ハ不殘引留御府内へ不罷出樣可仕と申セしニ　公然ふハ

汝ときよ計らへと被仰依て新井途中よて行逢し者ハ悉く申含め下著し
さり此度之御迎ハ廿二日ゟ引も不切出發セしゥ皆松戸邊迄ハ出されと
も御府内へ入りし者ハなし只秋葉等三人御延之時模樣聞ニ行直ニ引返
セしのみといふ

一大森執政會澤等ハ昨日下著之

一今日ゟ同役御城御番始る

一昨夜　老公御尊骸御靈座よ御直し申上る

萬延紀元庚申九月

# 秘笈日錄

二

# 晩緑齋秘笈

目次

日錄之二

萬延紀元庚申九月

晩錄齋秘笈

萬延紀元庚申秋九月朔晴

一長岡有志小金邊へ御迎ニ出小幡長岡邊迄御供してそれなちり〳〵ニなりしといふ

一長岡勢小金ニ居る時武藤善吉も小金ニ宿す是ハ長岡追討之時先陣請受て罷出其後有志河和田ニ居し時ハ　尊慮と稱して鎭撫ニ來りし者之日比之表裡反覆を惡み〳〵るニや大津彦五郎を先として入替〳〵武善と論議せしニ武大きニ窮せし樣子之といふ併實ハ敵を求る姿ニて此後如何可成や

一長岡有志之間柄へ今日達し有之早速引返し可申云々之といふ

一木村權次郎ハ當春江南へ潛發し百方周旋し既ニ櫻田の大業も此人之盡力不少といふ依て其節間柄尋等被申付俸錄（祿カ）も被召放しか此度引返し候樣達しニ來る　今日之是ハ大久保兵衛門（マヽ）を呼て御間柄只今御歸なれハ何等之事もなく候定て少しハ御居所も御分りさ存候間少しも早く御

返候樣御申含御返丨可被成候云々之

一江南政府横甚壹人不正位ニて余ハ大抵正議堂々之先御下國ニなりてハ第一長岡引返し是を土臺として追々御盛業も立樣ニまそへしとの論ニて既ニ其前美新抔も再勤セし程之事之尼子長三郎武田魁介輕部六郎衛門渡井淺衛門等ハ御小納戸ニて有志之士之御在國中ハ御國ニ居て御志をも可奉助振ニて御供セしニ御國政府ハ例之朋黨從來之所業もなれハ大きニ忌み四人ともニ今日達しニなり明後朝ハ直樣出立致候樣云々被命

二日晴是夜宿直

一老公御葬地瑞龍と國見之論起り（國見ハ御遺命之併新ニ山を開く故入費莫大之）御下向を待居し故昨日抔ハ始終此事ニ政府ニても懸り居るといふ昨日北郡宰瑞龍ニ出立セし抔ともいふ

一先月廿日　幕府ゟ井伊家へ達し有之　水戸家ニて御下國迄ハ家中之者貴賤となく門外を禁し候樣嚴重被命しといふ又人別迄も一々改めし位

なりといふ

三日晴

一公御下國ハ全く御獨斷ゟ被出し事ニて執政近侍之士ハ何レも危く思ひし之依て彼是と公をおとし參らせしなりしよし國友與五郎抔ハ御供被仰付しニ元來臆病武士なれハ御供之儀も大切ニハ候得共暫く之間御國ニ被爲入候ハヽ又御留守方も是迄と違ひ實ニ御大切之御儀故却て江戸ニ罷在候方　君上之御爲ニも可相成とて邸ニ殘りし之　君ハ如何ニても我さへ無事なふハと謀る心術如何そや畢竟右故なれハ

勅諚御返納　幕ゟ催促も無きニ此方ゟ持出さハ（マヽ）　幕の御通りも可宜抔之見込ニて　公を奉欺しなるへし

一昨日太田執政岡田參政御山見分原十左衛門之會計なとも行し之多分國見御決著之よし

一尼子武田等登り御指留ニ相成候事

一老公御入棺之時　奥御殿様執政を被爲召御涙なからニ被仰しハ　老公御一生之御志しハごこ迄も　威義兩公之御志を御繼被遊　思召ニて御盡力被爲在しニ御志ハ更ニ貫かすして空しく今日ニ（のカ）事ニ至りぬとしや御志之貫きたりとて中々以　威義兩公ニ可及ニてハなけれとも一向兩公之思召を御繼述之御旨意ニならせられしハ人々奉承知事之扨右ニ付威義兩公ハ常の御指料を御棺ニ奉入よし承り候へハ責てハ　老公へも御指料を可奉納是非／＼思込侍ることと被仰しニ執政一同御尤至極と御受申上候けるニ會澤恒藏更ニ不聞死者之棺へ眞物之刀を納る儀不宜段ハ　老公尊慮も御坐候へハ此儀ハ決して不相成と御斷申セしニ　奥御殿様それならハ思止り可申と被仰三浦賛男御招き潛ニ被仰けるハ三藩之君之御逝去なれハ平常之武士とも違ひ可申殊ニ　威義公之御遺志御繼述被遊ハ御一生之御志願ニてましてや　威義公も常之御指料を御棺ニ奉納よしなれハ納るも惡しきと申ニハ有之間敷ニ恒藏ニ殊の外

被叱なりとて御懐中ゟ　老公御歯を被出是ハ　公御歯之落なりし時拾ひ取て大切に所持いたす所之是も恒藏ニ被見候ハヽ又々被叱可申汝潛に是を御棺之中ニ御納可申少しハ我心も可達と涙と共ニ被遣しらハ三浦卽御棺ニ入しとそ　奥御殿樣御申之事恒藏ニ被押しハ心外之御殘念ニ被思召御樣子之

一此夕長岡有志之間柄又々參政ゟ達し有之先日も引戻し之事達し置候所此度江戸表へ罷登候趣にも相聞只今罷登候てハ御爲にも不相成　君上にも厚く御配慮被遊事なれハ早速引返し候樣引返しニ罷越候なふハ監府之印鑑遣し可申とにかく早速引返し候樣可仕との事之

一長岡有志御下國之時御迎ニ出しに御著城之明日御意ニ長岡之者ハ如何にも不宜趣にも承り候所此度我等下りを心配いたし途中迄罷出守衛いたし候心を以て見る時ハ我等を深く思者之左それハ矢張是迄通り遣候心ニ候間早速引返し候樣可致と被仰執政御受申て退きしら元より臆病

之上且ハ追討なりともなりてそれかれ理屈を付全く執政骨折ニて寛大之
御所置被仰付罷帰候様とひねりしと

一御下國之時長州藩完戸（宍カ）經太郎山形某大樂某乍陰御供して下りしといふ
山形ハ醫者ニて慷慨義を好む者と兼ていひ居るハヶ様之世となりてハ
天下之首唱を爲者なくハいかて挽回を計るへき我ハ元より犬死して國
家ニ報せんとす犬死之人有りて後ニこそ生を捨て義を取者もなるへし
我ハ犬死を期す者と常々いひ居るよし

一公御下國ニ付　幕府へ拜借金御願二萬兩先日御濟ニなりそれニて御供
方へ拜借も出しといふ都て是迄之例二萬兩なれハ一萬ハ御返納其余ハ
拜借流しニなるよしニて御返濟の分ハ初而拜借せさる者故二萬といひ
て實ハ一萬と｀といふ

一安藤も近比ハ余程ひるみ居るといふ先月中御勝手懸御免外國懸りニな
りしとされと今以必死之様子と脇坂ハ脱疽ニてとても出勤ハ不出來足

ヽ指ゟ腐込し故指を切しゟ又々くされ込醫ハ膝ゟ不切ハ一命ゟ懸るといひ臣下ハ甚不忍樣子余程難物ヽよし

一久世ハ近比國へ達しを出して云是迄西洋學をする者蘭夷ヽ學のみ致セとも右ニてハ萬國ゟ不通由ゟも候へハ以來ハ諳夷佛夷等ヽ學を專ふ修行いたし候候樣諸向へ達セしといふ諸向といふ事未詳

諳夷トハ諳厄利亞ノコトニテ卽チ英國ヲ指スナリ
校訂者識

一近比　將軍家御不例是ゟ依て土岐美濃守本鄕丹後守山口丹波守等必至周旋　一橋公を西城ゟ御直し申策を立しゟ破れしといふ山口の弟小出何某も余程周旋セしといふ併御不例も未タ聞人少きゟ周旋ヽ分るへき筈なし

一當時江南ヽ難儀不大方物價騰貴凶年ゟ不殊(マヽ)大城と橫濱との御普請ゟて稍々取續居三度ヽ食も糟糠ゟも不飽上白四合五勺中四合八勺玄米五合取手ヽ鮭貳尺四五寸位壹本壹兩貳分中秋ヽ月見ゟハ大栗壹兩ニ六升中柿四十八文位京も上白ハ四合位といふ仙臺ハ百ゟ壹升仙臺人ヽ咄ゟ上

白ハ七合ともいふ是ニ依て盜賊甚盛ニして夜ハ戸を閉切是ニ加るニ幻術所々ニ行れ奇怪之談藉々紛々諸國之運米ハ品川ニ不入仙臺之米ハ國ゟ不出淺間敷といふも愚之

一櫻田御所置之事御目附淺見何某久世へ說しハいつ迄ともなく御延引外之事とも違ひ候得ハ何とか御所置可然久世云大きニ御尤なれとも此ハ甚〻重大之事ニて　德川家御德威諸藩之向背ニも拘り實ニ不容易夫彼延引外同列ハ何と了簡致居候や承り可申と挨拶是ニ依て外國別ニ行けハ又右之挨拶ニも外同列へ可聞とてそゝくけ物之如くなり居中々近々御所置之事も不見よし

一讚州ハ先達て隱居願出し置しニ幕府ニて今以許容無之よし如何之見込なるニや

四日雨

一昨夜太田執政等歸著多分瑞龍之見込　尊慮伺候上ニてともかくもとの

事之よし

一薩州ニては主人居間の脇ニ別殿を構　勅を安置し嚴ニ守衛之兵を付置よし

一長州ニては人夫貳百人計を發し奥州岩橋と歟いふ山な石炭を堀出すよし

一滿淸ハ近比余程衰へしよし魯夷ニ援兵を請其力を以て敵ニ勝ちし事なりしか其功ニ依て燕趙邊要衝之地を裂て賄今ハ魯亞の國界北京を去る事僅二百里又長髮賊巳蜀ニ據り勢日の出の如しといふ

一九郎公子之御附ニハ多賀谷虎次郎抔正之よし是ハ御馬廻ニて公子附勘衞忰之　余一公子　當公な廸彝篇を被遣しを御覽被遊ゝるニ齋藤一德之跋を御覽被成國友忠次郎ニ是ハ何人なるそと被仰しニ是ハ靜之長官之事ニて一己之了簡なよしなき事を仕出し國家ニ御心配ニ御懸ヶ申候不宜者ニて候と申セしかハ公子御立腹扨々左樣の者とハ思ハさりしそ

れなふハ墨塗りニ可致とて御染被成しに其明日多賀谷出仕是を見て大きに驚き何故ヶ様ハ被遊しと申上しに忠次郎ヶ様〳〵之申聞故如此と被仰多賀谷それハ申上る者之心得違之是ハ斯々之事にて御家に瑣細之拘りハ御坐候得共乍併天下之爲國家之爲ヶ様之者にて候と申上しかハ公子是を以て忠次郎是ハ如何と申上しに一言もなしといふ本か二ツニなり居る故いつこにもせり合のみ出來可嘆事之

一井伊家にてハ家中二分にて一ツハ是迄天下に恥辱をさらし其儘に打過なハ永世此恥を雪く事不相成何分打拂を願眞先懸て功名を顯し可申と志し一ツハ御家も無事ニ立候かふハ左様之事致候てハ不宜とて專ら下を虐け財貨を貪る者多しといふ

一諸夷之應接之時ハ驕傲悖慢實に己か儘の振舞のみ俄夷ハ深沈不可測幕にても頻に窮せるよし俄夷ハ兵庫ハ京師之近くにてハ有之旁以開港にてハ日本之御爲にも相成申間敷抔之類にて如何にも難制外國奉行諸

夷と應接之時ハ其方抔と諭し候ニてハとても不相分候間以來引込可申

等之類之といふ

五日陰

一昨夜夜通し到來長岡有志去月廿七日薩摩の邸ニ入り（新宿邊へ御迎に出それゟ半引分出し之）

私等元主人　水府老公ニてハ　天朝　公邊之御爲度々忠正を被盡候所

建白いたし候事共一切不被用却てそれか爲ニ嚴責を蒙り候次第扨々殘

念至極何卒如何もして年來之志願いつしか貫き候樣可仕と存候所此度

逝去被致候趣左それハ是迄之志願貫通いたし候見留も無之依て御見込

申御懸入申候何卒　老公一生之志願貴藩之御周旋ニて天下ニ伸候樣仕

度云々之意味之よし是ニ依て薩州ゟ俄ニ右之段御家へ申込し之　公邊

へも屆ありといふ十九人之人ハ（或は三十人）中（或ハ下）屋敷ニ送り置よし當時薩

三十七人之

候ハ在國故往復も隙取べし

一瑞龍を御葬地之振愈決し御穴ハ廿日迄ニ出來候樣との達之御見送りハ

今公余四公子余六公子余七公子余八公子之といふ

一公江戸ニ被爲入し時ゟ長岡を引返し是迄通り遣候樣との事ハ度々御意も被爲在し所ニて只今之姿ニてハ如何樣之事ニ及候も不知と御配慮なりしかと執政初元ゟ不好所故何程之事か可在とて其儘ニ打捨置しニ此度之事出來しといふ

六日晴

一去月廿七日長岡勢三十七人薩州屋敷へ出し士林ハ吉成恒次郎服部悌三郎鳥居幾之介林忠左衞門横山辰之介小野鍋吉根本新平以下ハ御職人鄕士神官義民及ひ諸士之僕等之といふ

一薩へ出てハ應接ハ御廟算伺書之意味御周旋之沙汰もなりけれと矢張横濱打潰し之見込ニて右ニ付てハ跡之事宜敷御扱云々之意之といふ然るニ薩も國こそ正士もなるへけれとも邸中ハ如何ニも無人姑息役人等のみなれハ左セる了簡もなく直樣中屋敷へ送り田町之といふ其旨　幕へも屆ケ

御家へも屆ヶし之切迫之時情より右之事ニハ及しなるへけれとも大失
策可惜々々

一先日輕部南上ハ吉成引返し之事を被命しニ吉成江戸へ趣（ママ）きしと聞て江
戸迄行し之（吉の叔父之）　公も鈴木靫負ニ鎮撫之事被命しといふ

一四日朝尾張へ急上使進セらるゝとの事何事なるか上使ハ相違なきとの
事之

一脇坂ハ脱疽とても出勤ハ不出來よし之所近々出勤本病ニてハなしとい
ふ出勤セハ安藤ハ引込なるへしといふ

一去月廿五日尾崎大夫久世へ行し時久云御藩ニてハ安藤を殊之外御惜み
そよし成程掃部ニても存生之時ハ權を振候歟も不相知候ハ共當節抔ハ
それところニてハ無之却て私　御家之事抔申候得ハ共々ニ周旋いたし
申候尤表向計之程も不存候へ共先右之次第只今之樣子ニてハ更ニ惡む
ニハ不足者之といひしよし

一將軍家御不例ハ被仰出候譯ニてハなし山形運阿彌大城ニ行しニ御城中御混雜　上樣御不例との事故運阿彌立歸りて人ニ語りしえといふ
將軍家ハ御痞症ニて去年も二度程御事切之よし右之類なるべし左それハ山口本郷抔之盡力云々も可疑
一四日御番所ニて人靜りし後石山彥吉手塚太郎衞門潛ニさゝやくを聞しニ石山是迄ハ先順能出來されとも是迄ニてもや押付ふれさり扨々困りさりといひしニ手塚なニもやとてもぶめ何と思てもとてもぶめえと嘆息セしよし貳人ハ奸人なれとも何歟見切之有し事なるべし
一昨五日七ツ時早脚到來石州へ來ル是ハ閣老連名ニて御朦中之御機嫌伺氷砂糖ニ金米糖歟何歟被遣しよし御喪中故城代ニ來りしえ是ニても愈奸之手廻りて幕な石州へ早脚來るなるべしと驚きし人もありしよし
一老公御逝去後ハ一國之士民如何樣思詰るも難測と　幕も余程用心安藤ハ別て用心之よし西丸下御番所夜五ツ時迄ハ往來セしニ近比ハ暮六ツ

ニハ必〆切るよし

七日陰

一四日尾張へ上使云々ハ定て御愼解なるへしといふ去月廿六七之比尾越ともニ一段之御ゆるみニて御城中御歩行位ハ御濟ニなりしよし　一橋公ハ其已前御髭月代御庭御歩行抔御免ニて全く御門外ニ不被爲入のみなり右故此度之上使ハ御愼解なるへし昨夜早到來セしといふそし其事なるべしや井伊家も掃部頭と任官之よし中將ニ任ス

一長岡勢山下ニて　今公を拜セしニ　公何者なると問セ給ひし故長岡勢之由申上る　公それハ甚奇特之行列ニ入候樣ニハ不出來候間前後へ之守衞いたし候樣との御意ニて新宿迄御供セしニ議論起り薩へハ出しニて林忠左衞門ハ紺屋丁ニて手疵ヲ負未タ平癒セさる中ニ叔父之黑澤大鬭弟之廣岡櫻田之大功を顯し已來切迫ニなり居しニ今又　老公ハ御逝去益賴む方なくて斯ハ決セし之異論之者ハ切てもそつる勢ニて已ニ同

志之士壹人ハ拔合セ壹人も余程六ヶ敷かりし位之右之勢ニて吉成抔ハ年輩といひ且ハ見込も落付たる論なりたるか不得已同道セしとといふ今小川ニ殘り居る者ハ何レも幼若之者のみ之
一薩事出來さる前迄ハ余程内輪之都合見直したる所此以後ハ又少しく變したるよし當時役人笑壺ニ入し樣子之
一薩之事　幕へも屆ニなりしか　御家な薩へ懸りしニ最早公邊へ屆候得ハ御相對ニてハ御返し申兼候　公邊へ御進達之上なられハ云々と之當時幕も大取込之中今又事の生するハ甚た不好所之樣子なれハ多分御返しニ可成政府之論ハ如何
八日陰雨
一薩人云初長岡勢薩邸ニ至りて云我々共天下之浪人ニて存詰候心願之筋有之勿論一朝一夕之事ニも無御坐候得ハ早速申上候事ニも不相成候得共暫之間我々共御養置被下候樣御當家を御見込申相願候間可然御了簡

云々との申出故それハ隨分御養置可申乍去外之事とも達候得ハ御書取ょて之頂戴仕度と答長岡勢則席上ニて大意書取遣し申候依て中屋敷之明長屋ょ入置之（一ニ學校之も云）飯焚抔付置申候何も大小ょても御引揚ヶ申候譯も少しも無之其段國へも早速早相立右御書取を以て主人ょも相談仕且公邊へも御屆申候事ニ御坐候故御家ょて御引取之事ょ候ハヽ　公邊御進達之上御渡し可申それとも愈元御家來歟否も聢ト不相分候故右之人体御見知之方御出ょて御一見可被成且ハ主人へも相談仕候事ょ御坐候得ハ御引取之所も右之挨拶參候上ニ仕度云々之よし

一薩ヘ出しょ言語も不通事抔有しょ竹下なる者先年東海の返射爐ニ來り居し故直樣應接ニ出逢大きょ都合もよしといふ

一初長岡勢長々之出張人々死地に陷り居る故何歟一事業も盡度斷夷位之論ハ始終立居しゟ如何ょも同志も不纏所々ニ潛居セシ故先それ之ニなり居しょ一旦所々之有志一ツょ集りたれば直樣右之事ょ至りしとい

ふ
一幕ニてハ薩の屆ヶなりしニ元より天下之浪人といひて薩へ入しなれハ何レへ之引張もなく殊ニ何欤事を起セしニも非す　公邊ニても浪人者迄ニハ不被構候間薩州ニて品能取扱候樣との事之よし
一去ル四日一橋家尾張越前共ニ御愼御解被仰出
一久世ハ　老公御逝去を聞て愕然として力を落し誠途方ニ暮ふるゝ御愼解之此より正氣持返し益張込居るよし其言ニ　老公御逝去ニてハとても天下之回復ハ不出來といへとも眼前　當納言公ハ　老公之御種ニて　老公ニハ少しく御劣り抔いへと流石ニ　老公之御血胤　老公之御德義天下之奉感慕所なれハ我此職ニ居て百方　當公へ力を奉添いつこ迄も　老公之思召を被爲繼候樣御仕向申上なハ此大危難少しハ押拔ぬ事のなるへきと潛ニいひしとそ
一去ル五日武田大夫被爲召長岡之事抔彼是御申合ニなりしハ長岡之者抔

も長々出張實ニ心底之程感し入之併ヶ樣相成りふハ何卒幾重ニも思慮いたし引返し候樣可仕ヶ樣之事ハ其方抔ニてなけれハ中々引返候事も不出來能々了簡可致櫻田之事抔も彼是と申者もあれ共併井伊を討取しより幕之勢も一變せし事なれハ實ニ忠精之程感ニ不堪長岡之者も先日薩摩抔へ出たるよし右樣之事いたし候てハ扨々困り申候併出來候物ハ致方無之候間何分引取候樣致度云々之大意其外一國を御纏め之思召之よし武田も色々申上眼前長岡之儀ハ最初　勅な起り（候カ）事ニて右之儀ハ暫御猶豫と申迄ニて愈御返納不被遊との御達ハ無之それ故人々今以安堵不仕と申せしニ　公扨々左樣ニて有けりとて大きニ御呑込武又云とかく一國を御纏め被遊候なふハ三ヶ月と御見込被遊候ハ一ヶ月ニ御成功之思召ニ無之候てハ參り申間敷云々　公萬事御呑込當時ハ姑息人ハ余り御前へハ出不得白井執政を始として常ニ祗候之人ハ多くハ　老公御信用之人々ニて香取介太郎等之如き御下國次第十分なて込積り之人も

有しゟそれも不出來板橋等姑息人何レも久木等ㇾ會合　公を御引入申策ㇾ骨折居るよし油斷そなふぬ世の中之

一六日中山大夫被爲召　公御申含武田へ御意と同樣之中山ハ私隱居そ身分故左樣そ事ㇾ可拘筋無之當時御役人衆そ工風可致所ㇾ御坐候と申上しㇾ　公左樣ㇾてハ無之長岡そ事抔ハ今そ役人ㇾてハ決して被構不申候間其方ニ申含るなれハとしや隱居ㇾもセよ余ゟ賴み候間余ゟ代りと思候て執政ㇾ足を運ひても可然取計候樣可致云々　奥御殿樣も長岡勢是非歸り候事なふすハ内々ㇾて〇ㇾても遣し可申と迄も被遊しといふ

九日晴

一公そ御下りそ時土浦そ家老申上しハ此度そ御下向ㇾてハ大勢御家中御領内迄罷出候所番所へ御拘りそ人ハ壹人も無之脇道又ハ田の畔傳等ハ御坐候右故敝藩ㇾても　幕府へ對し申譯も相立流石ㇾ御家臣そ振舞采女正ニ於ても難有存申候由申上しゟハ　公悦セ給ひ左もなるへしと被

遊しよし

一御著城よありて奥へ被爲入しよ後宮不殘御下りを見て聲を限りよ啼悲それあ　奥御殿樣へ被爲入しよありし事共委細ニ被仰御涙セき合不給又英想院樣ニ被爲入しよ又御同斷ニ被爲入それあ　老公之柩前被爲入御棺之蓋を御開きよて御拜被遊三年以來御樣子も拜し不奉しよ斯迄も御變り被遊しろ扨々と被遊しのみ御悲嘆之情可申上樣なしそれあ日々御棺御拜駒込よて常よ被爲召し御上下を御覽被遊是迄之事御思出し之樣子よて殊之外御嘆之御樣子之よし

一御下りえ時鳥居執政よ御大切之折ハ定て御看病も申上しあるへし其時之御樣子如何被爲在しやと被仰しよ執政一言も申上不得顏を赤めて退きしとそ　公又君側之者を召給ひ　老公御世話を申上大儀よ存候間時服よても可爲取之所先是よても遣し可申とて銀貳百疋ッヽ被下しといふ

一初御愼解上使之時久世云此度之上使ハ私罷出候積り御坐候今御一人ハ御新役ニて美濃守殿可然といひしニ美濃も辞退も不成愈二人定りし故安藤内藤等大悦之よし其後御逝去ニ付此度ハ内藤勤メさり宿ニ歸りていひたるハ先々大安心參る迄ハ如何と存しニ小石川も至て穏便ニて今日程安心しさる事ハなし隨分酒肴ニて祝位ハ致てもよろしきといひしとそ去秋之國難抔之如くなふハ如何なれとも御機嫌伺等ニ來りてハ何の心配も有へき樣なし幕の水戸を恐れ候事ハ都て如此といふ

一去ル八日ニ海老名孫次郎下野を深更起して小川之殘り有志も近々決して出發致候模樣小生一言申候得ハ既ニ切るゝ計ニてやふ〳〵參り申候云々之意を通し又武田を起し同斷それニ松本力田丸へ是も同く決する一条ニて無理ニ○を借て行しとて府下有志奔走突留しニ兩口ともニ虛ニて事の異同ゟ起る併武田へ書記之石河小田部等を召て下野を鎭撫ニ可遣等之策もなりて半ニして止されとも下野原ニて命を受小川出發之

浮説起る
十日陰至暮雨
一昨暁水野外記母没したふ葬る依て両々其事に係り居
一此度之事久世之盡力抜群ニ付　公にても重く御報ひ之思召之所御中陰
中それも如何との論起り御見合セといふ
一御下國ハ御看病御對面之願なれハ幕府引續御上りえ御催促有之依て近
比御願直しになりしといふ
一横山甚左衛門御供之折ハ長岡勢を恐れ青さめたる様子人色なし道中ハ
酒にて稍氣力を補ひ居るのみ幸にして國に至り見るに己か仲間も多く
大きに安心のみならす　公へも追々説を進むるといふ
十一日陰又晴
一横甚ハ余り　公へ説を進むる事ハならす殊に御國に來て何歟不氣服之
事歟ニて折々引込抔するよし

一長州ニハ側目附といふ者貳人あり是ハ外之勤ハなく只天下ニ間牒之如く出入して天下之形勢を探り主君ニ告る職ニて才智抜群之者を撰ひて此職ニ任す甚タ權のある者之といふ是ハ毛利家祖宗ゟ之法之又諸生を遊歴ニ出すも主人之內命ニて出るよし先年此方ニ遊學せし赤川抔本國ニて逢しニ水國政事之得失人物之賢否我國ニて論するニ不異といふ都て他藩ニてハケ条之事もなり且戰爭を經し家ハ自然其事も名策なるへし余幼き時茅根先生之門ニ遊ひし時柳川ニてハ宗茂之廟ニ朝鮮陣沒之姓名を懸札ニして代々之君宗茂之廟を拜る時ハ必懸札へ迄一拜をるといふ

一日定菊池何レも當時政府之腹心之所此度御紋付御羽織拜領併是ハ郡宰見習故同列之御羽織拜領之內ニ自分羽織も他人之前如何ニて同列ゟ願しあるへしともいふ瑞龍御葬地之事ニて時々鄉出もをれハあり

十二日陰午後小雨

一昨日田原彦三郎小川へ出發
一公ニてハ御哀傷之情厚く毎夜八ツ時位迄ハ御夜伽も被遊日々之御拜其
御中なれハ政府ニても余り　御聽ニ不達樣ニする故深敷事も不申上且
白井肥田位之外ハ御前ニ出る人も稀之といふ
一松平式部少輔ハ井伊之四天王と呼れし壹人ニて御勘定奉行ニて專ら逆
威を振しか去ル七日一橋附御家老となる是迄之御家老大澤豐後守ハ正
議之士なり同日大目附となる
十三日陰
一前納言公御諡號源烈公樣と可奉稱旨被仰出
一去ル六日長岡勢之内大津彦五郎柴田市太郎興野眞之介小林孝ハ武善ニ
行て曰私抔久敷長岡ニ罷出申候所ヶ樣相成候からハ　當公ニて　老公
之思召を御繼被成候樣御同樣周旋仕候事當今之急務と奉存候就てハ私
共同志之内三十七人ハ薩州へ出大失策誠ニ困り申候それい（らカ）ニハ不構殘

りミ同志十九人近々罷歸り候積ニ御坐候如何といひしよ武大きよ御尤早速右樣可相成云々大津等曰扱それニ付困候儀有之長々所々ミ厄介ニ成五七兩ツヽミ借越〆て五六十兩も可有之是を御盡力可被下と云しよ武御改心ニて御引取と申上ハ隨分御世話も可申なれ共私當時一文なし何欤御引當よても御坐候ハヽ盡力可仕といひし時大津一幅ミ掛物を出し是親鸞上人ミ直筆今迄鬼深小左衞門湊ミ何某よ質入ニ致置候所亡父同人へ金用立手よ入候品ニ御坐候是よて御盡力云々との事よて武も脇合聞立しよ相違無之依て近藤酢屋梅源ミ三人よて六十五兩拵へ是を四人ニ渡し武扱是上ハ御歸りニ可相成云々いひしよ四人又一ツ困り事御坐候何卒今一度御諭しよても出候〔樣脱カ〕仕度先日ミ御諭ハ一体ニ無之余ミ同志ハ皆小生等よ進退を爲任置候故御諭次第云々ミ問答よて歸りし由併又一説を聞ニ大津等小金よて武善と問答ミ時武大よ窮し知行引當よて金子用立可申旨證文を有志よ遣し歸りしなれハ右證文持參ニて約束通

り云々との事なるへし且又湊之者も○を有志ニ贈度武之聲懸りあふハと思居しなれハ右之金も出來しなるへし云々案るニ有志之士假令餓死せれハとて武之前ニ至り平身低頭せへき譯なりされハ本文誤なるへし

十四日晴

一薩之一条ハ國へも相談いたし且此方含みも御坐候なれハ　水國ニてハ少し之内御構不被下候樣仕度云々内意なりしといふ

一岡部三十郎先月末十八九之比一寸府下へ來ル是ハ　老公御逝去を途中ニて聞實否を糺候爲來りし之既ニ江戸有志ハ　老公御不例と號し　當公御下國被遊樣ニして事を可計といふ論なと余程起りし内思ひきや眞之御逝去ニて誠ニ愕然としたるとの前表とそ思ゆる將又木村權次郎瘡疾ニて鄕へ潛み筆子等を集め手本を遣し且金索抔人ニ吹懸それか事露顯ニ及ひ野村初メ通路も存分ニなふぬ樣ニなり木ハ湯治ニ行終ニ同志ニ離しといふ高橋之説實なる由ニ嘆しとそ

一大久保下向之　勅書ハ先年ヶ様〳〵之次第ニて三港之交易指許しニ其後武備も不整内地之難儀不可言　勅書も諸方へ下しふりしニ何之事も出來す實ニ　伊勢神廟ニ奉對誠ニ恐入候儀其罪重大ニ付讓位して上祖宗へ申譯致候積之承レハ其余所々開港之趣それ等都て是迄國体を汚し候罪ハ關東ニても　祖先へ申譯いふし候樣可仕之御意味之よし是ハ中河内ノ山伏先月京出立ニて歸りし者之咄右山伏粟田口宮樣へも拜謁御詩作拜領之よし委細ハ玄蕃府有志之士へ書取ニて呈セしよし右　勅之意味ハ近衞一条之兩公ゟ内々水府へ御通達ニなり　公ニても極密右之旨御承知之よし

一天朝ニてハ祐宮樣へ御讓位之思召なれ共深く九州諸侯を御引付ニて右ゟ事起れハヶ樣と申事深く御熟慮　關東へハ　一橋公を是非西城云々之事抔仰出し事ニて是非右ニて　徳川家中興　神州を持張候樣之　叡慮之よし

一安對七日八日ニ比引込長く引込之樣子之といふ

一久世ハ事を成ニ半途ニて止るなふハ初ゟ不致取懸るゟふハ始終へ可押
拔との事平生持論之よし脇坂引込し時ハ久世一言も不言脇も少しく恨
し程之事之是迄安藤盛ニ事を用る時久世默して聞居ふるゟ先達ゟ久世
萬事齒切て事を行ふ故安も弱りしといふ是ハ久世事を行とせるニも同
志もなく時情も不分故暫く默々して居ふるゟ愈見込を付斷然として事
を行ふよし且又井伊の時ニ打レし有志之士不殘久世ニ力を添　天朝ゟ
之　勅書といひ天下之形勢といひ其盡力も果敢取といふ

一脇坂も近々出勤安引込ハ早速可出との見込之よし

一九月五日大田備後守も愼御免ニなりしよし

一井伊之殘黨藥師寺久貝石谷松平出雲を初として窮鼠之策をなし久世之
水戸へ深く身を持といひて　老公御愼解　當公御下向等之事ハ全く當
公御下國之策ニて　老公ハ眞病ニ非すとの論起り其爲ニ少し延引もセ

しにて又近比ハ水戸にてハ　當公を御國へ置水戸城に引籠り天下へ旗を擧る積之といふ説専ら行れ久世初御下向を盡力セしハ大失策云々之論にて其都合甚た難物依て此方な宿繼奉書を以御參府を申上候へハ直樣御上り被遊候樣奸人之網之中に入不申樣御了簡云々申來りしといふ

一久世云此方都合も御坐候故余り久世久世と御沙汰御坐候てハ誠に御家之爲盡力も出來兼候場御坐候間右ハ御扣被下候樣云々之といふ

一去ル七日横瀬山城守高家之京都御使被命是ハ立親王之御祝儀なるへしといふ一説に横瀬と由良播磨守ハ高家中之有志之といふ

一井伊家にてハ三日以來往來之者を捕へ囹圄之中に幽し置しよし伊丹藏人も捕レ六月二日ニゆるされしといふ井伊之暴如何そや併多くハ浪人抔をハ別て捕しといふ一ッハ虚聲を張し樣子之

一内藤紀伊も先達ハ挫しけたりしに此度國之家老有志といふさ上著諫て云當今ハ實ニうか〳〵致居候てハ決して不相成神州回復ニ力を被盡候思召な

ふハ閣老も御勤可被成左もなくて閣老之職に御出にてハ天下へ御濟な
されぬのみなふす眼前櫻田等之事も實ニ弓斷相成不申云々之意味にて
極諫内紀も右諫を用是より余程正ニ反りしといふ

一當時安藤之身を畏レ居る事甚しといふ

一去ル七日立川錄介御勘定吟味役となる是ハ主水正といひしの子にて主
水正ハ井伊之三萬兩拝借之事にて松平式部少輔におそくふれ割腹せし
人ニて正士之性質淡泊篤實にて出世を不好他役にてハ御奉公も出來不
申候故長く此職被仰付候樣との願にて御勘定吟味役を勤しに新同列抔
頻りニ轉任官位も取抔云々れハ是をも主水正となし直ニ奉行となしゝ
る之割腹せしハ奉行中之事之然るに此度錄介ハ父之跡に任し御勘定吟
味役となり（奥右筆ゟ吟味役へ趣（マヽ）任之）父を殺せし式部ハ同志御三家付ニ改られし之

十五日雨

一老公御尊骸今月廿六日御出棺廿七日御葬穴　中納言樣諸公子御見送被

遊旨被仰出
十六日晴
一五日ニハ土佐侯松平容堂も愼御免ニなりしといふ
一桑原望月ハ先達御白書院へ御墓之形を作るニ又此度ハ死人之形を作しといふ御醫者之詰所と歎いひし死人之如く作りし者へ夜著を打懸置なり是ハ　公御著城之日之頭取見付て直樣かなつけなりしといふ是ハ頭取之支度場之といふ
十七日陰至夜雨
一桑原望月御白書院之一条　公御中陰後直ニ言上可致とて是を待居よし
一一橋尾張抔ハ御愼ハ解なれとも眞之御開明ニ非す是ハ竹腰等己ヵ利害を計　尾公御政事ニ御携無之樣せんと思ひ　幕之奸有司も今之世となりてハ御開明を妨る事ハ不出來ハ責て竹腰之力を以內外相應し御妨可申上とて竹腰抔之拵事ニて既ニ　尾公ニも只出格之思召ニて御免被仰

出しのみ御政事等へハ御立入無之様と成し之併　尾公計ヶ様とハ不出來勢故　一橋も御同斷御親族方其外他へ御面會又ハ御文書御往復等之儀都て御遠慮云々之御内沙汰尤無御余儀事ハ兼て被仰聞候樣と被仰出しといふ

一井伊家之四天王と世ニ稱せる（ら脱カ）ゝ奸人も大抵要路をハ離れしよし藥師寺筑前守ハ御用御取次御免松平式部少輔ハ御勘定奉行を離れ赤松左衛門尉ハ隱居御役御免小花和兵部ハ昇進を不得當時　幕ニてハ井伊方之者ハ悄て不用又忠正之士をも不好所謂中央なる姑息ニ目鼻を付し位之者を用る之

一昨夜早到來

十八日陰

一久世ハ只内を實する所を務め打拂等之見込ハ少しもなき樣子當時幕之勢余程直りたれとも流石ニ是迄盤根錯節容易ニ難拔勢ニて久世も御家

之事抔ハ餘程之盡力只一人ニて押拔是迄ニ出來されと元より無理〱拵へさるなれハ跡之居り合甚さ不宜何かな名を付久世を挫く之策尤深蜜（ママ）ニて久世も少しも早く　公を參府なしまいらセ後楯とセんと思ひ幕論も　水戸之激論　公を御留め申天下ニ旗を擧んとそるをも去らて下しまゐらセし久世等之失策よといひの丶しりとても御參府なくてハ第一久世を始として此後盡力も不出來勢誠ニ難物之世の中されと　公ニも一日ツヽも御國ニ可被爲入思召ニて原ハ今井等をも爲御登ニなり其外外路ニも周旋之人なりて御新葬後直ニといふ所先御法事迄ハといふ位ハ延さる樣子　幕之內輪も全く道理ニ被押奸人も無理ニ默し居妾油斷大敵之有樣之　御參府ニ相成候ハヽ御贈官及　公　幕之大政へ御立入等ハ出來候樣相成可申抔閣老いひし由若狹介も師直を切るも不出來都合之

一佐倉ニて被捕し者一人江戸ニて貳人なりといふ

一薩之一条ハ追々聞ニ最初ゟ水戸家ハ臣下　老公方當公方と二ツニ分れ居相互セり合のみなし居天下を憂る者ハ　老公方　幕ニ取入者ハ　當公方と名を付置それハ本藩之士も度々右之説を破りたるか今度　老公御逝去　當公ニハ未タ御著城も不被遊以前ニ其臣下として國を去て他藩へ驅込といふ事如何ニも不審ニ思ひ推察して曰　當公ニてハ所々潛匿せる者抔ハ大ニ嫌ひ給ひ打ても可取位之思食之所　老公ニて殊之外不便ニ被思食内々ニて御かくまひ被遊しか一旦　老公御逝去と聞て右ニてハ中々御領中ニ潛居も不出來とても捕ニ就なふハと思ひ他藩ニ驅込し者なるへしと思ひ居る者なりとそ然るニ御家より引取として先鋒隊ニても被遣なハ有志ハ是を見て扨ハと思ひ薩邸ニて如何なる事なふんも志れすとて邸中外路之者竊ニ薩之有志ニ會し此度之事ハ當人〳〵も御見込申推參も致候事なれハ却て又引取ニても參り彼是いたし候より矢張當分之所足輕ニても何ニても御遣被下候方可然云々といひしニ

推察せる所へ當り合し勢ふて所詮此人々を水戸へ返され首ふても刎らゝれんも忘れすそれも誠ふ不便ヶ程迄ふ天下之爲と思込し者なれハ何卒助置るしと思ひ居よし併此方ゟ表向ゟけ合時ハいつも國ゟ分り次第といひ居よし

一孛漏生人八月十三日同十八日安對宅ふて應接是ハ交易難許由墨夷を以斷しふ承引セす又々應接ふ及し之

一田原彥小川へ行此度御同志ハ大勢薩へ出るれと何を申も　國之大喪其臣下ハ皆喪を服し居る事なれハるとひ如何程之事なりとも服の終日を不待してハ臣子之義ニ於て如何ましして左程之事ふ無之ハ尙以之事今迄待居し人之今俄ふ待れぬといふふもなるましとかく臣子之義を全くせる事武士之大節と存るれハ何事も先少し之間御見合ふて可然旨論セしふ尤と思ひし者もなりしゟ中ふハそれ迄も相待事不出來とて半隊程引別れ別之所ふ移りるりといふ

（らヽ脫カ）

十九日陰
一一兩日以前ゟ御家中紛々　鶴千代麿樣御誕生之沙汰尤御臨月なれ共眞
之御誕生ニてハなし
一小川有志之分れふるも愈決しハセぬ樣ニ落付しといふ
一二三日以前之夜通しハ御參府云々之よし是ハ初御下り之時ハ御存生之
中御對面御看病云々御願ニて幕ゟも少しも御快能候ハヽ直樣御參府可
被成旨御達ニて廿六日御發駕之所　老公ハ廿六日御逝去此事廿八日方
江南御屆ニなりしか其時多事ニ紛レ何等御願直しニも不相成其内又
幕ゟ達なり御對面御下り之所御逝去ニ相成候付てハ直樣御上り可被遊
筈ニ候得共　奥御殿樣ニも久敷御對面も無之事ニ候得ハ御對面之上早
速御登り可被遊と申來りしか其時も打忘レそれのみになし置ふるニ又
此度　幕ゟ來りしㇾ是ハ最早御對面も御濟ニ相成候事と存候得ハ御新
葬御濟ニ相成候ハヽ早速御登可被成といふㇾ　公ニても責て來春迄も

御在國之思食臣子ハいふもさらな今井原田等をも江南ニ被遣御居延之所と　勅書御返納愈御猶豫と申書附を幕ゟ御取なさるヽ思食なりしか如何にしてか右之御屆ハ御失念ニなりしな

廿日陰後晴

一昨日中山老大夫を被爲召色々御咄なり御參府云々も右之始末にて見れハ近々登りニ可相成實ハ來春迄も居候て國之居り合も付可申所存之所元が御看病之事なれハ常之下りとも違ひ殊に下りえ時にハ　幕にても一方ならぬ骨折候人抔もなり其故下り候樣にも出來候事にて只今登り不申候てハ其骨折候人も甚不都合も有之候樣子旁無是非事なれハ先尾崎を爲登猶豫之所取繕候積な右にても愈出來不申候ハヽ不得已扨此後之下りハ來年ハ六ヶ敷可有之明々年ハ御三年にも有之是非罷下り家中之政事領中之事迄も世話いたし候積な甚た長き事なれも併其含にて居申候又今度之登りにも何程歟守衞と號し南上之人も可有なれ共登りに

ハ床机廻をハ召連江戸ニて守衛も爲致候積なれハ其外ハ不罷出様致度
公邊へ對しどふろふといふ計ニてなく諸藩へ對し候ても余り〳〵余ろ
不德を顯す姿ニて誠ニ困り申候扨又誠ニ國中幾つニも分れ居それ又纏
候積ニて家老へ懸候所今以何等申聞もなし畢竟家老も大勢之事ニて各
自分の愛憎といふもなり大勢事といふハ都て物事廉のとれて仕舞候物
ニて中々當り障りなき抔といふ樣之事ニてハとても參り申間敷今以議
論も合セぬ樣子之併白井之論計ハ承り申候是ハ全く壹人之了簡ニて申
候所一々至極尤ニ存し申候故何分右之工風も致し可申と被仰し故中山
それハ何儀ニ可有御座やと伺しニ　公今之内ハ手前ニも咄し兼候と被
仰しよし中山退出して白井へ行御前ニてヶ樣〳〵之仰之是ハ如何之事
ニやと問しニ拙者申上候事ハ當今至當之所を申上し心得　公も至極御
呑込之御樣子乍去握りて見不申候てハ聢とハ不致候得共　公ニて愈御
用ひ被遊候ハヾ余程安心いたし候樣參候半併其内ハ拙者とても御咄し

申候樣ニ而出來兼申候と答しよし

一中山御前へ出し時ニ　公被仰しハ一体家中之ヶ樣ニ分レ居候ハ其本と申セハ全く　勅諚之一条より之事ニて是さへ愈御居りと出來候ハヽ一國之者も彼是いふし候筈ハなし是ニ依て是非右之儀　公邊より書附を取候て領中迄一圓ニ示し安堵爲致候積り先達より今井等へ達し置しか此度尾崎を爲登候ニ而居延之所と　勅之所を周旋爲致候心得之と被仰しよし

尾崎大夫ハ今月之中登との事

一同仰ニ江戶ニ居候時ハ國許もヶ樣之譯とハ思さりしニ下り候て誠ニなされし申候畢竟余か不德故なり云々當時ハ國中思ひ〳〵ニ分レ正論ハ正論之中ニ分れ奸ハ奸鎭撫ハ鎭撫之中ニふて分れ居るよし中ニハ鎭激といふもなるよし其方も承知なるへしと被仰し時中山私抔ハ御國ニ居候得共隱居之身分更ニ存し不申と御答申上しニ鎭激とハ鎭撫論之中ニ居て激論を殊之外打ふかり候を鎭激と申候扨右樣分レ居候てハ此先何事

と申候ても致方有之間敷何卒幾重ニも手を盡し可申又家中之者も余り爲と思ひとふそ纏りて呉候樣致度其方抔も定て心付も可有之候得ハ存分ニ承度且又書取ニても致し爲見可申近々登ニても相成候ハヽ此方ニてハ出來不申候故江戸ニ參候て盡し可申云々之由
又仰ニ是迄ハ前樣ニて被爲入し故萬事御すがり申居候所ヶ樣之事ニ相成扨々無是非次第之併其方とてもおれか心中をも察し可申おれ程不運之者ハなし櫻田以來水戸殿家來といひ立しとの事ニて登城も不出來實ニ隱居も同然之それニ井伊ハ登城もそれハ何もいふし剩任官迄もゑふるニ此方ハ右之次第殊ニ前樣ニ迄も御離レ申誠ニ申樣なき仕向只今登候とても登城も出來候やら如何もゑれすいつそ下國之序ニ國ニ隱居して仕舞可申と存せしかそれニてハ何歟　公邊へ突當候姿なれハ何罪歟ニて隱居被仰付候迄先此儘ニて居り可申と存其ニ就てハ最早　前樣もなし今よりハ壹人之決斷ニて取計候事なれハとこ迄も心を盡し押拔候

積り之云々之由

一又仰ニ櫻田之事抔彼是申候者もなれとも併なれハ上出來を致したりなの事なくハ　勅書も愈御返納といふ事ニなり國中も如何なる事ニ歟及可申右之憂もなく殊ニ今一月も生延さふハ半地ニなる歟國替歟井伊之暴政ニてハとの様の事ニ至るも忘れす誠ニよき時打さりと被仰しよし

一又仰ニ野村抔之如き者ハ　前様御存生之内ハ深く御信用も被遊し者ニて國を去り候も誠ニなの時之釣合無余儀譯ニて不得已出候ニて何も悪しき事之有譯ニてハなし都て是迄之所ハ國許ニ參り驚きさる計ニてハなく實ニ譯なしニて是迄之事ハ皆見消〔許カ〕し申候て遣候積之又長岡へ出居候者共ハ何レも　勅書と　前様御慎解との志願ニ候得ハ　勅之事ハ最早愈御返納ハ不致且　前様ニてハ御逝去と申畢竟　前様御慎解之儀身ニ懸願し者なそ〔マヽ〕く〳〵懇ニ申含なハ呑込候様ニも出來可申そして御出棺之時之御見送りニても爲致可申存候是ハ何レも家老へも申聞候得き

と被仰しよし野村抔之事ハ明日方何と歟可被仰出といふ

一公三浦賛男ニ今度登りニ付てハ其方も共ニ登り可申旨被仰し是ハ極々内密御用被仰付し故御登り之時ハ多分登り可申と三浦も内々人ニ語りし由尤何御用といふ事ハ一圓いさす

一奥御殿様御下り之時ハ御住居向も御大破ニて御居坐之内ニぬき抔を筋違とふしさる所もあり御杜等も扣を打さる位誠ニ御大破之由二三日前公被仰しハ最早　前様御逝去之上ハ天とも地とも奉頼ハ只　奥御殿様計故責て御一生ハ御安樂ニ御暮し被遊候様致度在國之中取懸御殿らしき所へ御住居被遊るゝ様可致存せしニ近々參府と申候てハ左様之事致居候間無之當節別して物入莫大ニて中々普請抔所ニてハ有之間敷ゟれハ手元金續候丈ケハ指出し登り候ハゝ早速申付可申とて御自身御指圖有之此處を取拂此所ハケ様ニ致し扨御守殿様先年御住居被成候御殿（松御殿之内ニあるよし）三間程有之候間是ハ舟廻しニても致可申又何の間と歟之御張付是も宜敷

品故下し可申　英想院殿ゟも嘸々御氣打御慰之為是ハ　英想院殿へまハふすへし抔之類都て御世話被為在しよし是ハ近々御登御自身御世話も不被遊故思食様ニ御指圖なりしなるへし

一公御下りえ時ハ殊之外色々と御思案之御様子六七日程過て御了簡御居り被遊し御様子ニてそれなれハ一日〳〵と御腹も御居り被遊しといふ

一奥御殿様も御國へ被為入思食之よし先日も是迄ハ　前様ニて萬事御世話被遊しか此上ハ子供等之事迄も皆御預り申候姿故何レも心を盡養育し女子ハともかくも男子ハ何方へ養子ニ參候ニも一國位ハ治り候様是非仕込可申と被仰し由

一當時ハ執政君側共ニ更ニ不被為召頭取ニて尼子三浦中根經島（欠本ノマヽ）之六人執政ニて白井時々被為召次ニ肥田杉浦も折々ハ出る側用ニて青山其外ハ一切御召なし

一石河竹之介書記魁も近比ハ余程ときよし有志石河ニ行しニ是迄之事迄打

明談論是迄之所ハ誠ニ不可言併ヶ様相成候ゟふハ　公ニて　老公御遺志を御繼述被遊候事至て肝要御遺志と申セハ尊　王攘夷又ハ文武御引立農政御軍制何レも半途ニして置候事故是非とも　當公ニて御繼不被遊候ハヽ折角之御骨折水之泡と相成決して不相濟只今之樣ニ不魴ニてハ萬一奸ニ被取候も不可測それこそ御繼述ところニてハ無之なんても有志一徊(同カ体カ)して是を持張始終へ押拔申度就てハ御存分ニ御心付之事も伺御一ッニ盡し度云々之よし

廿一日

一岡礫泉院ハ先年　將軍家薨御之時御疑心ニて禁錮セられ釘〆位之譯ニて嚴重之愼なりしゟ尾越等と同日御免ニなりし由

一美濃部新藏ヲ　公御獨斷ニて被爲召執政も不知よし　公中山ニ被仰しニ新藏と相談いたし度筋有之ニ付此間呼申候と被仰中山それハ何御用と伺しニ少々相談致候積之と被仰此御言葉ニて肥執政抔も扨ハ御召ニ

なりしと見へたりと初て知りし由
一一兩日以前幕命ニて入薩有志之見知人として四郡立番府等ゟ壹兩人ツヽ南上多分今日抔着なるへし
廿二日
一河越侯御名代御使長岡へ著此方ニて兼て其含ハなれとも中々今日抔著とハ不思宿割を初として何の手當もなき故長岡へ留置しニ又々因州の先觸來り大騷動之
一先日佐倉ニて被捕しハ下監ニて久木論之者なりといふ
一薩ニてハ有志之行きしニ大驚き且　幕之突當りを恐れよしや三十七人ハ棄殺ニするとも國へハ何等もなき樣と計りし樣子委細ニ其時ニ不殘屆ケ其上有志書取迄指出し　公邊ニて御引取ニ相成候なふハ其方御人數ニて嚴重御引取云々又萬一橫濱等ニて意外之事を生し候も不知抔其時々之屆ケ見るニ不忍事共之又其後貳人是も薩へ出しニ軍用金持參ゥ

と疑ひ別の所ニ指置其時之届ハ別して不可言といふ誠ニいか成奸人なりとも此上之取扱ハをましき之委細ハ別ニ右之届も認め置へけれハ畧す

一薩ニてハ有志之ならをひろひはまらぬ事抔彼是申觸し不人情甚しといふ

廿三日

一長岡殘勢呈書廿四日御判談之割是ハ杉浦執政ニ出し政事之得失人物之黜陟等之といふ

一今日諸方之御使者不殘下著

一江南ニてハ美新之御召を不安心ニ思ひ扨ハ御國政府なの通りなれハ美新引留るの策なるへしとて下らぬ樣思ふよし

廿四日

一昨日石河清衞門（マヽ）下著拜謁しニ政所樣な之御用申上る其時公何方へ止宿

いたし候と被仰しま石河實ハ御用宿も相渡居候へとも野村彜之介母ハ私妹ニ御坐候て老年の事ニ付内々ニて是へ止宿いたし候と申上しよ公それならハ可申事なり近く〳〵と被仰承レハ彜之介も宿ニ居り不申由何を申候ても　前様御逝去ニ候得ハ是迄之所ハ見許し是非御棺拜ニても爲致候積之今歸り不申候てハ惜くなく共不得已嚴重申付候樣相成候歟も不知是非間柄共と相談之上少しも早く召歸し候樣云々被仰御前を退しよ又々執政なも右之所別段達しよなりしよし

一金孫稻葉ニ御預ニなり居しら稻葉ニて優待せる事不大方金孫いひしよ余捕ニ就し時割腹之間ハ隨分なりしら只身を潔せるのみニて我　君の御寃罪を晴すも出來す志願を達せるも不叶故　幕へ出なハ定て糺明もなるへし其時存分申立たふんニハ大勢之中なとら君の寃罪不奉察へき又なとら我眞心の通せさるへきと存おめ〳〵幕へ出申候最早いふへき事ハいひつ又貴藩之御方へも折々ハ志願之所も申されハ今ハ世ニ思ひ

置事もなし今こそ死へき時之といひし由稲葉家にても至誠に感し是程
忠義之士ハなせケ様に不運にれなりたん此世の中に此様なる士ハなる
ましとて日々之扱誠に懇之且近比ハ家政向迄も萬端相談せるよし
一今日昨年以來蟄居等を始として屏居せし者共長岡勢迄廿六日一日御免
にて御棺拜被仰出
一今日七ッ時過早到來昨廿三日午中刻　若君様御誕生
廿五日晴
一登美宮様今日ゟ貞芳院様と可奉稱旨御達
廿六日晴
一今日　烈公様御葬送　今公余四公子餘六公子余七公子余八公子御見送
余　今公に供奉し夜五ッ時太田著
廿七日晴
一今日明七ッ時御供揃六ッ時半御發駕四ッ過瑞龍著支度替にて御供諸方

之御使者も不殘燒香此時俄ニ北風起りさしもニ晴渡る空雨雲立覆御穴入之比ハ少々降出尤地のしめる程ニてハなし御葬穴濟歸御之時ニハ又元之如く晴渡りぬ涙の雨とハ是なふん歟

廿八日晴

一御神主樣御始御方々樣明六ッ半時御發駕菅谷の勘尓(マヽ)(爾カ平カ衞カ)へ御小休七ッ時過御著城

一今日御次向へハ來る七日御參府御内沙汰被仰出

廿九日陰

一今朝尾崎大夫南上

一今日一役達しニて　御筆御下ケ

一大監笠井(久の腹心)先日策を立此度ハ御下なれ共御中陰ニて何の御世話もなし一國之人も何程ゟ存詰る者なるへきなれハ人望之屬し居る者を御殘しニて近々御事業之模樣御見セ可然それニハ白井執政其人なるへし又

當時要路之中ニて兩三人も御轉除ニて一國の氣を安へしといひしを信用セし人もなりしか是ハ白井を御國ニ留置策ニて又それなして　公を欺奉んとての近比ニ至り破レしといふ

一豆平等云板橋林了抔三隱引出しを目論余程整しニ白井ニ破られしといふ是ハ白と三隱との中を離間の策之豆ハ當時御尋者之書記魁ニ逢ひ機密を聞けりといふも珍らしき世の中之

一久木林了を以武田へ申入しハ久木も御承知之身なれ共是非夜中之申上度との事之御程合ハ如何なるへしやと之可笑

一當時ハ杉浦執政白井と同論ニなりてハ我徒ハ是迄之とて要路等ニて專ら其中を遮る樣子之

晦日陰

一七日愈御參府といふ事久世ニ告しニ久世大喜ひ何卒左程仕度左樣ならハ其代りニ三隱抔御用ひ之所　幕ゟ被仰出候樣是ハ何分骨折可申とい

ひし由

一今日諸士以上ハ七十以上諸士以下ハ八十以上來月二日迄ニ申出候樣御達出る

一尾紀樣御使者來ル

一薩ニても〓ふ〳〵議論見直し決して幕へ出してハなふぬといふ樣ニ出來且又國よりも當月中旬ニハ挨拶も參るよし

萬延紀元庚申十月至十一月八日

# 秘笈日錄

三

# 晩綠齋秘笈

目次

晩緑齋秘笈

萬延紀元庚申十月朔陰雨徹夜

一今日美新なる飛脚來ル愈朔日江戸出立ニて下り申候幕之勢至極順風只今水國よて何之策を以ても南發等ハ不宜確乎として不動を上策とす闔國之おゐ付ハ致方なし同志計ハ一纏よ致度石谷等も近々被打そふな模様廿四日よハ　一橋御養母君御登城　一橋公よも十月中よハ御登城も可被遊云々

一七日御登りニハ三浦も愈御供被仰付三十日之程江戸へ居候樣云々

一關宿藩川連行藏來ル宿ハ眞弓といふ所之舟橋とハ極親友依て舟橋よ談し有志を關宿よ潛ますする事を談す當時ハ藤森之塾ニ遊ふ者之

一鹽谷甲藏ハ余程形氣を見て事を爲者よて臆病之人之といふ藤森罪を得てよりハ終よ文書ゐよ不通藤森の有志へ書を託し京へ通するを聞再三書を以意見セしといふ川連說

一同役之申合ニて御參府御供之願下書廻る
二日晴
一今朝　今公瑞龍御發駕
一關宿ニ手を入る爲金索として淺田所持之三十兩村引當之手形川瀨へ廻す
一昨日當公御參府ニ付てハ非常之砌御供方御増ニて御參府ニ相成候付御守衛として別ニ南發不可致旨御達出る
三日晴
一土佐侯藩何某なる者　京へ出封書を指出し主上御叡斷被爲在候様と達て至願せしら　主上ニても御嫌疑も被爲在彼是ニて右之封書を評定所之様なる所ニて披見し其人ハ揚獄へ入しとそ
一今日文武指南諸役人一同御黑書院御入側ニ於て御通り懸御目見被仰付指南へハ御上下地拜領暫しへて御書拜見是ハ別ニ寫ス

一今日美新著

一此度ハ執政ニて白井戸田被仰付三浦も愈御供ニて登ル

四日晴

一安對も近比ハ誠ニ有もなきか如し權勢大ニ挫け幕之勢も頻りニ順風

一勅意御讓位云々愈實説之由何レ當月末來月初ニハ立太子之御沙汰　天朝ニて　寶位を御讓り被遊候かふハ　大將軍ハ尚以之事故是なして回復ニも可至といふ

一是迄久木論之者も近比ハ余程足を引者出來しといふ戸田等も役祿を拋ても長岡之處置野村引返し等盡力之心之といふ

五日晴

一安藤も近比ハ餘程挫け今ハ七分ハ可被打勢之と云石谷之被打そふな勢も先日なき事なれ共當時ハ必死と金を以保位之策專一そよし

一先日尾州公御使者來りし時下町會所之玄關へ横著ニしさるニ此方役人

案内之者も其時ハ見て居て如何之御次第ニて云々と答めし故尾州も誠ニ心配全く不心付畢竟供廻之者之不心得より右之次第ニ及恐入申候主人へ迄も障りニ相成候樣ニてハ指支申候間何卒筋へ御申出等ハ何分御用捨ニ致度旨申候故町方ニて其旨承知し供頭之誤り證文を取なりしニ尾之使ハ其場ニて定供之者貳人暇を出したり此方ニてハそれニも不構仕舞なりといふ

一因州之使荒尾駿河ハ長岡へ來りし時問屋へ談セしハ我々主人も甚な勝手不如意故上下おしなへて中旅籠ニて留め呉候樣申セし故其旨郡方へ申出しニ此度之儀ハ主人なき申付ニて御饗應申候故右樣之事一切御心配無之樣と答しニ難有旨答扨此度之御大變供廻大勢ニて罷出候てハ尚以御厄介ニ可罷成と存し全く入用之供計召連余ハ府中ニ殘し置しといひし由それな宿ニ菁茶代として壹兩貳分庄屋へ貳分問屋へも同斷遣し又長岡出張之手代等へも此度ハ萬事御世話ニ可相成何レ歸國之上ハ主

人ニて何と歟御禮も可申依てハ御名前承度とて姓名を書付し故手代等も彼是指圖いたし會所ニ著セし時ハ供之者を戒め此度之大喪ニてハ萬事心を可付水戸ニても流石肴ハ出ましくれ共饗應之事なれハ酒抔ハ可出も不知一切不可呑とて一晩ニ三四度も供頭打廻り指圖したる故此方ニて酒を出しても百人近くの人數酒之五六合ゟ外不呑といふ瑞龍へ行ても些も世話ニなりし者へハ其座ニて金を遣したる故萬事都合もよき由御燒香も成程閑雅ニ致たり此度之御使ニてハ因州第一之沙汰之

一薩州も盛ニなりしといふも近比之事ニて中々眞之正論ハ少きよし長州ハ是ニ比ふれハ家中ハ其様ニ分レも不致されハ（ごカ）一体之所ハ薩ニ劣るよし有志薩へ出し時ハ薩も大おたつ付屆抔も誠ニ淺間敷事之しゟ廿八日ニ至り南部有馬ニて久世へ内談セしニ其時ハ久世も口氣不宜し故直ニ黑田へ行（是ハ薩之問柄之）候と對話之内家老を以て重役之者へ事ニ寄ハ三十七人此方へ御預ケニも可相成其御手當ニて可然旨談セしニ叉久世ゟ使有之

決して右之心配ニハ不及と申セし故それより力を得左候ハ　幕ニ出すニハ不及又事ニ寄ハ國へ下しても可養も不知先ハ無事ニ水戸へ返し度とおりし由

一他藩ニてハ水國之事皆策ニておす事ニて何欤廉を拵へてハそれを種として事を爲すと思ひ居已ニ二月中之長岡打も策三十七人之始末も策というふ樣ニ水戸樣ニてハ兼ておそろしき事を御企被成候又ハ水戸樣ニてハ狐ゟ御工手故抔と他藩人何レもいふよし

一當時ハ上野之僧徒色々盡力有之一体天下之有志も水國之有志も皆上野へ說を入萬事上野ゟ起る故久世も大きニ盡力ニ易き勢上野之論ハ始終正々堂々之論のみ之といふ

一本多濃州を閣老とセしハ深き意味之有る事ニて閣老を選ふ時久世いひしハ一体京大坂を勤し者を閣老しをるハ昔ゟ之事ニて左もおくハ誰ゟ京大坂を勤る者なふんとて濃州を引出しふり是ハ表向ニて實ハ土浦侯

久世と至て親し土浦を閣老となす心組故先本多を出セしといふ上野ょても土浦ハ近々閣老ニ不成といひし由東叡之説ハ當る事多しといふ
一當時久世へ深く出入之書記ハ上倉彦左衞門之といふ
一天朝ょて是迄押拔居し者ハ中山久我兩卿之余ハ大抵御引込ニなり居し之
一跡部甲州も久世とハ誠ょ親しきといふ
一久世ハ一体之所中々天下之回復之出來る人物ょてハなし其論も內を實せる所のみ之
一昨日夜通し到來是ハ尾大夫之周旋セし　勅諚愈御返納ニ不及との事なるへしといふ
一今日も夜通し到來是ハ御忌御免なるへし
六日晴
一昨日御書御下ヶ別ょ寫ス是ハ三日之御日付之

一上州ニて絹商余程富家なりしか交易之爲最早五間つぶれ　老公御出現を渇望しゐるニ　老公御逝去誠ニ力を落し此上ハ何卒　今公ニて御回復被遊るヽを待居るよし

一薩へ出し事ハ策ニて出し由ニ思ひ居レ共天下之疾苦を解天下之衰運を回す主意なれハ他藩之説ハ至てよろしき由

一今夜諸士鄉士七十以上へ白絹一反以下へハ白紬被下置

七日晴

一今曉七ッ時御供揃ニて　今公御參府四日御道中ニて十日御著府

一御新葬之日ニ江戸御殿ニてハ赤き花天ゟ降乍降り乍上りセし由是ハ哀公御新葬ニも右之例なりしといふ

一鶴千代君御降誕之日ニ御庭ニ鶴飛來て其鳴事頻り也　御廉中樣不思議ニ被思食菓子抔數多鶴ニ與へ給ひしといふ御降誕之前俄ニ息絶させ給ひて旣ニあやふく之間御蘇生なし人々大きニ心配セし内蘇生し給ひ口之中

へ何欤入るよと覺しゟ其後何も不覺と被仰しとそれ㐧直ヨ御こしけ被爲付午中刻ヨ至り　公子御降誕被遊し　老公之神靈乘移㐧セ給ひ㐧りと人々もいひなへり㐧る

八日晴

一五日六日之比夜通到來是ハ　幕㐧長岡引返し𠩄申來る

一今月朔日方ヨやなり㐧ん　白井執政へ長岡引戻し被仰付依て野隼長作田原等を呼右之旨談セしヨ皆可引返といふ是ヨ於て小川㐧河和田へ長岡勢を呼付先書狀を遣して云此度寛大之思食ヨて是非引戻度尊慮ヨ被爲在執政へも被仰付し事なれハ此度こそ是非御歸被成一先　君命を御奉し被成候上ヨて時勢ヨ寄ともかくも仕候ハヽ御精神も余計ニ貫き可申と申送りしヨ長岡ヨても議論樣々之㐧るヨ何人欤告ㇾり㐧ん此度之引戻ハ矢張御刑ハ當り申候御用心云々之意味告しゟハされハこそ怪しき事もなりつれと二日ヨ又小川へ歸りㇾり依て高倉長八を呼寄手前ハ

長岡之者を止宿爲致なから何故俄ニ小川へハ遣しそと問しニ長八誠ニ恐入申候全く私不働故御用捨可被下といひしニ是ハ壹人之事ニも無之候間只恐入候と計ニてハ不相濟是非再ひ長岡勢を小川ゟ呼寄候樣といひし故直樣長八ハ其周旋をなしたるニ四日方ニ一同小川ゟ來り畢竟只歸候ならハ是迄ニ歸候之勅を留ささ（さかカ）とき歟打手ニ向ひさるかとき歟それをハ少しも問すして今更歸れといふからハ野隼等之心中も甚さ賴ニ不相成何レ一兩日之内ニ野隼等も此方ニ來るへし口上ニ寄てハ生けてハとも返さましたれといひて河和田ニ來りし由是を聞て野隼等も不容易と思ひ其旨白井ニ咄し右之譯ニて候へハ何卒長岡勢之信し居候者を先ニ立參り申度それニハ田丸抔可然併田丸へハ此方樣ゟニてハ不可然是ハ肥田執政ゟ御達ニ致度といひたれハ五日朝肥田ゟ田丸へ達したる田丸ハ其時御返し被成候御事業も無之只返レと申候とて返候譯ニハ參り申間敷とて返りしニ夕刻ハ野隼抔來りしか留守ニ付六日夕ニ至り野

隼長作加藤來り是非御同道可仕といひしに田丸云諸兄ニハ先達ゟ右の儀御周旋のよし私ハ昨日被仰付候のみ如何の釣合と申も不存私參り候ハ易き事なかふ不時にハ有之且是と申御事業もなしそれを說付返し候樣にハ中々出來不申是儀ハ御斷申といひしかハ加藤書付を出し是ハ執政ゟ長岡勢寛大の思食にて云々と申證文に御坐候是にて御諭可被成といふ故假令證文何通なるに（もカ）私にてハ行屆不申御同道ハ御易き事故參にもせよ無言にて居候ゟ外無之それなふハ私手札をなけ可申候間私と思食御申諭被成候ハヽ矢張私參り候と同樣に可有之と答し故三人も甚た困り立歸ると間もなく梅澤田丸へ行貴兄執政ゟ御達御受ニ相成候よし此度ハ是非御登り前御引返し思食故何分御急にて御申諭可被成といひしに田丸それハ先刻下野等へも申候通とても私抔にてハ及ひ不申とて彼是議論の所へ壹人かけ來り長岡勢只今何方へか立去候由分り申候とても今晚の事にハ不參と告し故梅澤も返りし由後に聞に長岡勢ハ御直

書御下ヶとの事故河和田ヵ行しヵ何もなき故歸りしといひし由

九日陰

十日陰

十一日

一大城御普請御成就之よし

一當時横濱之有樣日增ヵ彼ヵ術中ヵ陷り今ハ都下物價騰貴小者抔多くハ薩摩芋位ヵて取續(白米百文ニ四合之)居依て近比ヵ至り夷人へ奉公へ出る者多し男ハ一日五匁女ハ貳朱之といふ余程奉公人多くなり又妓樓抔も繁華ヵて神奈川等ハ物淋しといふ

一九郎公子ハ是非先日御下りニて御見送りも可被遊思食先月十八九之比今公へ達て御願被遊しヵ　幕へ之嫌疑等ヵて御濟し無之不得已御止り被遊し所　公御參府之上ハ近々御下りとの事

十二日雨

一貞芳院様ゟ　若君様へ鶴千代鷹と御名被進候旨御達し出る
十三日晴
一内藤紀伊守ハ是迄不氣力之沙汰もなりしか近比ニ至りてハ大激論常之
いふ所も商館を打潰し打拂之令を出すゟ外なし抔之類ニて安對と始終
戰居しニ近比ハ内藤勝色之様子安ハとても長き事ハ有之ましとの事
一御登り前ハ幕之釣合四分六位之所御登りニてハ貮分程德を取し由
一十一日内藤ゟ使者を以て申上しハ私不氣力ニて閣老被仰付候事誠ニ恐
入候次第併乍不及幾重ニも周旋仕候積故相應之御用ハ何卒無御遠慮被
仰聞候様仕度私身ニ替候ても御世話申上度と申上し由
十四日晴
一一橋様九日ニ御登營被遊し由
一十二日大城御普請御成就諸大名惣登城御祝儀申上
十五日陰後晴

一今日　四公子　瑞龍御拜ニ供奉し奉る
十六日晴
一八ッ時　公子ニ從て瑞龍ゟ歸る
一十三日格別之思召を以て御忌御免被仰出實御忌ハ十六日迄之筈り之
十七日晴
一英想院樣瑞龍御拜
一十一日ニ御著城上使として久世來邸
一荻信久木之御處置無之樣　公へ申上大ニ御叱りを蒙りしといふ
十八日陰
一今日野村之一条ニ付石塚へ行
十九日雨
一雨ニ寄て石塚ニ泊ス
廿日晴

一今日石塚ゟ歸る

廿一日

一十九日ニ安島帶刀之家へ二十人扶持茅根鮎澤之家内へ五人扶持被下其余幽閉之士大半御免

一廿日長岡へ出て後愼み居し者共御免

一近々要路打可吹出大誠島(鳥カ)居大森富田笠井之類之といふ尤是ハ櫻田御處置以後なるへしともいふ

一十六日三隱御用ひ　幕ゟ來る是諸藩より申立て出來し事といふ

廿二日陰

一今日石塚來訪依て周旋云々之議論

一岡山侯ニて　九郎公子御養子之含白井へ内々吹懸なりしといふ

一鶴千代樣御誕生前　御廉中樣俄ニ御不例之一条熱田祐元之直話ニ八月十五日夜四ッ半時祐元宿直之時女中參り俄ニ御召是迄之御規定ニてハ女中ゟ召ノ事ハなし

依て不取敢御前へ出しに只今不思議之事なりし一ッ之火の玉袖の內へ入申候間手を以て押出せしに又其次ハ腹之中へ火の玉入り申候と其儘俄に目舞氣分を損せしと被仰しよし夜の四ッ半ハ御國にて　老公御大切に被爲及し時之其後　貞芳院樣被仰しにも　前樣常々八月ハ必す出產なるへしと被仰しにそれもなくて御逝去後に至り生しも不思議之と被仰しとそ

一三隱出現前中山大久保等執政に可任と云　公も兩人にハ余程思食もなるよし

一野村抔も此度ハ歸る樣可成先日江戶へ出有志と應接もなりし由

一長岡勢ハ先日歸り恐入申立居る之

一儲君御降誕之後杉浦大森太田板橋林等申合御小姓頭取荻信と申合せ儲君を御三男之もりに拵へ水谷婦人之生し鐵之允樣を儲君と可定見込にて荻を以て　貞芳院樣へ萬之允樣と御名被爲進可然と巧に申上し故

御聞濟ニなり其儘江戸へ御運ニなりし　公殊之外御配慮被遊肥田執政を召し　貞芳院樣ニてケ樣〳〵被仰し由扨々是非もなき次第之鶴千代之出生ニてハ一國も安心セしとの事なるニ今更三男となしなハ此先水國ハ如何樣之事ニ及も難計此儀何卒穩便ニ事をまつめ申度如何思ふと被遊しニ肥田誠ニ御尤至極私身ニ替候ても御諫言可申上と御答申上とかハ然らハおれと一ッニ御前へ出右之儀可申上とて　御前へ御同道申上しニ　公被仰しハ此度之出生萬之允と御名被進候由如何之思食ニ御坐候やそれならハ眼前親之事ニも候得ハ私ニも一應御咄位可被爲在事殊ニ此度之出生一國之者皆鶴千代〳〵と申悅居候由是迄之腹とも違候得ハ是非正統之鶴千代を不被爲進候てハ此後如何成行可申やと御泣なからふニ百方被仰肥も色々申上しニ　貞芳樣も始ハ御承引もなかりしニやふ〳〵御呑込被遊成程尤之然らハ直樣其振江戸へ運ひ可申とて愈鶴千代君と奉稱しといふ虛實ハ未タ不知とも銕之允樣之御母ハ水谷善

四郎といふ　幕之御鷹匠組頭之子ニ組頭ハ閣老を始メいつくにも出入致役故久木等何鐵之允樣を儲君となし是を以善四郎を引付此手を以
　幕へ取入己か榮利を貪んと工み四百兩計賄として先善四郎へ遣セしに大き被斷し由是ハ先達ゟ天下之有志水國にて萬一右之事起ふハ水國ハともかく天下之存亡にも至り可申憂しに久木等か策をや聞ふりゟん藤森恭介旗下之士を以ていひ入しハ當今之勢誠累卵天下之安危　德川家之存亡今日に決し申候今貴君之孫ハ　水國之庶公子にて見へれハ貴君之御了簡誠に大切之場ニ萬一それを　水國之君となさんとて無理之事被成候ハヽ　水國ハ是切のみなふに　德川家之存亡にも拘り候樣相成可申　德川家も亡ひ　水國も亡候ハヽとしや何人之孫を御持被成候とて何にもなり申間敷又道理を以て御押拔に相成候ハヽ水國之君とハ不相成候得共必定一國之大名にハなり申候右之所とく御了簡云々委細申入しに水谷大に呑込それゟ所々相談セしに何レも右之論故益心中一

決したるに前四百兩を以て取入し故手もなく蹴拂しといふ

廿三日

一公にて松御殿之中御引拂にて　貞芳樣御殿御普請之思食にて既ニ三浦も御供して登りしに一体松御殿ハ　幕ゟ御普請なりし所にて手を入候事不相成といふ事になり御國にて材木御見立にて御普請ニ可相成といふ

一昨夜戸田執政三浦贇男等下著

一薩人江戸（横濱歟）通行之時夷人何歟不氣（マヽ）服之事なりて鐵砲を向しを虚砲なるへしと思ひ身をひねりしを左になふて袖を打ぬきし故直に夷人を殺し其旨をとゝけて宿所に歸りしに夷人も其事に就てハ何とも不言由

一先日ハ駿河臺ゟ大城を圖し或ハ不二山又礫邸抔も圖に取しといふ

一夷人日光拜願　公邊にて御指許しなりしといふ

廿四日

一今日除目尼子津衞門(マヽ)ハ瑞龍御山守被仰付隠居ス鹿島文四郎ハ寺社を轉して兩御次番となる是ハ要路にて戸田の土産御用之中に右之事を入て仲間を欺く策と見へなり尼子ハ　老公へ御側近く被召仕　公にも御親敷人にて正議之士之全く昨日不時寄合にて拵へし事にて尤最前ゟ右之合ハなりしか要路之中にも又正士なりて是を拒きしに其人之引しを幸として隠居にせしハ忰長三郎ハ江戸勤にて廿五日に至り跡式濟しといふ田土部六衞門(マヽ)忰ハ三七郎同日小十人被仰付しに當人ハ江戸に在り江戸にハ御馬廻になりしといふ同日信木縫殿監府を轉して寺社役となる

一今日　勅諚御返納御猶豫之儀被仰立置しに無御據筋ニ付御聞屆被遊候との御沙汰被仰出

廿五日

一勅諚ハ別に御藏にても御造立にて嚴重御守衞可被付といふ

一櫻田之御處置近々ニ可有之此方にて多分國蟄居位にいなし度見込なれ

共　幕ニて〻如何なるへけしや
一上巳ニ井伊之供をして櫻田へ出し姓名書出し候樣　幕ゟ被仰出しといふ
一金孫〻御預ヶ中始終堂々押拔居私儀櫻田勢之張本皆私の指揮いたし候事故嚴重御處置無之候て〻　公邊御政体御立被遊間敷何卒如何程も嚴重被仰付候樣といふ論ニて間牒抔も金孫之至誠ニ感し正論ニなりし者もありしといふ
廿六日
一來月九日大城御移徙　公も其時〻御登城可被遊それ前ニ櫻田之處置〻可付といふ
一讃州〻愈死たる方實說なりしいふ
廿七日
一立太子〻來三月被仰出へしといふ　主上ニて〻殊之外御切迫　叡慮を助參らすへき人もなく且〻去年之事ニも御懲被遊御殘念なりら恭默ニ

ましますといふ

一量の宮樣　幕へ御緣組被仰出是も來三月御下向之といふ一說ニ御緣組之事　主上ニハ殊の外御好み不被遊併無致方御許容ニなりしニ中山公達て御諫言申御緣談を御破り被遊しといふ先月松浦六郞抔水國へ來りしハ矢張中山公大坂之町人へ談し　主上宸襟を被惱旣ニ右之始末如何いたし候てそろしうふんと被仰しニ町人實ニ御尤至極今の世を以見候ニ水國ゟ外ニ賴ニ可成國無之承候得ハ誠ニ金穀ニ窮し居るよし水戶之湊といふ所ニ二三里堀割候得ハ江戶へ之通路至て便利奥羽之舟皆此湊へ輻湊するよしそれへ此方ニて力丈ケ品を廻しさゝき候ハヽ水戶の潤ひ莫大ニて大利を得可申左樣いたし候ニもとニかく一度內の樣子を探索して後如何とも可仕とて兩人を下セしこといふ

廿八日

一幕ニてハ是非薩州を參府可爲致積ニて是ニ懸り居るよし

此項恐クハ誤脱アラン　校訂者識

一黒田へも又召狀着しといふ

一先日神奈川奉行應接之時夷人を砲を以奉行を殺しゟるに夷人ゟ色々挊へ尋常之病氣之ていになしゟりといふ

一會津にてハ越後邊ニ飛地五萬石計を下地之云之奥にて右替地願しに一國武備專一ニ心懸士風も質素にて政事も行屆候趣畢竟心得方宜敷故之事とて格別之思食に願之通り相濟尙是迄之土地も御預ケニなりしといふ

廿九日

一今日高橋吉來鳥居之御尋御免

一林丁も近比ハ如何なる譯にや常ニ人に咄にも當時ハ譏說抔被行とても勤居候事不出來今の中引込不申候てハ又用る樣にもなるまし抔いひ居しゟ先日ハ刀を拔て兄を斬とて追廻しをやふ〳〵取押へしゟハ然ふハ馬を切るとて騷きし由陽狂にもせよ兄に手向ふハ如何

一久木へ出入之者へ久いひしハ當時ハ實に容易なふす我家抔へ出入いゟ

し候てハ身の爲ニもなるましくれハ如何なる手狄見付今の中激之中へ
這入候樣可致といひしとそ

此月小建

萬延紀元庚申十一月朔陰

一昨日夜通到來昨夜此方ゟも直樣夜通指立執政之退出も夜ニ入
一信木寺社役ニなりてハ神官等大不歸服祝儀ニも出ましとて所々むすむ
すなり

二日陰午後晴

一昨日長州攝州等諸藩有志四五人來ル

三日晴

一幕之勢次第ニ順風櫻田之御處置も近々なるへき沙汰之所又々延引さへ
しといふ是ハ久世の見込ニ先安藤對州を打て後ニ處置セされハ寛宥之

御處置ょれ出來ぬとの見込ょて延るといふ
一朔日ょ內藤紀伊守御用召
一今日石塚へ一書遣し明日明後日之中御光駕云々
四日
一京ょてれ九條殿下之家人と若州之家人と爭論若州ょれ貳人痛手多分死
さるとそ依て若州家人等申合大勢ょて九條へ押寄門抔打こゝきゟるょ
九條ょてれ大ょ驚き直樣役人体之者を若州へ遣し內濟ょ出來しといふ
五日
一一橋公御登城被遊しれ虛之よし
一安對れ可被打沙汰のみ流石ょ井伊の殘黨もゟり付居る故欵打も難儀之
上當節夷情切迫依て外國之方を專ふ打任セ置故安對閣老懸外國といへと
も政事れ一ツも口を出す暇もなき混雜久世等もそれょて一ツれ息をつ
き居る位之勢安對を打て後櫻田之所置を可付とて久世御所置を延し居

るといふも疑しといふ

六日晴

一諸夷天津にて敗北して後佛郎察を諜し合セ先達滿淸を責しに淸にては內にハ長髮賊日增に勢强く其虛に乘しられし事故散々に打まけ朝鮮之近所に落ゝりといふ是に於て諸夷又々朝鮮に押寄て責んとしゟるにそれにハ舟懸りえ所なふてハ便利なしく依て對馬を借り度との請之よし對馬を被取なハ西國ハ是迄なれハ幕にても甚ゝ窮し居るよし

一長州下ノ關ハ西國之咽喉にて九州諸侯之參勤も是に懸らされハ上國へ來る事なふは是に港を開きてハ最早九州ハ　神州之地に非す然るに墨夷是に望を屬し旣に去年中　幕にて長州へ替地被下置て港を開くへき旨吹懸ゟれと是ハ長州にて蹴拂し之然る所今年八月又々　幕ゟ吹懸り長州人今以沸湯學校抔へも議論を懸しに如何ともせへき樣なく役人之見込ハ斷然として　幕へ斷るも如何なれハ先ッ三年も猶豫を願ひ其內

ニ何と歟可爲との定說之よし長州之無人可知右之譯故今一層强く幕府懸ふハ手もなく下ノ關をハ献るなるへし依て長州有志九月廿四日出立ニて水戶へ來り相談す水國有志答しハ下ノ關ハ要害之地九州諸侯此地なくてハ參勤もマヽ不出來如何樣　幕との引合故長州小國ニてハ押切れぬ場もなるへし九州諸侯力を合セて押切ハ貫く樣ニも可出來西國ニて下ノ關なくなふハ日本ハ是迄故九州ニて若應セすハ　日本之滅亡愈今日ニ決しふるこ九州ニてそしや　幕へこそ出る心なくとも　京師を打捨て搆ヒぬといふ人ハなるまし是ゟ外策なしと答しよし如何可成や　水戶の　勅御返納ゟも甚敷騷こといふ

七日晴

一櫻田御所置御場所柄不辨狠藉との事ニて切腹といふ論行れ久世も押切れぬ勢依て內紀へも說を入置候方可然候間是ハ云々との申聞なりし故直樣有志ニて內藤へ入れしといふ說なり又池田播磨守いひしハ櫻田御

所置ハ極寛典之調ニて指出置候間最早久世殿之御了簡一ツ之といひ居るよし

八日晴

一脇坂ハ五月中ゟ引込居久世初出勤を勸しニ拙者も男ニ候へハ一旦引込候上ハ假令如何程御勸御坐候ても決して出不申とて不聞よし依て不得已閣老も御役御免之調をなしたりといふ

一九郎公子之御難儀不可言御付之者も御取替被遊又御國へ之御文通も今公へ御覽ニ不入ハ御遣しニも不被成是迄ハ御廊下傳へニて御前へ御出之所も今ハ御庭ゟ御出之よしそれも月ニ六度位之よし奸論でも吐なされハとてもはいけぬと被仰しとそ横甚等之策なるべし

一九條公ハ大工が御をきニて御自身ニて雪隱抔を立てハこぼし／＼被成居よし有志ハ一切御用なく好人抔御氣ニ入れハのみ之遣ひ方かんなの用ひ樣抔御傳受被成るよし　幕ゟも莫大ニ〇を御取被成たれとも一圓

人ニも不被遣關白職ニて流石ニ四方之賂遺もなれとも菓子抔もかひかしへなひ內ハ御近所ニも不被下臣下も恨み居るよし　主上御盛ニ被爲入る故畏縮被成御參內もなし是迄御參內ニても　主上御逢不被遊此後ハ御引込切なるへしとの事

一西國抔ハ　德川家威武之行る事甚敷殊の外　幕府を恐れ居肥前ニても薩ニてもとても　德川家之衰運ニ乘し天下を押領セんとする者ハ壹人もなく又西國ゟ勤　王之旗を擧て天下を回復セんとする者もなく所詮回復ハ　水戶家なふてハ可出來勢なし　水戶ニて諸方へ手を御廣け被成候ハヽ西國ハ盡く服從可仕乍併それを御當ニハ被成候事ハ不出來候此後夷人戰を致ニも浦賀ゟ江戶へ迫候ハ必定萬一之事有之甲府へ御開き抔申候ハヽ西國大名ハ皆各ゟ國〳〵ニ引取壹人も江戶ニて防戰仕候者ハ有之間敷國富兵强き者も江戶之助ケニハ成不申候只參勤をいやニ思ひ居候故眞之胸中ハ國へ引取候をのみ望候之今ニも事をなすへき樣

之勢を爲見居候も畢竟はそれ故ニて決して事を起す事は無之候間　水戸て回復を被成候半ニも今迄之樣ニては參り申間敷何と欤手口を御替被成候方可然西國はとの國も左樣之譯合之云々長州人之咄

一長州ニては增田彈正正論之よし是は一萬千石ニて國老を勤父は越中といひて長州を改革セし男之彈正十八才ニて丑年ニ人數を引連江戸ニ來當年は廿五才是は余程之人傑之よし先年も　京之事骨折吉田寅次郎と共ニ　幕へ被呼出へきを長州ニて○を井伊ニ遣ひ免かれし者之併余程金は遣ひたる者と見へて萬一水戸抔な事起りし時井伊へ加勢をへき大名加賀藤堂抔六人なりしか其一人は長州なりとて井伊も賴ニしたる程之

一体之事をいへは長州も左迄盛之國ニてはなく今度來りし者も空論抔多しといふ

一小林民部江戸ニて死たる事京ニ聞へたれは其妻自害して死たりといふ

烈婦といふをし高橋兵部ハ諸大夫氏族之中ニてもいかぬ人物之といふ
一伊丹藏人曰當時之人三知といふ事なり一ツハ天下諸侯之心を知り二ニハ天下之形勢を知三ニハ小人之心を知之吾小人之心を不知して失策したりといひしよし
一量（カツ）ノ宮様ハ愈來三月御下向若州より御輿を初色々御支度なりといふ有栖川家へ御結納迄なりしハ有栖川より御斷ニなりし樣ニ拵へたりといふ
一祐之宮様ハ御加冠被遊睦仁親王と奉稱
一堂上方ハ今以御解ニ不被爲成歟未分明
九日陰至暮風
安政戊午之厄難實ニ天地之大變四海之公憤ニて堂々たる　神州數百萬々之生靈　天朝之德澤ニ浴し　幕府之威武ニ服せる者誰か敢て慷慨悲憤痛心疾首して力を回復ニ盡さゝる者なふんや況や我東藩　明主之撫摩を

蒙り　國家之至難ニ處せる者ニ於てをや是時ニ當て　大將軍幼冲奸邪政を擅ニし虎狼豺蛇牙を磨き眼を瞋らし　天朝を視る事泥塑之如く公卿ニ處する事奴隸ニ不異況や藩國ニ於てをや況や天下ニ於てをや生民ハ内ニ困み夷狄ハ外ニ驕り　天祖之神廟　東照宮之原廟といへとも又尙夷狄之腥風を蒙るニ至る世道之滅裂豈勝て慨せへけんや是ニ於て　明天子かしこくも玉體を抛て衰運を挽回せんと思食立れ狂瀾怒濤之中千挫百折之間ニ處し。」なふんせふんと稱ニ思ひし者も多かりけるされと時勢之險難ハ今尙昔日ニ異なふは政體之利害得失人物之賢否黜陟之如き一言口より出る時ハ皆名つくるニ朋黨を以てし忠臣義士も空しく有爲之志を抱きて血涙を白屋之中ニ拭のみうれふきといふも愚なるへし然るニ當時幕府之閣老關宿侯深く回復ニ力を盡され令名日增ニ盛なり兼て　東藩之爲ニ力を盡されし事も不少侯之赤心兼々聞及し事もなれハ如何ニもして彼所ニ同志を入置それを手蔓として　本藩之回復をも計るへけれとて今茲萬延紀

此以下一葉散失

此以下一葉散失

元九月廿九日之夜同志忍やかに議論を盡せしに皆可然とぞ同しけるさらハ其策如何して先手を下すへきといひしに三年以來國難に赴き死を決して　君を諫めまいらせし事抔ハなれと他藩との駈引に至りてハ未タ試。」し一兩日之内に下著すへしと聞へけれハ是究竟之事こそなれとて美濃部之下りを今や〳〵とぞ待ゐりける是時之同志ハ淺田富之允川瀨介三郎關强介床井莊三ゞ四人也十月朔日川連行藏來る是ハ床井之知る人にて關宿之人也家ハ眞弓といふ所也其父なる者ハ關宿之飛地壹萬石十八ヶ村之支配をする者にて富有之人也行藏ハ當時藤森恭介之塾に遊ひて居しか此度尋ね來りし故幸之事と思ひ國之事抔聞しに國中に有志之士とてハ更に無之公用人抔ハ都て俗物にて更に致方無之只舟橋亘理位なるへし是ハ用人をも勤めし者にて候といふ舟橋か名ハ兼て聞ゐる人物當時屛居之身なりと聞居しかハ舟橋君之御名ハ兼々承知せしか是とハ御親しく候やと聞しに行藏云是ハ誠に懇意ニ御坐候已に舟橋不慮之事いてきて揚獄へ入し事御坐候舟橋ニハ妻と三人之子と御坐候て萬一之事なれハ外ニ賴みニ可成親戚も無之路頭ニ迷ひん事を不便ニ思ひ其身獄中ニありながら股の血を刺して書狀を認め川連ニ遣し妻ハ里方へ預ヶ可申嫡子ハ浪人致候てもとより取續可申幼少之者ハ何卒幾重ニも御世話可被下候抔申來候故私方ニて厄介致し申候右之譯柄故至て懇意ニ御坐候と云故水戶ニ壹人御坐候ゟ是ハ勿論城下へ住居致居候者ニてハ無之さりとて又農民ニても無之所謂亡命之姿之者ニて奇拔之生質ニて候が何方なりとも仕を求め何卒分寸之忠も盡し申度と兼々志願ニて御藩之御賢名も委曲承知いたし居候故可相成ハ御藩へ御奉公も仕度抔と申候事御坐候得きヶ樣之人物ハとの道と欤ニて御奉公も申候樣ニハ相成間敷やといひしニ川連云それハ誠ニ感心之事敝藩抔ハ中々左樣之譯ニてハ無御坐候得共若實ニ當人右樣之者ニ候ハヽ何分ニも骨折申度私も是と申奉公も出來不申候得ハ責てハ左樣之事ニても周旋仕度何レ舟橋へなり談し候上何と欤御挨拶可申上云々ニて川連

ハ立帰りぬ同三日美濃部新藏下著四日朝直樣右内意を通し五日之夜ニ至り一同ニて美濃部と談論此方之持論を盡セしニ美曰それハ誠ニ御尤なりふ當時抔關宿ニ取入抔ハ甚ゝ難物直樣蹴返し候姿○も隱て入り申候なしや○をハ不厭ニもセよ先方ニて容易ニ受不申且關宿とても當分居り合付候迄ハ周旋も致可申中々打拂抔ハ思も不寄人物當節諸方へそれ〳〵手續を付置候得共三月比ゟ取懸やふ〳〵近比話を組候所も有之とかく此方ニて一番卑き論でなくれハ中々申出し候事も不出來勢彼是如何ニも釣合物ニて當時之所ハ東叡僧徒之手よりなきハなし併手之廣けふるゝ丈ケハ幾重ニも廣け申度愚案ニてハ此度之御存意之所可相成ハ誰も氣之付ぬ所ニて緊要之所を選ひ入置候事上策人ニ被知候てハ誠ニ仕事も思ふ樣ニ不出來當時之所ニてハ土屋侯可然と存候是ハ久世とハ至て親敷中ニ御坐候尤間柄ニてハ無之久世も是非土浦を閣老ニ引出し度存し居既ニ先達本多濃州閣老ニなりし時ハ幕議も樣々ニて一決セさる折久世いひしハ是迄京大

此下ニ至て美濃部之状ニまゝり人之認さるへ細書によるる所ないひし也

坂を勤候者ゟ選候ハ昔よりの仕來りにてそれをも不構外の人をのみ選なハ誰が　京大坂を勤め可申や今度の閣老ハ本多濃州可然と申終に本多を引上ヶ申候と久世の話を承候者有之是ハ久世の内心にてハ土屋を閣老と致す所ゟ極意なれ共其時ハ左様も申されぬ釣合にて眼前土屋ハ大坂を勤さる者なれハ　京大坂云々と申論を立て表向本多を出しされと詰りハ土屋との積りにて右様致さる事とそ承る是ハ無相違様に承り申候東叡の説多くハ當り申候所右土屋の一条ハ東叡にても咄御坐候得き愈其説の如く土屋閣老と押出し申候ハヽいふ迄もなくとしや今迄の姿にても眼前久世もそれ程迄ニ思ひ居候土屋の事故随分此手にて事を爲して出來ぬといふでハなし且土屋なるハ小生誰も氣の不付手御坐候(細書)「併是へハ脇ゟ一手這入居候故是さへ離し候得ハ究竟の所なれハ」此手へ入申候てハ如何と申々るに此方只管久世へと思ひ込さる所故成程それも可然其外に無之候やと問しに其外ハ跡部甲斐守に御坐候是も久世とハ極懇意併是にハ未タ人に志

ふれぬ手と申ハ無之候抔談論之中彼是之事ニ移り依て其論も兩方共ニ是と決しゐる事もなし只それ〴〵ハ土浦ニても跡部ニてもとちふても宜敷候間何レ御登りニ上何分御工風ニて御申越ニ仕度とにかく御相談次第ニて服部藤衞門を爲登是を先方へ入置候積之其節ハ何分御論も伺候樣爲致可申とて別れ〳〵り同七日　今公御參府美濃部　君の供奉して南上しぬ依て同志又々申合先ニ美濃部といひし土浦之策實ニも尤之事なりき其時ハ外之事抔ニ移り議論を盡さゝる事こそ遺恨なれ南上之後又別ニ名策ぬるやハ志ふされ共美濃部之口氣を察するニ彼も土浦を隨一と思ひし樣子我も此を尤と思ふ所なれハ旅中之樣子聞なりふとかく此方之心も響りセゐる方可然とて則一書遣しぬ

拜啓御旅中定而御安健御著府可被遊至賀〳〵扨も先日御下りの節ハ御繁劇をも存なりふゆる〳〵得拜眉嘸御疲被成候半誠ニ平生之志願も屆き殊ニ發明仕候事共も不少千萬奉多謝候一別以來同志打寄色々申合候

所其節御論御坐候土浦秘策實ニ至當之御名論ニ奉伺候小生等先日も申上候通進て殉國之節も盡し得不申候へハ何卒退て補國之微忠をも盡し申度儀必死之至念ニ御坐候得ㇵ右御論之所愈可然との御見込ニ候ハヽ直樣例之人物ニも申談しそれ〳〵手當も可仕將又御登り後別ニ御心付も御坐候ハヽそれにてもよろしく宜敷とにもかくにも萬事不案内之儀との道御論も伺ひ不申候てハ此先共ニ誠ニ指支申候得ハ何レにてもどふぞ是なふハ少しも國之爲ニも可成と被思食候所御存分ニ伺ひ申上度土浦之策如何樣御名論と存候得共後便御示諭之上との振御相談可申上何レも草々不一

十月九日

再啓先日之御論通土浦なふハ土浦と御申越ニ相成候上ハ例之人物ニも直樣議論を盡し先貴宅迄指上申度右ニ就てハ其都合抔之所又ハ○等も當分との位も拵へ可然や右之儀抔も何卒御申越ニ仕度委曲ハ筆紙ニ盡

此以下一葉散失

し兼候故御教諭次第とよかく當人拜眉之上御伺可申上何レも早々不備

濃州君御直披　　　　淺井富三

先ツ〱及貴答候土甫（浦カ）之策も先日御咄合申候通まだり人壹人有之是を所置いたし（候脱カ）樣よ指支居申候それさへ出來申候得ハ土甫（ママ）よ限り申候樣よ候得共畢竟それ故よ延引仕居候尤外よ手道を付[‥]申候よも格別之入用よも無之明日抔ハ罷出申候積よ御坐候間後便よハなふまじき所得貴意候事よ御坐候御端書よ人物と申者ハ岩印之人よ候や相伺申候尚更先日ハ御馳走頂戴御禮申上候忽々以上

十月廿四日

四方賢兄御直披　　　　孤子拜

初大井六郎左衛門　上公よ奉扈從　礫邸よ至る美濃部とハ緣者之事なればハ直樣是へ音信しよ此後往復等之事美濃部ゟも打合セなり是ハ五日之夜美濃部と談論之時已よ右之事迄も談し置し故其打合もなセしに依而大井

下著後其顛末を語りぬ是ニ至て大井右之書狀を持來りし故同廿九日則返書指出したり

貴翰拜誦定而御起居御安健奉賀候今日ハ時ならぬ雷聲扨々心を痛め申候貴地ハ如何ニ御坐候や御登り後も何程歟御繁劇ニ可有御坐殊ニ縷々御示諭難有仕合奉存候扨例之人物と申上候ハ御察し之通り服部藤衞〔マヽ〕門ニ御坐候是迄ハ鹿島ニて何方へ歟用候積も御坐候樣子之所玄蕃を轉し候上ハ當人も格別進退致易き樣相成候事ト奉存候扨又ましり人云々之儀既ニ先夜も伺候事ニ而實ニ御尤至極何分可然奉願候此方ニても折角存詰候志願〇之爲ニ半途ニして廢し候樣相成候てハ扨々殘念千萬依而當節手を替振を替始終之持張出來候樣工風仕候得共御承知之世態ニて未タ思ふ樣ニも不參彼是御周旋被下候ニも兵粮ゟ專一故定而御入用ニ可有御坐實ハ今便少しも指上置度存し候得共當節少々指支申候間何卒可然御推恕可被下候何レ近々爲指登候樣可仕とにかく時日を爭候より

始終之成□故先便御申越之所時日ニ不拘御都合次第宜敷御工風所祈御坐候余ハ後便を期し早々不備

十月廿八日

再啓當時之天氣上ハ相應順風之樣子なれ共下ニハ以前之如く雨雲立掩ひ開晴之儀實ニ容易ニ無之少しも油斷相成不申候天下之形勢を察し候得ハ今更内の中のおゝすゝニのみ苦心致居候も扨々淺間敷次第併天下ニ先立て天下之憂を憂ふるハ如何ニ末世なれハとて一旦事の起□□却て諸藩□跡へさへ續候事不相成候樣ニてハ遺憾とも耻辱とも申樣無之□心のみ□立申候何卒眞□ニ少しも力を盡し候樣仕度（◎以下散佚）

# 秘笈御廟算高松

# 晩緑齋秘笈

目次

## 御廟算伺書

過日　勅答之儀ニ付　上意之趣も御坐候故上書致候得共實ハ　公邊御懐合少しも不奉承知一ト通伺候迄ニテ天下之一大事何くれと認上候ニハ元より無理なる譯ニ候得ハ登　城いたし各方初之御存意幷海防掛り人々之見込をも篤ト承候上ニとも存候所退隱之身分此節柄登　城と申も何歟目立候てハ不宜とも被存又海防掛り之族を拙宅へ招き承り可申共存候所是又世話いろ〳〵と存候ニ付無據認候へハ自然御不都合ニ相成事と存候一体御任セニ相成居候　征夷府ニて被遊候御事故　朝廷ニも御安心被遊候て御伺之通御許容ニ可相成筋とも奉存候得共ヶ様申候拙老も御懐之儀不奉伺候得ハ見通し付不申宜敷共悪敷とも實ニ認方ニも指支候得ハまして於　天朝候てハ被爲惱　叡慮候も御至當之御事と奉恭察候扨先日指出候書取ニてハ　公邊ニ於て御不都合ニ相成との御事ニて認直し候様ニとの儀承知仕候何分ニも　公邊御都合よろし

き樣認可申儀ニ候得共御懷合相分り兼候得ハ彼是懸念致候此度之儀ハ日本御一大事ニて不容易誠ニ以御案し申上候故愚意安し兼候件々左ニ認内々各方迄申遣候然る所口上と違ひ書取候得ハ何と歟角立殊ニ不文ニて筆廻り兼候得ハ過言ニ出不敬ニ渉候樣之儀も可有之候得共畢竟公邊御爲を深く存入候得ハこそ不憚忌諱認候ニて　德川家御不爲ニ相成候をも傍觀致居候心得ニ候ハヽ元よりヶ樣之事も不申出候間其段何分御海恕ニて各方幷ニ海防掛りハ勿論何御役人とても天下之御爲不存候者ハ無之候得ハ廣く御懸ヶニて御廟算之所伺申度御廟算伺候上ハ　公邊之御爲日夜憂苦致候所御安心申候故何分御都合宜敷樣可認候へとも御繁多ニハ可有之候得共否御付札ニてなりとも草々御答待入候也

六月九日　　水戸隱士

井伊掃部頭殿

堀田備中守殿

松平伊賀守殿
久世大和守殿
內藤紀伊守殿
脇坂中務大輔殿

二白　公邊御爲ハ則天下之御爲可被奉安　叡慮との御譯ニて御廟算伺安心仕候上ニハ各方初御相談之上案文被下候ても宜敷早速認候て可指出候　天下之御爲　德川家之御爲ニして愚存無他候不盡

一舊冬墨夷より之申立應接之上條約御取極ニ相成交易之利を以御武備御整可被遊御趣意之樣ニも伺及候所此方御武備御手厚き上より御初ニ相成候得ハ交易も御益ニ可相成候へ共此方御武備御手薄ニ付彼か願意御破り被成かたく無御據御初ニ相成候交易ニて御益之所も如何可有之や最初御益之樣ニても追て御益有之間敷候尙又彼より追々深く喰入申候と交易之御益を以御武備整ふと何レ歟早く可有之や

但シケ様申候ては交易は一切不宜候と申様聞へ候得共左様ニは無之方今之勢二百年前通り鎖國とは相成兼候義ニて交易も無御據候得共主客之勢を不取失様致度被存候尚又開港之場所ニて賣買之爲彼我ゟ商税御取立ニて五十萬三十萬之運上上り候て御益之様ニ候得共外國必用之品出候得は内地之品は少く相成品少く相成候得は價貴く相成は必然之勢ニ可有之左もれは内地之者は益窮し候故一旦上り候眼前之御益はともかくも日本國中窮し候得は矢張　公邊之御不爲ニ至り可申や左候得は彼よりは交易を大きく御開之儀申候得共拙老愚見ニては幾重ニも少さく致置度事と存候尚又必内地之品を以て交易不致候とも他邦之持來り品を又他邦へ送り利を納候術も有之由候得共主客之勢を失候ては御行届之程如何と存候

一夷狄之願を御濟せ無之候得は各國申合攻來り候も難計との儀ニ候所口ニては直ニ攻懸り候様ニも可申候得共話ニて聞圖ニて見候計ニては容

易ニ內地へハ入申間敷や當分平穩ニ致居候得共直交易邪教ニて內地之人を懷け地理人情を諳熟し候上兵端を開き候ハヽ彌危ゟるへく候間御廟算有之度事

但切支丹本尊之儀ハ子共へ乳を與候も又磔ニ相成候も有之よしニて外見ハ大ニ相違ニ候得共其術ニ至候てハ同樣ニて先年渡り候幻術を行候由ニ候得共右幻術ハ方便之爲ニて此方ニて折々僧侶山伏抔狐を使候て祈禱ニ玄るし有之とて人を欺き候位之事ニて方今ハ開け候へハ少々も志有之者ハ右幼(幻カ)法ニ欺れ候者も有之間敷候得共追々邪教を以諸國を奪候ハ金銀財寶を初總て自國ゟ費を不厭持來り人ニ與へ又ハ病難之者へハ藥を遣謝禮を不受抔申如く表向ハ仁惠と存候て見セ候得ハ一ツも咎候事も不相成仁惠と存候て人々も歸伏致候所半過懷ケ候上ニハ彼より大軍を渡し內地の者ハ右ニ應して其國を奪候故甚易く被奪候よし其國を奪候上ハ最初ニ遣し置候金銀等ハ自分物ニ候

得ハ費を不厭恵み申候よし故此所早く御洞察ニて　日本も右様不相成様被遊度存候

一ミニストルを指置候儀ハ萬事を統攝し外國事務宰相へ直懸合致候旨申候所右様相成候てハ貿易等外國へ拘り候他の事ニても彼等ゟ不便ニ存候事ハ如何様ニゟ辭を作り直ニ御變革を願候様ニも可相成後害不可測候滿清阿片之亂も北京ニミニストル居候ハヽ扱方も可有之旨申立候得共滿清ニて北京へ不指置所ニも亦意味可有之候へハ得ト清國之所置を御吟味之上ニ被遊候方可然此度直ニ此度直ニ〔衍カ〕御定と申も如何可有之や得ト御廟算有之度事

一數港を開く事之願ハ墨夷計ニ候や又ハ諸夷來り墨夷と同港ニてハ指支候抔申出候節ハ又別港を開き給ふ御調ニ候や（昨年十二月御渡之御書附之内墨夷ゟ指出候條約案ニ此度之條約願ふ者ニ及ハさん云々之認數へ擧る國十余國有之所其國ゟ皆來ル日ニ至らハ別港又ハ別事願出候事ハ指見之事と被存候）若左様ニも有之候ハヽ　公邊御領之港之外ハ御許容無之とハ存候得共其願ニ寄

諸大名領分中之港迄も御引上ヶニ相成候御含ニ可有之や右御引上ヶニ相成候上ハ其大名難有奉存候程ニ被下候儀と存候所港之御益ハ申さハ當坐物土地之御益ハ永世之御益ニ候得ハ多く右之類出來候ハヽ追々公邊之相成間敷や夷狄ニて好み候程之港ハ船かゝり等も極宜敷港と存候へハ領主も惜み可申又ハ領主々々自分ニて交易致候ハヽ人々もより可申候得共如何樣之弊可生も難計扨又數港を開きミニストルを置直交易致し切支丹寺を立內地の人を懷ヶ置諸夷申合四方八方より一時ニ起り立候ハヽ其節ハ余程御手張ニ可相成やと懸念致候所右樣之節之御廟算有之度候事

此節道路之説ニて承り候得ハ蘭夷より兵庫と下の關へ港を開き貿易を致し且兩港之間ニて海軍總練之傳授を致度旨願出候との事實否ハ元より不存候得共數年服從之蘭夷さら右之勢ニ候得ハ諸夷より各一層二層と願立候ハ必然ニ可有之候此節諸蠻ハ何レも墨夷之御扱を如

何と熟察致居候半被存候所墨夷御所置御決しえ上よれ諸蠻よりも色々難題申立候れ眼前ニ有之扨諸蠻內地へ入込候上れ一墨夷を御所置被遊候よりれ益六ヶ敷候半申迄も無之事ニ候得共甚過憂致候

一邪敎拜所え儀も夷狄え商館中へ立置夷狄のみ拜候れ無御構との思召ニ可有御坐候得共近來切支丹れ邪敎よれ無之と申說蘭學者申觸し候得れ諸大名初心得違　公邊ニて踏繪れ御廢切支丹拜所建立れ御許ニ相成候故惡敷よれ無之抔申樣相成追々信し候事ニ至り昔の大友小西の如き者出來其節ニ相成不宜と御心被爲付御禁し可被遊と思召候とも御行屆ニ相成可申や否信長抔も後悔いたし候樣子ニ候得れ篤ト御廟算有之度候事

我國よて罪ある者右商館中え邪敎所へ逃レ入候者等出來指出し候樣被命候節一命御助け被下候れヽ指出可申抔申事ニ相成それを强て罪し候得れ却て外國の親を破る抔申樣ニ至り候いヽ刑を正し候事も不

叶右之罪人ハ夷狄邪教寺の恩を以命を助り候と申事ニ可相成候得ハ益邪教傳染之患可有之やと甚心配いたし候今悪事有之候へハ死刑ニ相成候てさへ悪事致候者有之候況や本文之通又ハ船ニ乘セ彼ヵ國ニ行候樣ニ成候てハ益悪者不恐多相成可申候

一遊歩之事も開港之地のみにも候ハヽ可然無限所之遊歩と相成候てハ必突當り出來可申のみならす內之模樣も相分後害多端ニ可有之候交易さへ出來候ハヽ開港之場のみ致候て隨分彼ヵ養生ニハ相成可申候得ハ豫め後害無之樣御廟算有之度事去ル寅年橫濱滯船中も種々不法有之由ニ候へハ無限遊歩之相成候ハヽ色々突當り出來可申歟

一交易御初ニ相成候ハヽ此方ゟハ武器類ハ勿論武用ニ相成候品ハ一切不遣彼ゟハ大小砲銅鐵錫鉛とたん幷有用之書籍の類のみ御取入武器ニ無用之品ハ一切入さる樣被成候ハヽ彼ヵ膽ニ響き候故何程表向ハ平穩ニ被成候ても夷狄も恐レ可申假令表向武を張樣被成候共無益の品を入有用之器械產物を被出候時ハ彼ヵ侮を受ケ可申候得ハ蘭夷之交易迄も右

之様ニあらまほしく御廟算有之度事

本文之儀何程嚴制御立ニ相成候ても直交易御許ニ相成候ては必奸商共より濫出之憂可有之候（又銃ニても六連八連之小銃之如きハ海防の用ニ不相成内地惡者持候得ハ以之外御禁し可然）

一ミニストルを指置并交易切支丹寺建立之儀是皆人をなつけ候術ニて此三ツハ彼に在てハ尤肝要之術我ニ在てハ尤以大害とそんし候只開港之場へ船を寄交易いたし双方之有無を通候迄ハ害も薄く候得共右三ヶ条ハ日本を奪の術顯然ニて自余之儀と違ひ此上再三御申立ニて　朝廷ニても御許容被遊御取掛ニ相成候ても能御模通ニ可相成や否何共見極兼候假令御取掛ニ相成候ても萬一御六ヶ敷相成候ハヽ内地之人ハ不奉服外夷よりハ強て申立候樣相成意外之奇禍を釀し候半苦心ニ不堪候一寸其一端を申候ハヽ邪教寺之事等ハ内地之僧侶初六ヶ敷候半先年夷狄防禦之爲梵鐘を以大小砲ニ被遊候との儀御正道ニて官符迄も被下候所それさへ出家より云々にて今以其儘ニ相成候ハ全く僧侶騷立候事ニ候

得と檀家迄ょも及候半との　御懸念と推察仕候所右樣　日本之御爲を不存無分別之出家共ハ論ニ不及候得共中ょハ御正道相分り候者ハ出家たりとも左のみ惜み申間敷候所それまで僧侶ゟ云々申候得ハ官符ニて被仰出候事さへ行れすまして切支丹之儀ハ　東照宮御初三代將軍家之御英明ニて後來迄をも御見通被遊御嚴禁被仰出神官及ひ八宗へも嚴重被命居候事ょ候へハ萬一諸國合併ニて蜂起し强訴等致御取上ヶニ不相成候得ハ邪致寺破却抔申事ょも至り可申候左候時ハ大小名ニ被命候歟御人數を以御取靜も可被遊候得共其上ょも命を奉し不申候節ハ事ニ寄是非干戈を用候事ニも至候半僧侶は戰爭ニ相成候てハ勝利無之とも兵端を開き候位之事ハ可致扨又命を奉し不申ハ不屆ニハ候得共夷狄の願ゟ事起僧侶たりとも日本の人を被殺候てハ如何之ものょ可有御座や　朝廷ょても再三之御申立故御許ニ相成候得共如何致候や抔御察當ニも相成候ハヽ　公邊之思召とハ大ニ齟齬可致や致推察候されハ只今之內幾重ょも御廟算有之度候事

一卅年前ゟ拙老事横文字學之流行ハ切支丹之媒と申置候所果して追々之

模様を見るに横文字を學候者ハ切支丹を悪敷とハ不存様相成候乍併只今と相成候てハ一圓に止候事も相成間敷候得ば蕃書調所を二ヶ所ニ被遊公邊ニて御用ニ相成候ハ何人と御定（當時之天文方之御扱ニ准し可然歟）にて兩所之蕃所（書カ）調所ニ御指置たとへハ東之調所ニて和解致候分西の調所ニて改西にて和解いたし候分東ニて改候と申如く致し和解出來候ハヽ原本ハ不殘御目附方へ指出し燒捨ニ相成右和解書ハ板ニ被遊又大名ゟも蕃所（書カ）ハ不殘爲指出和解被仰付原本ハ卽ち御燒捨指出候丈ケ之御報ハ相應に被下置可然扨又大名にも家に應し貳人と歟三人と歟洋學者之人數を定猥ニ不學樣被仰付其他長崎等譯官之外天下之人ハ洋學いたし候儀御禁しにて可然如何とあれハ豪民等洋學を信し萬一野心を生し夷狄と申合候者有之時ハ實以不容易事天草之亂にも繼可申候へハ早く御禁し可然御廟算有之度事

一一体夷狄を近付不申樣にと有之　東照宮御初御代々之御旨意ハ御正道

ニ有之右を變革御近付と申ハ當時不得已御權道と奉察候得ハ內地之者ニ不服之者無之とハ難申萬一內より事起候時ハ御扱ニ御指支之儀も出來可申や左候得ハ內憂外患何レ欤早く可有之や御廟算有之度事

本根實し居候へハ假令夷狄ニて兵端を開らんとしても直ニ內地ニ入候事ハ難かるへく運米を妨又ハ離レ島を奪候樣之事ニ可有之其節本根恙候ハヽ枝葉ハ被切候ても又本根より萌芽を生し候道理にて內さへ整居候ハヽ施策も可有之候得共本根傷居候てハ繁茂之期ハ有之間敷候されハ今之內本根御培養之御手段あらまほしく候

一墨夷始諸夷より之願追々御濟セ之上ハ萬々一 朝廷より品々御好出候も難奉計候所防禦之御手當御行屆ニ不相成程之御砌それも是もとハ難被遊も勿論ニ候得共御上洛抔之如きハ君臣之大義ニて 東照宮初度々被遊候御事ニて夷狄之願ハ先例無之も御許 御主君ゟ之 勅命ハ御先縦有之事も御斷とハ被遊兼候半又諸大名ゟも種々願立可有之も難

計旁御廟算有之度候事

一御大變革御ヶ條之事摠て　日本御爲宜敷樣御變革ハ御尤ニ候得共夷狄之願より萬一枉て彼ヵ爲ニ重き　御祖法を御變革ニ相成儀ニてハ大名等も自分〳〵之勝手ニ相成候儀願出候も難計前ニも認候通　天朝よりハ　勅命大名なと之歎願も御義理合ニて無御據御濟セ無之候てハ不相成樣罷成候所右ニて　公邊御爲如何可有之や御廟算有之度候事

一叡慮を被奉安候御儀ニとへハ紀淡な內へ入候儀幷鳥羽港ハ　伊勢神宮ニ近く候得ハ是等をハ幾重ニも御斷ニ相成五畿內近くへハ不參樣ニ被遊ミニストル指置直交易切支丹建立抔之代りニ無御故障場所ニて三港位ハ御濟セニても前文御濟セよりハまし可申や右樣相成候とても彼ヵ益ニ相成候事ハ數多有之候得ハ彼より兵端も開き申間敷候尤御益進ニ致候得ハ閣夷抔誘來候も難計候得共夫ニ恐れ後害ニ相成候事迄爲御濟ニ相成候てハ尚以御威光ニ拘り候得ハ不成事ハ不成由幾重ニも御斷可

閣夷ハ諳夷ニ同ジ即チ英國ノ事ナリ　校訂者識

然候よく／＼御廟算有之度候事

人心不居合候得ハ居合候迄ハ交易一ト通り迄ニ致シ十五年ゟ廿年の後人ニ交易之利を好候ハヽ居り合可申其節ともかくも可致と期限を延し其内御武備御手厚ニ被遊候儀肝要ニ可有之候且應接之模樣ニ寄汝ハ萬國普通之法ケ樣／＼又世界萬國ニ例無之抔種々申張候得共第一合衆國ニて大統領之位を年限を以輪番ニ勤居候抔も萬國之例ニ有之間敷我國ハ封建ニて土地も大名へ預ケ置候事ニて交易之利も萬國之如く廣く致候事ニ相成兼候抔其場ニ臨み斷り方ハ何程も可有之やニ被存候扨又御斷之節彼直ニ屈服致候得ハ外口無之候得共定て今更右樣御斷ニてハ本國へ復命致兼候抔申張候ハ指見之事ニ候間其節ハ汝ゟ主命を重するハ尤なり併此方も又主命故斷候外無之併汝ゟ志も御察し被遊候間本國へ御使被遣候汝ゟ主命を辱めさるニ非す此方ハ此方之思召を以御斷ニ相成候付無心配引取候樣被命アメリカに御使

ニて御斷ニ相成候ハヽ御威光も相立ハルリスへも面目を不爲失旁可然被遊被存候扨其御使ハ至極重役ニ候へ共數萬之御旗本ニハ其任ニ當り候者數多可有之候得ハ非常ニ御拔擢ニ御任ニて被遣彼へルリやハルリスの上ニ出候程ニ必死之力を盡し候ハヽ彼も承伏可仕主客之勢も定り可申や

一古き記錄を見候ても秀吉ハ勿論　東照宮よても　朝廷へハ殊之外御親敷被遊　台德公よも姬君迄御入內も被遊候得ハ御親敷事と奉恭察候大猷公迄ハ御上洛も被遊候所其後ハ如何樣之御意味合ゟハ承知不奉候得共御遠々敷相成候處何分　朝廷をハ御尊敬且御親敷被遊候方　公邊之御爲可然と乍恐奉存候且　京坂之御備ハ何卒御手厚ニ被成遣候樣致度候只今之姿ニて萬一明日よも如先年夷狄大坂へ乘入內地を劫し候爲大砲よても打懸候ハヽ　御所ニ於て　江戸へ被仰遣候御間もなくて直ニ大名へ可被命も難計候所左樣相成候てハ　公邊御爲ニ不相成候故

先近畿之大名へ被仰付非常之節ハ早速人數指出し次第ニ寄主人迄も出馬致候樣被成置又畿外ニても程遠き者へハ模樣ニ寄人數幷出馬も致候樣御達ニ相成洛外河攝ゟ入口へ二三ヶ所も陣屋御出來常ニ番兵指置候樣抔被遊候方可然やと奉存候尙宜敷御勘考ニ致度候扨右樣大名へも兼て御內達有之萬一之節ハ右之內達ニ相成居候大名へ直ニ所司代ゟそれ〳〵相達候樣ニと中奉書を兼て被遣ニ相成居候ハヽ御手の廻り候所を天朝ニ於ても御滿悅ニ被思召候半左候得ハ火急之節も　御所ゟ直ニ大名ニ被命候樣之御不都合之儀有之間敷候間早速御廟算有之度候事

右件々憂慮之余思出候まゝ〳〵認候素より倫次もなく体裁もこれなく候間其文を捨其意を御汲取ニ致度候其他繁文縟節を省き太平之習俗を一掃し武備專一ニ御仕向ケ天下之人心を一振致候事等短文ニ盡し難く候故全く方今指向之所を致愚慮候

源をよおさしと思ふ人なくハ誰よういせん水のこゝろ拔

安政五午八月關東へ被仰進候　勅書但傳奏所ゟ　京都御附大久保伊勢守へ御渡

先般墨夷假條約無異議次第ニて於神奈川調印使節へ被相渡候儀尙更委細間部下總守上京可被及言上由ニ候得共先達　勅意諸大名衆議被聞召度被仰出候詮も無之儀誠ニ　皇國重大之儀調印後言上　大樹公　叡慮御伺之御趣意不相立　勅意之御次第ニ相背輕卒之取計　大樹公賢明之所有司之心得如何と御不審被思召候右樣之次第ニてハ蠻夷之儀ハ暫く指置方今御國內之治亂如何と更ニ深く被惱
叡慮候何卒公武御實精を盡し御合体永久安全之樣ニと偏ニ被思召候三家或ハ大老上京被仰出候所水戸尾張共愼中之儀被思召且其余宗室之內ニも同樣御沙汰之由ニも被聞召及右ハ何等之罪狀ニ候や難計候得共柳營羽翼之面々當今外夷追々入津不容易之時節人心之歸向ニも可相拘旁被惱
宸襟候兼て三家以下諸大名衆議被聞召度被仰出候ハ全く永世安全　公武

御合体ニて被安　叡慮候樣被思召候外夷計之儀ゟも無之内有(憂脱カ)之候てハ殊更深く被惱　宸襟彼是國家之大事ニ候間大老閣老其他三家三卿家門列席外樣譜代共一同群議評定有之誠忠之心を以得ト相正し國内治平公武御合体彌長久之樣　德川家扶助有之内を整へ外夷之侮りを不受樣ゟと被思召候早々可致商議　勅答候事

廣橋大納言
萬里小路大納言

御沙汰之趣尋常之御事ニ候得ハ御斟酌之御次第可被爲在候得共蠻夷之事件於關東も大改革之御時節ニ候へハ萬一此上公武御隔心ヶ間敷有之候てハ甚以被惱　叡慮候間格別之儀を以無御隔心被仰進候間此段不惡御聞取ニ相成候樣被遊度御沙汰之事

八月

秘笈御廟算高松

今度被仰進候趣三家始相心得候樣別段水戸中納言へも被仰下候此段爲御心得申入候事

同年同月水戸家へ被仰下候　勅書

先般墨夷云々文言前ニ同し

別　紙

勅諚之趣被仰進候右ハ國家之大事ハ勿論　德川家を御扶助之思召ニ候間會議有之御安全之樣可有勘考旨出格之思召を以被仰出候間尙同列之方々三家々門之衆以上隱居ニ至る迄列藩一同へも御趣意相心得候樣向々へも傳達可有之被仰出候事

八月八日於傳奏月番萬里小路殿里亭諸大名筆頭ニ依て水戸殿留守居鵜飼吉左衞門呼出御渡

柚門高松の應接

午十二月十六日矢野唯之允一同中山太夫與三左衛門御呼出し今日御前へ罷出候所頭取兩人罷登候由幸之事故國之事情讃岐守へも存分ニ申述爲聞候樣尙更御尋人之事も有体爲申との　尊慮ニ被爲在候間御程次第可罷出旨御內達御坐候間私儀ハ支封君へ御出入之儀少々論も有之指支候旨申上候所尊慮ニ御坐候間御辭退も不相成矢張存分事情申上候樣云々矢野ハ元來罷出御國政向申上度趣御國より之論ニ有之暮時相引候所別紙之通讃州樣より來ル

以手紙致啓上候甚寒之節愈御安康御勤被成珍重之御儀ニ奉存候然ハ讃岐守樣御逢被成度儀御坐候間明十八日晝後御出懸御坐候樣ニ被成度思召ニ候右之趣認上候樣ょと被仰付候此段得貴意度如此御坐候以上

十二月十七日

田中七郎
數越六郎衛門
中村丹下

高橋多一郎樣

卽刻右返書遣し此夜中山殿へ云々指支候趣申出候所御側御用人共ゟ書面有之今晩彼是も如何故可罷出旨御申付此夜金孫（金子孫二郎）等大意相談翌日罷出申候晝時罷出御側御用人中村丹下數越六郎衞門罷出度々應對直ニ被爲召候間再三辭退之上御一間へ入候多一郎儀ハ逢候事も有之樣ニ覺候旨被仰候間私共御國勝手ニて折々をふ罷出不申候間とふ〱不奉得拜顏候今日ハ被爲召難有仕合奉存候

候　扨御國許ハ今以騷立候や

柚　七月五日被仰出候一條於我々共も甚以奉恐入候事ニ御坐候今日ゟ中納言樣よりも御事許事情有体ニ申上候樣被仰付候間寔ニ田舍者不顧恐申上候間何分御高許蒙度云々只騷立候儀ニハ無御坐候七月被仰出候一件如何被思召候や　前中納言樣御一代十五六ヶ年之間再度御無實之御罪被爲蒙　當中納言樣ニハ今以御登　城御指留被爲在御國許之人氣ニてハ　天朝　公邊之御爲ニ御盡し被遊ヶ樣嚴重被仰出候筈ハ有御坐間敷何御罪ニ可有之や扨々殘念と申一念より固り百姓町人坊主等ニ至る

迄嘆願書等指出し何レよも人心居り合不申候是非　殿樣之御無罪晴し不申候てハ不相成と存詰既ニ九月御府內幷小金宿迄も數百人罷出候間役人共押留やふ〳〵押返し申候恐入候事ニ御坐候且　將軍　宣下之御大禮ニ御登城も不被爲在候てハ尙々此上如何と苦心仕居候所へ御行列付賣步行候所御國迄持下り　中納言樣御名前無御坐候を女子供迄殘念あり神社等へ百度參り仕社前ニ木の葉澤山よたまり申候事ニ御坐候是ハ一度一枚と數を取候故よ御坐候此寒夜よ神社ニ夜籠斷食仕候下々の人氣よて水府御領中末々迄之忠實ニ存詰候情狀御憐察可被遊猥ニ騷立候儀ニ無御坐候

シテ我屋敷抔へ大勢押込候儀ハ有之間敷や水府の者女子供迄ナゼ我等を恨み候や

乍恐申上候七月以來ゐあふ樣よハ御幅廣く御登城被遊　公邊御役方幷水野竹腰等へ御引組　御本家樣ヶ樣被爲成候儀を何とも不被爲思召却

て彼是御立入御世話被爲在候儀扨々と奉存候尤御宜敷御筋合ニ御坐候ハヽ可奉願所ニ御坐候得共左樣計ヨも無御坐候乍恐　神君之御尊靈ハ勿論　源威義源英公へ御對被遊それで御心能御人情ハ如何之物ニ可有之や御連枝樣之内ヨも此方樣ハ御一家御同樣之御家ニ御坐候得ハ御面目ニ御拘り可被遊御儀と下々之者迄御批判且御怨みも申上候情合ニ相成候事ニ御坐候

御顔色お赤く被爲成我ゐヶヽ決して御本家之事わるくそるの何のと申事ハ無之其方抔よく心得て呉よ朔日御大禮御登城無之故實ニ世上へ面目も無之大學抔もそふ申ゟり扨それとて我屋敷へ押込ハ致間敷や

今月三日四日方より御家中末々迄悲憤ニ堪ゥね田舍者之事故一圖ヨ存詰御番頭始神發流門人幷文武指範等何レも門弟大勢有之候所日夜會合執三宅へ罷越　兩君之御寃罪御嘆願御打捨可被成筈無之畢竟江水御役人方存入薄き故傍觀被成候間我々南上　幕府幷讃侯へ罷出存意申述

君寃をも訴可申とて四日計ハ夜も寢不申位故兩執政罷登候筈ト達指出し先我々共それ〳〵罷登取靜候事ニ御坐候

成程御國之情ハ左樣もなるへき歟又江戸表ハ　公邊向左樣ニ不參扨々困る織部與三左衞門抔度々逢申候故我等之事も分り候や九月中小金之樣之事有之てハ益御爲ニなふぬそ此節百姓共抔大勢罷出候ニハ無之や

御定之通り御坐候織部等罷出御程も相分り申候得共水戸表抔ニてハ御出入申上候儀甚以不氣服ニ御坐候百姓共大勢罷出候樣被思召候へ共御領中五百何十ヶ村と申事ニて一村より村役ニ懸り不申候郷士等之者一村壹兩人ツヽ城下へ罷出事情承り候所出入ニてハ一村之出替り七八人ニも相成一兩日ハ咄合歸村仕候故大圖上町計も三四千人ツヽおゝ〳〵仕罷在是も役人共理解申聞右樣村役無之者指出候間余ハ不殘と申振九月中申諭よふ〳〵右樣相成候儀ニて眞之愼實申上候得ハ御納得も可被遊事ニ御坐候左も無之候ハヽ何程歟押出し恐入候事ニ御坐候

御國より大臣抔罷出度々　公邊へも罷出又ハ我等も逢候方情實相通し御國取靜ょも可宜や浮説計被行扨々困る云々

此度も鳥居瀨兵衞肥田其太郎罷登候事ょ御坐候此節其太郎著仕候是ハょある様之御家老半兵衞同苗ニ御坐候御先祖様之御時和泉と申者之惣領ハ此方様へ御奉公申上候其太郎家ハ代々任官も仕候

それハ大介と申候忰歟何役ニ候や

左様ニ御坐候若年寄相勤申候

浮説之有之ょハ扨々困る先達ハ屋敷へ押込と申事ょて大きょ心配致候也

浮説之儀追々御配慮奉恐入候七月末比ょハ何レ之屋敷より歟水戸様御謀反〳〵と申事ょて世上之口へハ手も被當不申候得共御家中一統殘念骨髓ニ徹し申候所廿八日御達ょハ大目付御目附駒込へ見廻り尙御連枝様方御引受諸事水野土佐守竹腰兵部少輔等御申合立入取扱候旨云々其節間部殿御口達ょハ　前中納言様御事突留候御證據ハ無御坐候得共風

聞不宜候間　御三家方之御取扱ニハ無之候得共右樣被仰出候所御國靜
謐ニさへ有之候得ハ御愼も御解ニ相成候間其旨相心得候樣御口達書相
渡一同痛憤仕候翌朝御家老共より存意書御老中方へ指出申候然る所八
月朔日ニ相成　駒込詰之御家中引拂御連枝樣御家中　駒込へ詰切　前
中納言樣御預切ニ可相成由營中取沙汰有之俄ニ一同驚き　中納言樣ニ
も　御父樣之御事故御憤激被遊御家中半分　駒込へ相詰若殿中へ立入
候ハヽ切死之覺悟ニて相詰申候所此夕此方樣より御使武田彥衞門田澤
彌之進被爲召大目付等立入之儀ハ御沙汰止之趣ニて一同も先安心仕候
公邊より被仰出候儀何一ッ御取用不被爲在候故我々も　公邊へ向骨折候
ニ指支申候大宰等之族どふか指出申度者也
此儀ハ　中納言樣よりも度々御下知被爲在御國許ニても精々嚴重尋方
申付置候得共御承知も被爲在間敷水戶御領內ハ海岸二十四五里那珂湊
と申所ハ日々諸國之商船出入致又一國ニ大筋之海道四五筋有之是ハ奧

州野州總州へ之通り又湖水舟路も接居余國と違ひ四方明ぬきよて往來勝手よ御坐候間今日居候ても明日他參も難計且出奔人之事尙更彼等下郎輩之事左迄御配慮よハ及申間敷奉存候出奔致候者ハ親殺し主殺しよても捕得不申候者天下ニ數多御坐候それ程御尋者ニ御坐候得ハ　公邊より捕手之役人幷此方樣御近臣小石川よりも指出し水戸表軒別ニ爲尋候ハヽ相分り可申候それよて見付不申候ハヽ　公邊へ之御申譯も有之候間左樣奉願度奉存候　中納言樣へも右樣申上置候事よ御坐候

石見丹波之事ハ如何いたし候儀ニ候や

是ハ追々御家老共より申上候通只今御引出被成候てハ一國人心居り合不申候且石見守儀ハ御用方更ニ好不申候昨年中より隱居願指出罷在候事ニ御坐候藏人間柄故是へ御尋よても相分り申候丹波儀ハ今以愼中よハ有之尙更此度之御國難よも結派と此一類計ハ嘆願處よハ無之內々人集抔いたし追々不宜取沙汰も有之候尤太田家ハ水戸家へハ御由緒も有

之格別之事故先年減祿被仰付候節家格ハ御沙汰無之候間忰專吉宜敷出
來候ハヽ追々家格ハ被下置候儀と奉存候丹波抔只今指出し候ハヽ太田
家之存亡難計樣奉存候

我ハ天狗を不殘追出き結城派を揚度と申存寄ハ一切なきそ一同へもそふ
申セ

左樣ニ御坐候水戶御家中廣き事誰ゟケ樣誰ハケ樣と申儀御承知被遊候
筈も無之七月中水戶ゟ御聞ニ入候儀御取用不被成と申御返翰も御內々
拜見仕候扨此度之御厄難ハ何レより起候と被思召候や御急登　城之事
も御達　勅云々ニハ御坐候得共右以前より結派丹波之余類打寄不遠云
々既ニ小山藤田宅へハ六月末ニ何レ之家中歟兩人參り　公邊御懷之儀
なゟし水戶へハ七月七日朝相分り候節ハ右之黨類とふニ存居候よし沙
汰も御坐候位ニて無根之浮說內より焚出し候樣有之候てハ大變ニ御坐
候

イヤ決して我ハ御國之事ニハ不構候

辰二月中谷田部藤七郎等横山兵藏根本新八等此方樣御家臣衆へ深く相詰ひの次第且廿六日　兩公御鷹野出御前後之御事ハ御承知被遊候御儀と奉存候

太宰壹人も指出し候ハヽ御吉兆之儀も何と歟可被仰出とも存候

太宰出奔等之儀ハ七月五日後之事ニて御咎一條も何も障り候次第ハ無之樣奉存候太宰探索嚴重ニ仕候付色々の者召捕間ニハ少々御家臣之名抔も出候儀も有之やニ御坐候萬々一御家臣衆より結派丹派等へ内文通ニても有之候てハ此方樣御爲ニ不相成右樣之儀ニてハ水府ハ益治り不申候此上此方樣を御怨申上候間此段御本家之御爲故よく御心得被遊候樣云々

其許抔へ逢候得ハ格別分り申候浮説計多く有之互ニ爲ニ不相成候間水戸ゟ登り申候大臣へハ我々も逢老中衆へも爲指出候ハヽ又　公邊向模樣水

戸にて心得候と違候所も有之爲呑込候ハヽ取静之爲にも可然歟
御定之通りニ御坐候肥田其太郎罷登候間御目通可申上儀と奉存候扨先
日ハ金子孫次郎と郡奉行罷登候節長持ゟ重き故武器にても運申候半と
の御疑念被爲在　公邊より段々御響御坐候よし此節大笑仕候何程水戸
家小國なりとて孫次郎ゟ小長持へ旗具一同取交入候とて何程之いり可
申候や武器爲登度存候へハ先格之通鐵砲甲冑なり修復入替旁御矢倉奉
行印鑑にてづんづん爲登候事に御坐候浮説を御信し被遊候とてはんま
りニ御坐候却て水戸表其樣之事にて人氣相立尙々一圖に存詰候忠義一
片之者御不審蒙候所を殘念がり申候事に御坐候
とふ歟浮説を不信樣ニ致度
追々御不審蒙り又ハ根もなき事　公邊向にて御信用故畢竟讒説も入や
すくそれ故　水戸表之人氣決して不治心配仕候御老中衆へ御引合被成
下候ハヽ御不審被爲在候段ハ力丈ケハ説き申度それも御六ケ敷候ハヽ

公用人之内へ面會御不審之廉一々辨論いたし候得ハ御宗室と御三家之御中も御直り被遊詰り天下之御爲と奉存候

成程その樣之事ニも有之候ハヽ互ニ浮說を信し右樣之事ニも及申間敷それハよき心付なり何卒御國表靜ニ致度又小金之樣之事有之候てハ夫丈ケ御登城も御延引ニ相成候故御爲と存候ハヽ靜ニ爲致候樣云々

江水役人共追々骨折取鎭仕候得共大勢之事故中〳〵行屆不申候恐入候事ニ御坐候御番頭等ハ時々寄合評議有之右之組子數百人有之尙又神發流指南福地政次郎門弟鄕迄ニて三四百人も有之其内打手と申ハ何レも少壯之者ニ御坐候其外會澤青山等學問之門人御家中子弟等一圖ニ存詰こらへ兼日夜執三宅へ推參致役人共身を捨歎願不致故　兩公御恥辱をも雪候儀難相成云々責付られ候所　公邊御模樣件之通騷候得ハ騷候程不宜候事故中ニ立をみ立られ致方無之立場故嘆願引受執三罷登候事ニ御坐候　水戸表之眞情ハ御老中衆へも爲御聞申度と役人共申合候事ニ

御坐候
我等も朔日御登　城もなき故世上へ面目も無之候間何分骨折候積なり外ニ工風も無之候得共尾紀様より表向御吹掛ヶ有之候ハヽ諸向も其尾ニ付口出し御登之儀ハ御出來ニ相成候樣被存候御愼之儀ハ　尾越へ御引張故段々ニ無之てハ參間敷とも存候
左迄御心付被爲在候御事ニ候得ハなかゝ樣御周旋被遊候樣仕度御一ト廉も御眞事顯れ不申候故矢張士民とも御怨申上候事ニ御坐候
幾重ニも盡力致候間其方等も盡し可申候
御意無之候とも只罷在候てハ水戸表動立申候故乍不及盡力仕候　黃中納言樣ニハ今以御上下被爲召嚴重御愼雨戸も少々御あけし被遊候御事故　中納言樣ニも御苦勞ニ被遊我等ハとてもなの樣ニ愼よくある事ハ中〳〵出來ぬ萬一御疾ニても出候てハ恐入との御意ニて七月中も御愼云々炎暑中云々御連枝樣方へ御直ニ被仰候儀も御坐候　御子樣之御情

も御察し可被遊候御暇願一間へ退候所まゝ〵と被遊候間又罷出候得
ハ
鵜飼吉左衛門（悦カ）近々罷下候由御吟味ニても始り申候得ハ　前中納言様御身之
上へ懸り候儀ハ無之歟と心配致候
此儀ニ於てハ一切御掛障無御坐事ニ御坐候
何歟御直書ニても出候儀ニハ無之や
御意之通ニ御坐候是ハ當時町奉行所御引揚之由ニ承候所外之御次第も
無之先年　前中納言様御親御燒及被遊候御下打之刀被下候節之御直書
外ニ草木之種物之事ニて被爲遣候計ニ御坐候是ハ何レへ指出候とも嘖
然と仕候物ニ御坐候
それハ大きニ安心致候事之
右ニ付申上候此度御吟味物ニ付萬々一穿鑿を図て押付片口を以て御刑
當御取行ニも相成候ハヽそれハそれハ國家へ關係大なる事故士民一同

忘ふへ兼可申候と奉存候八月末中御老中太田殿間部殿御呼付御應接之間ヨ是ハ　御親子樣之御間ヨてハ申上兼候御儀も御坐候　前中納言樣ヨハ　京都之方御引懸りも有之候所明日壹人罷出可申上と申退出被致候事ニて右之儀　上ヨも御配慮被遊　奥御殿樣ヨも御申上　前樣御聽ヨも入候や　京都へ引掛り抔一切無之候間明日參り候ハヽ幾重ヨも堀ぬけとの　尊慮ヨて　上ヨも御安心明日又兩人罷出候節嚴重御責御聞被遊候得ハ昨日ハ左樣申上候所　京都之御引張ハ無御坐候只海防御勤役中之御事ニ御坐候と兩人口を揃て申上候此節政府御近臣も聞居一同落涙仕候天下之御老中も勤候者一夜之内ヨ弁をかへ申上候御強く御堀不被遊候得ハ　京都御引張と申所ヨて　御父子樣之御間を御離間申上且　三藩之君の浮沈ニ拘り候儀をら取繕申上候樣ヨてハ此上鵜飼等之穿鑿ハ如何樣罔て被押付候も難計御國許一同殘念骨身ニ徹し且　天朝へ拘り候儀ニ相成候間其節ハ意外之事ニ可相成も難計此段　德川家之

御爲故御本末之御中と申御大切之事故御心得ニ申上置候
御聲ひく丶御體を御伏し被成初て承れりと被遊左樣之儀ニ有之歟扨々と
御興被爲醒候て御眞實ニ御呑込被遊此後の事如何にも心配いたすそ我等
何分にも骨折候間水戸表之儀穩ニ致度云々
御意之通奉畏候外ニ取靜樣無御坐候兩君樣御氷解御一條のみニ御坐候
前中納言樣ニも御老年ニ被爲在萬一御愼中朝露ニ御先立被遊候ハ丶
御家中ハ勿論御領中一統　御亡君之御心中奉恐察一旦譏者之爲に無實
之罪ニ被爲沈御逝去被遊候ハ丶臣子之身誰歟默し居可申や淺野内匠頭
如きの短氣うつけ之主君にても右浪人とも主君の遺志相繼鬱憤を晴ら
し申候況や明君元來　天朝公邊之御爲御忠節御勵被遊譏言之爲ニヶ樣
被爲成御生前ニ御晴ニ不相成御逝去も被遊候ハ丶此鬱憤何レへ報し可
申や小金宿壯士之勢御承知も被爲在候通當もなきに腹さへ切申候程之
忠憤義烈況や一旦決心いたし候ハ丶如何樣之義ニ可及も難計此段ハ御

本末無遁御一門様之御儀故事情有体ニ申上候

御子様方ハ如何被成候や

御承知も被為在候通　民部様之外ハ何レも御國ニ被為入申候御國よて

も余四麿様ハ朝々女中もそんし不申様御遠拝相済　御父兄様之之（マヽ）御為

諸神を御祈誓被遊候ハヽ御愼解等之儀頻りニ御苦勞之御様子ニ御坐候

　是よて御暇願退出致申候

又々尋度儀有之節ハ呼申候との御意之

# 秘笈雑録

二

# 晩綠齋祕笈

目次

安政六年午七月六日

丹羽越前守
松平肥後守

右依指圖俄ニ登　城仕候所　尾張樣御隱居之儀爲上使被遣候
尾張樣へ被仰出
尾張中納言殿御事　思召御旨も被爲在候付御隱居被仰出外山屋敷へ居
住穩便ニ急度御愼可被有之旨被仰出
尾張家御相續之儀ハ松平攝津守へ被仰付候
右之趣可被申上候尤右之段御使を以て可被仰進候所格別之御用多ニ
付御使ハ不被遣候間其段可被申上候

松平肥後守
松平左京大夫
丹羽左京大夫

名代
丹羽越前守

尾張中納言殿急速外山屋敷へ云々前件之通壹通

一萬事攝津守殿竹腰兵部少輔成瀬隼人正ゟ無遠慮相伺宜様可被取計候事

右之趣家老衆へ可被申聞候事

右三人へ心得被申渡候書付

市ヶ谷屋敷へ被相越中納言殿へ面談ニ不及旨被仰出候趣竹腰兵部少輔成瀬隼人正其外家老衆へ可相達候由ニて書付兵部少輔隼人正へ被相渡御受も右之衆罷出申達筈ニ候

一御受之儀ハ深更ニも可及候間三人共明日登城候旨可被申聞候

上使
間部下總守
松平和泉守
松平攝津守

右　尾張様御家御相續之儀俄ニ被仰進候

尾張中納言殿家老

竹腰兵部少輔

成瀨隼人正

右一同ニ御緣頰ニ呼寄御敷居際迄罷出被仰出候趣紀伊守申渡之兵部少輔も可相越候隼人正ハ上使之前後ヨ可被付旨申渡之

但松平肥後守松平左京大夫丹羽越前守も著坐

松平攝津守

尾張中納言殿家御相續被仰出候家政向篤ト可被念入旨御意ニ候

刑部卿殿家老

竹田豐前守

德川刑部卿殿御事　思召御旨も被爲在候付當分之內御登　城御見合被成候樣被仰出候此段可被申上候

右於芙蓉間掃部頭老中列坐紀伊守申渡之書付相渡之
右同文言德川刑部卿殿云々被仰出候間田安殿へ可申上旨水野筑後守へ於同席同人申渡之

越前侯直筆之寫

今般被仰付候一件ニ付一統之向も可有之候得共我等儀從來丹精を相盡候ハ畢竟御家門之身故只管　公邊之御爲と存詰候儀ハ一身之吉凶禍福を厭候所存聊以無事ニ候今更今般家督之儀無相違日向守へ被下置候上ハ益御國內之御治平ハ不及申　公邊永久之御榮誓神明等ニ專祈度存居候儀ニ候間家來共ニ於ても心得違不致各其職相守り我等同樣日向守へ忠勤相勵候事肝要ニ候萬一感憤ニ堪兼所存等有之候ハヽ內心假令忠義ニ候共我等所存ニ相叶不申候間何分從來趣意柄等相心得　公邊之儀麁略ニ不可致者也

午七月八日

未八月廿七日

德川刑部卿殿御事思召御旨趣有之候付御隱居御愼被仰出候且今迄之御領地其儘御付人御抱人之者共一橋附被仰出候間向々へ可被相達候

公邊より松平肥前守へ參府いたし候樣内達有之候付申出

私儀八ヶ年以前英吉利人亂妨致候所參府留主ニ付人數不行屆百ヶ日御訶責を蒙候然る所去年中神奈川小柴村ニ於て蠻國へ假條約被成候節夷人共亂妨被致候へ共何等御所置無之先年御訶責蒙候段ニハ相當不仕尚又此後夷人共國許ニ罷在防禦仕度若參府不仕候て不宜候得ハ長崎御堅メ等より御免被仰付候樣仕度奉願候以上

未正月　　　　松平肥前守

未七月中太田閣老呈書之寫

外國交易之條約開港之場所定約之書規定之所追々已ゟ儘のみ申立御不

都合之廉多成行自然御政道之障不容易御時節此上異國御處置之儀被仰出方可有之候付てハ諸家へ被爲命方猶可有之各方御誠意承度外夷之事ニ付第一叡慮不被爲安候程之御事御大切之御儀且國主外樣之中ゟも外國とも〻御國体を被見透殘念之事と被申候者も有之やゟ相聞御政道難有不奉仰者萬一有之節ハ不平穩外國人申立候所御許容被遊難き儀數多之事故此上應接不相立節ハ御手切之御挨拶打拂被仰出候ゟも御連枝御家門幷諸大名御旗本御家人其外輕き者百姓町人ゟ至る迄內地混亂不致御武備不衰御德之輝御政道難有御國恩ニ奉報候樣被仰付方可有之其上外夷之御所置急度被仰出可然候

一水戸中納言殿御登城御役之儀家老嘆願之趣再應取調申上候所御許容之御沙汰無之節ハ水府國中人民嘆之沙汰御取調之通無相違事ニ相聞人氣不穩且近年外國人舶來ニ付一体之人氣ニ拘り安意之思無之折柄故別して御大事之時節內地御整之儀專要ニ存候外國之儀是迄各方御談申候通

御法令不相立候てハ御國体ニ拘不肖之拙者蒙御役相勤候段奉恐入候付
申上候以上
未七月　太田備中守
未八月廿七日有志御處置
切腹　水戸家老　安島帯刀
死罪　同藩　茅根伊豫之介
同　同　鵜飼吉左衛門
獄門　同　同　幸吉
遠島　十月廿二夕方豐後佐伯へ預ケ　同藩　鮎澤伊大夫
同　小林民部權大夫（輔カ）
追放　池田大學
京都へ御返し　永の愼　老女　村岡
伏見奉行　林播摩（磨カ）守
同廿八日幕府除目

甲府勤番支配　太田播摩（マヽ）守

新番　松下大學

軍艦奉行　加藤壹岐守

御臺様御用人　原彌十郎

御役御免　土岐丹波守

同　岩瀬肥後守

役祿被召上　永井玄蕃頭

御役御免慎　川路左衛門尉

御役御免　井上信濃守

同　淺野備前守

同　水野筑後守

同九月十一日

小普請奉行次席
駿府町奉行　鵜殿民部少輔

思召有之候付御役御免隱居被仰付指扣可罷在旨

名代 平岡與〔右脫カ〕衞門

御先手 十郎左衞門六男

名代 鵜殿適之介

榊原一郎右衞門

鵜殿民部少輔事思召有之候付御役御免隱居被仰付候先達假養子ょも相願候儀ニ付養子被仰付家督無相違其方へ被下小普請入被仰付旨

精姫樣御用人並

名代 黑川嘉兵衞

伊佐新次郎

御書物奉行

名代 平山謙次郎

島田帶刀

思召有之候付御役御免小普請入指扣被仰付旨

小十人

名代 平岡圓四郎

松平大三郎

不束ゝ次第有之候付御番御免小普請入指扣被仰付旨
同十二日
小栗又一
御目附
右御直ニ被仰含候
同十三日
御奥御右筆組頭格
樋口喜左衛門
御小姓組番次席
外國奉行神奈川奉行兼帶
新見豊前守
名代
赤松左衛門尉
御勘定奉行外國奉行
神奈川奉行箱館奉行兼帶
村垣淡路守
小栗又一
アメリカへ本條約爲取替被指遣候間可致用意旨
道中奉行
御勘定奉行
山口丹波守
同十月七日有志御處置

曾我權左衛門家來　飯泉喜内

松平越前守家來　橋本左内

京浪人　頼三樹三郎

右死罪

大學院御門跡　六物空萬

松平伊豆守家來
大宰清（マヽ）衞門兄　八郎

右遠島

京久助借家　宇喜田一蘆（蕙カ）

同　松庵

蒲市正

右所拂

三條殿家來　丹羽豐前守

鷹司殿家來　三國大學

三條殿家來因幡守悴　森寺若狹守

青蓮院宮殿家來　伊丹藏人

一條殿家來　入江雅樂頭

右中追放

武州葛飾郡寺島村百姓　山本貞一郎

娘梅

さ　ね

と　よ

右急度叱

久我殿家來　春日讃岐守

御倉舍人　山科出雲守

三條殿家來　森寺因幡守

右長押込

有栖川殿家來　飯田左馬（輔カ）
鷹司殿家來　高橋兵部權大夫
青蓮院宮家來　山田勘解由
三條殿家來　間（富カ）田織部
下田奉行手付　大沼又三郎
飯泉新（春カ）堂

右押込

一條殿家來　若松木工頭

右洛中洛外相構江戸拂

大宰清（マヽ）衞門
妻　せい
青山鳳泉寺觸下
當蓮修驗　利益庵行阿
鷹司殿家來　兼田伊織

右構なし

小網町名主ニて欠落　伊十郎

右於溜手錠

松平丹波守領分
十兵衛悴　源衛（マヽ）門

信州松本町三丁目　茂左衛門

神田久衛門町二丁目
鐵之允後見　源介

右手錠

若州浪人
八月廿三日病死　梅田源次郎

西園寺家來
九月十三日病死　藤井但馬守

右於評定所松平伯耆守池田播摩（マヽ）守黒川左中立合因幡守申渡之（申渡文脱カ）

同十月廿七日

死罪

毛利大膳大夫家來　吉田寅次郎

紀州殿御領分用立町人　世古格太郎

右紀伊樣御領分御構江戶拂

伊達遠江守家來　吉見長左衞門

古賀謹一郎家來　藤森恭介

右重追放

阿部四郎五郎家來<br>豐作悴　勝野森之介

薩州藩　日下部裕之進

右中追放

水府　大竹儀兵衞

藤森權左衞門家來　岩本常介

井上左京大夫家來　藤田忠藏

岡部土佐守家來　覓承三

阿部四郎五郎家來<br>豐作二男　勝野保三郎

右遠島

右押込

右長押込

右無構

右中追放

讃州藩 長谷川速水

勝野豊作妻

ちう

娘ゆふ

讃州藩 長谷川宗衛門

元神崎寺坊主 知順

東大野村組頭甚衛門事 奥田隼人

矢幡村百姓 峯十

鈴高野村李泰事 とわ

同月廿七日除目　有志所置之同日之

大番頭　白須甲斐守

山田奉行　秋山安房守

　御勘定外國神奈川御軍艦四奉行兼帯

西丸御留守居　水野筑後守

駿府町奉行　加藤壹岐守

御小姓組番頭　平岩石見守

同　高井兵部少輔

外國奉行　竹中圖書頭

小普請組支配　柴田能登守

同　安藤與十郎

　右御直被仰含候

不時之覺

名　本郷丹波守
代　内藤七郎左衛門

勤役中勤方不宜段達御聽急度も可被仰付候所出格之思召を以御加增之
内五千石召上隱居被仰付候旨急度相愼可罷在候

名　本郷石見守
代　本多丹下

同文言爲家督其方へ五千石被下寄合被仰付候
右昨晩脇坂中務大輔宅ニて申渡

名　石河土佐守
代　小澤新左衛門

勤役中勤方不宜候段達御聽急度も可被仰付所出格之思召を以知行之内
七百石餘召上隱居愼被仰付候

石河豐前守

同文言爲家督其方へ貳千石被下中奥御小姓御免寄合被仰付候

名代　水野采女

名代　佐々木信濃守

今井左右橘

思召有之小普請入被仰付候

右昨晩安藤對馬守宅よて申渡

井伊掃部頭

御懇之上意御本丸御普請御用向重立取扱

松平和泉守

御本丸御普請惣奉行被仰付掃部頭へ申談可被相勤候

同十月廿八日

松平伊豆守家來　横山湖山

酒井雅樂頭家來　菅野健介

間部下總守家來　大郷養藏
同　林某
松平鹿次郎家來　小南五郎衛門
松平修理大夫家來　大山三左衛門
土屋采女正家來　大久保要
久世大和守家來　舟橋亘理

右國許永押込
其外ゟも有之よし

申二月二日牧野越中守家來呼出し安藤對馬守申渡之
此節　水戸殿領內長岡驛尙又多人數致出張不穩趣ニ相聞　中納言殿ゟも深く心配被致嚴重手配致候へ共御府內他領迄罷出法外之所業ニ及候事も難計右樣之儀ゟも至候ハヽ於　公邊召捕引渡ニ相成候樣致度旨

水戸殿ゟ被仰立候付萬一他領へ罷出候節ハ召捕候筈ニ候間それ〳〵手筈致置右樣之次第ニ至候ハヽ早速人數指出召捕候樣可被致候尤多人數ニ無之壹兩人姿を替間道等ゟ忍候て罷出候者可有之も難計候間右樣之者ハ見懸ケ次第召捕候積手配致置候樣可取計候事

水戸殿家來

高橋多一郎

關鐵之介

吉成恆次郎

林忠左衞門

廣岡子之次郎

森五六郎

濱田平介

右之者共水戸表出奔致候趣ニ付他領等へ罷出候ハヽ別して速ニ召捕

候樣被仰付候

安政五年戊午七月七日御達

昨六日曉上使を以　前中納言樣駒込屋敷へ御引移御愼被遊候樣被仰出候條其旨可奉承知候

此度之御儀ニ付月番年寄衆御宅へ參上　中納言樣　前中納言樣御機嫌御伺可被有之候且御支配中御文庫役別以上之族各同樣相伺候樣御達之事

口上之覺

右之御儀ニ付　中納言樣よも御指扣御伺被遊候間一統敬上之意取失不申樣よとの御沙汰ニ候條左之通相心得可申候

一武藝普請殺生幷鄉出鳴物高聲可致遠慮事

但無據繕普請之儀ハ不苦候

同十二日御達

此度之御儀ニ付　中納言樣御指扣御伺被遊候所不及其儀當分御登　城之儀ハ御見合セ被遊候樣被仰出候條其旨可奉承知候

同十六日御達

此度　前中納言樣御愼被仰出恐入候御次第ニ有之依之御家中一統面々相愼可申萬一騷々敷儀も有之候てハ決て不相濟事ニ候条壯年之子弟抔血氣ニ任セ心得違出府等之儀有之候てハ　公邊へ被爲對候て不相濟却て　前中納言樣御爲ニも以之外不宜候間壹人たり共右樣心得違之者無之樣可被致候

八月三日御達　（一二三ヲ二二ニ作ル）

此度　前中納言樣（御愼脱カ）被仰出恐入候御次第ニ有之依之御家中一統面々相愼可申万一騷々敷義も有之候てハ決して不相濟事ニ候条壯年之子弟抔血氣ニ任セ心得違出府等之儀有之候てハ　公邊へ被爲對候て不相濟却て

前中納言様御爲よも以え外不宜候間壹人たり共右様心得違え者無之様相達置候振も有之候所此度被仰出候てハ従來　公邊御懷をも不奉承知候故君臣え情義苦心え余如何様存詰搖動致出府候者も可有之やと深く御配慮被爲在候条今井金（マヽ）衞門事御直ニ被仰含御指下相成候条以後え御模様次第沙汰え趣を以相達候迄ハ子弟等ハ勿論支配々々末々迄心得違無之様申含奉安　尊慮候様可被致候

別本少しク異同アリ左ニ記ス

此度え御儀ニ付去ル二日相達候振も有之候所此節壯年え族ニハ心得違罷登者も有之歟ニ相聞候間右等え儀有之候てハ御家え御爲よも不罷成候間尙更屹ト相愼候様御口達え事

同六日口達覺

此度え御儀ニ付面々無心元江戸表微行致度族も有之歟よ相聞候處君臣え情尤よハ候得共此度ハ幾重よも御國靜謐よ不致候てハ第一　兩君様よも御配慮被遊候条當主ハ勿論子弟等心得違無之様支配々々末々迄可被相達候事

八月廿二日御達

此度重き　勅諚被爲蒙候趣別紙え通被仰出候付てハ御家中面々別して

行跡相愼　尊慮ニ觸不申樣相心得可申候

口達覺

此度　公邊之御爲重き　勅諚被爲蒙候處御家中之面々別して敬愼御奉
公大切ニ可相心得旨致內達置候樣との御事ニ候

右年寄衆於御部屋物頭以上一役壹人へ御達右以下御役方へ御內達

同二日御達

此御砌柄內外之情實をも不相辨騷敷趣ょも相聞候處兼て相達置候通鎭
靜罷在心得違無之樣支配々々末々迄可被相達候事

同六日御郡奉行中へ

此度之御儀苦心之余鄕中之者夥敷罷出候由之所奉對　公邊恐入候事故
爰許鎭撫之上若年寄壹人兩番頭三人御目附奥御右筆共一同卽刻出府爲
致實地之事情をも得ト申上御連枝方立入等之儀屹ト御指留ニ相成候樣
申立候間鄕中之者へも右之段得ト申含候樣可被取扱事

同六日御達一本七日ニ作ル

此度之御儀ニ付江戸表御模樣苦心之余兩御屋敷御手薄之儀奉恐察追々無願出府之族も有之趣よも相聞候所　御家之安危よも相拘り候御砌故臣下之人情尤よハ候得共御中陰中動搖致候てハ奉對　公邊恐入候間幾重よも相愼可罷在右ニ付太田誠左衛門幷中山與三左衛門早刻致出府御家中一統存詰罷在候情狀具ニ申上候条面々屹度鎭靜相愼罷在候樣可被相達事

口達之覺九月四日之

御砌柄鎭靜之儀追々相達置候所　兩君樣よも悉く御配慮被遊此度御用人兩人御目附兩人鎭撫之爲御指下ニ相成候条尙更靜謐ニ罷在候樣支配々々へも可被相達事

九月十日　今公御直筆之寫

此度之儀ニ付てハ國許抔よてハ如何樣之風聞致候やハ難計候得共此上

十日ハ御國ニて拜見候日之

前樣幷我等抔之身之上ニ拘り候事ハ一切無之右之儀ハ聢ト見込も有之候事故此節動搖致候てハ却て不宜右之趣一同へも早々相達安心致候樣可致事

九月七日　　水戸家老初一同ヘ

同七日　　今公御直筆之寫

讃岐守立入之儀ハ見合セニ相成候間右ニ付誠左衞門相下候間同人へ委細承候樣可致候事

九月二日　　織　部

　　　　　　藏　人ヘ

德案るよ此御書九月二日ニ御下ケ之筈なし眼前讃州御斷ハ小金へハ十八日御書御下ケ之二日ハ讃州盛よ事を計りし時之太田誠左衞門ハ九月七日南上之振御達ニなりし人ゟ月日の誤り明白なり可考

明七日御達

此御砌動揺致間敷旨度々相達候振りも有之候所兎角不穏面々　兩君様御機嫌相伺度存詰候余追々無願出府之族も有之歟ニ相聞候所臣下之義彼是御案し申上候儀尤ニハ候得共　公邊御中陰中騒々敷相聞候てハ以の外不宜却て上之御爲ニも不相成旁恐入候次第ニ付何分ニも相愼可罷在候右ニ付昨日相達置候通太田誠左衛門等早速罷登申上候振りも有之尙又寛河内守并兩御番頭之内ニて罷登御連枝様方へ申立候意味も有之旁以騒々敷様ニてハ罷登言上致候妨ニも相成候間右之趣父兄ハ勿論親類共ニも心を付無願出府等不致候様子弟等へ屹度申含鎭靜罷在候様支配々々末々迄可被相達事

口達之覺

頭申聞も不相用無願ニて出府致候者此方ニて構不申候事

同十八日御達

讃岐守様大學頭様播广守様御取締向御立入御相談被成候所御指支之儀も被爲在候ニ付御相談之儀御斷被遊候旨太田備後守殿内藤紀伊守殿御招御内談被遊候所無御余儀筋ニ付其段相心得取扱候様支配々々へも可被相達事

是ハ九月七日拜見之

讃岐守立入之儀ハ見合セニ相成候付誠左衞門指下候間委細右同人ゟ承候様可致事

織部藏人ニ

同十八日　今公ゟ御直筆を以小金驛出發之者へ御下之寫

此度連枝方家政向へ立入之儀我等面目ニ拘り候儀厚く存入沙汰止ニ致度存意を申立候趣至誠之至不堪感喜候尙又　前様御愼解之儀苦心致候趣於我等も孝道之儀幾重ニも　公邊ニ申立候心得ニ候間一同相含居候様尙又當地ニ長く逗留致候てハ　前様我等爲ニ相成不申事故早々引取候様致度此段申聞候事

同日　駒込樣ゟ三輪友衞門を以　御意之趣
此度各罷登候儀精忠之段屹度承屆候畢竟それ故連枝方離れ𛀁も相成候
忠義實ニ致感心候此上之模樣相伺候と申義も至極尤ニハ候得共長く逗
留致候てハ　中納言爲𛀁も如何と存候間是を機會𛀁引取候樣御意之事
同日文武師範御床机廻之面々へ御達
此度罷登候族一統引拂罷下候樣相達候所各之儀ハ追て相達候儀有之候
条其旨相心得當宿ニ罷在候樣可被致候事
十九日白井太田兩執政小金へ來り引拂方被仰含候上翌廿日晝時
礫邸へ引取ニ相成候事
同十三日　今公輕部平之允新井源八郎へ御意之覺
此度國許ゟ大勢罷登り小金𛀁も夥敷聚居屋敷内へも余程聚り追々上書
等も有之一統之存意之品も委細相分居候所一体連枝立入之儀深く苦心
之趣尤ニ相聞候間一旦　公邊之御趣意も相立連枝共爲立入候所右樣大

勢出府ニ相成候てハ此先如何樣之儀ニ可及や甚〻心配致候間右之廉を
以連枝立入候儀ハ幾重ニも閣老へ斷候存意ニ候間屋敷内ニ居候者何レ
も此先ハ靜謐ニ致白井抔へ大勢罷出論判致且壹人ニても過激之者有之
候てハ此後之扱指支候間靜り居候て模樣を見候樣可致其内ニハ模樣ニ
て相分可申候間心得違無之樣兩人ニて精々申諭候樣可致との趣

十一月廿八日御達

來ル朔日　將軍宣下御規式有之候事右之趣奉承知支配々々へも可被相達事

十二月五日御達

上樣御事　將軍宣下御當日ゟ　公方樣と奉稱候事

杉浦執政ゟ口達之覺

此度　將軍宣下被爲濟候所　前中納言樣御愼不被爲解御登城不被爲在
候付苦心之余壯年之族搖動無願出府いたし候樣ニてハ　禁廷　公邊
へ被爲對候て不相濟　兩君樣殊之外御配慮被爲在尙又御不爲ニ相成候

樣ニてハ旁不相濟候間心得違之族無之樣頭ニて精々申諭候樣若又存寄等も有之族ハ書附ニて其筋へ指出候樣旁口達之事

同八日御達

此節御愼解等之儀諸向嘆願之義も有之人臣之人情尤之儀ニ付年寄衆ニて御引受出府被致候付爰許幾重ニも鎭靜致居候樣尤　勅諚被爲蒙候御家之儀ニ候得ハ　天使在江戸中ハ別して相愼可罷在候萬一動搖致居候てハ　天朝へ被爲對不相濟事ニ付至極御配慮被遊候條此段厚く相心得靜謐ニ罷在候樣可被相達候事

同十五日御達

此度之御儀ニ付御家中一統嘆願之趣年寄衆幷我々立場ニて引受罷登候段相達置候所自然動搖之姿ニ相聞　前中納言樣御愼解御嘆願之廉々御指障ニも可相成やと深く御配慮被遊相扣候樣ニとの御下知之御旨も被爲在候所萬一動搖ケ間敷相聞御愼解ハ勿論御登城御指障ニも相成候て

れ却て恐入候事ニ候兼て一同苦心之段ハ尤之事ニ候条無程罷登候事ニ
候条得ト相心得粗忽之儀無之樣屹ト可被相心得事

安政六年己未正月十七日御達

前中納言樣御愼解幷　中納言樣御登城之儀御國中一同志願之趣我々共
引請御連枝樣方ハ不及申御老中方へも厚く申上候所元日御登城之儀不
被仰出誰迚も心痛無此上候然る所一同心底之所ニも於　公邊も深御察被
爲在候間鎭靜致居候ハヽ無程御吉兆も可有之動搖ヶ間敷相成候てハ御
首尾合ニも拘候趣御響きも有之大切之御場合此上何分心力を盡候ハ勿
論御連枝樣方ニも厚御周旋被爲在候間　兩公御爲を存候ハヽ幾重ニも
鎭靜致居御沙汰相待候樣厚可被相心懸事

同日鈴木石州ゟ口達

御國動搖之儀ハ　兩君樣追々深く御配慮被遊尚我々へ　御筆御下ヶニ
て此上無願出府之者有之候てハ却て　前中納言樣御爲筋ニも不相成御

儀ニ付精々鎭靜罷在候樣一同申合取計候樣ニとの御事ニ候間右之段厚致承知何分ニも鎭靜罷在候樣支配々々末々迄屹ト可被相達候事

同三月十九日御沙汰之大意執政衆御部屋ニ於て達

此度間部下總守歸府致候所是迄　公邊御模樣等浮說流言承及候付苦心之余內々出府致居候類不少歟ニ入　御聽殊之外御配慮被遊是迄迚も追々御下知被爲在候儀ハ各承知之通ニ候得共先達御下ケニ相成候敕書之儀ニ付浮說流言を信し彼是心配致し動搖ニ均敷始末柄も有之や之趣入　御聽候所　敕書之不容易段ハ御ぬまへ被爲在候間右樣之事ニ心配不致面々之武備心懸居只今ニも　天朝公邊之御爲非常之御用向被仰出候節不覺無之樣可致尙更萬々一　前中納言樣御始御身之上ニ拘り候程之儀有之候ハヽ迅速ニ相運ひそれ〳〵御下知被爲在候間夫迄之所ハ幾重ニも鎭靜罷在候樣支配ハ勿論子弟等ニ至る迄得ト申諭置候樣ニとの趣肥田其太郎久木直次郎へ御沙汰被爲在候條

各立場ニて別して厚く相心得夫々指揮相屆候樣可被致候事

四月廿七日　今公御直書之寫

薄暑之節愈無事ニ候や承度候然れハ鎭撫之儀ニ就てハ追々申聞近頃鎭靜之趣相聞候付致安心候所此度帶刀等　公邊御呼出しニ就てハ不容易流言等も難計候得共萬一搖動ヶ間敷儀有之候てハ家之安危ニも相拘り甚致心配候間家老共ニも深く心配いたし今廿七日與三左衛門儀讃岐守へ罷越　公邊御模樣等厚く相尋候所追々內話も有之通國中悉く鎭靜罷在候得ハ　前樣我等身命之儀ハ何等次第無之趣別帋之通讃岐守申聞候旨家老共ゟ指出し候間右之趣一同致安心鎭撫方厚く相心得取計可申事

四月廿七日　水戶家老初へ

去ル廿七日與三左衛門讃岐守樣へ罷出奉伺候御意之趣　御前ニて認指上候書付之寫

此度帶刀等御呼出しニ付御國中之族彼是不容易流言等も有之候へとも一統鎮靜罷在候得ハ　御兩君樣御身之上ニハ御次第も無之ニ付萬一搖動ヶ間敷儀も有之候樣ニてハ　御家之御安危ニも相拘り候程も難計御場合ニ付立場柄相心得可申候事

德云此時ハ讃州頻りニ事を用る折ニて其已前白井執政一旦失策し讃州を以て御愼解嘆願セハ事も可成と見込それか讃州へ之通路公然と開け其比時勢を觀望しける久木直次郎等一向讃州へ取入自然右樣之醜態を顯すニ至る可嘆之至り乙右之御書御國へ被下しニ政府之日定小田部等之如き者迄も此御書を出しなハ闔國之義氣一時ニ勃興し大變を生し可申といひ有志之士ハ眼前　君を御不明御不義之地ニ奉落入姿なれハとしや御筆なりとても表發セさる方可然是さへ出候樣ニてハ決して臣子之職分不相立と爭ひしゟ愈可出ニ決して五月三日ニ至拜見被仰付し乙案ニ不違

闔國一層之憤激を增し暫時ニ大發となりしゝ我ハ其已前南發せしかハ御筆をハ不拜見併當時之樣邸中ハ悉く奸世界となり忠臣義士最早百方策も盡き淺間敷事なりき後ニ　公被仰しハ四月廿七日與三左衛門讚州ゟ归らぬ事共を聞て歸れりとて與三を深く咎るよしなれとも是ハ全く與三之冤罪と云へし其以前ゟ直次郎讚州へ度々參り内輪之事皆直次郎拵へ置し所へ折惡く與三參りたる故右をも承りたるニて直次郎こそ實ニ遁れ引之ならぬ所之と被遊(脱アルカ)しとそ

五月
同八日御達

此節在方等之者追々江戸表へ罷登候由相聞候所御支配中并ニ子弟等右樣之儀有之候てハ不相濟儀ニ付鎭靜罷在候樣ニと年寄衆被仰聞候事

同九日口達之覺

年寄衆太田誠左衛門殿御宅へ羽太半(マヽ)衛門殿御呼出しニて被仰聞候ハ無

願出府之儀無之樣相達置候所心得違之者も有之趣相聞候間申合屹ト相達候樣ニと御口達候事

同廿日　老公御筆之寫

我等愼以來國許士民等之模樣更ニ耳ニも不入候所其許登城我等愼解之儀今ニ御沙汰無之此上一家之浮沈ニも相拘候やと追々致過慮苦心之余此度數千人罷登候趣承り深く致心配候臣下之至情主君之開明を祈候段至極之儀ニ有之精神之至感入候得共右之爲ニ國中動搖致候樣ニてハ我等積年の素志ニ背候のみならす第一　威義兩公以來敬上之誠意ニ不相當自然其許初役人中迄不行屆之筋ニ陷り候てハ國家之不爲申迄も無之愼中別して深く致痛心候我等愼之儀側向初承知之通禮服正坐罷在候儀偏ニ敬上之一念ニ有之候所臣下之身ニ取右之深情をも不相察動搖ヶ間敷有之候てハ不相成候間厚く加思慮罷登候者共一刻も早く爲引取候樣役人共一致いたし可取締旨屹度可相達者也

本文之儀我等ゟ指圖致候事ニも無之候得共此度之事柄品ニ寄安危ニも相拘り可申と深く心配いたし候余申進候呉々も厚く下知爲致候樣ニと存候

五月　景山

中納言殿

參

今公御筆之寫

前中納言樣ゟ御別紙之通御親書被遣候所御苦心之余ヶ樣御懇切ニ御書被遊候儀誠ニ以恐入候次第一同之精神ハ御書之通感し入候儀ニハ候得共右之一條を以て國の安危ニ拘り候程ニ相成候てハ　祖宗へ對不相濟次第申迄ハ無之　前中納言樣ニハ御老年ニ被爲在此度御心配ニて御寢食をも不被安候儀誠ニ以恐入候次第故右之所一同奉推察早速ニ引取候樣可致事

五月廿日

德案るよ此御書ハ余小梅之邸ょ在し時之事よて既ニ拜見被仰付計よありて俄よ御模樣替り夫切よあり其後脇合ゟ内々よて拜見セしと覺ゆ

同日　老公御筆之寫

此度士林之族大勢罷登候付鄕中之者も追々引續候趣承候所　中納言登城も無之　我等愼も不解罷在候段悲嘆ょ堪兼爰許事情も不相弁指迫り候情合より出發ニ及候儀尤之筋ニ相聞候得共兼々承知之通我等愼深く罷在候も全く敬上之意ニ候得ハ下々儀右之誠意を取失候樣成行候てハ　我等之所存とハ相違故其方共ニ於ても厚く勘弁可致筋ニ有之候所此上鎭撫方不行屆候てハ　我等中納言身ニ取候てハ　公邊へ對し不相濟樣成行深く致心配候殊ょ時節柄農事打捨長々罷在候得ハ詰り當年收納ょも相拘可申候間旁一刻も早爲引取候樣幾重ょも手段相盡可申尙委細之儀ハ中納言迄申聞候間是ゟ可相達事ょ候

郡官共ゟ

今公御筆之寫

追々申聞置候所　前中納言樣ゟも別紙之通被遣候間一同早々引取候樣
取計可申事

五月廿日

郡奉行共へ

六月十五日　今公御書之寫

此節追々國元ゟ嘆願等之爲出府之者有之所其地ニ殘候者も一統鎭靜居
致候故國許守衛之儀ハ我等苦心至候事も無之畢竟各行屆候故之儀感し
入候然る所五ヶ國條約被仰出候ニ就てハ又々國元動搖無心元存候此上
國元ニてハ幾重ニも鎭靜いたし候儀此節之奉公と存候右之意味相諭精
々鎭撫可致事

八月三日　今公御染筆之寫

前中納言樣御愼解我等登營之儀爲歎願出府致候所最早百日近くニも相

成大勢ニて永々在留致居候樣ニてハ對　公邊不相濟儀ニ候得ハ一同得ト了簡致し歸國之上相待候方却て嘆願之儀も通可申尙又永々在留致居候樣ニてハ第一金穀も續き不申萬一之節　公邊之御用ニも相立不申樣ニてハ何共恐入候次第ニ付役義有之面々ハ勿論罷下り國許大切ニ相守沙汰次第後レを取不申候樣心掛武器手當行屆候樣致度事ニ候

八月三日　小梅詰へ

書添萬一火急ニ引取兼候者有之候ハヽ其筋へ申立候樣可致事

同日小梅詰へ

此度松平和泉守殿ゟ左之通御書附相渡候付てハ　公邊御沙汰之趣厚相心得罷下り何分ニも鎭靜致居御沙汰相待候樣御下知ニ付此段相達候條兩君樣尊慮奉安候樣可被心掛事

興津藏人ゟ

書面御申聞之趣ニてハ八幡町邊御引拂之由ニ候得共取鎭方行屆候儀と

も不相聞候此邊所々出張罷在候者も不少右樣ニて〻追々申達候通　水戸殿御爲ニも不宜候事ニ付家老衆一同厚く勘辨思慮被致御家中向〻勿論御領分末々之者共心得違無之樣敎諭可被致候尙又〻之家へ歎願被致候由右樣多人數出府致候儀有之候て〻以之外不宜此後右樣之儀無之樣取締可被申付事

九月二日　今公御筆之寫

此度安藤對馬守事　公邊へ拘候用向ニて當分之內呼出候儀も可有之所右ニ付て〻我等心中變り候儀〻無之故安堵致候樣扨　前樣御下向ニ付公邊へ對突當有之樣ニて〻御配慮御懸申上候樣ニて〻恐入候故右之所を厚く相心得致安堵候樣一同へも內々相達候樣可致事

九月二日

孫次郎

多一郎〻

十月二日御達

中納言樣御指扣不被爲及其儀昨朔日御登城被遊候樣一昨晦日被仰出候
條其旨可奉承知候
右之趣支配々々末々迄可被相達事
八月廿七日御達是ハ江戸表之
今日　上使を以て　前中納言樣御國御蟄　居中納言樣御指扣被仰出候
條其旨可奉承知候
口上申添
別紙被仰出候趣於我々ても奉恐入候仍て此砌柄一同ニも物每相愼可申
候支配々々へも相達候樣
九月二日御達
本月廿七日　中納言樣御指扣被仰出　前中納言樣ゟハ御國御愼被仰出
候付昨朔日曉駒込御發駕明三日御發駕被遊候所此度之儀ハ萬端差略可
致との　御同所樣尊慮被爲在候条其旨厚く相心得御著奉待候樣可致候

尙更右之趣支配々々末々迄可被相達事
朔日御發駕小金御泊り藤代御泊府中御泊四日夕御著城ニ相成候
同三日御達
前中納言樣去ル朔日卯之上刻駒込御發駕今三日府中御泊明四日御著城
被遊候条其旨相心得支配々々へも可被相達事
德云八月廿七日以後ハ九月二日御筆之前ニなるへし

# 秘笈雜錄

三

# 晩綠齋秘笈

目次

薩州侯直筆之寫

方今世上一統動搖不容易時節ニ候萬一時變到來之節ハ第一順聖院樣御深意を貫き以國家奉守護　天朝可抽忠勤心得ニ候各有志之面々厚く相心得國家之柱石ニ相立我等之不肖を補不汚國名誠忠を盡し吳候樣偏ニ賴度候依て如件

安政六年己未十一月五日

源　茂　久

花押

誠忠士之

面々中ヘ

脇坂侯へ呈せし書

謹而脇坂侯執事ニ奉上言候執事御儀御賢明ニ被爲在天下之政道無邪御取計被遊候儀と奉存候間草莽之我々共申上候ハ恐入候得共存詰候儀無伏臟別紙ニ相認奉瀆高覽候追々御大老井伊掃部頭殿所業を洞察仕候所權威を

恣ニ致し我意ニ不叶忠誠厚き人々をハ　御親藩を始公卿衆大名旗本ニ不限讒誣致候て退隱幽閉等被仰出候樣取計就中外虜之儀ニ付てハ虚喝之猛勢ニ恐怖致　神州之大害を釀し候不容易事共指許御國体を穢し乍恐　叡慮を奉惱　勅意ニも奉違背候のみならす　御讓位之儀を企候段奸曲之至天下の大罪人と可申奉存候右罪狀之儀ハ委細別紙ニ認候故御熟覽御賢慮之程奉祈候扨右樣之奸賊御坐候てハ此上將軍家之御政道を僻し夷狄之爲ニ被制禍害をなし候儀眼前ニ有之實ニ天下之御安危ニ拘り候儀と奉存候故此度天誅ニ替り候心得ニ而斬戮仕候事ニ御坐候毛頭　公邊へ御敵對申上候儀ニ無之且全く我々共忠憤之余天下之爲と存詰候ての事ニ御坐候間嚴刑之御處置被遊候共御恨み不申上候依てハ元主人家譴責を蒙候樣之儀ハ無之樣奉願候將又此上ハ天下之御政事正道ニ御復し忠邪御弁別被遊殊更夷狄之御取扱ニ至候てハ祖宗之御明訓御斟酌被爲在華夷內外之弁得ト御勘考被遊御國威を損し不申樣御判談之程奉渴望候此段罪萬死を不顧奉

申上候恐惶頓首
御暇願左之通
私儀代々御高恩を蒙り罷在候身分ニて奉願候ハ恐入候得共此度天下國家ゝ為存詰候大願有之出府仕候間何卒御暇被下置候樣仕度奉存候此段相濟候樣宜敷被仰立可被下奉願候以上

鬼退治存意書各懷中之寫

墨夷浦賀入港以來　征夷府ゝ御所置假令時勢ゝ變革も有之隨て御制度も變革なくてハ難相成時情有之候とハ乍申當路の有司專ら右を口實として一時偸安畏戰ゝ情より彼か虛喝ゝ勢焰ニ恐怖致貿易和親登城拜禮をも指許し條約を取替し踏繪を廢し邪教寺を建ミニストルを永住為致候事等實ニ　神州古來ゝ武威を穢し國体を辱め　祖宗ゝ明訓緒謀ニ戾り候のみならす第一　勅許も無之儀を被指許候段奉蔑如　天朝候儀ニ有之重々不相濟事ニ候追々大老井伊掃部頭所業を致洞察候ニ　將軍家御幼少ゝ御砌ニ

乘し自己之權威を振むん爲公論正議を忌憚り候て　天朝公邊之御爲筋を深く存込候御方々御親落を始公卿衆大小名御旗本ニ不限讒誣致或ハ退隱或ハ禁錮等被仰付候樣取計候儀夷狄跋扈不容易砌と申內憂外患追日指迫候時勢ニ付恐多くも不一方被惱　宸襟御國內治平　公武御合体彌長久之基を被爲立外夷之侮を不受樣被遊度との　叡慮ニ被爲在　公邊之御爲勅書御下ヶ被遊候歟ニ奉伺候所違背仕尚更諸大夫始有志之人を召捕無實を羅織し嚴重之所置被致甚敷ニ至候てハ三公御落飾御愼　粟田口親王をも奉幽閉勿体なくも　天子御讓位之事迄奉釀候件々奸曲莫所不至矣豈天下之巨賊ニあらすや右罪科之儀ハ委細別紙ニ相認候通ニ候斯る暴横之國賊其儘指置候もまに〱　公邊之御政体を亂り夷狄之大害を來し候儀眼前ニて實ニ天下之安危存亡ニ拘り候事故痛憤難默止　京師へも及奏聞今般天誅ニ代り候心得ニて令斬戮候申迄ニハ無之　公邊へ御敵對申上候儀ニハ毛頭無之何卒此上　聖明之　勅意ニ基き　公邊之御政事正道ニ御復し

尊　王攘夷正誼歸道天下萬民をして富嶽之安ニ處セしめ給㒵ん事を希ふのみ聊殉國報恩之微衷を表し伏て天地鬼神之鑒照を奉仰候なり

別紙存意書

皇國千萬世　天日嗣連綿照臨し給ひく伊勢之　神宮も上古ニ替ふセ給㒵す神道を尊ひ武力を尙ひ給ふ事自然之遺風餘烈なれハ古より遠略をのべ給ひ且夷狄之禍有之候得ハ精々退攘し給ひし事靑史ニ著して今更奉稱揚ニ不及武將之世となりても弘安之蒙古を鏖ニし文祿之朝鮮を征せる事共　神州之武威を海外ニ輝候儀人口ニ膾炙せる所なれハ是又贅言を不待

東照宮ニ至給ひてハ尊　王攘夷之御志深く被爲在候ハ不及申上但勃興之御盛時なれハ其初ハ諸蠻來航通商等も許し置れ玉ひしかとも諸蠻も畏服して覬覦之念を達せる事なふす然る所　東照宮終ニ其鉅害なる事を洞見し給ひて洋敎之禁を嚴ニし給ふ大猷公ニ至り益邪徒を驅斥斬戮し三眼の明を四海ニ布き給ふ事誠ニ千古之英見卓識ニて後嗣遵奉し給ふ所之扱

近時ニ至りてハ夷狄狡謀黠略之者多く出て萬國へ通信貿易し遂ニ小を併セ弱を制し次第ニ境界廣大ニ相成候勢ニ乘し屢　神州をも覬覦せるニ至る乍去打拂之令有之時ハ格別之事ハ仕出す事も成得ずして打過ぬ天保十三年打拂之令を停め仁恤セられしより頻りニ來航し跋扈之態を顯すニ至る就中嘉永癸丑墨夷浦賀へ入港威暴を示し難題申掛候以來ハ征夷府之御處置方古今時勢之變革も有之一概ニ御國威御主張難被遊儀ハ治世之風習左も可有之事ニ候得共申迄も無之夷狄貪婪元より饜事なく殊ニ狡謀譎計を挾み覬覦之念を逞く致候故詰り邪蘇之術中ニ落入り　神州之泰否ニも拘り候重大之事ニ候得共華夷之弁和謀始終著眼之大基本　御廟議御一定之上諸制度御變革無之候てハ時勢ニ於て不相叶筈ニ候得共近來諸蠻夷之御扱振推察仕候てハ乍憚一定之御廟算如何可有之哉去ル卯年迄ハ追々內備嚴整之御達有之邊海之御守衞被仰付候大名ニ至てハ多年防禦之爲國力を費し被勵忠勤候處不圖も去ル辰年和親交易御取結之上恐多くも征夷將

軍之御居城へ夷狄共登　城被仰付剰御饗應尊敬を被盡候有様春秋城下之盟を恥る比較ニなふす　神州古來未曾有之御失体ニて實ニ冠履倒置之御處置と可申候也驚嘆之至りニて假令御國政之儀關東ニ御任セニ相成居候とて斯る重大之事件第一　勅許不被爲在候儀を全く掛り之有司數輩之了簡を以て五ヶ國へ本條約指許し　將軍家御印章之御書翰迄被指遣候始末何程偸安之末俗戰爭ニ及候を恐怖致候とて天下後世へ對大義名分と申も有之武門之列ニそふなり二百年之恩澤ニ浴し居候ていは悲泣之至りニ不堪況や　徳川家譜代恩顧之士　東照宮之神靈ニ奉對沈默傍観致候儀廉恥無之と可申決して不相濟事也扨陳ぶる迄も無之天下之所聞見ニ候得共前件夷狄交易之儀如何様ニも　勅許申請度所存ニて去ル巳年春堀田備中守上京致賄賂金錢を以て關白殿下を誑惑致勿体なくも　龍顔を可奉暗と陰謀秘計不一方候所　今上帝聰明絶倫千載不出世之　聖主ニ被爲渡　皇國開闢以來尊嚴之國体淳厚之風俗　今上之御代ニ及ひ夷狄之爲ニ消却汚穢被致

(京本頭註)巳年ハ午年ノ誤カ

候ては第一伊勢神宮御始メ　御代々々之御神靈ニ被爲對　王位之御任不被爲濟尤戰を被爲好候よは無之　國体を不失萬民安堵ニ被遊度との　叡慮より賢くも一七日之間供御御絕被遊石清水等へ御祈誓被爲籠關東より如何樣被申立候とも一切御許容難被遊萬一非常之節は縱令萬里之波濤を越へ孤島ニ終り候共御憾不被遊爲在候得共泉涌寺を御離被遊候事難被爲忍と窃ニ宸襟を御濕し被遊候御事傳承仕四海之人民誰か感激悲泣せさらんや當此時　神州之命脉累卵より危き事なりしか百官群臣忠憤切迫之余八十八人之堂上方　禁中へ馳參り萬死之力を以諫爭を奉り其外有志之大小名勤　王之凝忠を獻セし故　三公御始メ彌增感憤被遊安政乙卯被緩　叡慮を三港之外近畿及ひ數ヶ所之開港幷夷狄永住邪敎寺取建等之儀は一圓御許容難被遊趣以　勅命御下知被爲在尚又內地人心之居り合如何ニ付大小名之赤心も被知食度尤衆議奏聞之上　叡慮難被決候はヽ伊勢大神宮神慮可奉伺との御儀三月廿八日議奏傳奏衆より堀田備中守へ御返答書

被指下候ニ下向被仰出候儀之所夷狄ニ內條約之儀既ニ被指許候事故諸大名之赤心有体ニ達　叡聞候樣ニハ不相成依て表向天下へ意見建白之達ハ有之候得共蔭より某等を以て專ら西洋之事態を强大ニ主張し交易御指許ハ一時之權宜無御據萬一關東之御旨意ニ違候てハ家之爲ニ不相成と吉凶禍福を以遊說いたし尙又　御三家方へハ御建議之文意認直し候樣御內諭も有之由ニ候得共　水戸前中納言殿ニハ關東輔弼之名將ニ有之尊　王攘夷之御論始終一致之御方故御廟算伺書といふ書壹冊當今之急務より將來之大害まて丁寧誠實ニ建白被致　尾張中納言殿ニも御內諭ニ不泥　京師之御旨意ニ本つき御處置無之候てハ不相濟と被申立候よし實ニ難有事と謂つべし其後彌　勅許之有無ニ不拘　關東之御決行を以假條約御指許しニ相成候趣ニ付御三家ニてハ尾張殿水戸殿御三卿ニハ田安殿一橋殿御家門ニハ越前殿忠誠無二之御方御一同登　城ニ相成　將軍家御對　顏被願候所御所勢ニて御逢無之依て元老井伊掃部頭初メ御呼出し　天子之

勅命御遵奉無之假條約御指許ニ相成候てハ　將軍家御違　勅之罪御遁被遊間敷　東照宮以來　御代々樣へ御對被遊候ても如何可有之や各方之了簡も伺度旨御一同御演述ニ相成候所御目前ニてハ掃部頭始奉畏服候由ニ候へ共執頭之威權を以不日ニ條約指許し恐多くも　將軍家を御不忠御不孝ニ奉陷　德川氏之御稱號を千百歲之後迄奉穢候のみならす　將軍家御大病人事をも御弁へ無之砌ニ乘し無實之罪を羅織し御親戚之御方々を奉禁錮其他正議之大名松平土佐守始兩三人御威光を以無体ニ隱居爲致候所業惡むにも余りなりと可申且又　御幼君之御時節を幸とし御三家方之權勢を挫らん爲御連枝又ハ家老ニて本家主家をも押領掌握せんと奸曲之巧みなる松平讚岐守水野土佐守竹腰兵部少輔等徒黨ニ引入れ種々奸計を運し且我意ニ隨ひ不申正議之士をハ貶斥いたし　東照宮以來之美意良法近日破壞ニ及候事長大息之至りニ候其後八月ニ至り　叡憤之余三家大老之內上京致候樣重き　勅書御下ヶニ罷成候所御請ニも指支　尾水兩家之儀

ハ不束之儀有之愼申付掃部頭儀ハ御用多ニて上京難相成且先輩堀田備中
守等取扱候儀今更致方も無之依て嚴重申付候旨議奏衆迄申立己ヵ逆罪を
遁れ可申と相工み間部下總守上京爲致專ら恩威を以押付候所存ニて賄賂
を用ひ九條殿下を徒黨ニ引入レ内藤豐後守へ命し　御所向取締彌嚴重ニ
致し恐多くも　天子御讓位をも被遊候樣奉要候得共　三卿方御賢明之
御方ニましく　奉輔佐　叡慮ニ付　朝威確乎として御撓み不被遊依之無
實之御罪申觸し鷹司殿近衞殿三條殿等御落飾御愼被遊候樣取計其他諸大夫
始メ何一ッ罪科無之者を召捕關東へ指下しそれく　非道之處置致し專ら
虎狼之猛威を以て天下を屏息セしめ畿内之開港幷邪敎寺取建等本條約指
許し且ハ　靑蓮院宮樣御英邁を奉忌御失德有之樣申觸し御寺務取放奉幽
閉候所業乍恐　玉體ニも可奉迫之機顯然ニて北條足利之暴横ニ均しく共
ニ天を戴ヵさる國賊といふへし嗚呼此儘ニ打過なハ赫々たる　神州一兩
年を不出内地之奸民邪敎ニ靡き彼ヵ勢焰を助け　皇國之奸賊平身低頭

して彼ゟ正朔を奉せる事掌の上ニ覩るゟ如し苟も人心有之者實ニ痛心長大息不堪事ならにや雖然　東照宮之御德澤未タ地ニ不墜御三家御一門ニハ尾張殿水戶殿一橋殿越前殿阿波家因州家之如き　德川家輔佐之良將も有之外諸侯ニも薩州仙臺福岡佐賀長州土佐宇和島柳川等天下之爲忠憤之念日夜怠ふさる有名之諸侯も不少候へハ內ハ則ち御家門方　將軍家を奉輔佐專ふ內政を修め外ハ則有名之諸侯一意忠力を盡し武備を整へなハ神州之恥辱を一洗して　叡慮を奉安候事天地ニ誓て疑ひるまじ依之當今之事態之概略を記して天下之公論折衷を待ち左袒して天下を興起セんと欲せるなり周の衰る婦人せふ不恤緯して周家之亡るを憂ひしニはして三千年余之　天恩を戴き二百年來　東照宮之恩澤ニ沐浴せる者誰ゟ報效之念なゟふんや草莽之小臣痛憤切齒之余寢食を不安日夜遺憾を呑く時勢を憂ひしゟ彼ゟ罪惡追日增長豈唯　德川家之罪人のみならにや實ニ神州之逆賊之天地神人同憤之時ニ乘し天下諸藩之同志と合力同心して天下奸賊

を誅伐し神罪【罰カ】を蒙らする者也

長岡情實

去十二月中ゟ長岡へ罷出居候諸生之族追々不作法之儀有之其儘被指置候ては御政体へ相響き以の外不相濟御事ニ付此度御人數御指向ヶ御召捕ニ可相成と夫々御手配ニ罷成候段無餘儀御事情ニは御坐候へ共元來叛逆を謀候爲罷出居候儀ニは無之臣子之身存詰候筋有之次第ニ指迫候情合より種々不作法之儀も仕出候事ニて右不作法之事のみ御察當ニ相成候ては恐入奉存候より外無御坐候へ共此度之如く叛人同樣之御扱ニては乍恐承伏仕間敷尤此度とても初發より直樣御召捕と申儀ニは無之一應之御諭被爲在其上承伏不致ニ於ては臨機應變之御處置と申御仕組ニて　御親書御下ヶ被遊執政衆持參ニ罷成候趣御坐候所何程頑狂之者共ニ御坐候とも　御親書を以御諭ニ罷成候儀を一圓違背可仕筋ニは無之萬一違背仕不相濟所業ニも御坐候上ハともかれ最初より必定違背可仕と御見切之上戰士同心

迄武器用意被遣候儀ハ如何之御懷ニ可被爲在候や右ニてハ全く諸生を激させ候迄之御手段ニていつく迄も心服爲仕候御仕向ヶニハ無之樣愚慮仕候何を申上候も面々ニてハ爲國家御奉公可仕と存詰罷在候儀ニ御坐候へハ少年血氣之族元より見込違之品も可有御坐候得共御理解之筋決して不相用と申儀ハ毛頭有之間敷是迄執政衆登り下りさ節又ハ御役々罷越被相論候儀不一度御坐候へ共諸生存意之筋申立候得ハ何レも尤と聞取候旨挨拶有之候歟ニ相聞正月中參政衆始メ御目付五人其外罷越相論候節も議論ニ指詰り御用と稱し夜逃同然罷歸其後ニ至り候ても一同心得違之旨被相論候儀ハ曾て承り不申左されハ諸生之身ニ取候てハ面々理合之事のみ申居候心得ニて罷在候半既ニ二月初執政衆兩人罷登候節も同所ニ於て一同之存意承り屆候所尤之儀ニ付著府之上志願之筋致言上尙品ニ寄挨拶可致との申聞ニて罷登候樣ニも承知仕候得ハ諸生之族右挨拶を相待居候事ニ可有之候所不圖も十八日之御處置ニ及ひ一同何程歟驚入候半元より剛腸

之人々ニて尋常之御諭ニてハ承伏不仕段指見居候得共前文之次第累世御鴻恩を蒙り罷在候身分御國恩忘却仕候筋ハ毛頭無之候間尚御諭シ方之御手段も可御坐哉ニ御坐候所最初より叛人同様之御仕向ケニ罷成候てハ面々之身ニ取候てハ無御情無之事と嘆ケ敷奉存候儀ニ可有之尚又右之族假令叛人同様之振舞仕候ニもセよ直ニ御人數御指向ケ御召捕と申儀御國体ニ於てハ如何可有之や乍恐　一國父母之御立場萬一御徳義ニ相拘り候儀ニ罷成候てハ他邦之聞へも如何と深く心配仕候此度之儀ニ付公邊より土浦笠間等へ御達し之(マヽ)面別紙之通委細御承知可被爲在候所右一見仕候て恐入候事なからふ無此上御外聞と甚ゝ以悲嘆難堪第一御政事御行届無之段を天下へ御顯し被遊候姿ニて此上諸生不殘御召捕ニ罷成候とも御國威相立候譯ニハ參り申間敷殊ニ十八日夜之始末僅十八人余之者共及出合候のみニて數多之銃丸を相放ち果し合のみニ無之頭組子又ハ主從散々ニ馳散し大切之御役柄狼狽之余市店ニかけ込又ハ橋下へ潛み又ハ形を替罷歸候抔其外

種々未練之振舞御國中之批判ニ相拘り以之外御國威を相損候段今更不及事にハ御坐候得共扨々言語ニ絶候次第御國威相立候御仕組にて却て一層之御損を來し人之物笑ひと罷成候儀に御坐候尚又　公邊御屆之上とハ乍申余り横行之御仕懸ケニて第一御城内へ相詰候族何レも銃槍武器を携中にハ槍之鞘を外し御中ノ口邊相詰居候者不少歟ニ有之右等之儀ハ總て對　公邊可被遊御斟酌御廉にハ有御坐間敷や見付等銕砲にて相固め又ハ篝火を燒其外夜廻り又ハ町々木戸を〆め往來を改候等之儀是以て非常之砌とハ乍申數日其儘罷在候樣にてハ深き御敬上之御意とも難申上夫のみならす大手御門小扉まて白晝〆切候事も御坐候歟にて萬一間牒譏者之口に懸り候へハ何共恐入候得共御形迹不御宜事ニ落入可申斯迄御手重ニ被遊候も全く御役人衆一身之身搆より恐多くも　君上まて御配慮を奉懸候抔彼是世評も有之旁深く心配仕候一体諸生御取締之儀ハ下情御洞察被爲在候儀専一之事ニて一咋年御國難以來士民共深く存詰罷在候折柄　勅諚御

廻達御延引被遊候のみょ無之　御連枝様方御立入ニて纔時之御模様替ょも可相成御都合ニ御坐候間左候てハ　公邊をも御補佐可被遊御立場ょて御一家之御政事ょさへ御自身御世話も不被爲行届第一　叡慮を空敷被遊候段臣子之身ニ取何共殘念至極日夜思詰候余一時ニ憤發致一昨九月中之動搖と罷成候儀ニ御坐候其後格別之御變も不被爲在候所右　勅諚之事より起諸大夫等追々召捕ニ相成候段如何之結局ニ及ひ可申やと苦心致居候折柄下總守著府間もなく帯刀伊豫之介等御呼出し御吟味之趣此表へ相聞候付彌　公邊御役人衆手段之中ニ落入　勅諚之儀も如何成行可申や此上御國難相重り候程之難計左候てハ彌御國宛相解候見詰も無之旁一途ニ存込候事ニて右ニ付候てハ種々之浮説も指起片時も難打捨一同及出發昨年五月中ニ動搖と相成申候其後不圖も八月中之御大變ニ被爲及候段遺憾とも痛憤とも可申上樣無之臣下之身四体を裂候心地ニ御坐候得共時勢不得已恥を忍ひ罷在候責てハ　勅諚のみも相守り居候ハヽいつしか時節到

來叡慮を奉安　神州之爲夷狄を打拂候期も可有之やと夫のみ至念ニ存込居候所十二月中御返納之儀ニ至候段誠ニ以痛憤至極下々ニては力及ひ不申事ニ付御役筋ニて何と歟御名義相立候樣盡力も可有之存候所直樣ニも御返納ニ可相成御模樣ニ相見右ニては御名義も相廢レ候のみならす第一京師へ對不相濟御旨儀ニ及ひ可申と存意之趣それ〳〵〔趣脫カ〕御役筋へ申立候得共執政衆宅ニ於てハ一切相斷面會も不致候付存意之申述樣も無之　御城へ罷出候樣指圖御坐候間罷出候得ハ二三日も爲相待終ニ面會も不致退出ニ及候抔色々諸生之氣を激し候ニ付兎ても角ても存意之可達樣無之候間途中ニ於て面會存意可申述と存込候より長岡へ罷出候儀ニて數十日押張居候初念ニも有之間敷全く五三日之内ニ爲御指登ニ相成候御模樣ニ相見候より起候事ニ相聞申候然る所追々御評議も御六ケ敷今日迄も段々と過し來候其内ニハ血氣ニ任セ樣々之儀ニ及候儀ニて諸生之本意元より余念有之候譯ニハ毛頭無之追々御諭も承伏不致又ハ不作法之儀等御坐候も畢

覚ハ右一事より出來候事ニ御坐候間決して御諭シニ不相成御次第ニ有御坐間敷奉存候一体一昨秋御廻達被遊候ハヽ九月中之大發ハ有之間敷昨春中も下總守著府後　京師御模様御聞届聢ト御挨拶も御承知品ニ寄候てハ被仰立候之上　勅意御奉し被遊候程之御踏へ被爲在候ハヽ帶刀等之儀ニ及ひ申間敷假令右之儀ニ及候とも五月中之大發ハ無之儀ニ御坐候去冬中も御返納之儀被仰出候ハヽ直樣ニも被仰立御名義相立候御工夫被爲盡候ハヽ決して諸生之族彼是之事ニ至り可申儀無之畢竟　君上之御爲御名義相廢候てハ如何と深く存込候一念よりいつも〳〵意外之動搖ニ及候事ニて其根源一ト通之儀ニ無御坐候所右之根源ハ指置枝葉之事ニて致制布御諭も被爲在候故承伏不仕事ニ成行候事ニ御坐候然る所承伏不仕候てハ御國威相立不申候故無余儀それ〳〵御處置ニ相成候事ニ御坐候へ共詰り御國之爲一命を指出可申と存込候壯士之命を空しく御取被遊候のみニ落入誠ニ嘆ケ敷儀ニ御坐候向きニ寄候てハ右動搖之儀ハ全く內々指揮致候者

有之抔申說も御坐候やニ承知仕候所更ニ會得不仕筋ニ御坐候第一　君上
之御下知を以鎭靜之儀御示しニ相成候事ニ御坐候へハ右御下知を相用承
伏仕候ハヽ一命ニも次第なく至て安氣之事ニ御坐候所御下知をも不相用
好て危機を踏終ニハ一命を捨候儀人之指揮を受候て出來候事ニハ無之よ
しや萬一指揮を受候ニもセよ御國之爲御上之爲とて右樣ニ存込候ハ畢竟
君上御德化之被爲行屆候故ニ可有之候得ハ敢而咎候譯ニも無之勿論指
揮を受進退致候抔夢々左樣之事ニハ有御坐間敷執政衆始メ御役々相揃相
諭候ても承伏不仕程之事ニ御坐候得ハ如何なる手段御坐候ても貳人や三
人ニて御國中之士民を動し候儀出來可申理合無之誠ニ人心凝結致指迫候
情合より起度々之動搖ニ及ひ候段全く他念無之儀一昨年以來自殺仕候者
十人余ニ及候ニても御了察可被爲在是等之情態得ト御了察被遊候上都て
根源ニ立戻り御諭被爲在候ハヽ如何なる頑愚之者共ニても必定承伏仕候
儀ハ指見候事ニ御坐候所是迄之御仕向ケ乍恐下情を御盡し被遊ざる所も

可有御坐やと恐慮仕候殊に執政衆にて引受御諭抔申儀ハ精神相滿ち不申
此御危難に當り一死を指出し御奉公可仕との容子毛程も相顯レ不申如何
程激論諸生之亂妨を恐候とも執政之立場にて日夜親類子供抔　御城中へ
引寄置詰所近く爲相守又ハ御目付職にて諸生之氣を取候爲應接向色々相
變舌を二枚に遣候とも諸生之怒を受應接難相立抔總て一片之精神ゟ出候
事とも不相聞自然内外之侮を來候より益横態を相生し如何共致方無之場
合ニ至候儀にて詰りなふ御家中を損し候儀何共嘆ケ敷事に御坐候間得
ト御熟察被爲在度奉存候　勅諚之儀ニ就てハ今更申上候儀も無御坐候へ
共此度承り候得ハ越前家にて一切御支へ可申上との手筈致候趣にも相聞
本堂家も同斷心組ニ罷在候趣虚實ハ難弁候へ共右之風聞虚傳にも有之間
敷既ニ御旗本衆志なる者之説を承候得ハ御家へ　勅諚被下置候儀ハ幾通
にても相厭ひ可申筋に無之萬一他へ御下ケニ罷成候事に及ひ候てハ　德
川御家之御大變ニ可有之抔申唱候歟ニ御坐候右様他之人々迄心配仕居候

儀ニ御坐候へハまして此方ニ取候てハ聢ト御踏へも不被爲在候てハ不相叶御筋ニ御坐候所此節之御模樣中々左樣之御次第共拜見不仕尤　御宗家へ被爲對候御義理も被爲在候間無余儀御都合ょハ御坐候得共最初對馬守殿參上之折　勅諚御納ニ不相成候てハ指向キ　御家之御不爲ニ被爲在元來御家來之内ょて取繕候て御下ケニ罷成候御品此上御持張被遊候樣ょてハ被爲對　公邊御敬上之御意味ょも無之旁速ょ御指出し被遊候方御都合御宜敷旨頻りて申上無御據御情實ニて　京都より御沙汰ニ相成候ハヽ御返納ニ可相成段御挨拶被遊候歟ょも薄々承知仕候得ハ此度之御沙汰如何樣ょ歟京都之方取成被仰出候儀ニ可有之此節　公邊御役家之人内々被申候意ハ　御家ょて御返納可被遊旨被仰上候故右御沙汰も被仰出候事ょ有之抔被申候說も傳承仕愈御返納被遊候ハヽ外夷御取扱向都て關東へ爲御任ニ可相成御都合之由ょも承込候左すれハ益不容易御次第ニて御家之御進退ニ寄　神州之大變を引出し御國体を辱候事ょも至り可申實以天下後

世へ御對し被遊決して不被爲濟御筋合ニ御坐候所畢竟御家老始御役々面々之姑息心より出　君上迄不明不義ニ落入奉り候抔天下之公論も口惜奉存候間内外之眞情御酌取之上得ト御勘考被爲在御遺算無之樣仕度不堪至願日夜苦心仕候此御場合ニ至候てハ人心向背之相分レ候境別して御大切之御事と奉存候間委細之情實承り込候分御内含迄ニ申上候以上

三月

留守居呼出しニて土浦笠間等へ御達之趣左之通

此節　水戸殿領内長岡驛へ尚又多人數出張致居不穩趣ニ相聞中納言殿よも深く心配被致嚴重手配被致候へ共萬一御府内幷他領迄も罷出法外之所行ニ及候程も難計右樣之仕儀よも至り候ハヽ於　公邊召捕引渡相成候樣被致度旨　水戸殿より被仰立候付萬一他領へ罷出候節ハ早々召捕候筈ニ候間それ〳〵手筈致置右樣之仕儀ニ至候ハヽ早速人數指出召捕候樣可致候尤多人數ニ無之一兩人又ハ姿を替間道等より忍ひ候て罷出候者可有之

も難計候間右樣之者ハ見懸ヶ次第召捕候積手配致置候樣可取計候事

二月廿二日

別紙之趣松平肥後守土屋釆女正久世大和守土井大炊頭戸田綏之介相達候間可得其意事

本文之內末文之方不分明ニ付牧野家より　公邊へ伺直し候處同日夕御挨拶ニ通行之者ハ見張所ゟて姓名行先承り屆ヶ通し追而可申出旨達替ゟ相成候事

水戶家來

高橋多一郎

關鐵之介

吉成恒次郎

林　忠左衞門

廣岡子之次郎

森　五六郎
濱田平介

右之者共水戸表出奔致候趣ニ付他領等へ罷出候ハヽ別して速ニ召捕候樣
被仰付候事
但此分も本文伺同樣姓名行先聞屆通行爲致追而申出候樣相成候事

一眞老辨誣之呈書

謹而以書取奉言上候長岡諸生進退之儀ニ付過日御疑心相蒙候筋も有之委細其節奉申上候所右御疑心相晴レ不申候てハ甚以安堵難仕第一不相濟儀ニ御坐候間其後得ト愚考仕候得共蒙仰候證據等之儀更ニ心當り無御坐全過日奉申上候磯原村郷士野口友太郎と申者へ私名前相認遣候一事のみニ御坐候間其節之始末得ト御聞取被下置度又々委細ニ書取奉申上候右ハ去月廿一日夜と相覺申候御船手武藤善吉於御殿中申聞御坐候ハ此度之儀ニ

付野口友太郎存意之趣至極尤ニ相聞候間承り呉候樣ニとの事ニ有之友太郎儀ハ追々私共へ出入仕候者ニも御坐候間面會仕候所今般長岡へ御人數御指向之儀御治定ニ相成候趣恐入奉存候然る所同處諸生共是迄押張居候精神叛逆を謀候次第ニハ更々有之間敷殊ニ右之内ニハ至て少年之族も御坐候歟ニ相聞候得ハ御人數御指向之上如何樣之出來ニ相成候やハ難計候得共全く一時心得違不作法等之儀ニて右之者無二無三ニ御打拂被遊候事ニ罷成候段誠ニ以痛歎奉存候間何卒只今之内相諭壹人ツヽも承伏爲致引取候樣仕度旨申聞候趣誠實ニ相聞何を申も御家中之儀壹人ツヽも無事ニ相濟候樣仕度ハ私共兼ての志願ニ御坐候間出來候事ニ候ハヽ是非相諭度旨挨拶仕候所然ハ同處へ罷越身命ニ懸ケ一同へ談判可仕併知面之人も無御坐候間書付を指出し呉候樣押て申聞御坐候へ共私共とても右諸生之内ニ別段知識も無御坐候付其儀ハ指支候旨挨拶ニ及候へハ輕輩之身彼是指圖ヶ間敷相成候てハ罷越候も無詮事ニて詰り御國之爲ニ不相成此儀ハ御

役家へ相願候筋ニハ無之候間書付六ヶ敷候ハヽ使之振ニて談判可仕候付證據ニ相成候品遣し呉候樣懇切ニ申聞有之全く計略御坐候次第共不相心得此期ニ至候上ハ誰彼之差別も無之御國之爲盡力可仕ハ勿論之事ニ御坐候間然らハ拙者名前を認遣し可申右を持參ニて諸生へ談判致候樣挨拶仕懷中紙へ私姓名自筆ニて認遣し候所追而承り候得ハ右友太郎長岡へ罷越候事ニも無之直樣何レへか指出私諸生同意致居候との證據ニ仕候歟ニ相聞申候定て右之一事達　高聽候ニ可有之恐考仕候所同人儀長岡へ罷越出先ニ於て御召捕ニ相成候上白狀ニ及候事ニも候ハヽ御疑心も可被爲在候得共右之次第ニも無之私相認候書付無故他へ出候儀第一不審之廉ニ有之尙又善吉長岡へ罷出候節同人召連それ〳〵爲相働候事も承候得ハ前條之儀全く私を落入候手段と相見甚ゝ以心外千萬之筋ニ御坐候尤少壯之族壹人ツヽも承伏爲仕引取候ハヽ御國之爲無此上儀と兼て存込居候事ニ付畢竟同人へ名前も認遣し候譯ニて其段ハ相違無御坐候間それ以不相濟との

御事ニ御坐候ハヽ如何樣被仰付候とも土貢可申上筋ニ無御坐候得共右之
情實彼是行違之儀達　高聽居候程も難計心配仕候間厚く御酌取被下置候
樣仕度尚又以書取申上候事ニ御坐候以上

申三月　大場一眞齋

重ねふよしたる衣をぬり
すてゝ今そおすかれ
三度かきつれ

# 秘笈雜錄

四

# 晩綠齋秘笈

目次

晩緑齋秘笈

或人來て曰去ル三日櫻田御門外ニ於て井伊掃部頭殿登　城之節　御家浪人ニて討留申候よし大老の首を討抔言語道斷之振舞可惡奴原なりと申候付拙々其ハ心得かたき御一言御論伺度と申候へハ却て御論相伺と被申候付先ツ貴家ニハ　天照皇ハ御拜し不被成候や又二千年來之御國恩深くハ三百年來ヲ徳川家之御恩澤御忘却被成候や相伺度と申候得ハ甚た當惑致候樣子拙是ハ指置乍恐　公邊御暴政とハ不被思召候や徽曰是ハ余り御過言ニ可有之　幕府御役々之取計如何なる儀御坐候とも暴政抔とハ更ニ不心得候と申候付其ハ拙々淺間敷御心底と奉存候　日本之祿を食候者　幕之暴政を不惡者なし乍併誰とて當時　幼君の　大樹公を奉恨候儀ニハ毛頭無之候得共有司取計惡行一二を左ニ申述候

一大老閣老之職分申迄ハ無之候得共第一天下を平均セしめ　神州之正氣を振　徳川家之御武威を四海ニ輝し　叡慮を奉安候樣執政之當然赤子

も童女も所知然る所御承知之通近來諸蠻之夷賊を近付のみならに御府内を遊歩甚敷ハ　大城爲舞登　將軍家へ拜禮迄御指許ニ相成候御儀恐多き次第ニハ不有之や神奈川横濱等交易以來我國諸品殊之外高直是國亂之基指見甚敷ニハ　神國武士之魂を守し大和劒を夷賊ニ渡セし始末開闢以來曾て有之間敷此一二をして靜謐の御政体とハ不被存候申迄も無之候得共　老公ニハ年來　公邊之御爲筋を厚く被思召御爲筋之儀時々御建白被遊候趣奉伺居候所奸賊之有司共　公邊之御爲筋をハ一ツも不思其身一生之無難をのみ專一ニ一身之權威を振候存念より聖明之老公をハ御寃罪を奉爲負其外諸大名公卿方諸藩末々ニ至る迄　公邊御爲筋之儀被盡候方をハ科を拵へ無体ニ寃罪を爲負當今改心致度ともさや是迄ニ惡行難遁自分之後難を恐れ飽迄暴政取行候儀指見可惡之甚敷ニハ不有之や下拙過言之樣ニハ候得共御靜謐とハゆめ〳〵不被存候貴兄如何と申候へハ御論御尤乍去　老公初諸大名御爲筋之儀御建白とハ

何レ之儀ニ可有之や相伺度候

一前よも申通　公邊之御爲筋ハ　神州之正氣を不被失候ハヽ自然と天下平均し恐多くも　征夷大將軍ハ征夷之　勅官を御守り被遊武家ハ武之字を守り攘夷之念を不怠人臣ハ人君を守り人君ハ　御主君を扶助し皇國の道を不失候樣專一奉安　叡慮候當然御建白被遊候御儀ハ大凡是等之御儀よも可被爲在奉恐察候有司共　公邊之御爲筋を被思召候ハヽ御幼主之御砌と申御親藩と申聖明之　君と申幾重よも奉依賴候筈之所それ〳〵權威を振候存念ゟ一身の後難を恐却て御寃罪を奉爲負諸藩末々天下之忠臣とも可申候士をハ無理無体之辭命取計反逆同然之振舞言語道斷ニ可有之候貴兄如何御論一々御尤乍去天下忠義之士とハ其外如何相伺度候忠義之士とハ申迄ハ無之候得共日本二千年來之御國恩を不忘却　神州夷狄之地と相成候儀を憂ひ奉惱　叡慮候儀を不被忍この爲よ一命を投出し　幕府を扶助し夷狄を拂ひ　叡慮を安し奉んと其實

意を被盡候儀誰ゟ為そや全く　公邊之御為　公邊之御為ハ　神州之御為ニ候得ハ天下之忠臣則是之前件申通　幕府之暴政深く不被為叶叡慮有司之取計御不審ニ被思召　水戸家へ　勅諚御下ヶ被遊候御儀と奉恐察候尤　公邊へのみ御下ヶ被遊候ても愚見よてハ宜敷様被存候得共元より　幕府有司御不審ニ被思召候事故　公邊へのみ御下ヶ被遊候てハ御傳達等も如何御不審ニ被思召　水戸御家よハ　威義兩公以來御代々様御忠孝之段ハ兼て御承知被遊候御儀故御依賴被遊　勅諚御下ヶニ相成候御儀と奉恐察候尤左も無之候ても　御家之儀ハ　公邊へ被為繼候御家柄副將軍之御任ニ被為在候得ハ　公邊を御扶助被遊候御義理合ニ候得共前々申通御誠意御申立被遊候得ハ奸臣共直よ暴政を以奉押込候勢大名小名公卿方末々迄忠憤之段被達　叡慮御下ヶニ相成候　勅諚人君ハ勿論御同様臣下之情無此上難有仕合　主君御拜戴之御受方貴兄定て御承知ニ可有之難有事ニハ不有之や如何逐一御論御尤

然る所此度御返納被仰出候御儀ハ如何相伺度候

一前々申通　公邊御爲無此上　勅諚ニ御坐候得ハ大老初それ〳〵有司共實意ニ　公邊之御爲を被存候ハヽ假初ニも御返納之義抔可申上筈決して有之間敷元ゟ奸賊之有司共御政体を余所ニなし一身之爲のみ計後難を恐候より金子を以奸妄（佞カ）之九条關白樣を取繕候儀無相違事ニ相聞申候其證據ニハ　御家ゟ　公邊之御受ニハ御達之趣奉承知候間重き　勅諚是迄御廻達御延引之御廉被爲對　主上御濟不被遊候得ハ御申譯旁萬端　叡慮御伺之上御直納被遊度御嘆願被遊候趣奉伺候所　主上御伺被遊候ても　公邊御指支之趣　公邊へ御納無之ニ於てハ違　勅ニ取扱候抔之儀謀暴之至　御家ニハ大義ニ於て御返納被遊兼候御儀を奉察違　勅之筋ニ相成候節ハ御家如何樣相成候とも御申譯難相立候得ハ無体ニ　御家を可奉討奸計ニ相違無之候又　公邊へ御返納被遊候ハヽ尚更御違　勅故　水戸殿ゟも御返納ニ相成候御違　勅ニ無之候ハヽ於　水

戸家も御返納ハ決して無之筈ト同腹之九条樣を以申來　水戸家ハ勿論
恐多くも　主上御讓位抔之儀暴發も難計實ニ可恐事ニ候御論一々相聞
申候得共此度　老公ニも　當公ニも御返納之思召ハ如何
一御尋之趣御尤ニ御坐候　當君之御趣意每度恐入候御儀ニ御坐候以前安
藤對州參上可仕旨御内達御坐候趣承知其節我々共甚苦心仕安藤參上之
儀ハ不容易聖明之　老公をハ前日奉離間今ゟ參上其内マヽ　當君之御一存
を奉計御家　勅諚御返納之儀申上候儀無相違同志一同仕安藤參上之儀
御斷被遊候樣至願仕候所其御砌ハ　當君樣ニも至極御盛んニ被爲在
勅書之儀ニ於てハ何時何樣申上候とも御受拂被遊候趣一同苦心ニ不及
との御親書被下置候付難有奉存候度々參上仕候内自然ト安藤之奸計ニ
御靡き被遊當今御返納之思召ニ被爲成候御儀如何之御見込ニ被爲在候
や御家臣ニて是を奉諫候誠志之者をハ自然ト御嫌ひ被遊候樣被爲成追々
誠忠之臣を御退被遊奸人を擧給ひ當今政府監府都て奸臣充滿し無体ニ

誠士を退候樣相成候次第恐入候御義ニ奉存候既ニ長岡へ罷出居候誠忠之士民矢玉を以打取候抔可惡次第ニ御坐候或人執政之某ニ說て云追々承候得ハ御先手等玉込之筒を以被罷出候抔不容易鎭撫之御役目ニ鐵砲備と申ハ何故ニ御坐候や鎭撫とハしづめなでるといふ文字ニ御坐候執政答て曰尤ニ候初ゟ討取候譯ニハ無之萬一手向之節之用意ニ候或人曰御尤ニ候へ共長岡ハ實ニ誠忠之士林ニ御坐候得ハ玉込之筒を御指向ニ相成候樣承候得ハ武士之當然一歩も相進討死之覺悟指見ニ御坐候傳承仕候ニ長岡ニてハ最早御廟算相立御諭御坐候を待居候趣御先手之儀ハ軍陣之表役鎭撫之御役ニハ有之間敷夫々御役方ニて穩便ニ御出張御坐候て可然奉存候若御決斷ニ不相成候ハヽ　老公へ拜謁之上可奉諫奏旨申されハ至極尤鐵砲之儀一圓持參不致候樣取計可申と有されハ御決斷實ニ難有鐵砲御持參と相聞候ハヽ長岡ゟも男氣有之者ハ相進候ハ必定左候得ハ國乱指見へ御鐵砲御持參ならハ水府ハ是切と思召可然　老公

之御趣意にも砲術ハ攘夷之器之と被遊必味方を可討品ニ無之乍恐武士たらん者ハ何方へ罷出不慮之儀有之にも帶刀御坐候ハヽ不足有之間敷奉存候と重て相說歸宅致候由之所奸人之臆病共飛道具なくてハ一歩も不被進遂ニ鐵砲持參之振りニ相成持出候得ハ元ゟ日本魂の長岡勢聞もなへす相進紺屋町にて御承知之通先代未聞之始末柄奸人ハ必臆病之働と承り居候所實ニ可愁儀ニ御坐候得ハ　老公之尊慮奉伺候得ハ玉込鐵砲等之儀更ニ御承引不被遊誠に以奉恐入候國乱を招き國家を蹙る逆臣とハ是なるへし如何御論一々相聞候乍然長岡誠忠とハ何儀ニ可有之候や

一御尋ニ御坐候得ハ楠公以來重き　勅諚御意味合を御承知被成候や又名義名分と申儀を御承知被成候や存分相伺度候徼曰拙者も武士ニ候得ハ名義之儀承知いたし候是ハ御尤千萬痛入候次第長岡とても矢張御同意ニ可有之萬一御返納被遊候ハヽ御名義御名分御取失ニ相成候儀有志之臣情ニ不相忍　兩君樣へ拜謁奉願諫奏奉り度存詰候得共不相濟無據同

所ニ出張萬一奸臣之計ニて御返納ニ可相成も難計是を存候心得ニ可有之　勅意を奉る事有志之士大義難遁所故死地を同所ニ求居候事ニ御坐候尤深き存意有之候儀とハ相見候得共同志之外ハ難許次第ト相覺申候實ニ神之如しと奉存候御論御尤ニ候へとも神之如しとハ如何相伺度候
一神の如くとハ御不審御尤ニ御坐候往昔蒙古ゟ我國を攻候時ハ人民必死を極め　神州之正氣憤發し戰しニ神風吹來て異賊を鏖ニし是則神國之必死を助ケ給ふなるへし此度　勅諚御返納申上候　幕府の臣ハ勿論水陽藩ニて御返納之儀默々致居候　神國夷狄之地ニ相成候も不搆二千年來之天恩を忘却セし國賊なり又長岡之儀ハ　勅意を御奉し被遊御名義を相立將軍家を御扶助被遊夷賊を拂御國威を振起し可奉安　叡慮候樣ニと死地を求て　主君を奉諫奏候精忠神も助けさらめや子細ハ先達紺屋町之始末出張之役人ニハやゝもそれハ討取へき用意先鋒四五頭執政參政其勢夥敷何レも得物を携其有樣勇々しけれとも長岡勢ニハ僅貳

十八計出迎しに恐怖してや有りん流石先鋒始一同道具を取捨逃歸し振舞不思議千萬ニ御坐候人力にてハよも有之間敷被存候扨御尋之眼目江南之一条も此理に御坐候流石三十五萬石之大將殊に天下之大老職之權威且暴政以來我身を危ふみ別して堅固ニ往來致候由兼て傳承致居候所此度僅十七人之勢を以大將之首を掻候事決して人力にて及事ニ無之譬へハ拙者にいたせ御駕籠脇を守護セし時十七人位切入候とも同勢相擧り毛程も御駕籠ニ手を懸させし事抔振舞存意ハ無之彥根藩とても同樣ニ可有之候得共天之征し給ふ所可恐事ニ御坐候御論相聞候得共天の征し給とハ何故に候や相伺度候

一我國之祿を食者上下貴賤となく我海岸に夷賊之舟を繫るゝさへ誰とて心能者なる間敷殊に當今外夷増長日に增切迫之有樣　神州に生育して天照皇を拜する身分是を憂ぬ者なるまし憂ぬ者ハ人面獸心可惡ハ只有者之取計之今度　神州へ之働其功擧て數ゟいし

一其功と申ハ筆紙ニ盡しかたくあらましヶ条書を以て左ニ申述候
一天下之大悪人國賊之大老を討留る事
一神州之御危難を奉扶助候事
一徳川家之御武衰［本ノマヽ］を奉扶助候事
一徳川家之御武威を奉助候付　神州之國威を被振起事
一浪士として舊主之名義を被相立事
一農工商の辛苦を相救事
一君辱臣當死之義之一字ニ相叶候事
一神州之御危難を奉助候付奉安　叡慮候事
扨義の重き所此八ヶ条ニ御坐候此義を埋置候ハ大老之行ひニて可悪之甚敷ニハ不有之や此義を顯し候ハ則此度有司之働ニ御坐候御論御尤ニ候得共一旦ハ愉快ニも可有之後々如何御見込相伺度候
一御尋御尤此段甚苦心仕候乍併此度大老之辭命全く天之征し給ふ所殊ニ

御家ょハ大老家ょハ御主人家之彦根藩とても　御家ょ手向ひ等天照（本ノマヽ）相成間敷奉存候乍去御油斷無之儀專一小石川御手厚ニ仕度日夜苦心仕候乍然御家浪人ょて天下之惡人を討留候得ハ　御家ょて　神州を御扶助被遊候御道理御本意至極　兩公樣ょも定て內々御愉快ニ可被爲在奉恐察候　老公之尊慮ニ此度之振舞義の重き所難遁と見へたりと被遊又尾張樣ょハ　水府家臣之如きを十人程近侍ょ召遣度と被遊又ハ薩州細川之堅（本ノマヽ）然天下之忠臣士道御立被遊候樣盡力有之士道御立ニ相成候儀　水藩一統之面目無此上儀ニ奉存候御論一々御尤　勅諚之儀ハ此先如何御見込相伺度候

一勅諚之儀是迄取工み候ハ大老と安藤兩人之所業ニ有之候得ハ此度御返納之儀申立候者於義有之間敷　御家ょ納り候事無相違此段御安心可被成候既ニ拙者御守衛之列ニ加り居候へ共支度等ょも及申間敷や

一御家之　勅書　水城を離候事不容易此後萬一ょも御返納ょ相成候儀ニ

御坐候ハヽ江戸迄之道中必天變可有之既ニ先日為御登ニ可相成節番頭之某ニハ俄ニ母人不幸ニて御守衛不相成士大將之某ハ此伯母ニして服忌相受是又御供不相成又某ニハ御守衛之御道具調んとせし時二階ゟ落腰を拔候始末此人等御返納之儀專ら取計候奸臣ニて天性難遁儀ニ可有之　老公御返納之　尊慮も全く奸人之為ニ御涙と共ニ為御指登ニ相成候儀を勇進て御守衛可仕抔臣下之情ニ有之間敷既ニ大番組之壹人御守衛御免奉願候趣天晴義士之振舞感するニ余あり　勅諚之儀大義御承知被成度候ハヽ拙者大義論と申本所持仕候間何時ニても可入貴覽候愚論云々

## 與熊谷某書　　安積艮齋

交淺くして言深きハ聖人之戒る所なれとも事柄ニ寄れハ其戒を守り難き儀も御坐候今事急ニして是を弁するニ暇あらす僕盟兄ニ於る實ニ傾

（朱）第一

蓋之親きニ御坐候得共杯酒之間ニて御氣象寛平ニして慷慨深き一旦を會得致し旁今日之感慨ニ堪兼候より寸志を具陳せる左之通りニ御坐候御明察之上御取捨可被下候扨ハ今月三日御家之御災難ニ就てハ世上之流言紛々いたし中ニ君侯御容易ならさる御怪我被遊候共承り誠ニ以恐入候次第ニ御坐候其御藩中ニてハ定て斷腸髮指ニ御堪なされさらん御儀と致推察候然る所先達之風聞承候所二月上旬水戸之藩士四十余人所存ある由ニて出府致懸候所水戸ゟ重役共同勢三百余人を指出し取押方致させ候所彼者共却て乱妨ニ及ひ相互ニ數多之死傷御坐候て僅ニ二十余人ニ打なされ逃去候付又早速捕手を指出し置候ハ此段　公邊へ相届候趣既ニ世上へ流布いたし候事ニて此度御家之乱妨ニ及候ハ全く彼之亡命之餘黨ニ御坐候所此者共陰ニハ如何可有之とも陽ニハ既ニ無搆浪人ニて不埒至極之族ニ候得ハ幾重ニも嚴重御吟味なされ兼々外聞よりも事情を探索なされ候儀御專要ニ相察し候時ニ穪ニ御藩中之御沙汰を

（朱）
第二

承り候得ハ狼藉者之張本必定　水戸前中納言殿なれハ即是不共戴天之仇なり片時も早く御主君之仇打取臣子之義を盡さんと御決心なされ追々御人數を御國元より御呼下し被成已ニ軍立之御用意迄完備なせる御樣子ニ承り込候是等之事　公邊ニも　尊慮被爲在候て既ニ上使を下されし色々難有御內意をも御坐候へ共兎ニ角ニ一藩中之初念挽回なされ難き由□御請被成候趣風聞致し右ニしるせる事共當時流言ニ御坐候得ハ誠ニ以大慶之事ニ候得共萬々一右樣之御實迹御坐候半ニ於てハ是尤天下之至大事ニて獨井伊家之存亡ニ關せるのみならす德川家御代之治乱興廢之機今日に判談（マヽ）致候半欤乍恐君侯之此職に御任せられしその初溫恭院殿之御遺託を受　御幼主を御擁立なされ候節□奸邪之陰謀を發摘いたし社稷を盤石之安きに置給ひ群小之妬をも避給はす御身之危きをも顧ミ給はす日夜天下之事を憂勞し給ひしも　溫恭院殿御遺託之御命を重するのみならす則　德川家へ御精忠之御奉公を一筋に思召込られ

（朱）第三
策中ト云事此方ニて本ヨリ毫モナキヿニテ疑心闇鬼ニ等し

候樣奉推察候得ハ今日如何計重き御輕（マヽ）我被遊候半にも君侯にハ兼てより（カ）□御覺悟之御事ニて今更御驚動之場にも有御坐間敷候所狼藉者余り之不法を働きゟれハ是又其實情御吟味之事ハ勿論時宜ニ寄大事ニ及ひなん事元より武家之御嗜にこそ候へ既ニ大事と申ゟふハ御輕卒之御取計なされ候てハ後臍を噛候とも及ひ難御儀も御坐候半歟扱當今或も朝敵なりて彼より此度之狼藉ニ及候儀御坐候得ハ上ハ　將軍家之御爲下ハ君侯之御爲ニ御一藩中死力を盡し三軍之御先懸なされ候半事至極御尤ニ候得共左にハなふす　前中納言殿是迄跋扈之御振舞御坐候へと未タ朝敵と申程之形迹無御坐候にこそなふより狼藉者張本抔之御名を蒙ふしめ人數を御指向ケ被成候半に於てハ却て彼策中ニ落入候樣存し其策ハ今こゝに申にも不及又別ニ難問十ケ條を設ケ當時理勢之安危を占ひ可申候近比上使を被下難有御内意をも被仰聞候得共一藩中挽回なされゟふき旨御請被成由上意ニ背き我意を恣にするの御嫌疑なるへきに似ふ

り是一ッなり兵粮を御買込被成多人數を御集め被成候抔淺野家臣復讐之仕業ニ御相違して顯然と金革を御用ひ被成候半歟此儀　將軍家之御許し可有御坐事ニ候や是二ッ也兵出不無名　朝敵を征伐するとハ不可申私怨を討すると唱候てハ天下之御法度ニ御背き被成恐なるへきに似たり是三ッなり人各爲主の儀ニ從ひ御主君の仇を報するに急にして天下の御法度を顧るに暇あらぬといゝて妄に干戈を動さんに於てハ曲却て我ニまし候半歟是四ッ也金革を先何レ之地に御用ひ被成候半や是五ッ也御出陣之節御長君或ハ御一門樣等に君侯之御身替りニ采配をとりて軍勢を指揮すへき御方御坐候や是六ッ也精兵利器多しといへとも名已不順地勢又主客之便を異にすれハ必勝を難期御儀ニ御坐候半歟是七ッ也多くの人數を我領分に横行せしめ且親を敵手ニ委棄すへきことゑりなられハ必定　當中納言殿軍勢を催して我後を攻給わん時に御藩中或ハ援兵を繰出し候御族も御坐候半歟是八ッ也御家ハ　德川家ニ於て双

なき御名家と申せと御譜代ニて候　前中納言殿跋扈の御振舞御坐候とも正しく　東照宮之御血胤ニ御坐候へハ御門地之高下ニ於て如何ニ御坐候や是九ツ也　前中納言殿奸雄之御性質ニ御坐候得と之を天意ニ察し人事ニ考候ニ未タ御運強き御方ニ御坐候所おなかゟ無名之師を御仕懸なされ避實撃虚之兵法ニ相違致候半歟是十也右之十條を以反復推考致候得ハ何分ニも當時顯然復讐を御計被成候半事恐くハ萬全之長策ニならさらん歟併當局之御身ニ取候てハ事の成否ハともかくも片時も早く仇家之門ニ討死被成度御一念之留りかきをも至極御尤ニ存候得共古人之所謂死ハ易く處死ハ實ニ難しと申儀御名々樣兼てゟ御講究之御儀と存候得共此節柄ニ於て尤御深志体認被成度御事ニ御坐候多人數御大切之身命を投打て大事をも成負せ　將軍家へ之御忠義をも立ち君侯之御本望ニも爲叶候事ならハ中迄ニも無之候得共右ニ具陳せる如き次第ニて乍憚其儀無覺束御筋ニ御坐候へハ事を御始メ被成一時外目ニも美

々敷御名々様御心ニ潔き御儀とハ存候得共全く匹夫之勇ニして千萬人之壯士犬死之恐れなふん事智者之取さる所なり且又事端一度開き候ハヽ御家と水戸家と決して兩立セまし一存一亡なふゟしめ難計といへとも右之難問ニ付て熟考いゑし候へハ頗る可恐事共ニ御坐候のみなふに相互ニ徒黨一揆等之事蜂起致し或ハ内患なして邊釁を開きし事抔つどひ生して　將軍家御威光之薄ふき可申も實ニ此事な濫觴致候半ニ於てハ是迄御先代々之御忠勤をも今日を限りニ水之泡と消果候半事尤も口惜き御事ニ候き夫共只今一圖ニ思召よふれ候な外ニ御計策運ふすへき御筋なゟふんニハ是非ニ及されと左ハなるまし昔元祿年中大石良雄等當　變を聞きしな復讐之事ハ打忘れゑる体ニて只存祀之願ニ急々たるハ流石ニ智謀之士ニして能々輕重をる所を知れる者とそんし候夫仇を報セさるハ内匠頭殿一人之怨ニして絶世ハ淺野家萬代之耻辱なれハ姑く彼を棄是を取る所以之識見御坐候な其後些少之人數ニて天地も爲ニ

震動せる程之大事を成負せさりしも皆能大義を詳よして死よ處せるの宜しきを得候功効よて則是古今比類なき復仇之好き手本ニ御坐候半歟今御家之御災難内匠頭殿朝法を犯せし事よ相違ニて御藩中ニ於て淺野家臣之如き存祀之御心配抔少しも無之儀と存候得ハ假令如何計御憤激之廉御坐候共御先代々より御忠勤之御事を顧み給ひ且君侯是迄御奉公被遊候御本意をも尋させ給ひ又　皇國氣運之泰否をも御會得御坐候上御藩中ハ昔趙國之藺相如か廉頗ニ屈せし如き當時ハ處女之如くなり給ひて其内御名々様今日御憤激之御志を後々迄御怠りなく仇家之動靜を

第五

伺察致し此度之事愈　前中納言殿之御指意ニ出候事情を得候半歟或ハ事情分明ならずとも愈　前中納言殿ゟ發起致候半よハ此切よて此後深

第六

く御愼なされ候事決して被成かさき情よて二三年之星霜を經候間よ必ず跋扈御增長之御振舞候半時よ公私之時宜を斟酌いさし義衆を御糾合被成餘日よ復讐之擧をなし給とんニ於てハ仇ハ已ニ天と神と人とのい

とひまつる所よして我軍無百疾謂之必勝となれハ御忠孝をも御名義をも御功をも全して則何そ良策ゟ是ニ玄くへき又當今之形勢ニて御藩へ對し援兵を出し復讐を御勸申候御族も御坐候半亦利害を説て當時御穩便を御勸申候御族も御坐候半何レも皆歷々之御方ニ候得ハ凡人之不及御見究等御坐候御中へ僕等輩之如き助言ハ誠ニ以奉恐入候得共又愚者之一得と申儀も御坐候得ハ右之具陳セる所之理勢を得ト御勘弁之上御穩便を御勸なされ候御方へ必御同心被下度御事僕一身之願よはなふす乍恐　德川家ハ之御爲といひ天下萬民ハ之御爲といひ其關係セる所尤重大ニ御坐候得ハ深く御心を被留只遊説者之話説となし給ハさらん事を希ふのみ

孔子曰暴虎馮河死而無悔者吾不與也必也臨事而懼好謀而成者也と猶此儀能々御考合セ可被下候以上

三月

安積祐介

熊谷半之允様

（朱書）德云本書所々ニ評を加へおけり此評何人之所為をしらす作去世の所謂鎮撫論役祿の惜しく我身のかわゆき餘り　國家之大厄難をも傍観せる者之策なる事無疑　公命を謹奉しゐる純臣云々ニても可知今也此風大ニ行れ廉恥名節追日衰弊憂國憤懣之氣變して同志之喰合となり彼を毀是をほめ政令も亦愛憎を以予奪をなすニ至る勝て可慨や此評の如き　我公を論せるは可之其余を論せるニ至ては偏頗之言元よ り不足取といへとも姑く是を書して今日之事勢昔日ニ難き事萬一ニあるをしらしむる之

第一ヨリ第六マデハ前書ノ評ナルベシ　校訂者識

第一

本ヨリ陰陽なきを陰陽なりと思ふは徹（マヽ）以為知ニテ載鬼一車ニ至るへし

第二

櫻田ノ乱レ前ニ云ル如ク浪人ノ所為ニシテ其謀主ハ近畿ニテ囚ニ就シ者自殺セシ者ナリ兩人共ニ國ヲ誤ル罪ヲ以去年十一月蟄居ヲ命セラレ當二月ニ至テ一人ハ其罪ヲ一段重セラルヘシトテ評定所ヘ召サレシヲ出スシテ出奔シ一人モ蟄居中ニ出奔ス此ノ如ク君臣ノ間離絶シタル者ニ三月ノ事ニ及テ遽ニ作乱ノ事ヲ仰合サルヘキ理ナシ又市中ヲ乱妨シ白刃ヲ揮テ役人ニ手向ヒ城門ニ迫リシ者ノ餘類ヲ陰ニ使ハルヘキ理アランヤ　前納言公ハ固ヨリ知シ召サルヿ故變ヲ聞テ驚愕憂念シ玉ヒシヿ近臣ノ知ル所之疑似ヲ以テ仇トシ奉ルハ麁忽千万之匹夫スラ人違ニテ怨ヲ報テハ濟サルヿナルニ　主家ノ御方ヘ對シ奉リ麁忽ノ振舞アリテハ　幕府ヘ御申譯ナキノミナラス天ヘモ天下後世ヘモ申開キアルヘカラス

第三

前公　天朝ヲ尊ヒ　幕府ヲ敬ヒ玉フヿ至誠ヨリ發シ恭謹ニシテ日夜朝暮禮敬怠ラス毎朝水ニ浴シテ遙拜シ或ハ著述ノ書ヲ獻シテ裨益トシ攘夷ノ爲ニ大銃ニ鉛子火薬ヲ添テ獻シ巨艦ヲ製造セラル、カ如キハ人ノ知ル所之外國ヲ所置スル事ヲ建白セラレシ類ハ人ノ知ラサル所ナリ歸邸ノ後も深更マテ文書ヲ閲シ精力ヲ盡サレシハ是ハ人ノ知ル所之此ノ如く鞠躬盡瘁セラル、ヿ世ニ疇ヒ多カルヘカラス然ルヲ跋扈ナト、稱スルヿ世ノ浮說ニ泥タル之浮說の起ル所兩端アリ一ハ防海ノヿヲ議シ玉フハ嫌疑ヲ避ケス知無不言ト云ルカ如クナレハ幕府ノ吏ノ中ニハ御存分ニ過タルト思ヒシモノ有ヘシ一ハ士民動搖ノ謀主ヨリ出タリ謀主ノ術ハ衆心ノ向背ヲ挾ミ上ヲ要シ求ル所ノ如クセント謀ル其身要職ニ居テ　幕府ヘモ其術ヲ旋サントセシ故　幕府ニモ　前公ノ意ト思ヒシ人モアランカ又其徒ニ信ヲ取ントテ其意ノ欲スル所ハ　公ノ意之ト稱シ　公ノ惡シキト仰セラレシ却テ御內慮ハ如此シト宣言シ其徒ハ是ニ欺レテ傳播スル故實事ト相反セル浮説世ニ流布シ謀主ノ跋扈訛テ　公ノ跋扈ノ如クニ思フ人モアルハ深ク慨嘆スヘシ

第四

我公恭謹ニマシ〱テ人ノ見サル所ニモ敬上ノ禮怠リ玉ハス天下ノ憂ヲ憂フルヿ赤誠ヨリ發ス前後著述セラレシ書ヲ拜讀シテモ行住坐臥片時モ天下ヲ忘レ玉ハサルヿ知ルヘシ防海ニ心力ヲ盡サレシモ　天朝ヨリシテ　幕府迄擁護セラレシトノ精忠ナリ然ルヲ奸雄ナト、稱スルハ譏ニ非レハ浮説流言ニ惑ヘルノ險腐ノ語信シ難キハ粗前辨ス此人ノ學アリテ譏ヲ信スヘキ謂レナシ偏聽セスシテ彼此ノ情實ヲ得ンヿヲ庶幾フノ

第五

動靜ヲ伺察しタリ𪜈兩三年動搖ノ徒ヨリ出タル説ヲ偏聽シテハ實情

ヲ得ルㇰ難シ　公命ヲ謹奉シタル純臣ノ語ヲ兼聽セハ眞ノ情實モ分明ナルヘシ

第六

二三年ヲ經タランニハ　公ノ至誠著見シテ跋扈ニ非ルㇰ明白ナルヘシ今ハ動搖ノ謀主モ死シ四レタレハ　公命ヲ矯誣スルㇰ能ハス勿論其餘類モ尚多ケレハ疑似ニ渉ルㇰヲ仕出ス者モ有ヘケレ𪜈二三年ノ間ニハ餘類モ滅シテ眞情自ラ露ルヘシ詩ニモ讒說ノ行ハヽㇰヲ嘆シテ不舒究之ト云リ舒々トシテ推究セハ眞情ヲ得ル事アルヘシ

呈水野公書　　　　鹽谷世弘

乍恐奉申上候

一井伊様ニて討留ニ相成候浪人者懷中ゟ水府老公之御自筆ニて今度之手當として金十五兩遣し候と有之よし風說仕候得共是ハ　水戸老公を御

悪み申候者之作り事ニて決して御信用不相成儀と奉存候此度之事若
老公御存しニ御坐候得ハ凡十七人之者共討死と覺悟可仕ハ勿論ニ候間
死骸之内より右樣之書付出候てハ　主家之滅亡ニ至り候事ハ百も承知
ニ可有之然る所證據ニ相成候書付類懷中仕候事ハ必定無之事と奉存候
且又十七人之内八代洲河岸ニて自殺之者貳人脇坂候ニて深手ニて相果
候者壹人有之候所其懷中ゟ　老公御手當金之出不申事第一不審ニ御坐
候　老公御書附を大切ニ致肌身を不離位之者懷中可致筈無御坐候且又
老公も書附添て賜り後日之證據と成候樣之事ハ萬々被成間敷候筈ニ御
坐候一体其場之死傷人總て檢使を不申受直ニ屋敷へ引取其後懷中ゟ書
附出候樣申觸候者彦根藩人重々不埒至極ニ御坐候間是等嚴敷御詮儀可
被爲在儀と奉存候

一十七人之者乱妨と可申候得共内八人尋常ニ自訴仕同意之者姓名申立御
大法相待候程之者ニ候間其外　水戸表ニ罷在候同志之者或ハ上ゟ被申

付候義抔ゝ御吟味ハ御無用ゝ儀と奉存候藪をセヽつて蛇をいたすと世話ニ被申候通余計ゝ御吟味有之時ハ　水戸ニ殘り居候勇士忠直ゝ氣を動し却て事を生し候樣相成可申候扨右ゝ御仕置ニ至候てハ尋常ゝ自訴ゝ廉を以礫刑ニ可被行を獄門と申位ニ御愍みを被爲加一等を被爲減出格ゝ御仁惠を被相示候樣有御坐度奉存候事ハ少々相違ニ候得とも赤穗四十七人御預中一度も評定所御吟味も無之畢竟自訴いたし御大法を相待候者共ニ候得ハ固より事明白ニ相分り候始末ニ付御吟味ニ及〔不脱カ〕候故と奉存候切腹ゝ節も陪臣ゝ切腹ニハ檢使を不被爲付御定法ゝ處御直參同樣ニ御徒目付等を檢使ニ被下候者不屆とハ乍申其主人へ忠義を盡候所を以御定法ニ御斟酌付候儀と奉恐察候晋の謝安ゟ事を陶侃稱美して謝公ハ法外ゝ意を得たりと申候都て法ニ拘泥致候へハ凡俗の役人ニ御坐候法外ゝ心持を以て刑人ゝ情實を察し候處置を付候所誠ニ仁義を盡すと可申候此度ゝ一件も法外ゝ心持を以て御所置無之候てハ　水戸御一

家のみニ無之天下之士氣を損し終ニ御武運之損し候樣相成可申やと奉存候

一去ル二月廿二日　水戸樣より出奔御屆出候高橋多一郎林忠左衞門等外數人ハ三日の事ニ加り不申　當中納言樣ニも相背き候得共御國を厚く思ひ候所ハ忠憤ニ可有之候間召捕ニ相成刑法ニ被行候てハ惜き者共ニ御坐候外夷御氣遣最中の世の中右等之者共被爲助非常之節被相用候ハヽ拔群の勇戰可仕者共ニ御坐候最早嚴敷御穿鑿ハ被爲止候樣有之度奉存候

一一橋樣を御養君ニ被遊候樣有之度と企望仕候ハ外夷之儀御心配之折柄御年長ニて御英明ニ被爲在候　御方樣何卒　將軍家ニ御備り被遊候樣有御坐度奉仰望候就てハ　刑部卿樣兼て御聰明ニて御家門樣方之御中ニて御年長ニも被爲在候付世上人望之歸候事ハ七八年以前より之事ニ御坐候　公方樣御養君被仰出候後　刑部卿樣を御入申度と計候得ハ不屆

ニ御坐候得共其以前より企望仕候者ニ於てハ更ニ惡意ニハ無御坐候と奉存候殊ニ福井侯ハ阿部伊勢守樣御勤役中ゟ其事頻りニ被仰立候由分明ニ御坐候と奉存候人之不仁惡之已甚乱也と聖語ニ見候通不仁之人ニても已甚しく是を惡む時ハ窮鼠却て猫を喰候道理ニて禍乱を生し申候まして不仁ニ無之者を嚴敷取扱候時ハ禍乱を求候事ニ相成申候　尾州中納言樣御隱居被仰付攝津守樣御本家御相續被仰付候節御對面ニ不及と被仰出候抔ハ乍恐御父子と相定候間を　台命を以て御隔被成候樣相聞御政体ニ於て恐入候事ニ奉存候依之　一橋樣　水戸前中納言樣尾張前中納言樣松平越前守樣一同御愼御免被仰付候樣有御坐度存奉候

一權現樣ハ上杉浪人車丹波上を覦候者ニ御坐候ても露顯之後一命御助被成候のみニ無之乞食之頭被仰付格別之大量凡慮之所及ニ非すと申候得ハ火附盜賊之類の極惡人と違ひ其主人ニ忠義有之者ニ候得ハ法外之意ニて御手段可有之儀と奉存候扨　水戸樣御家來安島帶刀茅根伊豫之介

越前様御家來橋本左内等ハ世上ニ稱し候程の者ニて主人ニハ忠義ニ相違ニ無之候間大法ニて御仕置被仰付候も御斟酌之御手段被爲在度儀と奉存候然る所帶刀切腹被仰付候と申条牢屋ニて非人首を打候由ニ候得ハ打首同樣之御刑戮ニ相成候よし元來御仕置付之三奉行樣より御伺ニ相成御老中樣より二三等も輕く御指圖御坐候よし承及ひ申候然る所帶刀御仕置ニ限り御奉行樣より御伺ニ相成候所二三等罪重く御指圖御坐候由右樣私意を以て御法を御狂ヶ被成候てハ人心不服皆ニ御坐候依之帶刀等御仕置一件ニ付遠島追放押込ニ相成候者二三等も御仕置御宥免ニ相成候樣有之度奉存候

一今度之一件ニ付御役人樣方御用心被遊御供被爲增候儀御無益之御事と奉存候守杜第一之御身をこそ目懸候儀ニて既ニ本望を遂候上ハ何程狂暴之者共ニ候とも外御役樣ニ對し乱妨ニ及候儀ゆ㐂〳〵有之間敷譬へハ人を斬留メを指咽を突候上ニ手の脈所腹之急所足之脈所迄刺候馬鹿

者ハ決して無御坐まして御役人樣方之御中少々ニても　水戸樣お御怨を御受被成候御覺不被爲在御方樣ハ尙更之御儀ニ御坐候若御役人樣へ不殘狠藉ニ及候節ハ公儀を御怨み申上候ニ當候間　水戸家之安危ニ拘候道理ハ的面ニ御坐候是式之事ハ常陸士共勘辨致居候事ハ必定ニ御坐候乍恐掃部頭樣御怨申事ハ數多可有之御役人樣方ハ努々御氣遣ひ不被爲在候

一掃部頭樣御黜ヶ被成候方々板倉周防守樣大久保右近將監樣鵜殿民部少輔樣土岐攝津守樣淺野備前守樣佐々木信濃守樣木村敬藏樣永井玄蕃頭樣岩瀨肥後守樣川路左衞門尉樣黑川嘉兵衞樣御始世間評判之御方樣ニ御坐候就中板倉樣御家政向御拔群ニて中國邊ニて有志之者ハ御稱美不仕者ハ無御坐候よし然る所　水戸樣を御惡み被成候より曖昧の情を以御退役等被仰付其外御退け被成候儀乍恐御私意無之とハ被申間敷御私意ニて人を御退け被成候てハ衆怨の集候筈ニ御坐候

一掃部頭樣御事　禁裡を輕蔑被成　天子之御舍弟樣御始近衞樣等大臣方
公方樣ゟ御位重き方を塵芥を吹如く御取除被成右ニ付ても一昨年以
來刑戮等相成候五六十人之内天下有名之學者も有之一藩ニ（思脫カ）臣と被唱
候者も有之多くハ隱刑を蒙り申候是ニ依て天下有志之者ニ於てハ盡く
切齒憤怒罷在候　水戶侍も此所第一ニ憤り此太平之御代ニて右樣罪人
夥敷出候事　權現樣以來無御坐候古語ニ人盛勝天々定而亦能勝人と申
候扨掃部頭樣御盛之時暴虐を恣ニ被成人盛ニして天ニ勝の勢ニ御坐候
所有志之者ハ何レ天定て人ニ勝の時可有之と內々申居候所それより三
日の事を承り　水戶の有志快能致候と喜ひ候者數多有之候右樣怨憤之
集候掃部頭樣御壹人ニ止り候間外御役人樣方努々御用心ニ不及儀ニ御
坐

一天保の時ハ鄙賤之者御役人を怨申候迄ニ御坐候間御（欠マヽ）役一相成候時石
擲ニ留り申候此度之儀ハ有志之士憤怒ニ不堪候間刄傷ニ及申候怨甚敷

時ハ怒るニ至ると申候得ハ此度之儀ニ御坐候然るニ此節　水戸表ゟ御府内へ御家中出候事殊之外六ヶ敷被仰達彦根抔より武器人數夥敷參候事ニ御坐候得共一向御搆無之段御偏頗之樣有志之者ハ存申候大學ニ其之所哀矜而辟焉其之所賤惡而辟焉と有之通り　水戸樣之方ニハ其之所賤惡辟するの御氣味有之此度之事御所置次第ニて治乱の界ニ相成候間公明正大無偏無頗之御沙汰ニ及候樣所仰望ニ御坐候
右申上候內ニハ道路之流言等交候事情ニ相違之儀も御坐候へ共下情之所奉達御聽度思召をも不相顧乍恐奉言上候以上

# 秘笈聞見漫筆

安政戊午九月

# 心の友

一石河　　京師より小山田軍平へ京之勢益強將軍宣下姑く御見合セ水戸家の次第尤不宜　主上御憤激達　勅之御沙汰　當公御隱居御愼ょて御濟ニ相成候へハ大幸之事ニ候間今之内御英斷被爲在候樣ょと申越候所　公是を見給ひて其儘閣老へ御廻し被遊し由是九月十四日之

一井伊間部官位召となし□勅書幕へ參り居由なれとも未タ不詳

一主上ハ益御盛關白公幕ヲ助ヶ百方陳し申セしょ　主上御逆鱗被遊笏を以關白の額ヲ打給ひしょ血流れ出しとそ依て恐をなし退出其初關白公の女を　皇后ニなし給ひし故內通あらん事ヲ慮り給ひ出入の戸を釘ょめょ被成し由幕ハ力を盡して京の諸浪人抔を召捕しょ少しも不撓諸侯へも勅諚御被下し由

一京ノ鵜飼　より四日切宿繼ょて廿三日出立廿六日江南へ著之由

一三條公幕府ヲ匡濟之爲奉勅ょて下向薩州長州阿波土佐越前御後押御警固前の四家ハ海防ニ事寄て京師の人數ヲ相增薩州米二万俵賣用と號し

大坂へ備へ九月末ゟ十月極初ニハ關東へ著之由

一大場大夫隱居して駒邸へ出し一條

一駒公忠死ヲ憐み給ふ一條

一駒公□□の臣を欺きて事をなし給ふを憤給ひ夜も寢不給事

一□□幕高ニ被欺五十万石ノ御取高頼姫君ハ御臺所ニなり□□ニハ天下御後見之談合ニ乘給ひ一圖ニ其氣ニなり給ひし事

一九月廿三日より□□御悔悟之樣子今まてよくも〳〵ぶまされたり縱令登城申來るとも井伊間部落職セさる內ハ登營不得と御憤之御樣子之事

一九月十七日白井太誠閣へ被召しニ井伊太田內藤其余閣老居並し內ニ被召先日より度々太丹の事申しニ不用ハ如何答云彼結城刁壽申賊ニ結ひ君を欺罔し父子の間を離間セし者なれハ決て不可用然ふハ鈴石ハ如何云是結城へ黨セし上一國の人望屬し不申故用ゆへゟふす閣云汝ゟ言尤なり然ハ一國士民小金抔へ罷出居候如何云卑賤之者情實ニ精からす如

何にも甚敷風説不容易義も相聞候のミならす又々甲辰之難にかへり可申勢御坐候ニ付臣子之情實ニ難忍依て出府せしとひひしに初幕ゟ間諜を遣し小金抔の情實を捜り委細承知之所兩執之言一々彼か胷に當りしかハ大にへこみし樣子なり

一黒田侯〇〇を激して云此度重き　勅諚被爲蒙候て御開達ニ不相成ハ天朝へ被爲背候御心得なるや然らハ此後の拜顏ハ何レ戰場にて可仕ト申切りしよし

一〇〇久世十大夫を召國中動搖如何せんと被仰しに答て云是外之子細ハ候ハす元よりいはゆる天狗共か闔國の士民をさそひ出し動搖さするなれハ頭立候者の首を三ツ四ツも被刎候ハヽ事亟に定り候半と申上しとそ是を聞て邸中に居し小年有志大に怒り久世之宅へ行しに他出と稱して不逢又行しに御用指合と號て不逢依て此度罷出しハ他にあらす我等首指上度存候て罷出候間刎られ候へと云しとそ久世此言を發する他に

なふす幕よて其含なりしを聞ていひしあるへし一存よてわいるれさる言あり

一幕大喪三十五日之事

一大奥様御廉中様御英明之事

一尾州勢追々外山へ來る事虚説之事

一九月十九日太田内藤參邸内談公の言之不達御國御愼も破之事

一石丹之事讃外連ト申合　公を欺きし事

一彦高之臣忠諫之事

一關白退轉并傳奏等關東味方の者廢黜之事

一井伊へ屢親書を贈り給ふ事

一三連内密水魚之事

一〇〇父子の緣を絕候も不苦ト宣ひ候事

一廣畑卿へ逢給るさる事

一高礫邸を逃るゝ事高用心密しき事

一内豐酒若之臣主を不義ニ不陥れしと上京之事

一寛河内守南上欺罔之事石丹伊玄等呈書して爭ふ事

仙臺侯人數五百人程龍ケ崎ニ繰込し事

一廿六日著之書廣畑（マヽ）卿ゟ御指圖ニて御家之事違　勅之御沙汰余程之嚴責

降り候も難計旨ヲ申上し事

一間部九月十日京著之所途中ニて參　内不相濟旨　勅諚ありし故延引ニ

なり十七日著是も違勅之罪ニて官位召もなしニなりそふな模樣故幕へ

の往來椅の齒を引か如く幕の取込言計なく水戸の事抔ハ中々手を廻し

兼候勢之事

一赤鬼元より權威ヲ擅ニせる見込なれハ常ニ事若成就せハ勿論若不成ハ

割腹せるのミ何の恐れかあらんといひ居る事

一十九日二閣參邸太田口氣不宜内藤ハ○○ニ向て闔國一心國難ニ赴キ身

を殺して諫爭せる段忠義之程實ニ不堪感賴母敷人々よて浦山敷由申セし事

一同日駒邸御內談不成併何レ來月一配よハ御彜よ可相成旨氣味合候由之事

一同日御內談之義何レ四五日之內よ相談之上御挨拶可申上ト申し事

一間部大津よて京の模樣を伺ひ六ヶ敷樣を見て幕へ度々飛脚を遣し幕よても大心配之事

一〇〇闔國の動搖を憂給ひ度々鎮撫之命令を下し給ひしゕと更ニ其詮なく次第ニ動搖甫發セし故度々御筆御下ケニなれとも何等之御廉も無之故更ニ不引取又參政側用郡宰書記魁何レも有志之人よて諫爭申上しハ皆鎮撫を命して是を遠け給ひ一向讒等ト密議被爲在尙又幕ノ閣老抔とも至て相親水土州も被參閣老參邸之節も人拂ひよて御內談臣子の死を以奉諫しも更ニ不顧我事をなす何の憚る所あふん然る一國甫上我命を

不用して長滯留致のミならは割腹等有之ハ如何の事なるや無益の死ト
云へしとて更ニ動し不賜只大勢居候てハ幕へ不相濟又ハ幕ト約束あり
如此ニてハ　老公御解ケ之義可申上樣なしなと被仰跡ニて我角まてニ
申を更ニ不相用我嫌ふ所是ニ過るハなし（之脱カ）まて被仰御食も不進程なり
老公大奥樣と是を被爲聞此度闔國南上以死諫爭せる忠義之段感せるニ
余りなり然るニ○○是を何とも不思度々ざましして國へ歸らしむ又今度
もざましして國ニ歸さんとす君行信てさらは臣不信ニ赴くを君既ニ不信ヲ
以臣ニ遇す異日誰か君の爲ニ死する者あらん是皆○○の至愚ニして志
不立故惜しき士を失ひつるなりと御憤激之余り御啼泣被遊終夜御寢も
不被遊追々割腹之姓名抔御聞ニなれハおしき士なりとて御指向ひニて
共ニ泪ニくれ給ふとそ御心勞如何計ニ可被爲在や

一京ノ鵜飼父子へ召狀付し事因て四日切あり

一九月廿六日飛脚到來公の悔悟ヲ告同日高橋より東郡へ贈書今月末來月

初の云々を告

一同廿七日宿繼到來事不分差大關係ニハあらさるへし

一同廿八日朝飛脚到來

一間部上京之處參内不相濟勅して云汝上京せるニハ定て用事なりての事なるべし何レ此方御用濟次第參内申付候間それまて扣居へき旨被仰間部進退極り三条ニ居るよし

一廿六日著京石河より書狀ハ間部の京著ト入違ひニなり候由依て間部京著せれハケ樣ニ可致トの內意を運ひし由然れハ間部の著ハ廿四日方なるへし尙追々可考

一京師より井伊へ召狀付し由京ニてハ井伊間部の如き者をも不殘引付置て後ニ大御處置可被成御含なるべし井伊も定て上京ハ成間敷且又井伊も動きそふな勢もあれハ縱令上京ハ不致とも大勢も少しハ可變

一井伊間部官位召放し幕へ參り居由是虛說なるへし豈無位無官ニして後

ニ上京を命セんや

一○○の御所爲　主上も御憤激被遊候へ共流石ニ　老公も御壯健天下皆望を屬し居る所なれハ又々勅書御家ニ下る由何レ來月半の事なるへし極秘ニて聞

一夷船も渡來セし由何國なるや未詳

一廿五日除目行る

一廿六日又除目あり

一勅書御開達最早御内談迄取極既ニ發セんとする時ニ至り姦邪の者讃幕と心を合セ公を欺罔し甘言を加へ恐懼を示し百方○○を熒惑し奉し故○○其ニ乘し給ひ開達之事ニ至てハ決御承諾なし縱令○○御心變し給ふとも開達せさんハ事六ケ敷とて入替〳〵諫言申上しゟと一切用ひ給ハす○○此事駒公ニも未タ委細御承知被遊間敷一先其旨可申上ト被仰し故然らハ此旨駒邸へ可申上駒公の御言葉ニより如何樣とも可被遊ト

中御前を罷立其時ハ最早讃州入込て如何之事申上しや其前と違ひ一切思召替させ給ふへき勢なき故柚門三浦賛男尼子長藏板橋源介ニ向ひ事急なり〇〇之御志決して復すへからぬ讃の來今三日遲かりせハ事可成に一旦彼か爲に國事を被破誠ニ遺憾難堪然れ共事既ニ是に至る如何なる危難可生も不可測水戸家の存亡此一擧に在り又何の計策か是あらん早く　勅諚を開達し遍く天下諸侯ニ示し　君を奉守護一先此地を去り勤王の旗を擧天下義擧の魁をなすより外良策あるへしとも不覺是我等三四人割腹して罪を謝せハ事悉く定らん皆云く大に然り是に於て賛男急ニ舟を艤し柚門の左右を待柚門ハ直ちに駒邸へ出具ニ其由を陳し且水戸へ御開にて勤王之御旗可被擧旨委細申上しかハ　駒公もいとゝ至誠を感し給ふ是時に當て　勅書　太夫人の手にあり夫人深謀遠慮常駒公を裨補する者少からす

是ハ太夫人〇〇へ此度重キ　勅諚被爲蒙候由一寸拜見仕度ト被仰し

ニ○○則　勅書を大夫人ニ被奉夫人御覧あり是重大之御書常肌を不
離可持者なれハ忘させ給ふなく〔ふくの〕内ニ御預可申と被仰し○○諸セられ
候れハそれより肌身を不離持給ふ其後度々　勅書御返し可給と被仰
れ共未タ行水も不仕の何のかのとて未タ御返し不相成候よし
是ニ至て慨然として宣ふ樣ニ　勅書を申請て今まて肌身を不離持
居しハ今日の爲之事既ニ爰ニ至る兎ても角ても○○角成果る上ハ是非
もなし水戸家の存亡今日ニ決す兎ても亡ふる家なれハ勤王して天下忠
臣義士の魁をなし天下の爲ニ家を亡すへし豈やミ〳〵と朝敵達　勅の
名を受天下ニ恥を暴さんや事遲疑せき（べ脫カ）ニならす一刻も早　勅書を諸侯
へ開達し一先君を守衞し奉り○○をも伴ひて水戸へ引取勤王可被遊ト
被仰しニ
七月御愼以來内外之勢實ニ切迫ニ及　老公御身の上御身なからも如
何と被思召候れハ縱令途中急難ありて死ニ至るとも一旦水戸へ可引

取と　公も被思召し由
公被聞召汝等ヵ所云實ニ道理至極セり然れとも今一應〇〇へ可申聞〇〇若汝ょ免さゐ早速開達をへし不聽ハ後の機會を可待汝等如き者四人も失ひてハ此先如何樣の事なるへきも難計其時誰と共ょ事をなさん汝等ミ至誠感をるょ余りなり去れとも右ミ次第なれハ此度ハ吾ヵ爲ょ憤を忍ふへし只兎ょも角ょも〇〇至愚ょて角まて汝等を心勞さする事よとて御淚セき合させ給はす柚門申上ゟるハ御諚ゐ去事ょハ候得共元より君の善と惡とも補佐の臣ニよる事ょ候へハ縱令一旦小人ょ被欺給ふとも如何て思召ヵへさせ給ぬ事あヵるへき必御心配被成間敷と申御前を罷立それより直ょ礫邸ょ至りしょ明七ッ時分なるょ〇〇ょハ御書翰被認御坐ありしヵ柚門を見て早速御書を被爲隱何氣なき体ょて被爲入しょ柚門進ミ出是非〳〵此度ミ事　勅書御開達無之候てハ御家の存亡も難計よし百方申上しょ〇〇最早御志決し其余ミ事ハ御聞濟ニもなり

しゟと御開達ニ至れハ決して御承知不被遊故無據退出セしとそ遺憾々々

一當御廉中樣當時御妊体ニ被爲入しゟと三日三夜御寢も不被遊御諫言被遊ゟれとも御承諾なき故御淚も御目もとちふさゟる位之御心配之よし外御妾何の方なるや可尋是も御簾中樣と御一同御諫言申上しとそ

一讃州初て參候節是迄の模樣尙更柚門抔の盡力セし處なとも不殘讃州へ御洩し被遊候由又幕讃の勢も正士へ御談被遊よし

一十六日連枝御離之御相談之爲閣老ヲ被召しよ大喪三十五日よて取込候間何レ明日參上仕へしと申十七日內藤太田參邸讃州も參候由二閣委細奉承知候得ハ其御取扱可申上御請申上夕刻退出しよ讃ハ不退○○と御密談あり暫しして退出セんとせる時小監貳人鍔本をくつろけ讃州を可討果思詰待居しを大監よてやふ〳〵取押しとそ依て讃手足もぬるへ進退極り供人を借恐怖之余り以來ハ決て參邸不仕と申御玄關ニ供觸をなし

置別御門よりひそかに出しに川又幸介等所々の番所等へ五人七人鬼の子の如き者を配り置しかど讃魂を失ひ雲を霞に歸宅すると齊しく守衞を嚴にし外にも內にも番を居へ遠侍には武藝に達せし者を備へ緣の下へも番を置き終夜不寢に番をなし居しに或夜家の上物音しけれは心得たりと云儘に內外之番士立出て是を求るに人にはあらて一ツの猫家より飛下たるにてそありける恐怖之余實ニ咲ニ不堪

一老公御愼無實なれとも風說甚しき故御愼ミに致せしと間部申せし由

一井伊固より旦夕の功を望故元の見込は暴發に水戶ニ當らは水國臣子定決死て馳來るへし其時手策を運し頭立者打て落させ其余之者も必恐怖して退くへし水戶家既ニ如此なれは天下の事計るに不足と云しを太田云不然水戶の臣元より義ヲ以て天下に鳴る今一旦暴發せは誰か命を惜むへき皆馳登りて邸に立籠り窮鼠の勢をなすへし然る上は奮激之余如何の策を行命を捨て宿志を可達も難計又誰の勸て引出スといふには非

す各心中より思ひ詰て發るなれハ其時ニ頭立者を打んニ元より死生不
知之者共なれハ其余之者狂ひ死ニ死るも必定左なふハ如何なる急變生
るやも難計なれハ此度ハ先一落付落付て暴發なくんハ義勇金銕の如き
者も懐盡て歸國もへし其後ゆる〳〵事をなさんニ百中セすといふ事な
るましし是水戸を壓るの策なりといひしとそ
一仙臺有志之士被打しよし國歩難しと見へたり
一佐嘉侯十五年在國中立しニ幕ニても甚た是を忌海岸防禦御免ニなり江
戸へ召寄セ隱居さセんとす諸藩有志より佐嘉之有志へ御意を預め通し
置しゟハ防禦御免の御禮ニも不出依て隱居セさるよし
一日下部伊三次京師飛脚を遣し候を幕ニて手を廻し飛脚貳人召捕し由廿
八日朝伊三次留守居召連町奉行宅へ被召其隙ニ所持之品盡く欠所ニな
り候由
一鵜飼吉左衛門父子と京所司代へ被召水國之事色々詰問被致其留守ニ宅

◎之下由ノ字脱カ

をハ欠所同様ニ致セし由駒公ニも御配慮之

一仙臺人數龍ヶ崎へ繰込し事不審之

一讃州之臣長谷川宗右衛門先年ハ側用人をも勤讃公の知遇を厚蒙りし者なるか先年讃州國替之時も力を盡し無事是を治めしハ皆長谷川の力なり依て直書等も多く賜りしか水國奸臣讃州ニ結ひ両家之間を仇讎の如く離間しけるか宿志を達セんと計る者を水國ニてそれ〳〵成敗なり讃如其なましし時長谷川達て奸臣の罪狀を陳し强成敗セん事を乞ふ依て讃侯の意ニ違ひ此度又度々侯を諫しかハ當家を指置本家へ心を寄るとて國勝手なる其後も諫疏も呈セしか兎ても侯の不回を察し本家の爲ニ力を盡さんと妻子祿位を棄て江州路十八里一夜の内馳來り江南ニ潛ミ諫草なとも手つるを以　駒公ニ御覽ニ入れ元より　公ニも兼て御承知ニ被爲入しとそ尚更海防危言を著し京へ上しかと　主上も甚御感なりし之予諫草ト詩作とを見しニ忠義之氣御意外ニ溢れ實ニ天晴賴母敷人なり

割腹して取義より十陪の功なるへし

一間部諸説あれとも九月十八日著せしか參内も不濟故京の模樣中々十二月末まてもかゝふされハ歸りそ程も不知と内室へ云贈りし由家臣主の供をして登りし者此方の模樣主君ハ一家中誠進退窮朝不計夕勢御坐候何卒いり豆ニ花を咲セ度色々計策仕候と申贈りし由實ニ由斷まへかふ

ハ家邸抔ハ實ニ玄めりかへりて居候由

一宮車晏駕そ説あり又御不例とも云何卒御全快ニ致度天下の爲實ニ苦心そ至りこされ共全くの虚説之

一先日六日切ニて十七日方石河より邸へ來りし狀ハ　威義二公以來代々

天朝へ忠誠被爲盡し故　勅諚をも被下しニ三家副將軍そ身ニて開達さへ不出來と云ハ如何そ故なるやと　勅諚ありし之とそ誠ニ恐入候御事之

一勅諚御開達不成より違　勅そ御沙汰も難計然れとも當時水戸家なふて

ハ天下の望を失ふ故大藩諸侯より今水戸家を孤立セられ候ハ丶天下の人望被爲有候間功を以罪を贖候様御責可被遊と六日切ヲ以呈しとそ

一井伊讃岐各妾を京師へ入置是より百方奸言申上しに決して御取受無之由

一井伊の臣藤森淳風宅ニ來り至極周章なる様子にて事既ニ是に至る如何せへきと問して〔ニカ〕答て水國擧て決死して　君の難に赴きしなれハ中々容易に引へしとも不思詰る所縦令急變ハなく共讃州か御家抔へハ必參るへし水國深恨骨髓ニ徹セし余決死して御家ニ押入ハ必せ何事か可仕出御用心可有といふ井伊の臣甚た困りし容子にて然らハ讃を國にやりしならハ如何藤森手を拍て名策々々角出來候ならハ御家にハ何そ彼是手を出さんやといひけれハ安心して歸りしとそ

一薩州阿州長門土佐必至ト　京ヲ助る由依て當今も時に依てハ長門御開になり時變御覽可有思召あるによりて毛利にてハ兵粮ハ勿論万事其手當

をなしおる由

一水戸の士へハ手を付さる由固く御意ありし故何事もなし

一武田岡田兩大夫抔も今〔ハ脱カ〕是まてなりと思定しかとやふ／＼取直しとそ

一大場大夫正士を御退けに相成候節直諫せしかと御聞入なし依て〇〇の

御裾にすかり安島抔何卒表へ御出し被成間敷爭ひしか明日ハ大夫も隱

居せし由

一寶鏡院普門院何レも眞言僧にて國家へ力を盡し幕抔にも入込是より内

實の分りしも多き由

一九月廿七日水戸除目

一廿八日江戸除目

一廿九日水戸除目

一廿七日中陰被爲晴候付脇坂御遺物之上使承り參邸白井中山登營答拜

一廿二日興津閣より被呼問答あり

一内藤紀伊守來邸○○駒込御愼之事被仰若御晴ニ不相成ハ國愼ニ仕度と申ニ答て云御父子之間實ニ尤之義御坐候委細承知仕候間含居候て取扱候樣可仕扨又御國御愼之義ハ一理も御坐候へとも當時浮説甚しく水戸家ニてハ小梅ニて鐵丸を鑄何レニてハ焔硝を製す抔申義御坐候間捜索仕候所皆虛説なり如此なれハ若水戸へ御引込ニ相成候ハヽ如何なる浮説起り候やも難計元より無實之御身なれハやかて可晴ハ必定なり此事御了簡可被成ト申られハ○○も御感悟之御樣子なりしとそ

一○○一旦奸説ニ迷ひ給へるニて元より正士を憎ミ給ふニハあらす新井源之允武田總藏直諫して○○の裾ニすかり○○ハ不忠不孝之君なりと大音ニいひしニ汝か言尤なりと被仰其余正士かゝる〳〵直諫せしかと皆尤と御聞被遊只姦臣御側ニありて百方奉欺罔し故御承諾なかりしならん

一○○矢野唯之允を被召予獨斷ニ事をなさんと思ふと被仰し時答て云駒込樣被爲入候上ハ万事御伺ニて可然と申上しニいやとよ當時御愼之

内なれハ幕の嫌疑も如何あらんと思ふなりと被仰矢野感服して退くと
いふ

一老公板橋源介ヲ召しよ源介此度之事ニ付闔國之士民一人も安き心なく
或ハ邸中へ入居或ハ小金よ屯し或ハ邸外抔ニひそみて時變を伺居と申
上しよ　公つく〱被聞召精忠之段實ニ賴母敷者なり乍去此方ニ罷出
居てハ家中共の爲よハ如何あらんと被仰御淚せきなへ給ハす御席よ幷
居る者感泣して頭をなくる事なふりす板橋も淚浮來て又ト御答も不申
上とそ高橋抔罷出し時も御膳も被上しよ椀の底よいさゝゝ飯粒を入し
を貳抔やと被進しのミなり又夜もろくよハ寢給ハす是まての御心勞如
何計なりしや御髮も盡く白く被爲成よし如何よもして御氣力ハ御盛ニ
被爲入候樣致度ト有志之士苦心なし居のミよて淺間敷といふも愚なり

一餘四郎公子御十一よ爲成給ひしゥ御心之へ大人よも劣り不給常ニ　御
父兄之案し給ひしゥ此度之難起りけれハ殊ニ　御父上を案し給ひ御膳

進まず打込まれて居給ふ　公子の御孝心實ニ天性ヨ出給ふ者ならん又讀書を好ミ給ひ當時後漢書を讀給ふよし一度聞玉ひさる事決して忘れ不給且下の情を酌給ふ事實ヨ凡人の仰望する事も難かるへし其余余（ママ）四公子余八公子何レも御英明被爲入異日如何なる賢君爲成給ふや

一讃州之臣岡五衞門といふ者長谷川抔と同志當時の人才なるよし

一岡田隱居可致內意分り候付兎ても今更力なしさふハ一封諫草を上り身を殺より外なしと思ひ諫書を出して後割腹せんと思ひしヨ脇より固く押しヨよつて止りしとそ

一都早檬舟內海へ乘入何々方なりしや

一廿八日朝勝野豊作日下部伊三次ト共ニ捕ニ付く家財を沒收セらる松平和泉守命なり

一十月三日水戶除目

一九月廿八日勝野豊作被捕しよしなれとも是ハ元より　幕ヨて殊之外ふ

ふひしなれハ先日も既ニ捕ニ就んセ(さ脱カ)しを袂をふりもきりて逃れ去しよ
し愈就しやいふうしき事なり

一十月朔日夜通し到來是又政府内輪之事なり

一十月初京師より三四人歸りて云御家之御通甚不宜尙更當時薩州抔ニて
ハ最早征夷之二字手ニ入ふる者之樣ニ覺居其他諸侯各京へ付入必至ニ
望を達せんとす　主上ニハ水國處置不宜ヲ憤給ひ達　勅之罪御鳴
し被遊へき思召ニ被爲入しを二条公御持切被成此重大之事中々不容易
事なれハ今少し御見合可被成ト御一人ニて御支へ有之由實ニ水國存亡
之機今日ニ決す哀哉

一十月三日晝時分異船壹艘川尻海壹里半程を通りし由其夕刻ニハ平磯ニ
見へしとそ同四日又々異船水門海ニ見へし由各注進あり

一太田道醇間部と御家ニ來りし時間部之口氣不宜太田云當時之御政事ハ
いまゝ六尺棒をふり廻す樣なる御政事故如何ニも油斷なふさる世柄な

り申とそ天下より道醇をハ余り不愾よし道醇之才沈ミて外ヨ顯れされとも固より左程之者ニなふす只如此余り深入をなさゝる故天下之望も少しハ属セしなるへし

一間部京より幕へ書を贈て云今日之勢實ニ不容易尋常を以事を成さんと思ふハ失策といふへし依て幕ヨてハ専ふ　主上崩御之説を唱ふへし然ふハ天下士氣も少しハ可沮其内ニ此方ヨてどの振とヵ策を可立といひしとそ

一大奥様豁達大度よく　駒公の思召ニ叶ひ給ひ當時　駒邸御愼故小大之事太夫人ヨて取扱給ふ所それ〳〵條理ありて機密ヨ關る者も甚ム奉感佩よし　駒公も夫人之せる所一々道理至極セりと被仰しよし

一お秋の方と申ハ實ハ万里小路建房卿女ヨて　駒公の遇を得　公子數多を產し給ふ此人又才略ある者ヨて一向國家を憂給ひ　公喜ひ給ヱさる事ハ　太夫人ヨ委細を陳し置て公へハ簡ヨ申上不然ハ　公ヨ委細申上

なる　英慮を奉助事も多き由
一山國喜八郎桑原と一ッ腹なり抔奸説もありしにや往々傳播せし由されども山國程の者ゟ桑原に引込るゝ者ならハ山國と々程尊むへきにあらねそれハ一日桑原來りて色々談合せしに不容易事なりし故意見せんと思へとも不可回之色を見て其儘ニ挨拶仕置桑原歸るや否山國　御前ニ出桑原ヶ樣に申候所萬一是を御信用被遊候てハ御家之一大事に御坐候間必御用被遊間敷と申上しに〇〇御承諾之色なし其内ニ桑原進出何ゟ申上しに〇〇是を喜ひ給ふ勢なれハ山國强て爭ひしゟ其內ニ讃侯被參〇〇立て内ニ被爲入山國御裾ニをゝり直諫せんとするに左右之臣山國を遮て通せす桑原のミ御前ニ出る事を得ざる容子之因て山國無據退出せしゟ無程監察退轉せしなれハ山國ハ桑原に黨せしに非を
一桑原　老公御初政之比より拔擢を蒙公　委任深く寵遇他に異なる身にて今更　君を不忠不孝ニ陷るゝ心一毫も胸中に有者ならす只執拗にて

大ニ見込違より大事を引出せしなるへし如何となれハ桑原一日柚門を
訪桑原云此度
天朝より　勅命被下しハ甚失體之事といふへし柚云何そ答曰　天朝
已ニ天下を以徳川家ニ委ね給ふ上は　勅定（マヽ）を水戸家抔ニ下すハ失體な
るへし柚門曰天下を關東ニ委ね給ふより既ニ三百年是皆　東照宮之余
烈之所使然ニて千古ニ超絶すといふへし幕府ニて假初ニも克　東照宮
の遺制ニ法り天下を平治せらるれハ　天朝ゟ豈水戸家へ　勅定（マヽ）を下さ
んや畢竟天下存亡之機ニなりし故　天朝ニても永く太平御持張被遊
度又　東照宮之功をも空しくせさせ給はすして水戸家ニ　勅定（マヽ）を下
し給ふ是大ニ徳川家ヲ被助しニて豈失體といはんや桑原決て然りとせ
す柚云子此論をなす外ニ名策ニてもありや曰あり今　勅命被下しうと
も京師微弱公卿鈍愚豈能事を成ス事を得んや柚云大ニ不然子　京ニ往
しハ既ニ二三十年前なるへし天地消長の理を不知して當今の勢昔日ニ

かハらす思ふハ大ニ誤てり四五年以來公卿の盛なる事諸侯の企て及ふ所ニ非す人才傑出し　主上英明ニ被爲入是を駕馭し給ふ故風雲際會豈事をなし得さる事あらんそれ故今日之勢を歎き給ひ角力を盡させ給ふ之若存亡之際ニ當り一言一行も出す事を得給ハさるを以　天子とせし天子ハ木偶人の如きのミ　伊勢宗廟の如きを京ニ建置かハ是ニて事足れりといふニ齊かるへし天下ニ君臨し給ふ身ニいかて如此理あらんや今日之京師ハ昔日の京師ニ非さる事を察セハ子の事の誤れるを知へし桑曰子か言實尤之然れ共吾未タ是信セす答曰去からハ子の所謂計策なる者も如何云吾所見　勅〔ママ〕定をも先それニして置　大將軍薨逝之時刻日時を検して大公事をなせへしそれニて通ふさる時兵を擧て事を計るへし柚曰子か論一理有か如し去かれ共是私ニ落て擧兵とも正々堂々とハ云難し又人の氣合も大ニ相違せるなれハ今日之策至誠ヲ以て事を成ニ如くハなし去かれハ天下も隱ニ力を盡し一國の人氣も必憤激せへし子

の言の如きハ策略を以事を計るなれハ必勝を保し難しよく〳〵思慮をべしと云しゟ桑原不肯よし

一或人失姓名陳策して曰今連枝御離等之義幕へ御申立ニハ今度水戸家の爲を被思召連枝立入まて被仰付候義實難有仕合奉存候折角水戸家の爲を被思召候なふハ一國をとりの宜き所大切ニ御坐候へハ人心ニ従て御指置被下候事肝要奉存候主君十八歳ニて後見御免ニ相成其後ハ可なりニ國政も行届今年廿七才ニなり又々連枝立入と申候てハ實ニ人心の不安所ニ御坐候間萬事よく〳〵御賢察被下何事も一國のをとり宜敷樣御指置被下候所則水戸家の爲を被思召候所御坐候へハ何卒此段可被下御推察いふへしとゝ

一老公御愼之内幕監察見廻りニ來る策ありしを此方ニて堅く禦止し之老公被聞召我如是決怠慢の氣を不生愼居なれハ監察ニも爲見度者之可許と被仰しとそ或人機密之人ニ説て曰監察見廻りを不許ハ上策とも難

云　老公何ゟ御愼の廉も被爲在るよ非す全く閣老等ゟ所爲なれハ監察見廻りを許されんよ流石天下之名將なれハ御愼の次第を拜見し且時々御辭をも被下んよ監察いゟて感セさふんケ程の君を何そ角御愼ミよなし置へきとて幕へ申立へし閣老とても監察一体して發セし事ハ破得さる勢なれハ大利といふへしよしや不然とも浮説を消するよ足へし乍去間部東歸セす水戸の一事も幕の事を不用を憤り百方よ奸才を運すへ々れハ其時然ふハ大監見廻を可受といふへき之此良策之と云しとそ

一幕の監察何レも頑愚不知大体皆云水國幕を蔑如する事なれハ嚴重ニ威を示すへし只連枝家臣を駒邸へ置の三家の家老を付るのと云故よ水國大ニ怒り幕勢不振ニ至る依てよく／＼思慮して大よ威嚴を示す事肝要なりといへり

一井伊間部等暴政云迄もなし奥右筆頭取余りよ見兼なき／＼樓を下て右筆の所へ行其事を云それより事の洩るヽもある故例の猜癪大よ逆上し

汝等ニ事を談せるも書記を司る故ニ決て樓を下るへからす抔嚴命を下すよしなれハ中々井伊を諫むる事ハ萬々なりかたし
一薩摩先侯國事ニ力を盡し且　德川家ニ隱ニ力を盡せる事至て深切なりとそ薩の士人泪を流して人ニ語りしといへり然ハ侯の志も可知今薩ニてハ征夷ニ任我握りたる樣ニ思ひ居といふハ甚た信し難し今三百年の德川家を奪んとも思ふ間敷ニ
一御家ニて　京師への呈書心得書可指出勅諚故なり　閣へ諛て前書を書かへ給ふといへり淺間敷事ニ何卒して前恥を雪き度者ニ
一會津ニてハ武事盛なる由なれとも當今の勢なれハ賴難し如何となれハよしや武藝抔ハ盛なるとも國政ニ大体と君と執政とを以て見れハ甚た敝藩といふへし　天朝への心得書も一國擧て記す事はたきすと見へて讃州な下書をもらひ呈せしなれハ縱令勅命如何樣なるとも交易御濟ニ相成候事天下安全の良策なるへしいひしとそ君臣の至愚歎するニ余り

なり君執政已ニ如是何そ國政を振禍亂を濟ふ事を得ん

一大越前賢君なれとも下ニ人才ハ無と見へたり正奸立別れさるハ士氣一致之樣なれとも正奸兩立して居る事を得されハ本より人才なき故之人才なふハ何そ一人の君の難ニ赴く者なきや水國とても天明時分なふハ如何樣の事なりとも正奸立別れさるへし豈是を士氣一致と云て賞すへけんや

勅書に公武御合體云〻田安建議之

一尾張公呈書公武御合体可被遊ト申上しを　天朝ニて御取用被遊幕の勢を見て事をなし給ふ故失策なしとそ是田宮彌太郎の見識なるよし彌太郎誠實ニて才氣もあるよしなれとも一事ニ取掛れハ一事ハ虚なるを不知樣の事もあるよし武備を張ニハ先國を富して後ニ非ハ不能といふ論抔を云出す故水國の士よりそれハ今十年も早けれハ可之今日ニ至てハ武備張るへし國富まへく後先まる事なたますといひしとそ

一尾の國風甚た浮薄ニして先日も貳十人計江戸へ來りしニコレラ病流行

そ時よて一人病よ臥しよ傳染せん事を恐看病する者一人もなし終よハ去ろ箒の先へ椀を載病人よ進めしとそ是位故療治も屆き兼死しけれハむや桶よ入早々ハ葬り國便りよ付て父の許へ爲知とそ是勢よてハ成程國難よ赴く者無も尤之

一細川日比ハ名譽もありしなれとも當今ハ漠然として一事も聞へす眞面目をはふらせしと見へたり

一薩摩元より義勇を以天下よ鳴されとも參勤交代抔よて追々輕薄風よ流れ既莊英（何レありや）翁と云し君花車を被好尤風俗を亂しと國人もいふ所よて尙更山陽後兵兒謠ハ彼ヵ親見セし有様よて實長歎すへし又國人の說を聞よ國中幾ッよも分れ一致セさる由

一神州名義の尊き固より稱道を不待故よ保元承久元弘皆官軍より事を起し不得已よ至賊兵を擧て是を禦きしよて賊より手向ひする者はふす今ハ水國ニ　勅諚下り諸大藩へも　勅諚あり閣老を召又大老を召加之宣

下も不下閣老等角必死の地ニ陥りしなれハ萬々一京ニて御失策あるか御撓ミニても被遊ハ天下之大變可生實ニ不容易時ナ

一外夷條約取結諸願盡く御許ニなり來年五月ニハ諸藩盡く來て心の儘ニセん事必定なり其内ニ内實整へされハ間ニ逢間敷實ニ一日も遲疑せへきニ非せ諸藩要求多き中ニヲロシヤ初ニ沈て尤諸藩の上ニ出彼か請洋中陸地の人民撫育可仕との願故陸地ともといひかけしニ夷船急ニ碇を上ヶ鐵砲を向ケしニ恐れ無據許セしとそ扨撫育して不從ハ我耶教を以是をなつけんといひしとそ然れハ最早六十州之人民皆彼鼻高く眼入ニる奴原ニ服屬せるか又ハ日本魂を振て彼か首を得か實ニ愉快の世となりしナ

一當時幕も死地ニ陥りし故　京師ハ勿論其他賢明之聞ある君皆弓斷せる事を得さる中ニ獨一橋公幕地ニ被爲入故別て御心配深かるへきニ此比御附之老女幷若年寄兩人及御近邊之士壹人御返し相成是等定て一橋公

醫壹人ハ熱田祐元なろへし是三條公ゟ東方へ被遣し者にて御家へも御出入之熱田捕ニ就しハ實なれ共其外ニ三條公の臣ニ捕ニ就しもあり

へ心を奉寄者なるへし既ニ左右機密之正人を遠る上ハ漸々ニ　公ニ迫るハ必定之慨歎々々

一幕ニてハ○○ニ反名を奉爲負度百方ニ奸計を運す由

一九月廿二日鷹司公の臣小林修理（可尋）權大夫捕れしよし又浪士壹兩輩是も捕ニ就きしとそ十月三日大宰（可尋）　木村三帆介町奉行より被呼しニ兩人共留守故其旨を御斷ニ成し之又先日醫壹人（失姓名）是も捕ニ就き又藤森櫻貳人とも捕しといへとも元より貳人必死の覺悟捕ハ承知之上なれとも未聞確説

一京師ハ　主上を始め爲參益御盛間部抔ハ寄ても付れさる勢又薩州長州土州ハ思ひ／＼ニ貌を變し密ニ　京師へ人數を入置今ハ五六百人もなるよし實ニ感涙押へかたし

一梅田源次郎京師を尊ひ必死ニ盡力セしニ幕ニて殊の外忌ミ度々捕へんとセしニ梅田處々ニ潛て居しニ舊君　幕命を蒙り追捕セる由を聞自首

して國ニ至り私何等之御尋を可受筋一切覺無之只　京師之爲ニ力を盡セしのミ之然るニ此度私を御捜索之由を聞則罷出申候御尋之筋も御坐候ハヽ存居候事ハ委細可申上とて出しとそ

一讃州ハ其後參邸セさるハ勿論内々の通路も無之由

一十月朔日江戸除目

一太田誠左衞門〇〇御前ニ出しニ〇〇水戸ニハ火水ニ飛入へき者三万人程ある由なれとも何の益ニもなるまじと被仰しニ大誠聞もあへす涙をむふ〳〵と流し君ニもいつ角淺間敷御心ニハなり給へるや三万人も水火ニ飛入へき者を御持なされしハ實ニ目出度御事之三万人命を捨て君を奉守護ハ如何なる急難御坐候とも何の御心配も被爲在間敷是より上の益と申ハ無御坐候と申上しニ〇〇吾誤れり成程吾ゟ爲ニ火水ニ飛込といふハよき事之と被仰大誠さん候如是者なれハ君ハ孤立して誠ニ危き者ニ候へハ其様なる臣ハ大切ニ可被遊と申御前を立出てさめ〳〵

と泣しとそ

一京師之御勢頻ニ堂々間部も一寸參内被許しに　勅して徳川家へ官位宣下も隨分可下間先日　勅諚之趣委細可御答申上ト被仰しに間部一言の陳言もなふす退出す是時に叡山僧徒勃起して間部をけ何十万にて押寄るとも一日も足を洛中にふめさすへゟふすと大に起り立し故間部京にふまり得す伏見に引込しゟこゝにも又居る事を得ぱ近々東歸をへき由先是薩州長州阿州土州四家密々に人數を入置しゟ今ハ各千人余ッヽも入洛して關東之奴原水國の腰ぬけ等假初にも堂上方へやさしくも手を出し見よ手なみの程を見てさんマヽと勢盛に守護しおる其勢に辟易して讃州ハ引込より不出井伊も隱居願可指出樣子　主上も水國への　勅諚延引ニ及候故ゟ十万石以上之大名の留守居御呼出しにて　勅諚被下間にハ　天顏を拜セし者もなる由實に偸快之御事なマヽりそれに付ても勅諚之一條今以御開達にも不相成終に愈腰拔之名を取るハ人力なるゟ

天命なるか　威義二公已來在天之　神靈なとか力を添させ給はさる事はふんと祈居るこそ淺間敷

一勅諚延引之事間部引請て登り水戸家開達少し延引ニ及候由を申上しとそ然ふれ今迚不及といふよれはふす

一水國　勅諚之一条內之始末ゟ釣合等ヶ樣之次第よて無據　勅定（諚カ）も未タ開達セす乍併ヶ樣〳〵可仕ト柚門か論セしを阿波之有志取次て三条公へ呈セし由公よも是を御用ひ被成候御樣子なれハ定て力を盡させ給ふなるへし

一鷹司公用人小林民部權大輔を召捕しハ百人程指向兎角して捕へし由其節儒者三四人も捕し由

一邸外有志藤森等之如き皆處々ニ潛居セし由

一大炊侯連枝之內よてハ尤力を本家よ盡しゝるか元より內外の差別あれハ機會よ投する事も難き勢なれハ高橋金孫抔へ國家之謀臣ニゟよりて

事をなさんと思ひ時々兩人抔へハ相談之上愈機會云々と申を待事なす故誤る事なし

一上野井伊三度程微行セし由なれども一度ハ事に寄セ二度ハ忍に出しよし何事なるかしらふに

一間部京の模様至て不宜進退極りし故無據海岸廻り何の名を付て所々を徘徊なセし由されハ虚説にハあらさるへし

一〇〇殊の外幕をおそれ給ふ故柚門君にハ眼前の　主君を奉捨て譜代之臣微賤之者を　大將軍と心得給ふハ淺間敷御事之と直諫セしに〇〇用ひ給はす

一藤堂家　幕へ心を寄萬一之時以死幕を可助といひ居由

一間部九月廿日（マヽ）近衞卿へ參りし由

一水戸眞言僧廣畑卿へ付入國家へ忠を盡さんと精々盡力せる由それニ付余程京へも上りしよし

一呈書ゟき替執政機密之臣皆不知横山甚太郎前書を持參セしよより大よ驚きしゟとも其時よ至てハ間よ合ひす

一九月廿八日飯泉城内同春道淺草邊よて捕る是ハ三条公の家來分よて東國よ潛事變を伺居しよし

一九月幕府諸侯へ水國へ心を付候樣よと可相達旨左之通小石川酒井雅樂頭駒込松平出羽守水野土佐守安藤美濃守目白途中板倉周防守脇坂中務大輔右兩人内よて

一阿州加州へ　幕府奉書を被付しよし何事なるゟ不知

一井伊婦人を京へ進宮中よて内覽といふ役よなりおる由

一中山參政能君の遇を得其御前よ在る時よ四方山の談話偕樂園之景　老公御領中御廻り之時愉快之說色々面白事抔申上其内より彼ハ角可被遊是ハヶ樣よ無之てハ不宜と申よ〇〇多ク其議ニ從ひ給ふ讃へも出しよしなれとも其時も始より足疾と號し落坐之上我等此度之義ニ付實驚入

候始末如何致候て可然や不相分甲辰抔より川殺生のミ致居一向ニ關係不仕故漁鮭之事抔ハ隨分手馴候へとも國難之如何之者なるや不相知抔云て殺生咄ょ時を移讃の氣を和せけ其間ょ何となくいひいたす故讃も尤と思改めし事もなる由參政甲辰よハ深く力を不盡故讃も不怪なるへし此間中白執政と幕への名義を立閉門なし居しか十月二日より參政ハ御免ニなりし由

一十月二日ゟ文武指藝床机隊駒邸へ移り分番警夜

一十月七日夜通到來

一十月九日水戸除目

一十月五日江戸除目

一東叡山宮樣御英明被爲入御詩作抔も拜誦セしょ實忠義憤激之氣を含是等ょても萬一を察するょ足へし太夫人の御兄なり

一四大藩ハ最早水國勤王之兵待ょ不及トいひ居由尊　王攘夷之國風天下

ニ輝く國の外諸侯ニ角見下され申ハ豈至痛之事なふすや
勅定之趣ハ當今天下之勢實ニ不容易折柄
一久我公之臣春日讃岐守捕れニ就きしよし元より久我公余り精忠ニハ無之を春日兎角して義を勸めし故上書抔ハ先可之出來しゟと關東へ心寄ふる事露顯して公退轉し内外より被忌しよし
一十月二日三日之比〇〇太田へ書狀御遣しニ成しよし何事なるニや又讃へも内々御通路ありしよしなれと實説ハ不聞可尋
一十万石以上へ京ニて　勅を下されしハ間部も近日東歸せるニ付てハ如何なる暴を發せるやも不相分角なりてハ一大事故兎ニ角　勅を下し置心得をも承り其上ニも愈關東へ心を寄るなふハ無是非先何ニ致セ　勅を下し見るべしとて二十日前後方遽ニ　勅諚ありしとそ
一間部廿二日方近衛公へ參りしニ公云々先達て　勅諚之趣如何御挨拶承度定て等閑ニハ打捨間敷其上ニてハ隨分官位宣下も不被下といふ事あ

る間敷先如何御挨拶ニ相成やと被仰しニ間部其前ハ百方ニ盡力せしかとも是ニ至て大ニ窮し一言も不出よし參内之問答と略同し實否如何なるべきや

一勅諚之趣も　宗家を扶助せる爲なれハ決て幕へ弓を引へきいはれなし只執政等か彼是宗家を覆せを打のミなり故ニ三度も書狀を以御相談ニ相成愈不聞時ハ閣老を召此上ハ無是非故御譯りニ相成事を成へき仕組ニてそれをひなせか　勅を奉せるとて宗家を外ニせるハ通論ニあらす

一外夷元より威を以我を懼れしむるなれハ先日之申出ニも諳夷滿淸ニ勝やこりたる勢ニ乘し軍勢を指向る故愈和親御承知無之ハ御敵戰ニ可及抔いひしを實として遽ニ請ニ從しか今度長崎入津淸船著せし故長崎ニて聞しニ大ニ不然此四五年ハ淸國平安ニて戰なし只イキリス廣東ニて何か論判せしかとも官吏ニ命し裁判させる位の事なれハさしたる事なしといひしとそ權要怯恇之甚しき如何そや

一白太夫指扣十日ニて御免ニなりしよし八日ニハ讃へ被召しよし何事なるや

一讃侯先達中より引籠居候ゟ六日七日之比より登營せる由

一〇〇續て御盛ニ被爲成候由閣老抔を被召るゝも鵜飼召返し之一条抔ニて内々の御通路あるニハ非さるよし

一幕大監山口丹波守池田播磨守轉除（池ハ町奉行山ハ御留守居）伊澤美作守久貝因幡守大目付となる

一間部ゟ讃州へ極いそきの飛脚を遣し所〇〇ニても御小姓頭取（欠原ノマヽ）を讃へ被遣しよし何事なるニや

一石谷因幡守ハ彦根推擧ニて町奉行ニなりし故殊の外彦根之爲ニ力を盡し召捕抔も行届候様子藤森町奉行宅へ被召しゟ先一旦被歸しゟと後日又被召候様子之

一〇〇二ッ方ゟ三度程御書簡御遣しニ相成此方へ被召しゟ御用指合ニて

御斷申上しよし其內御愼解之御催促もあり又鵜飼之事等にて被召しよし乍併續て御悔悟に被爲趣しとそ

一諸侯へ　勅を被下しには三公御對顏にて被下しよし其內に　天顏を奉拜者も有しとそ難有事なふをや

一彥根當時不快にて引籠居れと（愈不快なりや可尋）先達召狀幕へ下りしを百方防し樣子之所又々御催促之　勅書下るへきとそ此度こそ赤鬼も如何なをへきや

一十月十三日夜通到來是は先達大宰清衞門（マヽ）木村三帆介幕にて爲召寄度旨申越之所留守故御斷ニ相成候所幕にて大宰之妻子從類家財迄盡く召捕沒收し是非々々兩人を召捕可指出と度々申來り依て其旨をいひおくりしに十二日興津幕へ出しも其事なるへしとそ

一毛利にて五万金を散し吉野の遺民へ借して曰汝等南朝にて斯まてに忠ヲ盡せしに今は編戶に陷りし事誠に歎するに余りなり我國甚貧しゟふ

す依て聊の志ょ汝等ょ是を與ふされとも汝等も定て辭退をへかれハ五十兩一分として汝等ょ永年賦ょ借へし年限を極るょ非ハいつょても返さんと思ふ時返をへし必心遣ひすへからすといつて借出しとそ

一尾州より士民打ましりて難ょ赴きしとそ併愈然りや不知

# 秘笈筆叢

# 晩綠齋秘笈

目次

辛酉八月

晩緑齋秘笈

一正大歌四枚笠間中林へ屆ヶ可申兵兒謠壹枚西氏ゟ壹枚小六ゟ壹枚猿田ゟ借中林へ廻す東海ゟ來り次第可返尤正大云々も代料濟

一かふし漬小茄子ゥけ升ニ而壹升鹽壹合五勺酢ヲ少々入るもよし右ニて一夜漬糀壹升かふし四合二色合せ一トゥよつゝなす之當ふぬ樣ニ漬能き程ニおしをなし二十一日過て可食尤なす之つけ汁ハ入ても不入てもよし增子氏方

一茄子の盛なる時とりて中茄子壹足（マヽ）ニ鹽貳升位入漬置よくなん之節右の鹽ニて漬るなり諸方ニて漬るひやくいちと違ひ琉璃（マヽ）色ニて見事之上却て下直ニ出來る之小室氏話

一鰹を極つよく鹽漬ニしおしを置少し程過て此迄之鹽を不殘捨又元の如つよき鹽ニて漬る之如右する事二三度食すへき時其内ゟ入用程出して糀漬ニすへし來春迄置ても替る事なし尤鰹ハ極暑之時至て下直の品ニ

てとき故旁都合とし柏氏抔ュてハ毎年極暑之時十五本廿本も買入年中食をるとし小室氏話

一御取締云々ニ付て召捕人所々有之人心洶々として不穏依て北郷小菅邊へ十六七人寄集りしュ捕方可指向評定一決せさる内十六七人之者共天下野邊來八月十九廿日之比之同廿一日府下ゟ出發如左

御先手物頭　酒井源十郎

同　矢田登衛門（マヽ）

同　筧善兵衛

同　荻

御目附　桑原力太郎

同　會澤熊三郎

郡奉行　荻清衛門

同　小田部幸吉

同　太田直藏

其外小監郡吏迄合セて貳百人ニ近かるへし又郷足輕ゟ根本非人太郎次郎迄にてハ其數夥し尤各天下野ヲ指して向ひしにハ非す何レも西北の間に在て追々召捕人も出來る樣子之

一八月廿四日ゟ同廿六日迄　烈公樣御法事ニ付御停止但武藝ハ廿六日計

一八月廿六日東禪寺亂入之内前木新八郎森多門三四郎伯父森三四郎之地行所ニて割腹

一當時入獄之夥數事前代未聞之先年凶年之時ハ輕るき者共食に指支態ト人に知る樣に盜をして牢に入是にて先食付たりと喜ひし時にてさへ三百十七人とそ聞へし當節ハ戊午國難以來壹人も御刑當りなき故八月中旬迄ニ御國入獄貳百四十人計程もあるへしそれに江戸の牢三十五人之有志抔迄にてハ凶年之時にも越ぬへし博奕等にて入獄せし者とや四五年も歸宅不叶故妻子をハ親類にて世話せしか長き事ニハ屆兼七月末の

比なりしや河和田近邊之女房子を井へ投込愈死ぬる迄見屆ヶ我身も續て井ニ飛入死セしと云ふ

一衣服ヲ洗ふ事ハ種々ありといへとも夕立之雨を土之入ぬ樣ニ取置是にてそゝくへしいかなる油垢ありとも忽ニ落るといふかさひふのゑり垢抔ニ用るに至て妙之とそ

一井伊家未タ在職中　天朝ゟ　勅命之由

井伊掃部頭儀

一大老職被命候處抑天下泰平國民安寧五穀豐饒之御政不淺候況内外取締政道可行之所我職分權威ニ誇關東を　王城同樣ニ心得　朝廷ヲ不恐事若輩之幼君を苗（蔑カ）代ニ被致候條甚不心得の事

日本神武帝治國以來海外萬國交不相成候所五ヶ國引請交易之取沙汰諸濱（湊カ）へ商館ヲ企事

外人ヲ往來爲致神社儒佛三道ヲ穢事
短慮我意ヲ以尾張水戸一橋越前等合遺憾（恨カ）蟄居爲致候事
諸大夫可爲者ヲ改易遠島打首之仕方叛逆謀叛も可爲同樣事
此度條々爲可爲申開水戸家へ綸旨被下候所開達指留之事
執權職被蒙依怙贔負權威非法之仕置之事
不容易神宮ヲ奉始御代々へ被爲對候ても申譯無之事
人心居り合國家之重キ儀可被指出事
殿下之使として禁制之場所へ爲立入候事
謀訴認メ荷擔之相（マヽ）選定める事
日本爲□（マヽ）金外國（マヽ）へ自業果武運悠久事
右之條々叡慮ニ不被爲叶其儘難指置候條早々加判之者上京可被申開候
依て如件

（此行字義共更ニ不明　校訂者識）

○宗對馬守ゟ屆ヶ書

私領分對州淺海浦へ碇泊之魯西亞修理ヲ事寄セ急ニ退帆之勢無之當夏
中滯留之よし申聞居深意ハ開港之存意と相見殊更追々不法之擧動有之
候得共兼て被仰出候御旨も有之何廉穩順ニ取扱罷在候所此方ゟ兵端ヲ
不開事と見侮り去ル十二日夷人共多人數端船ニ乘組大船越瀨戸關所前
兼て指塞キ置候ヲ理不盡ニ押破候間堅メ之鄕士兩人相制候所多人數ヲ
て彼ゟ船中へ搦押漕歸懸候付小者安五郞と申者有合之薪投懸ヶ候故夷
人共鐵砲ニ而胸板を打貫キ及卽死其儘本船へ罷歸申候是迄ハ
公儀御通商之國柄ニ付恥辱をも爲忍兵端を不開樣ヲと折角相制罷在候
所最早右之通渠ゟ事を破候付てハ家中奮激不一方是非討取不申候てハ
國内之怒氣解諭之筋更ニ無之第一武道ニ取恥辱の限りと奉存候依之如
何ヲも奉恐入候儀なゟゟ全く一己ニ限り候ヲても無之本朝之御瑕瑾と
も罷成候故兵食不足之身代四方大洋之國柄援助之賴も無之始終之勝算
千萬無覺束奉存候得共眼前足長ニ罷在候夷賊共其儘難閣御坐候間不顧

後患討取可申ト州中一同決心罷在候得共右重大之事柄ニ付無理ニ暫取押置候て一應奉經御伺候間何レ之道人心一定之御指揮偏ニ奉仰候尤前章之通渠ゟ好て事を發候機會ニ御坐候事故何時爭戰ニ可及も難計候間其節ニ至り時宜不得已事情御憐察被成下候樣深く奉願候以上

四月十二日　　　　宗　對馬守

右伺書へ御付札

其方領分へ魯西亞船渡來ニ付追々被申聞候趣も有之候間先般小栗豐後守溝口八十五郎被指遣箱館在留之魯國コンシユルへも右船爲引拂方箱館奉行ゟ被相達候趣も有之長崎奉行よて支配も被指遣候趣ニ候間最早同人共到著よも可有之彼方を談判事情相分候ハヽ以後不法之擧動も有之間敷畢竟彼我言語之不通弁自然双方之行違ニて不容易儀等引出候てハ以之外之儀ニ付家中末々ニ至る迄とく〳〵諭告致諸事豐後守等承合取計候樣可被致事

右之御付札ニて對州よも憤激ニ堪兼江戸ニ到りて割腹せし者もなりし由其節風聞之一體　幕府よて小栗を遣せし時よ若火急之事ならハ長崎迄飛船ヲ以て通しそれゟ八日切ニて江戸へ注進すへき打合セ故　幕府も小栗ゟ沙汰なき故如何ニも扱ニ指支しニ對州留守居之者抔ハ殊之外切迫既ニ他藩の人ニ對しても敝（弊カ）藩抔本ゟ孤島之儀兵食ハ不足内地ゟ買入不申候てハ平日之食料ニさへ不足ニ候得ハ萬一如何なる事ニ及候ハヽ敝藩ハ忽覆滅ニ及可申其節舟之通路ヲ被絕候半ニハいかよ大敗致し候も相分り不申今程ハ如何仕候や抔日夜苦心實ニ察すへき事之右故公邊へも頻催促セし容子　幕よても甚く窮し先前文達しニなりし之尤其比鉛藥五千斤ッヽ拜借ニなりしといふ扨又小栗抔ハ待てとも〳〵沙汰もなし或ハ囚レよ就しともいひ又ハ溺死セし抔之風聞も有之人々もさもや事こそ出來ぬれ天地神明も未タ神州を棄給はすハ一日も早く對馬ゟ事の起れかし扨こそ回復も至るへけれなと云罵けるニ同五月十六

日又々對馬ゟ届書指出如左
追々御案内申上候領内滯留之ヲロシヤ船去ル十二日大船越瀨戸口ニ於て小者安五郎と申者ヲ鐵砲ニて打果し堅メ之郷士貳人搦取不法之所業及增長候段ハ翌十三日附ヲ以御指揮奉伺候通ニ御坐候然る所十三日又々夷人共及百人余端船數艘ニ乘組大船越瀨戸番所前へ乘來り同所之儀ハ瀨戸口通行之小舟ヲ相改候迄之番所と申殊ニ夷船繫泊之場所程遠ニ付堅メ之人數も無之候を見込直樣揚陸取圍番人貳人足輕壹人引取端船へ爲乘置番所在番之武器類諸品ニ至る迄奪取夫ゟ村中へ散亂及狼藉郷士之武器ハ本ゟ民家在合之金銀錢米穀品物同小屋々々ニ繫置候牛七疋掠取端船へ爲取乘元船へ漕歸候右之通追々亂妨次第ニ指募候得共何廉兵端不開候樣ヨと厚相諭罷在候處ゟ異船近邊之村々ハ無詮方退散ニ及候所所々へ野宿罷在候樣之儀ニ付戀(マヽ)至之爲體ニ相成此場ニ至いろ程穩順之道相盡し千變萬化いゐし下知ヲ加候ても憤怒頂上之人氣甚以無心

元最早事旦夕ニ指迫り不安之次第ニ奉存候此上尚も必死之指圖ヲ以暫く取押罷在候ハ偏ニ　皇國一般之一大事と奉存候同十三日附ヲ以委細奉伺置候然る所只今ニ至り候てハ却て　本朝之御武威ヲ奉汚候場合ニ可押移やと不（脱アルカ）私深く奉恐入候體勢御賢明被成下何分速ニ御英斷之御指揮被仰出被成下候樣偏ニ奉願候已上

五月　　　　　　　　　　　　　　　　　　宗　對馬守

小栗等ハ五月七日對馬へ到著せしか彼方之勢聞し（ニ脱カ）も愈る騷ニて此方之見込とハ大違ひとても應接處ニハ無之依て對州と相談したるハヶ樣之譯ニてハ拙者壹人之扱ニハ相成兼申候直樣　公儀へも可相伺なれ共文書往（マヽ）覆ニてハ此事情も分り兼可申間是ゟ直ニ拙者罷歸萬事伺候上如何とも仕べしとて同十五六日之比對馬出立初小栗の江戸ヲ立し時火急之事ニてはか〳〵敷舟とてもなし長崎ニて修覆もへしとて有合し舟ニ取乘長崎迄行しかと修覆之間もなし不得已其舟ニて對馬迄ハ行しか元と

り損し舟故今度歸りし時長崎へ著して鍋島へ急キし御用ニて江戸迄參り候か舟損候間江戸迄壹艘拜借仕度といひしニ鍋島答て敝藩にても當節海岸へ軍艦用意仕置今日にも對馬にて事起候ハヽ加勢可仕心得ニ罷在何を申も舟不足之儀ニて甚た指支申候と云し故無據其舟ニて江戸著幕府ニてハ戰抔ハ思ひも寄ふに依て對馬へ其方持張方六ヶ敷候ハヽ内地へ參り可申左それハ替地として若干可被下置旨御内意なりしといふ對馬ハ江戸と數百里も隔り居一往復も多く之日數ヲ費を事故萬事果敢取ふに其内魯國ハ日増ニ驕暴いふ計なし國内ハ元ハ疲敝しぬ責てハと賴みし幕府にてハ數百年墳墓之地を棄て内地へ來るへし抔いふ位ニてハ最早恃み之繩も絶果たるにや對馬武士初メ之勢にも似ず次第ニ鎭靜セしこそうたてたれ魯夷ハ機ニ乘して亂妨終ニ大船越へ臺場を築キ備ヲ堅メ永住之姿をこそなしニたる一體魯夷ト諳夷とハ元ゟ不和之國之よしなりしか此度も諳夷對馬を懇望セし事ヲ聞諳夷ニ先ヲ越されしと

先對馬ニ來りし由それ故魯夷ゟ之申立ニ諸國之對馬を望候ハ淸國へ云々計ニてハ無之甚〻舟行之都合もよろしき故ニ名ヲ假て彼是望候ニなり一旦御借被成候半ニハ日本之御不爲是上有間敷又魯國之爲ニも永世之大害ニ罷成候へハ日本ニて右之請ヲ御防キ切ニ相成候得ハ我々共も拜借仕候ニ不及それも御六ヶ敷ハ魯國へ拜借仕度諸國へ御借ニ罷成候とりハ十倍之御益ニ候へし抔といひしに同七八月之比ニ至り諳夷三艘程江戸海へ入津則閣老安藤對馬守を始として應接セしニ諳夷云兼々對馬拜借仕度ハ先達中ゟ淸國と合戰最中ニて對馬ヲ兵器置場ニ仕是ゟ朝鮮ヲ通り淸國へ責入候得ハ十分勝利も可有之見込ニて拜借奉願候之ヲロシヤニて對州ヲ拜借いたし候ニてハ何之爲ニも相成間敷是全く人之功ヲ成すを妬み候ゟ起り候事疑なし併達て拜借不叶ニて候ハヽ強て拜借も仕まし但し我國へ對馬ヲ渡して魯夷と合戰之御積候や將又魯國へ御渡しニなり我國ニ敵對被成候思召候や二ッ一ッ之御決斷承切申度との

事ニて何と和解しても不聞眼前大船越ニハ魯夷臺場迄も築居る事故安藤閣老不得已對馬ハ魯夷へ先約束之事故是方へ借申候とおづ／＼いひたりしニ諳夷殊之外立腹其儀なふハとろしく候惡キヲロシヤ之振舞かな直樣支那海邊之者糾合し目ニ物見せんと罵て諳夷ハ直樣出帆今度之始末安藤失策して夷人之氣ヲ立たりといふ事ニ弥なりて對馬守それゟ十日計引籠たり八月十七八日方ニハ諳夷對馬到著ニなるへきよし咄しもありしぞ其前ニ人ヲ遣し置とく／＼諭し可申とて又々小栗豐後守溝口八十五郎へ被仰付して小栗等答へて彼方之勢不一方此度發向いたし候よハ是非御人數拜借不仕候てハ如何なる事之生し候も難計といひしニ閣老等大ニ怒其方戰ヲ好み候心と相見へ候心得ぬ事ヲいふ者か邪と以の外ニ怒りけれハ兩人ハ御役御免ヲ願て引込ぬ依て又々野々山丹後守ニ對州御用ヲ被命

宗對馬守ゟ家中一統へ諭書

今度碇泊之洋夷追々輕侮之振舞不堪憤怒候得共當家ゟ兵端ヲ開候儀ハ大切無限候付是迄相忍居候然る所此節大船越堅メ之者及殺害候一件最早渠ゟ事ヲ破候事故是非不討留候てハ難叶場合ニ付則戰闘令決心候乍去一應
公邊へ不申立候てハ　皇國一般ニ相拘り深く恐入次第ニ付早追ヲ以其段相伺候然ハ宗氏之存亡爰ニ決し候事故假令兵食ハ不足ニ候とも國中一度抛身命家名ヲ不汚候様精忠賴入候事ニ候

酉四月

江戸詰近習役　森川玉城
同　多田壯藏
同　山崎直（右脱カ）衞門
同　相弓瑞藏
同　岩崎田宮

同家老　佐治伊織

同　古川治衛門（マヽ）

同轉役　大浦遠江

同　中以上ノ士ニて文武兩道尤氣節有之正氣ノ士生年二十一才　重松要之介

側用人　幾屋正成

目附役　勝井五八郎

國家老　村岡近江

同　同相模

同　杉浦大藏

同　平田爲之允

同　吉川右近

同　下賤ヨリ擧用ラル　仁位孫市郎

同　小川丹下

同　吉川大炊
國側用人　樋口監物
同　田原數馬之介
下賤ゟ氣節慷慨之士ニて
力量も有之國之壯士之　川村利介
此以下四人有知之　幾島判兵衞
士何レも江戸在留　三浦權藏
中庭彌七郎

右對州ニての人物之よし京師之方ゟ申來しあり虛實ハ難計れ共先
認置ぬ

一去ル五月廿四日夜出發高輪東禪寺へ赴候姓名
有賀半彌
岡見留次郎
森　多門

○ノ印ハ其場ニ不合
印之以下倣之

○前木新八郎
榊　越三郎
矢澤金之介
石井金四郎
渡邊幸藏
黑澤五郎
山崎信之介
小堀寅吉
○池田爲吉
○稻本乙次郎
中村貞介
古川主馬之介
○高畠房之介

○千葉正平
木村幸之介

同月廿八日夜四ッ時過高輪東禪寺諳夷旅宿へ亂入及乃傷候始末

木村幸之介ハ其場ニてハ不死可考

松平和泉守手へ召捕疵負　榊越三郎
松平時之介手へ討取即死　木村幸之介
同斷　古川主馬之介
御用出役之手へ討取　名前不分壹人
品川旅籠屋ニて自殺　石井金四郎
中村貞介
山崎新之介

此七人何レも書物懐中罷在候よし候得共文言未タ不相分右之外行衛不相分都合十三人亂入之よし

外國人付添御用出役手負天窓被切破　天野岩太郎

同
槍ニて腹被突通今晝時相果　河原吉平

同　神部鷲太郎

所々手負
北條薫三郎
今村善十郎
小野寅吉

和州郡山
松平時之介家來

手負　三人

三州西尾
松平和泉守家來

手負　貳人

右外よりも手負有之よし未タ不相分

即死　東禪寺門番壹人

同　夷人厩別當壹人

手負　同料理番壹人

同　同部屋番壹人

長崎表ゟ廿七日著府致候

手負　英國コンシユル
モリソン

同　同國畫工
クイン

一天保七年申年京都人別之調
洛中洛外
町數合千九百十壹丁
家數合四万四千九百六十九軒半
人數合三十壹万七千七百三十貳人
内
僧三千七十五人

男十六萬三千八百六十八人
女十五萬七百八十九人
悲田院井手下（悲田院ハ水戸の根本ゟろ次郎太郎之類之）
小屋數合貳千百八拾貳軒
人數合七千八百九十貳人
内
男四千五百八十三人
女三千三百九人
穢多十貳ヶ村
人數合六千六百八十七人
内
男三千三百五拾壹人
女三千三百三十六人

惣人數合三十三萬貳千三百十壹人

同酉年調

洛中洛外

町數申年之通

家數同斷

人數合三十萬五百八十八人

内

僧貳千九百五十貳人

男十五萬五千貳百四十八人

女十四万貳千三百八十八人

悲田院并手下

小屋數合貳千八十三軒

人數合五千貳百九十貳人

内
男三千百五十三人
女貳千百三十九人
穢多十貳ヶ村
人數合四千九百十七人
内
男貳千七百十壹人
女貳千貳百六人
惣人數合三十壹萬七百九十七人
申年改ゟ貳萬千五百十四人減
酉年ハ凶作ニて餓死せる者夥し依て別ニ一字ヲ建無宿者抔を埋千人
ニ滿る時率都婆壹本ヲ建しに其率都婆數十本ニありしといふ酉年之
人數申年ニ減せしハ此故之

一本藩知行之士を除きて全く之御收納大抵二十萬俵位二十四五萬俵ニ至るハ希なりといふ鍋島抔之事ヲ聞ニ内實ハ本藩の倍祿之家老諫早抔いふハ三萬石なるゥ内實ハ十壹萬石位ハあるとし家中も百石ゟ下之者とてハなし鍋島の百石ハ正米故此方之三百石ニ當る殊ニ關東と違ひ諸品ハ下直之隨て奢といふ事なし君侯の前ニても鷹野の供抔ニても羽織ヲ著せる者なし酒も本藩ハ大抵之酒（銘酒之分）金百疋ニ五升位鍋島ハ極上之酒ニて貳百文位之知行之外一年之收納を聞しニ五十四五萬俵もなるよし此方ハ糀貳斗四升位を一俵とし鍋島ハ玄米三斗五升ヲ以て一俵とし其關東と西國と地の廣狹是ヲ以可知

量宮ハ和宮ト同シカ　校訂者識

一量宮様關東へ御入輿之事　御當人様ヲ奉始　主上ニても殊ニ御嫌ひ被遊しニ關東ニてハ百方策ヲ運らし是非々々京師ヲ拵へ去年中ゟ段々と御遲延ニなり居しニ（一度ハ愈破レ切位ニなりところを又々〇ヲ以公卿杯引入再發セし之）此度ハ愈御下向之よし其折之事ヲ聞ニ所司代酒井若州御前ニて奏問せしハ宮様御緣談

之儀追々御延引去春ハ秋迄と申秋ニハ當春迄と被遊春又秋迄と被仰出
左様御好み不被遊候ハヽ此方ニても覺悟御坐候間御下しニ不相成候と
ても不苦候但シ後日ニ至り御後悔不被遊樣屹ト御覺悟可被遊と迄申上
候よし右ニ付
主上量宮様へ被遊しハ此度縁談云々ニて若州ヶ様申之斯迄ニ申者を達
て斷なハ當時之暴政故　朕ニこそ迫り不申とても先年水戸へ　勅書ヲ
下し如く公卿諸大夫抔如何なる事ニ及も得しれバ私愛の爲ニ天下之忠
臣義士ヲ失はん事誠ニ殘念至極なれハ忠臣義士の命ニ代ると思ひ此度
こそ關東へ下り可申と宣ひしニ　量宮様左程之事ニも候半ニはふむな
とて身を惜み可申となく／＼御答被遊しよし當時有志之公卿奉初　叡
慮方とてハ僅ニ二三人之よし先年まてハ天下之有志諸侯もそれ／＼手
ヲ盡セしかハ今ハ諸方手ヲ引し故　天朝ニてハいかニ　叡慮ヲ被惱給ふ
といふとも一ツも御貫キニなりし事なし去年ゟ今迄御下向ヲ延セしも

皆公卿三數人之力故關東の請ヲ不許ハ必定是等へ危難も到來せへしと
　叡慮を悩くらされしならんされと當時之勢ニてハ愈御下向之上ハ是
迄遷延セしハ誰某々之所爲之とて如何なる事ヲ起さんも難計　神州ニ
生れたらん者此場ニ處し當ニ如何せへき　主上も來年抔御讓位之御沙
汰もなり鳴呼」量宮樣と聞へしハ當今の御妹ニて有栖川家へ御結納迄
濟せられし御方之

一ちよほくれ
當時のなりをは聞てもくんぷい久世つさ殺しハ皆さん御そんしいては
とそたれと二度の勤めや少しハ目ニ立政事のめうかたも有そふな物めや
ニめふんがつての欲心計てなんまりなきれて安藤かなふなハ去年上巳
の御首とられた坊主かへりの跡をめとふて政事を行ふ腹なこ臆病是も
同斷欲心はのりて夷人をなかぬて相談はくして通用御金をちゞめてや
りとりそる故諸色の直段ハ日増ニ引なけ諸人のなけきハ少しもかはさ

ぬちはも差別もみちんも内藤これも欲心とる事計てなんにも出來ぬと
うきか本多かしふないけれとこの比水戸さんたまして不事（時歟）ニ引出し御
上馬なんそと御機嫌とり〳〵樣子を見なかふ二度も三度も引出し見る
に讃岐しこみの鱵（なまこ）子見たそてちそつと一抔肴となりそ（本ノマヽ）と相談にくして
工夫をめくらし役人仲間に引ずり込んと天下の御爲と理屈や意見のお
ためこかしを肴にいたしてむやくにさしかけそこで水戸さん考へ見た
か元よりきらひな道てはないかおやと家來の異見を聞ておもてむかり
いやめても見たかすきな道ならわるくあないかすまし抔うけたと見
えたなせと申に聞てもくんねいおかしな事しやか役人さしづの書附ざ
しかけ大事の家臣を征伐なさると討手人數を出したと聞たそんに討手
かむかふたならい又も去年の上巳のやふに天下の騷となるてもあろふ
そんなわからぬ御家としらて日本國中てはかめていたか是もやつなり
こしぬけ仲間なけで御書物かへにてはろふそれしや忠義の御家臣ざち

のいのなきてさはおしくもなれか諸藩の聞へも水戸もなれそよそんなぐらつく病かなられむやく上野へ御頼み被成坊主よなるとり思案はなるまへ親よ似ぬ子は鬼とか申か鬼しや御さらぬ地震のよふてゆきりかへしかなるのてそこそ家臣は安心ならぬ實ニなきれさむねしやなれかよなきれ咄はまさ〳〵なるせヱ當時の役人登城をするよ供をましたり警固の者や見付かさめてひか（本ノマヽ）へ〳〵出かけその日〳〵の一寸のかれとる事計はちつとものかさき二本道具や三本道具中將少將でしちゐはしめ込其上まさ〳〵世間哉むぢほよ出雲や長門もまひなひ遣て加増や村替手盛てくふとはおふとく非道の盗人根性御口ぬきけの百石十両かさむらいさいそ今よ見なさへ自然の道理天かゆるさぬ引ゐかよれそそれよまざ〳〵去年の夏と婦人を頼て京都をこしらへ上の御金を四五萬ほかつそ御機嫌直して一段御下向まづ〳〵しめさと思ふ間もなくおかしねつがふ水野阿波となりそなあんむれ御遠藤なふ仕方もなれかおそれ

入るる事ではなんかしんなやつらが政事を取て天下の御爲とよくもぬかしる不實不正の役人どもがしらぬ顔して但馬のおひぼれ弱老きまり文句の儉約書附御かぬで出しかけ田安の片目もぶる〱物にて毎日登城く茶受をしめ込しひつも御上の御爲にやならなん丁子車も御座敷ふさけに日々出かけて御飾海老るか見るとこ計てくふとこなんぞへしれくその儘捨置なられやしか（本ノマヽ）お敎てやんにあまける大事か起ると取るにあらなひ藝者や地獄はうちやつくおき扶持米が四合じやくふ事できなんそれより今度の夷人の願西丸おかしといふてはなひかそれはなやまり御濱をかすときめる役人なるではなんか左程夷人か大切なられ征夷の二字を御返し申武士の武の字も御返し申夷人の供でもしるほがよからふしかし諸侯のなるその内に普代恩顧の御家もなるになせにあまつてあるくはならふ不實不正の國盗人やすこし氣のなる國主かならはしやく天下の御爲と思ひ夷人征伐武門を立く役人をつらのはめ腹きらせ京

都へおよびを申ろそろろ四海泰平國家安全なんでも今度が世直し〱

一六月三日諳夷應接之大意 東禪寺一件ニ付

諳夷云此節の儀警固の者我々の爲身命をなけうち防戰いたし吳候故我々危き身をまぬかれ誠ニ忝く又いのちヲ失候者へ對し候ても氣の毒の事ニ候得共乍併先達ヒウスケン被討候節我國よても右樣の儀出來候てハ萬國ニ對し尙又本國ニ對し候ても不相濟事ニ付横濱ニ引取候所以來ハ右樣之儀決して出來不申樣國中へも嚴重相達尙又警衞の者も手厚く申付候間罷出吳候樣たつて御賴故罷出候所又候今朝之事ニ及候所我々一命の助り候事も警衞之行屆嚴重故と申よハ無之御承知之通其夜ハ居所を幸ひ取替居且又敵案内ヲ不知故幸ニ免レ候事ニて既ニ緣〔椽カ〕先へ被切込手疵受候者も有之警衞の爲とも不被存警衞の爲ならハ門外ニて防留候事なれハ實ニ警衞働故と彼是申儀更ニ無之候得共誠ニ幸よも遁レ候事故萬一我々命も失候ハヽ我々の一命計ニ無之我國の旗ヲ相汚候と申

者ニて國々ゟ被任罷出居候事故決して不相濟指支候間本國ゟ軍艦横濱へ呼寄置同所ゟ警衛爲致可申如何又外ニ宜敷御了簡御坐候やと申且又外國の被打候も此度ニて七度ニ候得共いつも更ニ忘れ不申とて解死人壹人も指出不申候所此度ハ即死も有之召捕へ候者も有之尙又書付ヲ所持いたし居候趣ニ付何國何方之者と申儀も明白ニ相分候事と被存候扨其人々何も我々ヲ斯迄惡み候者も有之間敷我々へ命ヲ捨切込候抔と申儀ハ容易之ことけニハ無之それを度々右樣之儀致候ハ必本を取候者可有之此度も水戸の者と申事ニ候へ共水戸ツ（マヽ）リンスの下知ニて致候事ニ相違無之候間其根ヲ絶ち不申候てハいつしても同し事ニ付右之本御處置有之可然若御出來ニ不相成事ニ候ハヽ我々其根を絶ち可申也全體度々出來候も畢竟國王の不行屆ニて其罪矢張國王ニなると申者なり就てハ其本を征伐いたし候て國中ニて戰爭ニ及候ても不得已事と申候由

一九月朔日此邊俄之大雷なりしか追々聞よ西南の村々雹の爲ニ火ニ禾稼

ヲ損せられしといふ人馬の死傷も有

一石塚村高三千石（今ハ七百石計ニ減ス）人別文政之比ハ千貳三百人もありしか今ハ七百人計

一六尺四方ヲ壹坪とは十八坪ヲ一トせとは三十六坪ヲ二タせとは十せを一反歩とは百せを（十反之）壹町歩とは（所ニ寄てハ一トせチ半つゝト云二タせチ一トつゝといふ壹反歩を五つゝといふ）壹反を壹石とは

雞肝丸本方

一雞肝一ッ　一胡黄蓮五分

一肉豆蔲壹匁　一芙蓉花壹匁

右上酒ニて小猪口壹さん位ニ煮つめ三品の藥をすりまぜうるちの寒さらしの粉ニて丸し用ゆ十粒位ツヽ日々三度用ゆへし

同略法

一雞肝壹ツ　一眞砂（シンシヤ）五分

一烏犀角貳リン

右上酒にて雞肝を一所にして小室やき茶碗にて湯煎にて煮つめよきかとにつめふる時上水をしふみ又上酒をよきかと入又につめ三四度も右の如く上水をしふみ其上ニて飯のりと共におしませ其時うさんろくも共におしませて用ゆ

甲辰國難中老公御親製假名

移タ路ク伴イ爾レ褒ユ閉オ斗シ知ロ利チ努カ類ス雄ム輪ヘ閑ホ用キ他ヤ例リ宗ウ通マ念エ那ヲ浪シ武テ羽ヨ威ノ能ヒ於ニ孔子夜ラ广フ計メ父ハ古ナ叙ヌ弟コ安女差ソ木ト瑜モ牡士見ル芝サ回ワ眉ア望タ筮ケ受ツ

中興御改正

路久爾小斗ケ努女類大他ヒ例ヰ武カ能支於テ瑜レ筮疋安卩すフゑ冂

# 秘　笈

二月九日 馬頭今金 御用人三浦

同十一日 會計板橋

文久三年癸亥二月八日御上京御供被仰付寄合組被遊終日風雨
一九日陰雨屢至昨日之風雨ニて往還水深き事六尺程之場も有之小幡晝食
ニて稲吉泊
一十日雨雪午後ニ至り天晴發足以來始て日光を仰く刀根川八（尺脱カ）程水増牛久
中食我孫子泊
一十一日晴新宿中食七ツ時過小石川上著駒込御殿ニ詰所相渡
一十二日晴寄合組追々入邸御短刀諸生も昨日より自發入邸の者六十人計
御殿中徘徊議論申立此日　池田侯（九郎公子）小石川ニ被爲入
一十三日晴　上公去ル十一日御上京御發駕之所　幕府ト御繰替ニなり今
日　將軍家陸路ニて　大城御發途此日小塚原參詣夜ニ入て入邸
一十四日風雨六七日以前ゟ英佛夷追々廿艘程横濱入港

一十五日晴午後陰
一十六日輕陰　上公余四公子御召連ニて御上京御發駕品川迄御馬是より
御駕籠ニ被召川崎御泊扈從の士神奈川先泊より
一十七日輕陰御駕籠ニて川崎御發駕程ヶ谷御休みより御馬ニて戸塚御泊
神奈川海岸の山ニ幟ヲ立黒夷六七人居る
一十八日晴　上公御歩行ニて戸塚御發途此日始て富士山ヲ望む大山ハ眼
の前ニなり藤澤御休ミゟ御馬ニ被爲召馬入の渡しハ舟橋をかけて渡し
參らせ余ハ平塚ニ泊りしニ是ハ小田原領なり高麗山宿の直上ニなり絶壁なり
公ハ大磯ニ御泊
一十九日晴　公御馬上ニて大磯御發駕鴫立澤ハ大磯本陣の少し左ニ有庵
抔もなれとも只名のみを殘セり酒匂川小田原ニ程近き所なり冬ハかち
橋の懸る所なれ共御上洛ニ付て橋懸し樣子ニ一體此河昔ハ大河ニて有
之と覺へて平沙ミ八九丁か間茫々たるより海口ニ注きし有樣今古ミ變

革や有ぬらん此日ハ小田原ニ御泊此城ハ昔早雲氏の一臂を振て關東を
掌握セし地なれハ地勢も又勝レり前ニ大海を要し後ニ大山を構へ右ニ
箱根の險を扼し左ニ酒匂川を控し實ニも昔の思いてられ感慨いと深ゝ
りし
一廿日陰四ッ比ゟ雨午後俄ニ風起り雲開夜ニ入りて雨此日　公御歩行ニ
て小田原ゟ箱根を越給ひ三島御著此邊麥多ハ穗を生ぜ
一廿一日陰小雨屢至　公三島より原御休吉原御著沼津の城ハ大手前海道
故町屋續きゝ其前を加納川（久慈川位歟）流るゝ故都合もとゝろしき有樣併要害
の地ニ非ぜ
一廿二日晴　吉原御立ふじの山手も届く計りゝふじ川急流矢よりも早し
此所絶景ゝ蒲原御休田子の浦ハ入海ニて不二山の顏を出しゝるさま海
をのぞくゝ如し興津御泊
一廿三日雨興津の宿のはづれニ淸見寺といふ寺なり　大猷公御上洛ニ御

立寄なりし所ニて　將軍家も御立寄有此所昔ハ關門有て清見ヵ關とい
ひ此海を清見ヵ浦といふ三保の松原ハ此先ニて絶景之といふ道より一
丁計脇故不見府中御泊
一廿四日晴府中ノ市中碁盤の目ノ如シ安部川カチ渡シ肩車ニテ渡ル宇津
ノ谷峠ハ宇津ノ山ノ下之此山絶壁之つたの細道ハ此山ノ後ノ半腹ニ有
り此邊山間の細キ所ヲ通る故紅葉の時ハ見事なるへしうつの谷峠ノ麓
ニお羽織忠左衞門といふ有　東照宮ゟ拜領の御茶碗太閤より羽織ヲ傳
ふ　將軍家も御立寄有　公ハ御立寄なき故佳例ニ任馬ノ沓ヵたく岡
部宿ニて獻納ス主人右ノ留守故予ハ御遺物ヲ拜スル事ヲ不得岡部御休
藤枝御泊
一廿五日陰藤枝御立島田ヲ越へし道ニ初くら山といふ名所可之ノ景之大
井川ハ其少し先ニて實ニ大河之カチ渡ノ所三十間も有へし金谷御休金
谷坂ヲ上絶景之大井川目ノ下之菊川ハ土橋懸て少さき川之又坂アリ青

木坂といふ嶮岨之此坂ノ先ヲ小夜ノ中山といふ久遠寺といふ寺有　東照宮宿り給ひし所ニて御紋ノ幕ヲ打夜泣ノ松ノあるしなり其先夜泣石有をへて此邊景よし日坂ノ宿を川をニめくしら山男くしら山といふ有平地ニ細長き山二ツ有るヲいふ嫁ゟ田ハ其前ニ有あうとの畑ハ又其上之掛川御泊

一廿六日雨袋井ニみゟの橋みゟの坂といふを越く見付の臺ニ上る是よりハ不二山も見ゆるよしなれと雨中故みへ[illegible]見付を越て二里計池田の宿なり是天龍川の側之此川幅大井川ニ少し減[illegible]急流之是を過て楊羽村といふ其右の方ハ三方ヶ原之今ハ畑となる此日見付御休濱松御泊濱松ハ繁花之

一廿七日晴濱松御立舞坂ハ杭ヲ打堤を築なとセし故海上なれと安穏之荒井の宿を過て橋本村といふ有往還より十丁計脇ニ濱名の里有濱名の橋も其所之是昔の往來なるへし鹽見坂ハなくら之遠州の灘を眼下ニ見る

道ゟ二三丁脇ハ見晴しよし荒井御休吉田御泊
一廿八日晴吉田御立豊川の橋ハ百廿間なるよし橋の直脇ニ豊川明神有赤坂よりミ途中並木の左右皆山ニて景色可愛　持統天皇行幸ミ宮地山も此所之岡崎御泊
一廿九日雨岡崎御立矢はきの橋落たる後今以橋不出來余不快ニて宿駕（籠カ）ニ乗し故桐油ニ抑へられ何事も不見桶挾間の邊ハ左右なだらの山ニて其内ニ義元の墓信長鎧掛の松杯なり熱田の社ゟ二里計之池鯉鮒御休宮御泊松魚ヲ見る
一晦日晴昨夜　將軍家ゟ　中納言様御用ミ品も被爲在當驛ゟ御引返被遊候様坊城殿ゟミ勅命ミ振ニて　公邊ゟ御達　公ハ直様御引返ミ思召戸田富田等其議ヲ勸め奉る中山備前守岡田信濃守を始番頭監府其他正議の士一同御上京を奉勸　目白侯も御著ニなり是又御諫言有之ニ付此夜又々英夷渡來ニ付御歸府被遊候旨被仰出候所又候御上京被仰出候との

「不快ニ」ノ下「付」又ハ「て」脱カ　校訂者識

御達出」　熱田の社壹貳丁計なれと不快ニ不拝
一三月朔薄陰佐屋御休佐屋の川邊景よし舟行三里桑名御泊桑名ゟ城川邊
　よて小きやりゟ城下も繁花之
一二日雨桑名御立焼蛤松ゟさニて焼四日市御休龜山御泊實ハ四日市御泊
　の振りニ御達ハ有られと一昨日ゟ一條より道を御急き被遊故之
一三日雨四ッ過ゟ雨止關ノ地藏ハ宿の左ニなり坂の下ハ景色可愛狩野古
　法眼の筆捨山といふハ道の右の方ニ有絶壁の中よ岩石そゝふち其間ハ
　皆松の木之此直上を鈴鹿峠といふ鈴鹿の關ハ此麓ニ有しといふ今關と
　いふハ鈴鹿の關の殘りしなるへし此峠を下りて鈴鹿明神有　公ハ石部
　御泊余ハ病甚敷水口ニ泊余二月二日三日の比ゟ肛門の脇ニおり出て痛
　しゟ江戸迄ハさしふる事もなし濱松吉田を過る比とかく馬駕籠よハ乘
　らしと痛みを押して行しよ如何とも痛み強き故不得已駕籠よ乘りしニ
　日増よ右のおり大くなり坐作起臥共よ不自由なれと途中故甚々敷藥と

てもなし此夜其おりうみて濃汁夥敷出此夜我なき　父上ヵ夢の中ニゑみ〳〵まみへ何くれと宣ひし

一四日晴石部ヲ立て草津中食午後雲掩雨少し來ル草津ゟ廿四丁ニて矢橋の渡なり爰より舟ニ乘膳所の城下ニ著湖上五十丁唐崎の一ツ松瀬田の長橋ハ左右ニ遙ニ見ゆ三井寺比叡山ハ眼の前ニ有眺望絶景之大津御泊

一五日雨五ツ比より雨止大津御立本國寺へ御著余ハ不快ニて大津ニ逗留

一六日陰午後晴大津ニ逗留八ツ半時御達ニ付入洛本國寺ニ著此日　公二条ゟ關白家始メ所々御廻り夜（八ツ時）ニ入歸御

一七日晴　公　將軍家御同道御參內夜八ツ時比還御

一八日晴東本願寺御機嫌伺ニ來ル四ツ御供揃ニて二条御城へ被爲入明方還御昨夜杉浦仁（マヽ）衞門祇園町邊ニて殺害

一九日雨　公二条御城ニ被爲入それより御參內夜（マヽ）　時歸御昨日因州侯御

上著今日　九郎公御著

一十日雨　御參內無御滯被爲濟候御祝として一同へ御酒被下今日　九郎公本國寺へ被爲入此日黑覺鮎澤の書簡ヲ持て來ル

一十一日雨　當今賀茂へ行幸　公御供被仰付今日江戸表ゟ七日出ミ早脚著夷狄切迫ニ付御簾中樣御國表へ御引取ミ趣

一十二日晴　公御乘切ょて二条御城へ被爲入八半過より又御乘切ょて二条殿へ被爲入因州公岡山侯目白侯余四公子同しく二条へ被爲入夜八ッ時歸御昨日鵜飼喜三郎京都御留守居同貞藏御留守居添役此日余駕籠ょて二条御城ゟ　御所を拜し清水寺ニ詣る

一十三日雨　公二条城ニ被爲入今日中山與三左衞門美濃部又五郎水戸表へ御用ミ儀有之早速可罷下旨御達翌十四日曉出立

一十四日陰　公二条御城ニ被爲入今日爲僕料金三兩被下尤外ニ蓑代として金貳分小石川御立前被下置候事小笠原圖書頭江戸へ發足島津三郎上

京

一十五日晴　公二条御城ゟ二条殿近衛殿鷹司殿ニ被爲入有栖川家ゟ御招ニて被爲入越前老侯江戸發足之よし今日拜借金四兩貳分濟此日御留守居所司代屋敷へ呼出しニて　中納言樣　量宮樣御守衛御免被遊暫之間御在京被遊候樣御達因公御歸國
一十六日晴　公二条御城ゟ二条殿鷹司殿ヨ被爲入七ッ時還御又二条殿ヨ被爲入深更歸御御歸府御沙ぶやきそよし今日紀州公御上著
一十七日雨　公二条御城より有栖川家へ被爲入歸御之御間もなく又二條御城へ被爲入今日幕大目附外國奉行上京唉夷先達島津三郎ニ被切たる一条殊之外六ヶ敷大坂へ乘込直懸合可致との譯故金を遣し歸し候樣可仕や抔之事のよし　公被聞召堂々御正議滿城を御壓倒被遊明ヶ方歸御島津三郎歸國して自國ヲ守候樣御達
一十八日晴今曉坊主貳人三条橋の邊ニて殺害是ハ杉浦仁衞門同類之よし

日限チ忘る御建白ハ十九日之

公尾州公ニ被爲入二条へ登城夜九ツ時ゟ又二条御登城明ケ方歸御越

前老公御下國御達欤（昨日）昨日今日方　公　天朝へ御御（衍カ）建白之筋被爲在

一十九日晴　將軍家御參內攘夷布告

一廿日陰夜雨

一廿一日晴　公二条御登城

一廿二日晴　公關白家へ被爲入　將軍家御歸府御指留御引受よて二条へ御登城今日本國寺へ　勅使可被下之所御止

一廿三日陰　公關白家へ被爲入それゟ二条殿近衛殿有栖川殿ゟ二条へ御登城御歸府御達

一廿四日雨午後晴　公二条へ御登城　御參內天杯眞御太刀御拜領　將軍家御目代として攘夷之儀厚く御世話被爲在候樣　勅命中山備前守歸府

一廿五日晴　公御歸府御發駕　余四郎麿樣御滯京其余役々御指留余も滯京之命ヲ蒙る

一廿六日輕陰御指留ニ相成候寄合組十七人（マヽ）院へ引移今日小荷駄方發途

一廿七日晴　余四麿（マヽ）様御召にて學習院へ被爲入傳奏ゟ御直御受大場老大夫一橋君之御親筆ヲ示し一同を鎮撫同日發足今日御供としく寄合ゟ四人ツヽ罷出毎度御番床几廻を隔番ニ四人ツヽ罷出

一廿八日晴今日岡山侯へ可被爲入之所御指合ニ付御延引

一廿九日晴

是ニテ終但シ廿九日ヨリノ記事ハ秘笈京ニ見エタルヲ以テ同書ニ續クモノカ
校訂者識

前記事ト同一帳ナレドモ其間二十余枚チ隔テアリ茲ニ附記ス　校訂者識

一橋家へ被爲入候之

癸亥二月十一日夜五ツ時比御使之方々

三條中納言殿　橋本宰相中將殿

野々宮宰相中將殿　阿野宰相中將殿

豐岡大藏卿殿　滋野井中將殿

正親町少將殿　姉小路少將殿

一同十七日堂上方へ御達之寫

攘夷之期限　大樹上洛之上言上之趣　勅使へ　勅答有之候所方今段々

不容易時節差迫候付過日以　御使内々一橋中納言へ御尋ニ相成候所別

紙之通申上候間一同爲心得爲見候事

別紙

大樹公上洛日數十ヶ日と御治定ニ相成候間二月廿一日出帆海上往返風

波之障等無御坐候ハヽ四月中旬の内攘夷期限と相成申候尤歸著日より

廿日御猶豫被成下度儀先夜も申上候通之儀ニ候間右之通之日積りニ相

成候事

一同十八日尾州前公一橋公春嶽殿容堂殿因州公會津公長州長門侯中川肥侯龜井松平主殿頭右共一公參　内　鍋島閑叟島津淡路守兩人ハ不出よし

同日御渡しゝ　勅諚ゝ寫

近來醜虜逞猖獗數覬覦

（誤字脫字アル如シ校訂者識）

皇國實ニ不容易形勢ニ付萬一於有汚　國体缺　神器之事者被爲對　烈祖ゝ神靈是全　當今寡德ゝ故ト被痛　宸襟候ニ付蠻夷拒絶ゝ叡思ヲ奉し固有ゝ忠勇奮起し速ニ建掃攘ゝ功上安　宸襟下救万民令黠虜永絶覬覦之念不汚　神州不損國体樣との　叡慮ニ被爲在候事

同日被仰出候

攘夷拒絶ゝ期限於一定者闔國ゝ人民戮力可勵忠誠者勿論ゝ儀ニ候先年來有志ゝ輩以忠誠報國ゝ純忠致周旋候儀　叡感不斜候依之草莽微賤之

言達　叡聞忠告至當之論不淪沒壅蔽樣との深　思召ニ候間各不韜忠言學習院へ參上御用懸りえ人々へ可揚言被仰出候間亂雜之儀無之樣相心得可申出候事

速日從巳刻限申刻於九日廿六日ハ自午刻限申刻

一　一橋殿家老衆へ

昨戌年八月島津三郎儀江戸出立之節於生麥英吉利人兩人打果候ニ付同國より此度橫濱港軍艦指向三ヶ条申立候所右ハ難聞屆筋ニ付其旨及應接候間速ニ戰爭ニ可相成此段相達置候右之通可被申上候

一　二月廿七日　　松平相模守

比日橫濱港英夷軍艦渡來不容易形勢不日開兵端候哉之旨攄海邊へ渡來も難計趣非常急務之折柄ニ付賜御暇候間早々持場へ罷越防禦盡力可有之御沙汰之事

今度英吉利[利悦力]船渡來ニ付夫々防禦之次第も可有之就てハ歸國ニ可相成哉若

於歸國者精選之士應在京之人數多少　朝廷爲御警衞當地滯在有之候樣關白殿被命候事

一二月廿五日野々宮宰相殿ゟ御召出ニて御渡シ之寫

松平主殿頭

長崎表鎭座有之候敵國降伏社去ル戊午年比類燒有之候由虛實不慥ニ候間取調可有之彌類燒ニても最早造營未不出來候ハヽ早々修造可有之御沙汰ニ候此旨厚く相心得長崎奉行へ談合可有之候事

二月

一二月廿七日松平紀伊守殿ゟ相渡候書付之寫

當月廿二日夜竊　王之名義ヲ假私意ヲ以橫行ニ及足利三將軍木像之首を拔取梟首致し種々之雜言ヲ書顯し候聞有之者召捕候畢竟　朝廷官位之重きを不憚奉輕蔑　天朝之至り宥免難相成尙吟味之上罪科ニ可處事ニ候乍去精忠正議實ニ尊攘ヲ志し候者ハ於　朝廷元より　御滿足被遊

幕府ニても御採用ニ相成候事ニ候得ハ聊無疑心愈可勵忠義候若不心得之者過激之所業ニ及ひ　帝都ヲ爲騒候者有之候ハヽ急度取鎭方可被取計候

二月廿七日

此分卷尾ニ別
段記シアリ
　校訂者識
壹朱ト五十府
中酒器貳百廿
四文扇子
紫縮緬巾壹尺
貳百八十文
痔ノ藥三朱

鼻入六十八匁貳分掩迄具して壹兩壹分程柳より兩懸半荷壹分壹朱蒲團壹枚貳分目貫貳分鳴海しぼり貳分六百貳朱ト三百和歌分類道中記壹分貳百稻荷社壹分壹朱緋縮緬貳分貳朱帶地貳分壹朱太三郎壹分四百四十八文駕籠貳朱紅貳朱紫縮緬小幅ニ是迄七兩三朱ニ六百貳十文雪踏壹分壹朱ト貳百板〆縮緬壹分貳朱小倉袴七百文女雪踏七百文白粉貳分貳朱緋縮緬八尺壹尺四百九十貳文貳分貳朱男帶壹分壹朱ト三百廿文大和錦壹分ト百六十四文しゆすなり四懸六百廿文ちりめんなり一貳分太三郎

# 秘笈京

# 晩緑齋秘笈

目次

文久三癸亥三月廿一日傳奏衆ゟ
御留守居へ相渡候書附之寫

爲
禁闕御守衛諸藩十萬石以上高割ヲ以壹萬石壹人ッ丶貢獻致候儀於大樹
公御請ニ相成候間各忠勇强悍之士ヲ精選有之兵器食料是ニ准し被指
出候樣被　仰出候猶御規則制度之儀ハ追々可被　仰出候得共右選士
急々取極メ可申出候事

一三月廿四日雨午後晴　公御參　內被遊　天盃眞御太刀御手つゝら御拜
領被遊左之通被仰出
關東爲守衛下向被仰出候ニ付てハ
大樹目代之心得ヲ以防禦筋指揮可有之候先祖以來格別勤
王之家柄遺志致繼述闔藩一致盡力奏掃攘之成功候樣御沙汰之事

歸御被遊明日御歸府御發駕之旨御達中山備前守等今日發足ニ相成夜ニ入りて左之通

岡見紋次郎
須藤林之平
師岡猪之介
服部潤次郎
山崎介之允
小川留之介
鵜殿ゟ長藏
小田源太郎
柿栖次郎衞門
岡本亥之介
床井莊三

森　三四郎

服部久大夫

前木銀藤太

津村應介

宇佐美宗衞門(マヽ)

濱野織衞門(マヽ)

右之暫之内御指留ニ相成候条鈴木縫殿得指圖相勤候樣可被相達候事

右之暫之内御指留ニ相成候条其旨可被相達候事

余四麿樣御滯京ニ付御指留ニ相成候姓名

御家老御用達

武田耕雲齋

従者

付屬與力

大野健介

同

西宮和三郎

同　齋藤佐次衛門（マヽ）従者三人

奥御右筆頭取　原市之進

奥御右筆　齋藤市衛門（マヽ）従者四人

大寄合頭　鈴木縫殿 従者

付添　林五郎三郎

同　岡部藤介

同　林長左衛門 従者三人

御目附　山口徳之進 従者三人

小十人目付　梅澤孫太郎

同　梶清次衛門

御徒目付　岩間金平

同　平塚亥之允 従者壹人ツヽ

御目付同心　佐藤源介

同　田沼千藏
押　中村忠三郎
同　三田寺富次
御床几廻指引御小姓頭取　皆川八十吉　從者貳人
御床机廻り　佐藤大八郎
同　相田友彌
同　松本忠大夫
同　小田倉鐵三郎
同　岡本勇三郎
同　富田彥三
同　石川八百吉
同　江幡定彥
同　中村順之介

同　坂場金太郎
同　大關八太郎
同　新井勝太郎
同　平山總次郎
同　片岡五郎介
同　袴塚吉次郎
同　村田鐵藏
同　土井甚太郎
同　白石甚太郎
同　金子安次郎
同　坂場量一郎
同　岡本大介（マヽ）　從者壹人ツヽ
余四麿様御付御小姓頭頭　三輪友衞門

同御小納戸　尼子長三郎
同　増子三郎大夫
同御相手　井坂泉太郎
同　小松甚之允
同　板橋善三郎
同　加治権三郎
同　井上錫
同　小原政五郎
同　矢野與介
同　佐野源三郎
同　石川惣三郎
同　皆川源吾
同　市川治之允
同　増谷菊次郎

同　大井六郎左衞門
同　三輪端藏
同　中村新平
御附奥坊主　岩間壽仙
同　大井宗悦
同　西野淸齋
同　砂押涌泉
才料同心　綿引善藏
同　谷中祐介
御附定付　御用之人四人
寄合組　岡見紋次郎
同　須藤林之平
同　師岡猪之介

同　服部潤次郎

同　山崎介之允

同　小川留之介

同　鵜殿長藏

同　小田源太郎

同　柿栖次郎衛門（マヽ）

同　岡本亥之介

同　床井莊三

同　森三四郎

同　服部久大夫

同　前木銀藤太

同　津村應介（マヽ）

同　濱野織衛門

同　宇佐美宗衛門（マヽ）従者壹人ツヽ

御軍用懸手添　下野隼次郎　従者

御醫師　伊藤元庵

同　志水宗安

御馬乘　岡見彌七　従者壹人

下馬乘　宮本清之介

御口ノ者　四人

御厩ノ者　十三人

御臺所吟味役　坂部三之允

御臺所人　深作十介

同　根本清次衞門（マヽ）

御臺所小役人　川村七之介

同　小島新吉

御臺所御末之者

喜作

同小間遣

登一郎

同

竹之介

御用之人

貳人

留吉

御駕籠方小頭代

庄五郎

喜十郎

又兵衛

惣介

要介

與介

貞藏

重左衛門

〆十貳八
御中間方



與吉
久米藏
貞三郎

小頭代
善四郎
卯之吉
周之允
與衛門
清吉
梅三郎
治兵衛
平四郎
平兵衛

善藏

龍藏

儀八

定吉

石崎　儀介

中河内　喜平次

長田　吉五郎

中河内　祐藏

松平　十兵衛

下村　定四郎

國安　祐次

西木倉　龍介

町田　新介

中貫庄三郎
全隈源三郎
上古内嘉平
常葉幸次郎
高部榮十
西増子傳兵衛

〆三十八人

〆三十人トアルモ二十八人ヨリナシ二人脱シタルカ

黒鍬方惣人數黒鍬　十三人

御勝手方勤
川又才介 従者
御召馬　壹疋
外ニ御馬四疋

一廿五日晴　公御馬上よて本國寺御發駕此夜京師御守衛之志願よて京へ

近衛殿内覧御免

居殘候者追々有之

一廿六日晴寄合組是迄本堂を旅宿と致居候所御達ニて　院へ引移夜ニ入りて左之通御達

一　　　　　　　　　　　　　　　寄合組四人ッヽ

右ハ　余四麿様御旅館夜中御番被仰付候条御床几廻り申合隔番ニ相勤候様通達可被致候事

一　　　　　　　　　　　　　　　寄合組四人ッヽ

右ハ　余四麿様出御之節御供相勤候様被仰付候条其旨可被申合候事

今日小荷駄方發足自發之者追々歸國

一廿七日晴　余四郎麿様御召ょて岡山侯御同道學習院へ被爲入候所坊城大納言殿長谷三位殿ゟ御書付御渡ニ相成候寫

先年來攘夷之儀被　仰出候於　幕府奉　命有之候へ共今以實備難相立追々時勢切迫之折柄　公武之御間御隔意有之候てハ至要之御基本

難相立深被惱
宸襟候間實備相立人心一和
叡慮ヲ奉安候樣可有周旋被　仰出候事
武田耕雲齋ニ於ても前書之御趣意致貫徹候樣精々扶助可申付御沙
汰之事

三月廿七日

同日大場殿此度御指留ニ相成候床几隊寄合組等一同御招きよて御申論
有之其大意ニ　此度京地へ御指置ニ相成候上ハ何事之到來いたし候と
も衆論之上ともかくも可致壹人之見込を以進退いたし候てもそれ丈ケ
之義ハ相立候得共それよてハ御指置ニ相成候本意ニ相違いたし候ゆへ
衆心一致いたし平常之節も無賴之振舞無之とうく諸藩之手本と相成候
樣可心懸　一橋君よも右之儀深く御配慮被懸昨夜御親書被下置候とて
爲御見ニ相成候御書付之寫

御本書ニハ本文之前ニ口上之覺之有

江戸表爲御警衛被指遣候ニ付てハ若開兵端候節ハ實以　皇國之御大事ニ候間得ト勝算相立御國威相輝き候樣可致候勿論名義正しく無之候てハ萬國へ對し御恥辱ニ候間無謀小勇之輩無之樣指圖可致候事

三月廿四日

林　五郎三郎

岡部藤介

今日ゟ四人ツヽ　余四郎麿樣御供始ル」大場殿發足

一廿八日輕陰　岡山侯へ可被爲入之所御指合有之御延引今日ゟ御旅館夜中御番ニ罷出床几隊ハ昨夜ゟ相勤候事

一廿九日輕陰毛利長門守大坂ゟ入洛のよし

一晦日　余四麿樣廣幡殿ニ被爲入目白侯御入來歸御待受ニて御逢」此夜一同へ御菓子被下」今日ゟ志水宗安治療ヲ受

一四月一日兩三飯御賄ひ今日ゟ生渡りとなる其筋ゟ左之通御達

右ハ寄合組へ御組入ニ相成候条其旨相心得宜敷可被取計候事

林　五郎三郎
床井　荘三
服部潤次郎

右ハ在京中　余四麿様御読書御相手被仰付候条下野隼次郎申合相勤候様可被相達事

但夜中御番ハ御免御供之儀ハ一同之通可被相勤事

御附中奥御番ゟ左之通

以手紙致啓上候然ハ其許様方　余四麿様へ御読書御相手被　仰付候ニ付てハ御礼有之候間平服ニて宜敷候間御次迄御出仕可被成候此段得貴意候以上

四月朔日

前三人宛

參內ニあらで野々宮殿之姉小路殿ゟ出しる五ヶ條之寫八日之條ニ出ス

是ゟ武田大夫公武之間周旋莫大之

拒絶應接水戸家へ　天朝ゟ爲御任相成候を其儘受候てハ宗家へ不相濟幕府ゟ達て御頼みあらは御受可申又幕府應接へ水國人立合等之儀甚し迷惑千万幕ゟ拒絶應接水國御頼あら

右ニ付服部御禮ニ罷出候同日下野隼次郎西宮和三郎同樣被仰付候事

一二日雨　余四麿樣御讀書御相手之儀今日監府へ屆ヶ候事」將軍家一橋公御參內武田耕雲齋傳奏（マヽ）野々宮殿へ被召

一三日晴　武田殿參內關白家ゟも被爲召書記魁原市之進野々宮殿へ被召

昨日　將軍家御太刀御馬御拜領五ヶ条御難問御懸ヶ被遊攘夷之期限攝海之守備等持院尊氏之木像十万石以上交代之一条外夷拒絶之應接水戸家へ爲御任之儀右之五ヶ条之今日武田殿二条へ登城御家へ爲御任之儀ニ就て之

一四日晴　松平安藝守歸國

一五日雨　京地居殘り之族一兩日以前ゟ不快全快ニ及候迄三飯御賄相濟

一六日雨　余四麿樣明四ッ時二条へ御登城可被遊旨幕ゟ被仰出」細川越中守歸國

一七日雨　余四郎麿樣御登城御對顏有之在京中周旋之趣御滿足ニ被思召

は何時ニても御受可申又自然兵端の上攘夷之儀爲御任と申ならハ是又承知可致云々幕ゟハ武由を頼み右之儀　天朝ニて不被仰出振ニ致度依て武田公武の間續て周旋有之

是皆京地へ居残り候人々之

候尚此上骨折候樣可致旨　将軍家御直ニ被仰含候」今日寄合組世話役へ左之通

雨宮新介
加治德三
松原捨吉
猿田愿藏
下野安次郎
野島斧太郎
川瀬介三郎
村島万次郎
林　忠五郎
服部悌三郎
戸牧行三郎

芹澤又衞門〔マヽ〕
根本新平
菅谷八次郎
白石治部介
堀口庄之介
山口正次郎
尼子久次郎
皆川藤五郎

寄合組

三十人

右ハ此度寄合組ニ御組入ニ相成候條一同之通り相勤候樣可被相達事

來ル十一日　行幸之節加員隨身被　仰付候条委細之儀ハ御目付方問合相勤候樣可被相達事

秘　發　京

但服忌改之事

服部潤次郎
服部悌三郎
津村應介
白石治部介
根本新平
堀口庄之介

右ハ　行幸之節要所御警衛之方へ御指出ニ相成候条其旨可被相達事
但勤振之儀ハ御軍用方へ可被問合事

一八日晴　寄合組世話役へ左之通

寄合組
三十人

右加員隨身相勤候樣相達置候所御免被遊口々御警衛被　仰付候条其旨

可被相達事
但持場之儀ハ追テ可相達候
將軍家御參　内之折御懸ヶ五ヶ条
一攝海守衛可被遣大藩事
一尾張大納言可被致歸國候事
一浪士出牢之事會藩ヘ承リ可繕事
一參勤交代之事
但シ十万石以上交番以下輪番可伺天氣候事
一京師御守衛兵置場所大寺院ヲ可開渡候事
一九日晴　余四層樣　岡山侯ヘ被爲入十一日行幸ニ付御警衛之面々ヘ
一當曉寅ノ刻無遲々持場ヘ著到
一通御相濟候ハヽ休所ヘ相扣十一日夜徹夜還幸被爲濟候後見計室町通
ゟ順々ニ可被引取事

是三日之事之

　但休所之儀持場脇町家へ申付置候事
一通御之節幕相卸し通行ハ勿論幕下へ人為立申間敷事
　但通御相濟候ハヽ幕絞り置可申事
一御警衛中酒相用候儀ハ勿論總て無作法之儀無之様相心得非常之御備
専一ニ可被致候事
一万一出火之節御持場相固メ猥ニ動き申間敷事
一御留守中別て大切ニ相心得胡亂ヶ間敷者致通行候ハヽ見咎町役人へ
可被引渡事
右之趣屹ト相守り等閑之儀無之様堅く可被相心得事
右之通り夫々可被相達事
五条　万壽寺通り　松原通　高辻通　佛頂寺通　綾小路　四条　錦小
路　蛸薬師　六角通　三條通　外署　都合十七ヶ所　威公御時代之御先例之
といふ

小谷清一

實ハ因州之藩ニ計られたるなり

一十日晴　今日京地詰一同へ拝借金被下金等有之

大將軍御不例之譯ニて御供奉無之

一十一日晴　石清水社行幸諸藩武士前後ニ扈従す　余四麿様御守衛とし て御供奉被遊昨日御小姓頭取市川善大夫藤枝ゟ京へ引返　中納言様よりの御書持参且二三十日も逗留京地之模様見て参候様被仰付候故之御書之意ハ　幕府ニて定て御歸府之儀それ〳〵御繕も可被遊候得共天朝ニてハ是非御指留被遊候思食ニ被爲入候へハ屹度御廉合相成候迄ハ御歸府無之様可申上旨　余四麿様目白侯御兩名之御書之といふ

一十二日晴　七ツ時比還幸　余四郎麿様　御所ニ於て出格之思食ヲ以御湯漬御膳御頂戴夜ニ入り歸御

不快ニ付御國ニて療治仕度旨願指出

一十三日陰　余四公子昨日通りの御服ニて　岡山侯御同道施藥院へ被爲入是ハ昨日　禁裡ゟ御拝領之御菓子御配分被遊候か爲なり

御暇願濟拝借金願差出

一十四日晴　禁裡ゟ御拝領之御菓子一同へ被下置

一十五日陰　余四公子鷹司殿へ被爲入　岡山侯ニも御同道可被遊之所學

習院へ御召よて被爲入在京諸侯大抵罷出候

岡山長州若土州等之

一十六日晴　昨日學習院へ被召候諸侯不殘參内　余四公子よも御參内今日市川善大夫歸國昨日學習院へ被爲召三条殿姉小路殿ゟ攘夷之策防禦之術當今之急務不包建白いたし候樣被命依て今日御參　内御申立ニありし之

万壽院之儀ハ御斷ニある

一十七日雨　拜借金願濟「余四公子一乘寺村万壽院宮御別莊ニ被爲入長州若侯へ御會合御相伴ハ宗對馬等之長侯歸國近きとて達て之御頼之よし」余四公子岡山侯御同道ニて夕刻ゟ一橋家へ被爲入　一橋公二条御登城之御留守よて夜九ッ時比歸御それゟ御對談明ヶ六ッ過歸御今日三条邊へ張札有之　一橋公御始盡く御誹謗申上候者有之

一十八日晴　將軍家　一橋公御參内今日余病用下り之儀ニ付拜借金受取御内々被下金有之

一十九日　余四公子目白侯御同道よて輿正寺御門跡へ御招よて被爲入余

京都本國寺發足東海道下向草津泊昨日　一橋公廿一日御發駕御下向被
仰出其以前攘夷戰爭之儀深く　宸襟ヲ被爲惱候御儀故姉小路殿三条殿
御下しニて右決議之所御實檢被下度旨御願　天朝ゟ諸大名へ右之儀
御懸　岡山侯抔ハ今曉右御懸之よし」昨夜草津驛ニて尾州藩三人泊内
壹人酒亂ニて二人切殺し壹人手負

草津藤細工名物

一廿日陰　小雨屢至坂ノ下泊

四日市へ程近き日永村うちハ名物

一廿一日晴　庄野晝四日市泊　一橋公今日御發足之所御延引ニ相成候よ
し

有松志ぼり名物

一廿二日晴　四日市發足桑名ゟ海上を乘しニ風順よして僅一時余ニ宮ニ
著　熱田ニ參詣池鯉鮒泊

一廿三日晴　藤川晝御油泊

一廿四日晴　吉田晝舞坂泊舞坂蚊の多き事雷の如し

一廿五日晴　見付晝掛川泊

一廿六日晴　掛川を出小夜の中山を過大井川を渡りて島田晝宇津の谷峠を下りておもおりや忠左衛門といふ者有二十八代の先祖より血統連綿として絶さるよし此家に太閤の羽織　東照宮の御茶碗を傳ふ余其家を尋ねしに忠左衛門恭しく御遺物取出しぬるを見るに羽織ハ紙子の陣羽織のいとゝふ破れ所々より綿の出たるか襟にハ唐綾織に枝菊をちらしたるを付裡にハ龜ヽ、を付扨紐ニも紋ちふしを付たりける　御茶碗ハ指渡し四寸計なるかこかも久しく御用ひ被遊たると覚へて茶碗の中も殊に垢付ふちなともいたく損して茶渋の黒く染たるさまいとたふとく見へたり主人のいひたるハ太閤小田原攻の折馬の沓を乞給ひしに先祖忠左衛門にて候者沓三ツ参らせたりしに太閤御覧せられ四ツ足の物に三ツとハ如何にと被仰さん候跡壹ツハ君目出度御凱陣候時奉るへきにて候と申上候に太閤被聞召いしくも申たる物か所望ハなき歟問せ給ふに忠左衛門外の望にも候へバ哀宇津の谷の者共の諸役御免被遊べうもや候と申太閤安き程の事之其玄るしょとらせるそとてめされし御羽織を其儘下し給ひ只今以此地の者諸役御免ょて候之扨其後　權現様駿府御在城之折此裡の山ょ被爲入私宅へ御休み被遊候時右之儀申上候得ハ余も立寄し玄るしょとて常ょ御用被遊候御茶碗を拜領仕候其以來只今ょ至る迄諸大名御通行ょハ馬の沓三ッ獻上仕候

水戸様ょも獻上候所御歸國の折御立寄被遊右之御品御覽被遊後樂園御庭燒の御器物拜領仕候との咄之丸子泊

（後樂園製赤樂銘葛の細道御箱ハ黑ぬりニ御紋付）

一廿七日晴　丸子を立阿部川を過興津晝蒲原泊

一廿八日晴　蒲原を立柏原晝三島泊　一橋公愈（マヽ）京都御發駕之よし

一廿九日晴　箱根晝小田原泊

一五月朔雨風　夜ニ入りて益甚し戸塚泊

一二日晴　七ッ時比より雨神奈川ょ夷船十八艘計見ゆる内英夷十二艘余ハ佛墨之よし英夷應接六ヶ敷とて横濱之固めニ出候者數多有之春日町

大黒屋泊去月廿七日太田道醇閣老再勤

一三日晴　春日町逗留今日　尾州公御上京武田大夫江戸著

一四日晴　春日丁發足我孫子泊

一五日晴　若柴畫稲吉泊

一文久三癸亥八月九日原市之進屋敷へ引移尤内々ニ引移之
一十日入學式余病中故世話役惣名代ニて式濟其余別ニ式を備へし者數人
一十一日
一十二日塾生德之介と歟申者塾ゟ單笥引取
一十三日近所步行願指出置候所添翰無之ニ付願返り候塾長之儀ニ付今日
內廻りニて願指出ス
一十四日
一十五日近所步行願指出
一十六日小十人組被仰付候条何レも並到交代可相勤旨被仰出同日席書見
分ニ付廿五日迄ニ順書可指出旨學校監府ゟ達
一十七日濱島入門菊池塾長御免西中村塾長となる
一十八日原市之進屋敷借住願濟同日轉役ニ付姓名祿付居屋敷家內人別由
緒書武藝書道具金貳朱文印鑑等指引組頭へ出ス但印鑑ハ組頭ニ可指出ニ

所失念
一十九日今日原屋敷へ引移之屆指出候所行違出來昨夜引移之振ニ相成る
一廿日大關入門
一廿一日晴午後陰
一廿二日晴暮より至りて雨
一廿三日晴二ノ先御備爲御登高島入門菊池塾長御免西中村塾長之御達書
川瀨を以て御筋へ返ス
一廿四日雨彌一郎歸省增子原へ之狀岩間ゟ出ス
一廿五日晴席書順書西ヲ以指出淺田入門
一廿六日陰大胡入門村田入門彌平來ル
一廿七日雨增子への狀梅澤ゟ出ス今日ゟ晝讀始る小十人十人御徒十人遊
擊隊共四人京地御守衛として發足
一廿八日晴今日江南拒絕應接之所延引

一廿九日晴津田入門
一晦晴入四間三四郎方へ書狀出ス彌一郎歸ル
一九月朔晴猿田墓誌認
一二日陰增子ゟ廿二日仕出しゝ狀著今夜深更大胡等當座塾長御達
一三日陰笠間へ書狀出ス御切米一兩受取
一四日晴
一五日晴
一六日陰楊靫兵衞へ居屋敷借住爲致候願名越へ指出印鑑とも指出
一七日晴楊借住願小泉へ指出笠間ゟ狀來ル大宮ゝ狀金子へ賴ム
一八日晴
一九日晴
一十日晴
一十一日晴

一十二日晴
一十三日雨楊靫兵衞へ屋敷借住爲致候願相濟
一十四日陰午後晴
一十五日晴淺田井上大胡津田席書罷出度旨監府へ屆
一十六日陰午後雨安生ゟ貳分受取是迄ニ三分貳朱之ヱり
一廿四日席書見分
一廿八日楊靫兵衞引移之屆ケ指出ス

# 秘笈歌詞

# 晩緑齋秘笈

目次

詠草之一

安政五かへりの秋我おふやけにておもほへぬうき世のまかせに沈給ひしよりこのかたいとうれたき事のみ多くなりしかこきて今茲卯月の比よりは様々の事いてきて行末いかゝならんと心をくるしめしかよからぬ事のいとせちになりにたれはさらは小石川の屋形にまふのほり思ふ事聞へなけん物をとて志を同ふせし友とちと五月の三日になん打立んとせしか元より死を一すしに思ひさためし事なれはかくなん宿の障子にかきつけ侍りぬ

なきのちのかたみとそなる住なれて

月もるやとの松風の聲

かくて打たゝんとせしに是まてなたしふせし友の袖にすかりいたくとゝめぬれと思ひさためし事なれはとゝまるへきにもならすふりちきりて打立たる時

玉の緒の千々にくたくるなみたとも

しらてや人のわれをとゝむる
刀根川をわたりたる折思ひつゝけ侍りし
世の雲をはらひはてすハ行水の
かへる物かは刀根の川なみ
我孫子につきたる時ハ人皆いたくつかれにたれハ打寄て酒なとたふ
べたる折讀侍りぬ
ますら男は名こそおしたれいにしへの
人もわか身もおなしこゝろの
馬橋村といふ所にいたりしに御目付美濃部新藏鎮撫のおふせことをか
ふむり水戸にくたるに行逢ひたれハまつ新藏を松戸まておしもとし
彼是とあけつらひさらハとて思ふ事かきつゝり新藏ハいそき小石川
のやからさへはせのほりたる兼ていひかはせし事もあれはしはし松戸
にふみとゝまりてそのおとつれを待て一二日をこしたるか九日とい

ふ日に立原のぬしにはかに身まかられしかは

花五月身をはちしほにそ咲てこそ

やまとにしきの色はなりけり

さてやむへきにあらされはなきからをとりおさめ友とちの内引わか
れて古郷まてつきそひくたりしに刀根川をわたるとて

かへらじの旅のころも手ぬかぬまに

またうちわたる刀根の川水

同しき十日に又古郷をうちたちて江戸へはせのほりける道にて時鳥
のなきけるを聞て

なきわたるこゝろよおなしほとゝきす

あなうの花のちりかゝる世を

かくて小梅てふやかたに参り友とちに逢にけれは道すからの事なと
かたりあひてともに涕にくれけるか又吉村のぬしの病によりて國に

かへられし事なとも聞てもろともに死出の山路もこゆへきなといひ

かはせし事とも思ひ出して

ことはりのなき世とかねてしりなから

なほうらめしき五月雨のそら

世の中の事共何くれとなけつられたる時口すさみに

人はいさ名をしらてすは我　君の

ふかきめくみにいかてむくひむ

人の歌よみておこせたりしかへしに

あはれはか　君にさゝけし玉の緒の

たへなはたへよ何いとふらん

しのふ草

今年水月の末つかたおふやけにさはる事いてきぬる折兼てよりしる

しふましはりたる友とち諸共に　君の恵にこたへまつらんとかたく

ちきりて時のいたれるを待てなりけれはさふは　小石川のやうたに思ふ事したゝめ
むせのほふんと松戸といへる宿にやとりもろともに思ふ事したゝめ
て　君にさゝけしのち立原のぬし源太兵衛俄に身まかりけれは人々より
つとひぬしの常に物せられしたとふ取いたし見るに我孫子より君は
とふとし五月空と思ひつゝけられし句あり武士のなふひいのちをは
君にたてまつりぬれと諸共に何くれと物して後の事まてもかたくち
きりしに今は再ひ見ぬ世のもめとなりにたれは永き別れのいとおし
く此月の廿八日はかそいろにてませる君の藤衣ぬかせられし日なり
けれは後の祭なといとねんころに物しなき魂をとふらひしかしのふ
心のいやまさりけれは我孫子よりと思ひつゝけられし詞を一文字ツ
ゝ歌のかしらにおきて各志をのへ侍りぬ

海野八之進

あ

あなたなむれ血になきそむる郭公

たかきこゝろは雲のうへまて　岡部三十郎

ひ　人とは死出の山路を思ひいる
旅寐のそらも君かめくみそ　大井六郎左衛門

こ　この先をともはとむらふ武士の
世のはかなさは君かさきかけ　白石甚太郎

よ　世のためはたれかは身をもおしむへき
ともはゆくさん武士の道　柿栖次郎右衛門

り　りなき世よりある名をこそとゝめなん
今もかはらぬおなしうき世よ

師岡猪之介

き　君ととも かねてつくさん東路乃
　　なふれ手向の袖もつゆけき

立原左兵衛

み　身をすてし子を思ふ雲をおし分て
　　さるゝをねかふ五月雨の月

岡見留次郎

さ　それかぬる月よ今宵の道しらせ
　　君か心をくみてしるへき

前木新八郎

と　とまもせんかくも成行世なりせは
　　君かちまさの道しるへして

岡部藤介

ふ　ふみなせし身のうき雲もむれゝねて
ささむらひせし君そゆゝしき　床井荘三

と　とくよりもちきりし物を死出の山
おなしくこへて世をなけゝなん　白石治部介

し　しのむれぬこゝろの中の劍太刀
今そみゝゝん武士のみち　川邊久米七

さ　さゝめなき世ょなゝらへし我身より
山路をいそく君そゆゝしき　倉次藏之允

つ　常ならぬ君ゝ御爲とおもひしょ

むなしくおくる月日なりけり

杉浦辰藏

き　君かため剣の下にうつむとも
すてしみさほも雲のうへまで

余語慎三

そ　それとすに生て名のなき我身より
死してかひある君そゆかしき

海老澤彌次郎

ら　らちなかぬ事とおもへはむらすちて
君をいさむる武士のみち

終

ともとちよりつとひて歌なと讀ける折
よしや身はつゆとも消よかくこしき

名をも雲井の月にとゝめて
つくし山君かみかけのしけき身は
このもかのもの影も物かも
月のおもしろかりたる夜よめる
かへらしと思ひ立ぬるたひのそら
月も心もすみわたりたる
ある日べちの小屋にいれる人の方へゆかんとて人のちいさかたなをとりてたちしにさる事やあるべきなととかめたれはたはむれに小梅諸てふ物を作りて遣したる
いかにこころものなきとても君かこころもをかりてきんいかに刀のなしくとも君かかたなをかりなんや太刀も衣もなる物をかりて旅寐のおきふしを
人なとかめそ我いはん同し心の同し旅　大君の爲國の爲死出の山路ももろともにこへんと思ふ眞こゝろは骨と肉との中としらすや

夜ふくるまて月を見てよめる

今はたやこゝろにかゝる雲もなし
　月もすみたる夜半の秋風

小梅のやかたにて是まてすまひしける人もありけれは夕暮になると
にまりうたてふ物をうたひていとけなきわらんへのたわむれあそひ
ぬるを聞にいといやしき詞にしあれはたわむれによみ侍りける

一ツとや人の人たるゐへよしを／＼
　わすれそ迷ふ事そうき／＼
二ツとやふじの高根もいとひくし／＼
　君かめぐみにくらふれは／＼
三ツとや御裳濯川にすむ月の／＼
　影は神代のむかしより／＼
四ツとや世をうき雲の秋の月／＼

てるかとすれハ又くもる〳〵

五ッとやいのちハ露と消るとも〳〵

かくはしき名ハのちの世に〳〵

六ッとやむかしなからの月の影〳〵

影もこゝろもすみた川〳〵

七ッとやなつの山邊の思ひ草〳〵

深くも思ふ我君哉〳〵

八ッとや八重にむぐらの宿とても〳〵

こゝろはおなし君の爲〳〵

九ッとや心一ッをさたむへし〳〵

不義の富貴ハ秋の雲〳〵

十とや豊葦原にすむ人ハ〳〵

世々のめくみを思ひ忘れ〳〵

## 七夕

むかしよりふかいひそめて年の内に
　　こよひさかりの星合のそら
なつさのつよかりたる夕暮月ののほるをまちく
手なれ草とる手もおかぬ夏の夜に
　　さみのほる月を松の下かけ
亀井戸天神の社にまふて世のうきくものされぬる事なといのり
いにしへの心つくしの旅うくゑ
　　神もはされをそへすやはなる
此神のつくしにうつり給ひし時なかれ行ゑれはもくつとなりぬとも
君こからみとなりてとゝめよとこふしき人の方へいひおくり玉ひし
事なと思ひ出て
思ひこれ國はもくつとなかるめり

神しからみとなりてとゝめよ

古郷の親しき人のかたよりかゝる時にしもあれは身をすてゝなと細々としたゝめしせふそこの奥に歌をそへておこせたりし返し

今更になとかいのちのおしからめ
とてもかひなき御代としおもへは

月のおもしろかりける時

此秋もすみたの川の川よとに
すみて幾夜の月にちきれる

古郷なりける友の方へいひおくりけるせうそこの奥に

山さくらさきてとくちる身なりとも
春のさかりは見せましものを

神田にまふてけるにこのはたりは日々にきたなきゑみしらかおのか心の儘にはそひはりきいかに世の末になりにたりともいとうれたき

へさにしなれは
しき島のしはの八十つなおとろへぬ
　　この世を神の世とはしらすや
日比したしかりける人の仕をもなさてかた山里に身をしのひてなり
けるか小梅のやかたにひそかにおとつれ來り世の中の事なと打なけ
き余も木隠にすますなりなましかはかゝる時いかなる事にてか君の
惠にむくひまつらさるへきなといへれしかはさる事やなるかゝる時
にしなれはこそいかなる深山のおくに身をよせしつかふせやに世を
おくる人もみたまのふゆにむくいへけれと語らひける折口すさひける
時しなれはかた山かけのくち木にも
　　花はさきぬる物にそなりける
五月のはしめの比まては心はへ正しからぬ人なともなりておふやけ
にもよからぬ事いとさはになりしか　君にはかしこくも人々のよし

あしを深くしろしめされそれ〴〵にしりそけすゝめ給ひ小石川のなかれいときよくなかりしか又しも心はへさかしき人もいてきておのか栄華をはかりぬる心よりさま〴〵のあしき事なと　君に聞へあけ行末いかゝあるへからんと人皆やすき心もなかりしか日をふるにしたかひいやましよからぬ事の聞へけれハ

いにしへもかくやうかりし世のちりな

　　はらひもあへすかゝるうき雲

かくてハいかゝあらんと友とちよりつとひ彼是と物しぬるかさてためかふへきにあらされハさらハ諸共に　小石川のやかたに参り思ふ事聞あけん物をとて七月廿八日といふに小梅のやかたを打たちける

　時人々にしめし侍りぬ

今さらに何をなけかん身ひとつを

　我　大君にさゝくとおもへは

かくて小梅には友がきの内三人のこしおきしが永きわかれとなりなんもえ忘れすいとうらめしけなるさまなれはその心を思ひやりて

なけかしなちきりこめてし常陸帯
忘れしなあひ見ぬ事のありとも

廿八日の夕暮に　小石川のやかたに参り心のたけをかきつゝりて君に聞へあけしにいとありかたき仰事をかふむり八月の二日になん又小石川のやかたに参るへきとの事にて一先小梅に引かへしける

かすならぬ草葉のつゆにすむ月は
君がめくみのかけにそありける

仰事のまに／＼諸共にあけつらひ二日に　小石川にいたりて　大君にさゝけたてまつりきりぬき御門てふ所にうつりて　仰事をまち奉りしに其明る日　大君御みつから筆をそめ給ひ小梅にありし共にもせのほりし人々のかたに下し給ひしかば人皆　仰をかしこみて数百

人の友とちいそきおのゝ故郷ㇼ歸りなる臣子の道　君の仰をかしこまぬハゑなるましきㇾさㇾれとも元より世のうき雲をむらひつくさんとて身をすてゝむせの俘りし人々のかくまてㇼうき事のみ日增ㇼ玄けくㇾり行向岡のうき雲もいつむるへしともお俘へされハいゝㇼかしこき　仰事ㇾりとも時も時ㇼこそよるへけれといとうれゝきㇾさㇼ思ひけれハ

思ひ出もㇾきふる鄕のやとこひて
かㇽれる鴈ㇼとつてㇾせそ

いㇾ舟の又の俘る瀨も玄ら波ㇼ
棹さしいてゝいつち行らん

小石川のやゝゝㇼㇾりしゝ數百人の友とちハ故郷ㇼ歸りぬ忠臣義士ハ朝不ㇾ謀ㇾ夕てふ古ことの如くㇼてㇾりくれハかゝるㇾやふき時ㇼのそみおㇾおめとㇾゝㇼ日を送ても何ゝせんとても死ㇾんするいのちㇾ

らはしむし　やかたを立さりいかなる所にも身をしのひいかにもし
て　君の恵にむくひまつらんとて同しき五日の夕暮にやかたを立い
つるとてしたしき人のかたに遣したる

引しほる矢たけこゝろよなき数に
　　いりてしやまんはなう世の中

六日に兩國てふ橋のほとりにしむしひそみておちこちをなかめぬる
に毛色しろくむしとはしとのはかき鳥はまた水の面にうかひいて余
所に見なれぬ鳥にしはれは是なん都鳥ならめと思ひく

みやこ鳥いさ事とはん我もまた
　　おなし川邊に世をしのふれは

河の邊にいく世かをみしみやこ鳥
　　人にしはれは事とはまし哉

此宿は人のかよひいとしけくはりたれは小網町なる所にうつりぬる

かいさゝか身になやめる所ありて立居も常の如くならされハ
君をおもふこゝろやうをきかゝる時
　　あはれゑやみのうきふしの床
古郷をいてゝよりはや百日あまりにもなりにけれハこしかたの事な
と思ひやりて
あはれ世は秋のなかはになりにけり
　　わろこし時にはやめひきしか
小網町にもいさゝかさわるいてきて八月十四日に友とちを三手に分
ち三所に身をしのひ日本橋のほとりに旅寐してありしか同しき廿七
日の未の時はかりになりけん小石川の家のおとなゝりける人々数人
俄に　幕府へめされやかたの内も何となく物さはかしき事なと聞へ
けれハいかなる事とハしらねとも兼て思ひまふけし事なれハなしか
は少しもためろふへきいそき余所にひそみぬる人々のかたへつけし

らせなりなふ人を二手にわかち一手ハ取物もとりなへすやうすの中
へむせいり一手ハ本郷なる所迄おしつゝきやうすのなりさまを見事に
よられ兼てにくしと思ふ奴原に死ものぐるひに切ていり水國武士の
手なみの程を見せてん物をとやうすの有様をうかゝひゐるほともな
らせす一方にひそみいし人々もむせ來りいかにやいかにとかさらひ
ぬる所へやうすへむせ入し人のかすより人をつかむし兼て御吟味の
きじなりて　幕府の御預になり居し安島茅根鮎澤鵜飼等或ハ自乃な
るハ死罪執政ハいまたかゝらす此人々の生死もいかゝなりなんもし
れす筋違目附へハ大砲を備へ只今にも事になむんきるなりさまなり
かくならんとハかねて志りたる事なからら心にかゝるハ　兩君上之御
身の上いかなる事におよむせ給ふも志れすといひもおむらぬに又一
人いきつきなへすむせ來り執政一人只今歸り來れり只今上使　やう
す（ヘ脱カ）參るへきとの事なり兼てより重きまかとに沈み給ひし　兩君上へ

またしも　上使をつかはさるゝ事なれハおしはかりてもなほしるへ
しやかたの人々も皆一すしに死を極て我　君のためなとか命をおし
むへきとつむ本くつろけ　上使のきたるを待かけたりといひけるも
へさらハやかたへはせ入てこそ命をもすてめとて本郷をうち立やか
たの前にいたりしにあやしけなる者五人三人やかたの外を見廻りけ
るをしり目にかけてやかたにいたり見るに　やかたのうちハあま雲
のむれ立たるか如くこゝかしこによりつとひ彼是と語り合ぬるさま
まなしりさけ髪さかたち忠憤の氣いはねと色にあらはれたり或ハ
上使を門内にいるゝといふ事やある或ハやかたを墓として死ものく
るひにせん物をといひ或ハ井伊讃岐等ハ天下之爲にハ朝敵なり國家
の爲にハ仇讐なり我ら二三十人身をすてゝ切て入られ　公邊にても
諸藩にても上を下へと返すへけれハそのひまにやかたの中の人々を
兩君上を守護し參らせいかにもして此場をしりそきとても亡る

國家ならは大義を天下にかゝやかし天下忠義のさきかけしてともかくもなるへしなと群議沸湯しけれは　君是を聞しめされいとなりかたき仰事なりけるにそ人皆仰をかしこみて靜りにけりされと　上使の言によりてはところせめかくこそせめと　上使の來るを待かけたりしはらくして　上使參り　君にも　上使之趣を御うけ被遊　老君上には御國にいらせられ　君には御指扣被遊ぬされと　君にはいかなる深き思食やなりけん辭命をは深くひめかくし給ひぬれはいかなる事にてかゝる事におよはせ給ひぬる事をしる人更になかりし假初にも武門の家に生れたらん者の　兩君上うき世のまかとに沈み給ひしをいたみて　小石川もとのなかれにかへさんとしても一そし思ひ入てはせのほりし甲斐もなくまたしもかゝる事におよはせ給ひぬるをいかに　仰事のなかれはとておめ〳〵とうちすてぬる事このうへもなき臣子之道を失しにて天に對し地に對し口おしきともうれたきと

もたとへんきよふもなかりし
うきくもの八重にかさなる君か代茂
　　はされはたにもをこしてしのな

廿七日には安島帯刀自刃茅根伊豫之介鵜飼吉左衛門同幸吉なと死罪に所せられしと聞てかゝる世にたくひなき忠臣義士をいふましくもかゝる罪には行ひけんと思ひつゝけて

千早ふる神やはいかにかくせかり
　　世をおもふ人をてらささらなん

おなし日に叔父にてませる鮎澤の君も　幕府の命にて遠島に處せられ給ひぬと聞て

かゝるときかゝる旅寐のうきふしは
　　ゆめかうつゝか神のこゝろか

古郷にませるかそいろの君この事を聞給ひなは君の為世の為はつせ

れ士のかゝみともなりぬへき事にしなれはさそやよろこひ給ふへけれともさすかに骨肉のなひたいかはかりか心をいため給ふへけれとおしはかりて其時のさまなと細々としたゝめし物のおくにかくなんよみ侍りてかそいろの君のもとへたてま（つ脱カ）りぬ

うき旅もなをうれしけれ死出の山

　ちへにし人もなる世と思へは

いとやんことなき事のいてきて九月朔日故郷に下りしに是まていとしたしかりける人もいかなる心にやなりけんかゝる世にしもなりにたれとたゝうちなけくのみにて是といふ事もなかりけれは

もみなれし我古郷のともとへは

　みさほかはらぬ松もなりけり

したしき人のせうそこに歌をよみてつかはされし返し

大和にしき神のまに〱おりはへし

　紅葉そおのかこゝろなりけり
同しき十日に又小石川のやかたを心さしてまゐのほるとて
いささらハよもつひらさかふみわけて
　なき人かすにわれもいりなん
小石川のやかたにまゐのほる道にて思ひつゝけ侍る
行すへハ八十路百路にわかるとも
　まよふへきかもしきしまの道
小石川につきしに安藤對馬守　幕府の命をかふむり時々やかたへ参るへきとの事なりけれハ人々うちよりいかに　幕府の命なりとも其人の心も志れされハいかなる事　君に聞へあけんもはかりかたくまのあたり支封連枝の君たにも立入る事え給わぬ程の國難にしあれハさらぬたに是まて天下にいくらとなき恥もさらしてそれさへまゝきもやらぬるに又恥の上に恥を重ぬるといふ事やあるさらハとて人々

と執政なりたる人の方へいたりありのまゝにあけつらひぬるに執政
の人々も元よりよからぬ事に思ひてしき〳〵　君にも聞へあけし事
なれハ又しも其事も　君へ諫まゐらせたるに　幕府の命にてハあり
且ハ深き思食やまし〳〵けん用ひ給ハさりしかハ賤か身にてハいか
なるわけといふ事をしらされハうれたきあまり

世の中ハいかになるみのすて小舟
　　よるへを浪にまかすはかなさ

したしかりたる人の古郷に帰ると聞てよみてつかはしたる

帰るかり古郷人のことはゝ
　　月も雲井にすむとこたへよ

かへる鴈何いそくらん思ひ出も
　　なき山さとのやとゝしらすや

長月の晦日に執政になりたる人　幕府へ召され　君あくる日登　営

し給ふへき　仰事をかふむり給ひたれハ

世をなけくなみたの雨もそれそ先て

日もたちのほる朝ほらけかな

君よハ登　營も被遊しかとも　　老君上よハ今まての如く御愼
被遊ぬるを見せてゝ古郷よかへるといふ事ハ得まるましきえさなれ
とも　君よりもなりかたき　仰事をかしこまり且はこの時のさまい
とやんとなき事なともなれハ一ト先　仰事のまよ／＼古郷よまかり
ていかなる思慮をも先くらすへたれとて友とち諸共よ十月七日小石
川をたちておのか古郷よかへりたるか八月廿七日よ重き罪よ身を沈
先られし茅根氏の君ニハ正しく九歳よなりたる幼少のむかしより今
年まて十四年の間文よみ手ならふ事よりしておふよそ君よつかへ父
母をうやまひ人の人たらん道何くれと数をうけ父子の間よも得ある
ましき程の恵をうけてかくまでおひ立ぬれといまた恵の一ふしよも

むくゆる事もなくてあたに月日をおくりたる内かゝる事しもいてき
て君には
大君の爲國のため身をすてゝ忠孝の道つくされてなきかられ小塚原
の回向院てふ寺にはふむりにたるそかなしき今まてはやかたのうち
にありても何くれと事のみしけかりたれは今日こそなき魂へもまふ
でんとて回向院にいたり寺もる僧にあひたるに茅根ぬしのはかを尋
て御わたり候かととはれしゆへあやしく思ひさん候茅根ぬしのはか
をと心さして參り候いつかたにはふむりて候やらんさてもこのはか
には折々はまふずる人も候にやとこたへしかはされは候日毎にいく
らとなく參候者の太刀はきてまゐり候者は皆此人をたつねてまゐり
候中にも諸侯又は麾下の士なとも折々は參り候なりいかなる人にや
まし〳〵たんなきのちにもケ程まて人のしたひぬるをもて見れはま
してうつゝの世にはさこそと思ひやられ候生の中に生れたらんもる

人ハかくこそありたき物ニて候といふを聞てさてハ世ハ末ニなりニされと人の義ニ感するハかくまてニも深かりし物ニやと旅の衣手しほりつゝはかニいたりけるニ時しも夕暮ニて日ハ山のはニしつみ村すゞめなとのねぐらをとめてあちこちとなきめくりぬるさへいとゝかなしきニ同し程ニ木碑三ツならひたてし見ニハ智全信士としるしたる是そ茅根氏の君ニてそありける其次ニ儀全信士孝全信士とかきたるハ鵜飼氏父子のしるしニなんありける香の烟もいとほそく昔をしのふなみたの袖さへいとゝ深かりけれとさてやむへきニあらされハちりうちはらひなく〳〵香をたむけ十數年この方の恵のかたしけなきを謝し且ハいかニ人かすならぬ身なりとも深き恵を心ニかけ此君の志をつきて臣子の道をつくしてん物をとかたく心ニちかひすゝろニ思ひつゝけ侍りける

くりかへしくひの八ちたひかなしきを

君におくれし身にこそなりたれ

刀根川をわたりたる時いにし五月の四日にやなりたんうき雲をむら
ひむてすはなとこの川にちかひしにむらくろにも今この川にいたり
たれはいにし事なとを思ひ出して

世をおもふこゝろよ露もにごりなは
　　わたしなむてそ刀根の川浪

同しき十日我やとにかへり見るにむぐらおひしけれるか霜にかれて
いとゝなれむてぬるに家居もとにやふれて目もなてられぬさまなり
たれは

をしまれすはをはてありなんとても世に
　　なからふへくもならぬこの身を

ひとりつれ〳〵なりたる時思ひつゝけし

人をいさなむれ心もしら雪に

みさほかへせぬ松の下かけ

玄ゝしき人の方に今はたや世のうき目見へぬ山里もがなとといひおくりたる返し

君をおきていつちゆかまし世のうきめ
　見へぬ山路に宿はなりとも

石塚てふ村に玄ゝしき人をとむらひてよもすがら世の中の事うちなけきくともに歌よみたる時

ふかもふけちらさはちらせ山おろし
　ふかくそそめし峯の紅葉々

秋もいぬ紅葉はちりぬ松か枝の
　みさほを見する時は來にたり

おもふ事いた手の山の紅葉々も
　ふかきこゝろはそめてしものを

なにはかたおなしうき身のすて小舟

よしなしともによするしら波

日比したしかりける人磯崎てふ所にすみてなりけるにせうそこおくりしに其まゝにてうちすきなりけれはよみてつかはしける

磯崎一名こぬみの濱常陸歌枕ニ
大神の歸り來ましゝ磯崎をこぬみの濱さ誰か名つけし

君かすむこぬみの濱のわすれ貝

ふかきこゝろはわすれやはする

したしき人のとひ來て何くれとかたらひ行末はいかにもならはなれいのちたにありなましかはつひには本のすかたに引かへすへきなといはれけれはよみてしるしける

なすさへもしらぬうき世にいのちさへ

ならはとおもふこゝろくるしさ

世の中のさまなとかきて人のもとへおくりける物のおくにかきそへてつかはしける

うつろはぬ一木の花をいのちにて
　世をさりともたのむはかなさ

霜月十二日おふやけよりにはかにめされけれは其夕暮に評定所てふ所に参りぬるにいにし八月小石川やかたになりし時よりよからぬ事なりとて門ふさきてつゝしみなるへき仰事をかしこまりぬ元よりも人数ならぬ身をいかなる罪かふむりぬとも露はかりもなけくへきにあらねともまさしく忠孝の心いとせちに君をたすけ参らせて國の柱とも礎とも世にたくひなき人もいさゝかの事にて役をも禄をもめしはなたれちゝまりおるへき仰事かふむりにけれは行末いかゝなりなん世は是まてにこそなとひたすらうちなけきけるか又思ひかへしてよみ侍りける

うき雲のうき世をてらす月なれは
　なとかしはしはくもらさるへき

伯父にてませる君もちゝまりおるへきおふせことをかしこみ給ひたれ
はよみておくり侍りぬ

天てらす影も雲井にますかゝみ
　しはしくもるを何なけくへき

したしかりたる人の歌よみてつかはされたる返し

今こそあれ冬ごもりせる梅か枝も
　花さく事はなりこし物を

人のせうそこに歌そへておこせたりし返し

なはれ我おもひ入る身をなつさ弓
　ひきもかへさて年もくれにき

學校にて人に文おしゆる事を司る人のとふらひたれは世の中の事何
くれとなけつらひたるにかゝる世となりては人に足もとを見らるゝ
樣にてはなしたれはいかはかりにもしつまりそしらぬ顔にて時のい

さるを待よりほかはあるましなといふを聞臣子の道さる事やあるへきなといへりける時よみて口すさみける

世のうきめ見へぬ山路にいる人も
　ふみのたやしにすむへかりける

そろともに小石川のやかたへもたせのほりて又このたびもともに罪かふむりける人の方より歌よみておとつれける返し

てる月もむかしなからの影なれや
　夜半ふく風を何いとふへき

世の中になからんかきりはそろともに
　國の御恥をすゝかすやある

一すしにおもふこゝろの名取川
　名をこそなかせ後の世まても

小石川のやかたにて執政しける人の忠義の心いとせちなりけるか

くれすむへきおふせ事かふむりて子息鐵壽てふ人に家督給はりしと聞て

いつか又高間の原の月を見ん
　　あなこゝろうの風の音かな

ひとりつれ〳〵なりける時したしかりし人のはる〳〵ととむらはれしかるをよもすからかたらひけるかあすも又きたるへしとて立かへりぬるがいかなる事やありけんつとに宿にかへるへきよし聞へけれは
　よみてつかはしける

あひ〳〵しかひもあらしの山さくら
　　香をたにのこせかたみとも見ん

　したしかりし人のあかざれへ歌をそへておくられし返し

赤鯛のあかき心をこゝろして
　　君かなさけにこたへさらめや

かゝるへき世とはしれとも月かけを
　　　立かくす雲のうけくもはるかな

おくられし鯛をたふべなんとしたる折又かたへより酒をおくられにたれは

おしなへて時雨ふる夜のさむけきに
　　　わか身ひとつの春も來にけり

したしかりし人のかたへ思ふ事したゝめておくりたる物のおくに

こゝろうき雲にもはるかなてる月を
　　　八重にもた重に立かくしつゝ

世をはたにをこしもてなれたらちねの
　　　心にことふ言の葉もなし

したしき人の歌よみてしめされたる返し

世をすつる心はおなしうきふしの

もはおとろへす松風の聲

世の中の事彼是と思ひつゝけける折

世の中のうきもつらきもこきませて

たゝ身ひとつの年のくれかな

# 秘笈詩歌

# 晩綠齋秘笈

目次

御製　今上

すまし得ぬ水に我身は沈むとも
にこしはせしなよろつ民草

老公

しげりはひしげりはふたる萩すゝき
はるに甲斐なき武蔵のゝ原

うたてやむ物ならなくにからころも
いつまでたはたに日を過すらむ

久方の盤戸のまへにしらへし哉
むきつたへたる御代ぞとふとき

うき雲はいつまでかゝる秋の月
後の世までの鏡ともなる

寳船

秘笈詩歌

ぬるうちも夢に瑞穂の東ねを舟
　　くるかん玉そたからなりけり
　　　　　　　　　　　　　　　　水野筑後守

おもふ事いはての山のやゑときを
　　きく人ならんときゝを鳴まし
　　　　　　　　　　　　　　　　因州侯

なつか穂のいなたの國の民草に
　　露の恵みのかゝれとそ思ふ
　　　　　　　　　　　　　　　　仙臺侯

おして見よ異國人のなからにて
　　日本島根のうごく物かは
　　　　　　　　　　　　　　　　二條公

神代より御代につかへて君と臣の

道をしらへぬ國もこの國

おふやけの仰によりて新宿といへる驛に十日はかり旅寐してよめる

高橋柚門

おもふ事なき身も秋は殊更に

幾夜寐さめん荻の上風

返し

鳥居重子

いかばかり露けかるらん旅ころも

寐醒に聞し荻の上風

三輪信善

常盤なる松に心はなからへん

世は露霜の降りかゝるとも

雪中松

信善

色をこそかへね常盤の松か枝も

雪にうつれる時はありけり　老公

御返し

しら雪のうつむることのなかりせば
松のみさをも誰かしらまし

梅花　信善

梅の花今も春へとにふはなん
としやしむしは冬こもるとも

御返し　老公

冬こもりさとへ春へにさかをとも
しる人やしるやどの梅か枝

讀　勅書　上野法親王

巽鳥飛來入武城　城邊無處不梟聲
梟聲日々妨我耳　豈計如今聞鳳鳴

不才權要慕西戎　闔鄕將爲報國風
一紙綸言如旭日　天皇今世　太神宮
贈長谷川峻阜　梁川星巖
自古英雄有屈伸　乾坤何適不陽春
一官脫屣無覊束　便是東西南北人
次韵　長谷川峻阜
豈爲一身論屈伸　釀作　皇國億年春
携來策略書三卷　上國何人用計人
同梁川頼梅田諸豪飮三樹水莊次頼古狂所贈韵　梅田源次郎
未逢英主志無伸　徒議海防三十春
黠虜飾辭渾虛僞　嗟斯順適營私人
妻臥病牀兒叫飢　挺身直欲拂戎夷

今朝死別與生別　唯有皇天后土知

池田大學

東叡鐘聲渡曉霞　他鄉爲客又思家
元朝柏酒無由醉　早被春風吹鬢華

賴古狂

蒼松移得在江城　三百年來晩翠淸
若爲西風變其色　世間誰許木公名

高橋柚門

代簡寄武城友人

自憐平生投鐵戈　薄領終年溺世波
皇國存亡鬼神哭　邸中銳氣果如何

友人某々等議西遊會墨水酒亭臨別見贈尺牘及磁盃々中有都鳥畫感慨賦

飄然橫劍陟山河　報國何人破世波
別後西遊幾宵夢　醉來更唱在中歌

九月望價舟與勝野臺山歸新宿寓居口占

二州橋畔晩放舟　風月蕭條墨水秋
滿腔悲憤向誰語　僅因吟咏漏窮愁

他鄉過重九

獨逢佳節切愁思　父子弟兄三處離
國步艱難何日欲　双親爭奈菊花巵

三輪信善

高橋ぬし三處離といふ唐歌の心よことふ

身をこそゐろふ〳〵よおけ君をおもふ
心とゝりゐかとらさらまし

示子某

會澤伯民

移孝堪爲忠　中國盡心志　所學在平生　滿胸須取義

青山延光

中夜眠醒起傍徨　小金村外露爲霜
西風一拂織雲盡　仰見滿天明月光

金子敬孝

おふやけに事ありて江戸にはせ登る時長岡といへる所にしはしやすらひて

眞心を君につけんとともとなは
まつまもいとゝなかおかの里

吉田於菟三郎

おもふ事書つゝりて君にさゝけぬる物の奥に

事しあれは剣のさかみとりしはり
君かたミちの先はらひなん

普門院松筠　小松寺鱗光之事

燒かまのとかまをもちて武藏野の
　ねこのねこ草かりたらぬまし

春の野におへるをきなのつく〳〵し
　つく〳〵とおもふはわれ世の中

海原のおほひろのそこぬはなせるとも
　君に二心われおもはなくろ

水野鐵鳴

勿來關

武雄又見巧辭雄　立馬關門咏落紅
白幟一搖四夷服　海內何處不春風

西山

踏雪訪尋明主跡　西山豈許世間埃
只有名區清潔處　春風未汚舊時梅

浪華懷古

碎得干城築一城　沐猴終繫玉冠纓
可憐呂后牝雞政　啼起東方百万兵

失題

平生豪氣窄寰區　跋陟〔渉カ〕多年猶未還
六十余州遊已遍　要看赤狄墨夷山

次星巖韻　　岩名昌三

今古英雄有屈伸　豈知寒谷忽回春
天南地北双輪月　照此丹心白髪人

同　　頼古狂

英雄休歎志無伸　一氣通天万物春
珍重丹心一輪月　飜雲覆雨任他人

同　　下日部龍川

英雄蠖屈豈無伸　荏苒又逢二月春
與客今朝談何事　人間誰是偸食人

長谷川峻阜

自跪義榮豈食言　男兒志不在安存　將全節概拋家族
故穢名稱報主恩　一片竹簡身後照　數□□□驛程昏
多情獨有清溪水　嗚咽隨予赴野村

忠諫不遂本末兩家有可傾覆之患

兵變難量彗映天　何人諫草比龍川（予嘗有海防危言之作上之京師）
去官東去君無怪　脫厄將扶宗室賢

三條公

泊りの花

日を經てもおなしみなとよとな（まカ）りせん
磯山櫻おらぬうきりを

井伊侯室名豐

神垣にかくるしるしなは折はへて
　千代もといのる君か行末
　　　　　　　　　　　井伊侯母 名万代

春をまつ心のたけを年の中に
　見せてもかとに立はたきかな

鮎澤君の御許におくられし大和心の御歌とも聞侍りて
　　　　　　　　　　　小林民部権大輔

つけくしのさして行末をしらなみと
　余所に聞てもうれしかりけり

眞心はさらにかはらぬ秋なれは
　筆の折々こゝろかよはせ

東路にしる人とてはさらになかりしか漸に國維君に御親みを願ひし
事にて親とも兄とも思ふ計にて外にはしる人とては一人たになけれ

ハ

秋風にいなハのそよといふ人も
　聞人もなき身をいかにせん
またみねと大和心のかはらねハ
　折々心かよはせよ君
おり〳〵のなつさむさの便りたに
　なさハいかにかうれしからまし

述懐

梓弓はるかに旅路をへたつとも
　思ふ心ハ千重もとふさん
故郷につけよ吹風此やとハ
　戀しき事のなたにそなりける
吉田ぬしのおくれしをいたみて

ますら男の死出の門出のいさましき
　うれしけ顔にかへるからうへ
日下部君の島へ行仰を蒙りしと聞て
思ひきや國の爲のみ思ふ身の
　行末ともに帆をあけんとは
延常大和尚のもとおふやけより罪かふむり流されし事をいたみて賤
うをのうへ貳首よるく\おくり給ひけれは右の返しに讀侍る
國の爲なれはもとうやもはつ虫の
　そみなれぬとも何うらいともん
よるく\と君うなさけのつけのくし
　さして行末のかへみとそ見ぬ
霜月四日はたらちねの忌日なりしうかゝる身となりけれは香をたき
御玉をおひ奉りなん事もなりかたくいとかなしく覺侍りけれは

鮎澤廉夫

いまは御はかあたりはさりあへす
　常盤か原に木の葉ちるらん
今年たく香のけふりはうすくとも
　あはれ御國へかゝる時しも
なき父の忌日なりせは妻や子の
　みはかまふする心かなしさ

あふやけより罪かふむりて傳馬町なるひとやにこもりてありしか小石川の屋形にのこりてありし妻子古郷に歸りなんとせし折　君あはれみて窃に黄金給はりしと聞傳てかたしけなさに讀る

妻や子かなけきの袂いろかへて
　にしききて行心地そるらし
なかさるゝ身にも花さく心地せり

旅やそうれと君ゟ恍くみ﹅

武人不惜死　時至報　君親　口吟意自若　句々見精神

御呼出しょて出ゝる時

身ハたとへ武藏の野邊ニくつるとも

留ておきしハ大和魂

右辭世

右二首ハ　矩方吟詠

西奥揚　沼崎吉五郎

脱字あり

天地もはされとや見んいさきよく

ゟれハあみゝを

國のゝめ君のゝめょもそてょゟん

いさきよき名ハ世々ょ立らん

吉田刁次郎

小林民部の歌之

むしゝゟの猛きこゝろを村そゝめ

むらかりしとて忘りぬへしやは

芳之介 無名之

上の為下をなされむますら男の
　ひろりをのこす死出の言の葉

　日下部氏島へ行と聞おくるによ侍れ

と國のよそるをきらへ諸共に
　島といのちとこゝのひとやと

杉浦仁ヽ（マ）衛門

脱あり

かきのこす言葉のなとをとふらさん
　なみたの雨をそ（さカ）むけやし（にはカ）て

辭世 將就死高吟三回者卽是

頼古狂

排雲欲拂手妖熒　失脚隨來江都城　井底癡哇（蛙カ）過憂慮　天邊片月自高明
身隨鼎鑊家無信　夢度鯨濤劍有聲　風雨他年苔石面　誰題日本古狂生

小林民部権大輔

ゐよしなりておなし島へも送くりなハ
ともに千歳をなをやいのらん

君か名ハ都の外の木末より
ほのかに聞てしるやしらそや

日下部裕之進

ゐよしなられおなし島にもめくりなひて
うされむかしとともにかたらん

思ひきや雲井の君ともろともに
八重の汐路を舟出せんとハ

金子教孝

大丈夫の道ならふらんしけ山の
おところも分（本ノマヽ）もたゝ君のため

戊午之難祗役武城國事多難數來往于故鄕有感　高橋愛諸

來往武城知幾回　此心耿々未如灰
江山儻者神靈在　仰見頑雲不日開

九月念六發公邸口占

客心漂泊老秋風　國事遷延愁不窮
夕賜御衣赴鄕里　一封諫草涕泣紅

勅諚を御覽セられて　老公

久方の盤戸の前ニ去らゐしを
ひきつふへふる御代そとふとき

此歌重出

小石川よて　金子敎孝

國民のほくす心をくみてしる

秘笈詩歌

君のまとのなりやなしやれ

小金にて

心にもならて幾夜も思ひきや
小金の里の月を見んとハ

草枕たひの衣手かさしきて
古郷人そいとしのもるゝ

長岡にて

眞心を君にそけんと友とちを
待間もいとゝ長岡の里　重出

新宿にて

夜をこめてく何わさるへき松戸川
まつてふ人のなかるらましかれ

取手にて

玉章を取手て見れハ思ひこし
本ノマヽ　くさ（うさカ）もむれ行刀根の川霧
　　小金よて
今年（今年ハ事しノ誤カ）ならハいさむ心をとゝめ置て
　　大和魂みかけ大丈夫
安政五午年駒邸護衛之人々　老公の思召として文指南之者へハ聖朝破邪集といふ書を賜り武の指南よハ袋穂の鎗へ古歌一首ッヽ賜りぬ
たか為の名なれハ身よ惜むらん
　　むか好き者ハ武士の道
かゝるとき左こそ命のおしからめ
　　かねてなき身と思ひ忘らすハ

右
成瀬六之進へ

右　市毛五郎衞門へ（マヽ）

いのちをハ輕きになして武士の
　道より重き道あらめやハ

右　菊池鐵五郎へ

千萬のいくさなりとてをあけせす
　とりてきぬへき男子とそ思ふ

右　久米鐵之進へ

大丈夫ハ名こそたつへし後の世ニ
　聞繼人も語り繼くらね

右　鈴木

山もさけ海ハあせなん世なりとも
　君に二心我あらめやハ

右　荒川辨介へ

君の爲世の爲何かおしからん
すてゝ甲斐ある我身なりせハ

右　今井

男子やハむなしかるへきよろつ代に
かたり繼へき名ハたゝすして

右　福地勝衞門へ

おしむとも今まてハ世になからへし
身をすてゝこそ名ハのこりけれ

右　渡邊淸左衞門へ

老公

去年の秋し時雨そめにし月影のさむしくもると見しまゝに晴間もわかぬ
よな〳〵にかゝるうき世を思ひ寐の夢もはるひハむすされす老の寐覺の
くるしさにはらき月日をかそふれハ秋のなかなも過さてゝ野邊の草葉の

露霜に葛のうら葉の恨み侘數多の蟲のねへ／＼に音をのみなきてゆふへ／＼やとりさためぬなさな／＼おきうかりたる聲聞は袖の露さへかわかぬにやかてうつろふ山山の木々の紅葉のくれなゐに赤き心はかわらねと人のなけきの日數さへなたにつもれは冬枯の野にも山にもふる雪にな猶埋れし松か枝の緑の色は常葉にし時し來ぬれは春霞かすむ軒端の春風にやゝほころひて咲梅の色香をこめて九重の雲井にそめる月影にひかりをそふる花を待見な

反歌

時雨にし雲も霞もとれそめて
　月と花とを待ぬ日そなき
うき雲もかすみも晴て咲花の
　梢にすめる月を待みん

鈴高野村

雲紀女

千早振神代のむかし神々の鎮め給ひし秋津島かよもとふとき日の本の清きひかりハいよしへも今も千年も萬代も末の松山末かけてかはらぬ君か御代なるをかくとハいさや志ら波のよせくるとよ異國の事うき舟のゑみしらか志ひてまか事ほとつとようけ引國のなやまちをもちぬ男子の心から　皇國の錄(祿カ)をもみなからまめ〳〵しくもおもほへすはよふ心よぬも玉のくろき眞鍋をかふらひて世よふくひなきいさおしハさもよなれともなやはちハ露もおハさぬひじりなるとふとき君をおりそけて黄金はふまを春山の花ちる如くいちらもし晴る雲井をくもらするたくみの程のなさもかと後世の人の言の葉を聞もくるしき老の身ハ五十の四よなりぬれと七十三の老の母なけくれさらすはかへつゝわかれ侘るをうれしくもともよ心をそへられて　大君の爲國の爲おくれなとりそとおゝしくも老の言葉を力草露をぬくめる朝ほらけ日もふちのほる衣手の常陸をいてゝ敷島の

眞鍋ハ間部之

一ニいちらもしをはきちらしニ作る

道なる御代をこひつゝゆくも歸るも梓弓はるけき道をさゝかにの絲も
たゆます引はへて雲の上までかけ橋を渡る思ひはなまさかるひなに生れ
しちりの身のちりにもるてふ山の井の深き流の源も流てもなほそこきよ
き水戸（ミナト）邊にすむ魚心にさなき身をもわすれつゝ御國の爲と朝夕に心は千
々にくたけともたゝ一をしに行水のせみの小川にみそきしてはる〳〵來
ぬる旅衣曉つくる鶯の野末ににほふ梅か香を天はそらまでぬきなけてお
ゝしかれとも久方の雲井の神にた（て脱カ）まつるなり

反歌

玉鋒（鉾カ）の道はなれてもをゝみ行
　　大和心の駒もたゆまし

敷島の道たとる身はさゝかにの
　　雲井のそ所にひかれ來にけり

原本次行マテ四行アキアルモ續クモノニアラザルカ

梓弓はるけき道をさゝかにの

下ノ句一字下ケナルモ前ノ句ト別ナルヤ四行アキアルヲ以テ原ノマヽ上ヨリ書ス　校訂者識

人わさるとも我はさらし

兼々靜明神へ信心いたし子孫ならん限りは月參致し天保甲辰之變より祈誓をこめ尚更去七月以來は厚く祈誓を籠月々參詣いたし當元日參詣いたし候翌二日の夜夢に靜明神より短冊を賜りて歌をしめと御託宣なりけれは

小澤與兵衛

岩石の道ふさくとも手力雄
ほくしてひらく天の下をは

上巳

頼古狂

守人の言の葉なくは誰しらん
今朝の彌生の桃のさかりを

春

春寒みかたりう（マヽ）きふす鶯の

心にかゝる梅のおとづれ

上巳　　山田勘解由

けふ見んとうへてし柳故郷に
　しらす顔してなひくなるらん
年毎に今朝折そめし桃の花
　いつくの家の瓶にさくらん
故郷にかゝるめくみをしら浪の
　そる〳〵ぬるゝ袖しほるらん

送梅田雲濱　　僧月性

一陽昨夜地中回　雪裡寒梅次第開
行矣山陽春色早　勤王莫後百花魁

藤森恭介

君辱臣死是此時　狼頭虎頭來相窺
廟堂一日苟安策　八萬人中無男兒

頼　三樹三郎

上野櫻

枕邊よひゝく聲さへにほふなる
上野の春のあけほのゝそら

奉　命來小梅別莊有感

墨江月落連營暗　壯士三千報國誠
慷慨歌聲衝天起　何時一發拂胡兵

高橋柚門

くるり行世を引返しあつさ弓
いといさましき旅ころもかな

金子孫二郎

かへせとの君の御言ハなつさ弓
　世を引返す事にやなるらん
高橋柚門

なむれむや血に泣思ひなれも又
　しるやしらすや山郭公
戸田蓬軒

血にそみてなくや雲井のほとゝきす
　我もうき世をなきくらしつゝ

原註 誤字なるべし
夜をこめてしのひ音になく郭公
　なれも思ひのあれはこそなれ
金子敎孝

去年のとしも今年も同しこの里に
　うきをかさぬる旅衣かな

日にそひてうき大丈夫の心をも
なくさむ方の有明の月　　小松寺鱗光

同し所にて

陸奥のいはてしのふの森の露
きへぬはかりの命なりけり　　雨宮鐵三郎

同し所にて

いにしへのかゝみにかけて照し見れは
くもり果たる世のまかたらむ　　與野六衞門

時しあれはかねてそてんと思ふ身を
おしみ面にも人の見るらむ

このまゝにとけてやみなは中々に
はたなかるへき名をやのこさん

鹿島社前ニて　　篠田博雄

浪わけて月たちのほる鹿島潟
　影たに清く澄わたるかな

去秋國難ニ赴く人を祝して
我君の露のめくみの深きゆへ
　民のこゝろも紅葉しにけり

老公御愼以來吉田八幡へ日參して　　伊藤水翁七内父

なしたをも忘られぬ老の一ましに
　君やまつれといのる一とせ

　　水翁の姉

うき雲を吹拂へとの神風を
　老のなもみにいのる一とせ

駒込之御館殊の外草立りれハ此程の暑氣堪兼申候御庭の千草をへ立樣よて中刈よてもいさゝせ候半と伺りれハいらへをハなし給いて　老公

原註　本書よ寄て記す誤字もあるべし

中々よはらぬ種おふ〔て〕ら宿の
人をる草もなむれこそ見め

此草よハ愼の爲よ大切之草なけき物よ愼一入朝夕物立自由なる時ハ諸人心やるみ悪敷此後踏事なられ
かく応るし給ひて机の上よさしおき給ひしとなん

九月朔　幕府之命よよりて水戸へ下り給ひし時　老公

□□□來て又ゑくり來る秋もならハ
ぬさゝひめてん武藏野の月

たんほゝをうへ給ひて

露ならて草木にも心おく世とて
　いはぬ色よきたんほゝの花

御返し　朝比奈豊日子

世のさかを思へはいはぬ口なしも
　ぬかき色よきたんほゝの花

吊
茅根泰をとふらひて　金子致孝

花の香を吉野の宮にとゝめ置て
　いさましくちる山櫻かな

安島帶刀

いまさらに何をかいはんいはすとも
　我眞心は忘る人そしる
誰爲のなき事そとは玉くしけ

二荒の山の神もしるらん

國をうれひ世をなけきての眞心ハ
天にも地にもなにしられえやも

しひてぬく嵐の風のたけしきに
なにむはるへき草の上の露

午十月三日阿部伊豫守へ御預けヽ人々に豫州酒宴を賜ひたるに人々
も明日刑に逢んといふをしりて各志をよめる

高橋兵部權大夫輔カ

木枯に吹立られし樫の實の
はやくもおつる神無月かな

伊丹藏人重松

なれぬれハうしと思ひしひとやさへ
今ハこられとなるそかなしき

神無月時雨とともにちる物は
木々の紅葉と我となりけり
山田勘解由章

まかつみは君の世を思ふ眞心の
深からさりししるしなりけり
頼三樹三郎醇

臨刑
我今爲國死　死不負君親　悠々天地事　感賞在明神
吉田寅次郎

雪ならはいくたひ袖をはらはまし
花のぬぶきの志賀の山越
山田勘解由

武藏野に名におふ月のくもるとも
てるともしらておくる月日を

我常々身を以　威公以來之鴻恩萬一に報するの志願ニ候得とも一度機を失ひ重き御咎蒙り恐入候次第之幽居中獨思慮するニ　前中納言君深く寃罪ニ被爲沈　中納言の君重き　勅諚御尊被遊かたく　威義二公以來之御高德沈淪するに至るも畢竟公邊之有志奸計[司ヵ]之爲無此上國家之大事ニ及ひ人臣の職死を以て國家に報するの時と存すれハ天下之爲ニ奸賊を誅し國恥を雪き　威公以來之恩澤に報するの外他なるましと深く心を苦しめ進退未タ決し兼たる折柄或夜の夢に二ツの首を見たり親しく見るに安茅兩忠臣面貌生るか如し夢覺ると物淋しき事いふへからす是全く兩忠臣之英魂我に決心を示敎するなりと誅奸之一念是より一決し既に亡命之身となり今より形を變し潛匿し誅奸のみ志願なり事なるの後不測の變知りかたし同志之人心を一ツにして兩君を奉守衞事專要なり我死しても守衞の儀かたく賴置と申立去りぬ其比よ光る歌

佐野竹之介

思ひきや今のうき世は敷しまの
　こゝろはかりの露のさたかけ
かりならぬ旅のやとりにろふは又
　思ひそいつるしきしまの道
うき事はいやまさるとも剣太刀
　あたなす人をはらひきよめん

梅田雲濱

死生有命任所宜　樂彼天命亦何疑
皇道陵夷夷狄熾　欲爲日本眞男兒

四勇士上方に行節仲仙道國井峠ニて遥〔遙カ〕ニ東ヲ見て詠

武田伊賀守

以上ハ歌ノ上句ト下句ト別

仁と義と禮にやさしき武士は生て幸有死して信あり

行ナリシガ是ヨリハ上下ノ句ヲ別タズシテ續ケタルモノト別行ニシタルモノトアリ今大概原形ヲ存ス　校訂者識

田丸稻之衞門

心にもあらて行世の思ひきや筑波の峯の月を見んとハ

山國兵部

行先ハめいとの鬼と一勝負

藤田小四郎

いささらハふた度とハん死出の山

所左一郎

我かハね長岡原ニさらすともくらき此世を空にうつさん

手堀村保平

今さらに死する命ハおしまねとたゝおもハるゝ國の行末

赤塚村利三郎

今迄ハ孝の一字も盡さねと君の爲とて死する命を

快刀除毒術如神　痼疾瘳來體日新

不用蓬萊求藥去　世間還有答茲人

床井親德絶筆

呈子成志村君

玉の緒のたえも空もいかてとまるへき世々にあまりし君のなさけ哉

元治二年乙丑四月三日

常陸床井親德絶筆

四月三日　辭世

我死は四つのさふゑに八つのひじ誠忠の鬼となりて守らん御代の基哉

右園部俊雄

むまりから死出の山路の露けさもあはれといはん人たにもなし

右奥野介九郎

君は爲盡せ心はまさかゝミ曇らぬ御代のひかりとやせん
君は爲水にも火にもいらむやとかねておきりし命なりけり

右　富田三保之介

あつさ弓むりし心の一すし哉
　　撓むへきかは苔の下まて

右　薄井十兵衛

今はたゝ言の葉をのミ菊川の流きよむては露そおきそふ

進
右　渡邊宮内衞門

にこり行水の流き哉くミわけて
　　すまにや君か千代の眞こゝろ

久維
右　金子勇次郎

烏羽玉のやミしにまよふ我身かな
　　夢かうつゝかあはれ世の中

世の爲と思ひきりせは中々に
もなてふ恥を重ねざらまし
親德　右　床井庄藏

玉の緒はたゆともよしや君が爲
世の爲盡す武士の道
右　成邦　内藤眞之允

村時雨いろに梢をふりかけてもゝそは薄きもみぢなるらん

物のふにはます心も世に高き
足から山の秋の夜の天
氏和　右　向坂宗十郎

越の海なのり出たる時鳥かひろゐがけて聲ひびくなり
時行　加藤德太郎

鹿島潟行衛しら浪たく舟のうちと頼ん君がなさけぞ

うち侘て千々よ思ひ迯酔（碎カ）きつる賤かの心を忘る君そ忘る

成信　師岡龜之介

村雨よにこりし澤のなかき水むるれいやかてすまんとそ思ふ

俊武　山岡庄太郎

よしあし迯ゐゝすの杜と聞からよ
　露も我身を迯しまさりけり

をつく波の麓の里いしくるきと
　雲井の天をいとゝさやけき

庸信　佐藤庄吉

今朝見きれ三保の松原雪ぬりて一夜よ咲る花かとそ思ふ

義昌　檜山辰太郎

吹風よ池の氷のとけ初て波の花咲く春のれとおさ

氏和

かくまかといはん計の竹垣はうき一ふしもこもらさりけり

忠善　深澤悌之允

遠近の山もいつしか冬枯てけさふりつもる峯の白雪

照硊　榊原新左衛門

照「硊」ハ原書ニヨル寫誤ナランカ　校訂者識

君の為思ひはかくも鳴海潟時雨にしほる袖の露けき

忠吉　谷　鐵藏

我戀は人にもいはて衣のふくさ忍ふとすれとぬるゝ袖かな

和定　富田三保之介

曇らしと思ふ心はます鏡

よきもあしかも照してそしる

數ならぬ我身も君か思ふとて

恥てふたちか忍ふなりけり

知行　中星藤吉

うき雲の晴間し〔な脱〕さふ旅の空
天哉よにかの身の行衛哉

政常　谷　彌次郎

別き行君哉送れハ冬の夜の
名残りもおしき山の端の天

進

別きてハ哀もいさゝまに鏡光りもくもる我なミたかな

中　山　民　部

君なくハいかよほすべき我袖よ
かゝる浮世の五月雨のころ

成信

寒しさハなさ思ふへき守人ハ
幾夜か霜よ立明すらん

正誠　小泉靜右衛門

村時雨ふりさけ見れはとし鷹の
　と山の紅葉うつろひにけり

佐藤純之介

底清き心は君やくみしけん
　うしにおりせし那珂河の水

霜かれん物ともいさや白菊の
　君の情はきせ綿にして

美正　松延喜眞

はもるれきおのとしくれはふり捨て
　尾花の雪は吹あらしかな

よるへなみたゝよふ船のこゝもこぐ
　梶ぬりゐてんとはりおらせよ

隆保　白石坦藏

此行衍字又ハ誤字アルカ　校訂者識

なかれての世まてそすまん東路の刀根の川水うきにこれさも

かりかねはにならぬ物から鳥栖してかいるゝ身さもなりにけるかな

正誠

あたし野の草葉の露もかいかぬ哉

又袖ぬらすきよ時雨かな

佗つゝも物思ふころのあかつきい

さもしふきへもしくをぬる哉

茶

成信　奥野介九郎

玉きせる宇治の山里春深ミをさ光すきへて（ひカ）木のめつむなり

乙女らか袖の匂ひをつみそへて

千里にかほる木のめなりけり

朝雪

貞幹　中村任藏

花ならぬ梢も今朝ハなかりけり
　よし野の山の雪の明ほれ

正則　中村孝之助

雪

冬深ミ木々れ梢もちりはてゝ
　吉野の山ハ雪の花さく

重眞

蟲

なミの山こそはれはやし分入て
　あられ木かけになちやよるまし

隆信

窓雪

此まそ哉天夜よしそやいひてましぬらぬくまなき雪の光りに

美正

冬天

もきはかぬか里その霜のしろきもりみにてもあらは冬の夜の天

成邦

武士のあたちの眞弓弦とりて
　　すくなる御代に引やかへさん

まてとてし我身なりせはまし波の立も歸るも思はさりけり

將軍　　　　　　　　　　　　美正

まものおまきこしめさせし君か代にたへた(てカ)てつへき事し有とも

　　　　　　　　　　　　　　氏和

心なにミかける元に先くらきは
　　玉も東をてらささらはし

瀬邊雪

阿ふ海やとせの渡りに立浪は
　　むられえ雪の色やよすらん

　　　　　　　　　　　　　　隆信

あくれかハ心よかゝるちりもなし
　　ほもるハ松ハこほれそよして

靜御前

もれゝ訴もあふ鎌倉の山風ろ
　　忘れてかへす袖のあ𛂰れを　　　　貞幹

谷かけや世よぬし柴の言の葉ハ
　　人の手折らんこ𛁈もそつゝし

海邊雪

雪つもる礒山松よ風吹ハ波よお𛁈なきそなそちりくる　　　　隆信

武藏野の廣きめくみのかゝらん𛁈
　　露計ゐよおも𛂰きりしお

はてしなしかゝるうき雲ならはせてやかて朝日に立昇らん　弓野兼忠

恨戀

にきの間もわするゝひまもなきものを君はつきなくなほおもふらん　兼忠

枯るゝにも又ももい出る若草の
あらぬやまりぬる身にはなりなん　床井庄藏

微忠聊獻野人芹　巧舌何堪貝錦紋
一陳哀雁如在意　天南啼渡万重雲　福地勝衛門道遠

窮通付天命　道義聊相期　滿襟正大氣　自有達人知　菊池治衛門武恒

十六島邊一葉船　紫烟翠靄鎭長川
幽囚笑對千秋雪　正氣巍々星嶽蓮

贈床井先生　佐倉士　渡部松十郎

故國山河沒戰塵憐君心事最悲辛身羅纆緾（縲カ）紲禍難免詩人窮愁語更眞家信茫々無一字夢魂夜々省双親休言晴室長寃屈天地偍來雨露新

文久二年壬戌臘月十六日

# 再來記行

鮎澤

極月十六日晴立春

曉天守衞士須田孝之進幽室枕頭ニ來リ今日役人共ヨリ命ヲ傳ルコアリ定テ可賀事ナラン早起スベシト云五ツ半時比用人長溝保大夫目附穴見惣兵衞兩人來リ守衞士闗屋壯ヲ以御達申度義有之ニ付圍ヲ出候樣通達有之付入ル側ヘ出ル暫ク在テ長溝等來リ此度　公邊ヨリ遠島御赦免被

仰付候趣表ヲ以到著則別紙之通之トテ手扣之書付ヲ渡サル依テ右御請　公邊ヘ差上實名幷花押ヲ候樣清書指出候ニ付實名等認メ（同氏跡ヘ）・印ヲ居ル右畢テ長溝曰麁抹ニハ候得共主人ヨリ賜ハル旨ヲ以テ双刀渡サル夫ニ禮答申述小刀ヲ帶ス兩氏始メ席ヲ下リ祝言ヲ述フ引續守衞士等同斷然後長溝又曰早速江戸表ヘ召連候樣御達ニ候ヘ共邊土之義御支度ヲ始メ萬事候間多分廿六日方御發途ニも可相成（候脫カ）半夫迄之間大日寺（公使抔旅宿ノ寺ナリ）ヘ御止宿被成度尚又江戸迄御送りニ之私御付添被申付候間何角御世話共ニ可相成抔夫々挨拶有之兩氏引取

此日兩氏ハ勿論守衛士迄禮服

然シ後守衛士申聞候付前髮口鬚ヲ刺リ禮服ニテ四ツ時過大日寺ヘ移ル

此寺城ヨリ南ノ方四五町ニ在同行ニハ守衛士秋山庄兵衛江戸迄見送被申付候人之

關屋壯長野直太其他數名之引移間モナク長溝氏毛利侯ノ使トシテ來リ

今日ノ佳禧幷麁抹ナル料理ヲ賜ルトノ旨ヲ傳フ其後家老戸倉六郎兵衛

番頭間七郎衛門西名惣左衛門用人坂本外記古河長左衛門梶西兵馬安田

新左衛門佐久間九兵衛郡奉行古賀五郎左衛門山口藤左衛門等何レモ禮

服ニテ祝義ニ來ル其ヨリ引續守衛士幷會計方高妻嘉大夫吉田大之進等

追々來ル八ツ半比ヨリ諸士ト祝杯ヲ酌ム此日心情恍惚如夢只々　恩

命ヲ感激流涕スルノミ

料理ヲ給フ時秋山氏相伴坊主給仕熨斗ヲ始メ三ノ膳中酒薄濃茶等之

且此大日寺ハ公使旅宿ノ寺也

十七日晴

昨日俟使ノ禮トシテ長溝氏宅迄罷出度旨守衛士兒玉律藏中島羆一郎ニ告ク両氏ヨリ長溝氏ヘ及〔衍カ〕通達ニ及候處同氏來訪此節家第取崩假住居故通訪指支候趣斷而演述ニ付其意ニ任セ扣ル

　此日ニ至り夢もやゝ覺ぬる心地すれハ

夢とハミゐとる我身の事もやゝおもひそ覺ぬ現之とハ

故郷よとしふりませるぬゝ親をぬゝひ仰くとの嬉しさ

此寺後庭頗ル廣ク城下ハヅレノ往來ヲ見渡サル維爲囚既四年此日始テ樊獄ヲ出テ遊歩シ日月ノ光ヲ拜ス心情云ハン方ナシ夫ニ付テモ故郷老双親及ヒ妻子ノ歡モ如何計ト遠察シ窃ニ涙ニムセプ追々賀客來リ祝盃夜二更ニ及フ

　此日衛卒儀藏ヨリ鳴一頭酒一樽ヲ祝ニ贈ラル

　醫生並河濟民此度同行ヲ命セラレシ由ニテ來訪始テ對話ス

十八日晴終日風余寒强シ

用人梶西兵馬祝義ニ來訪晝後長溝ヨリ樽肴贈ラル土屋ヨリ同斷夕刻高妻來ル當直ハ關屋長野佐野長谷川一同祝盃ヲ酌ム夜分ニ至ル

十九日晴風有晝後止

中島氏ヨリ教孝編井廣瀬手跡及送別ノ詩ヲ贈ラル學校教主水筑小相ヨリ送別ノ詩歌中島ヲ以テ贈ラレ（此人ニハ對面ナシ）關晦翁（守人ヨリ養父）維カ一身ノ運氣ヲ筮シ慇懃ナル一書ヲ贈ラル恐懼々々賄方勤清内京衞門（同心）ヨリ酒肴井當直中島阿南兩子ヨリ酒貳壺ヲ贈ラル晩酌及夜同前日此日晝後天氣快晴如春日後庭遊歩心氣和暢

廿日晴

長谷川佐野山本秋山高妻古田須田田原町醫幸庵等ヨリ銘々酒肴ヲ贈ラル尚又祠官橋迫内記ヨリ送別之短册數枚ヲ贈ラル諸子皆來訪頗ル大會杯盤狼藉夜及三更

廿一日晴

戸倉氏ヨリ樽肴關屋ヨリ鰻魚土屋ヨリイル子幷鰹節曲物餞別ニ送ラル晝後院主ニ對面ス爲餞別杏雨ノ書及海苔等ヲ贈ラル梶西氏ヨリチヤボン同斷大サ可驚前文用人役四人郡奉行兩人ヨリ樽肴祝義ニ贈ラル衞卒穀治逸平ヨリ同斷長野尾間松岡佐藤増衞門須藤弘藏等酒肴野村衞よりチヤボン目附高瀬穴見會計役宮脇集之允酒肴同斷祠官柴田右京ヨリ同斷幷ハ別ゝ詠歌幷錦小路殿短冊同人師網代權大夫扇面廣瀬淡窓ゝ揮書等數品贈ラル晝後家老戸倉氏始用人郡奉行宅ヘ長年預厚恩候謝禮幷贈物ゝ挨拶暇乞等東ヲ廻訪ス尤用人以下ハ玄關迄ナリ右畢テ郭外五六町程ニ鎮守明神ノ社有リ行テ拜ス同行ハ須田佐野兩子ニ四年來始テ帶刀步行腰痛ヲ覺ユ八ツ過歸院前文酒肴ノ贈ラレケル諸子追々來訪頗ル壯會酒宴如例夜四ツ過ゟ至

廿一日ヨリ廿三日ニ至リ廿二日ノ記事ハナシ

廿三日晴

此日外出後番頭間西名兩子幷木許より樽肴到來ス

監察穴見高瀬暇乞ニ來ル醫生奥井春巧今泉元的同斷晝後戸倉氏始役々同斷矢野多門ヨリ秋山ヲ以松魚味噌曲物ヲ贐ニ贈ラル關晦翁ヨリ手澤ノ硯守人ヨリ小刀ノ錺並河ヨリ煮海鼠并詠歌守衛士一統及木許田原ヨリ爲贐菓子幷砂糖土屋ヨリ松魚節煮附梅干大日寺住僧ヨリ杏雨之書小林繁之允母ヨリ紫蘇附是ハ關守人ヲ以内々贈ラル其他諸子ヨリ送別之詩歌追々到來一々記ニ不暇略ス此ニ殆ト窮スルヿアリ多年幽室ニ賑(昵カ)近スル人々唐紙短冊持參ニテ維カ揮筆ヲ請ヒ形見ニ殘サントテ强テ不止餘リ固辭スルモ知己ノ意ニ背ケハ不得已短冊ヘ蜂腰ヲ書ス追々請人多數十枚ニ及ブ汗顏々々夕刻料理出ル惣而如前日此夕諸子別ヲ惜ミ追々過訪滿坐貳十人余杯盤狼藉歌舞恐クハ郭中ヲ驚スラン夜四更ニシテ止

諸人よりやきまされ別れをゝしみそやまとからうた贈られけれと
耻かしな我身におもぬ色と香をこめてそかほる大和とのも
また人々より短冊をおこしてたまとうなを乞ひて好まれけれは

よしあしもなにはと人にせめられてかきよ（のカ）こしたる水茎の跡

廿四日晴

早起結髪入浴旅装野羽織野袴ナリ五ツ過長溝始秋山並河瀧澤及同心等旅服ニテ來同守衛等ノ諸子ト離盃ヲ酌ミ四ツ時大日寺ヲ出立ス門前ニ多年懇意シタル同心數名並居ル夫々挨拶ス門前ゟ郭外迄見物人爲群秋山曰矢野多門ナル者途中ニテ是非對面致度ト云如何行違ケルヤ不逢遺憾ナリ尤倅ニハ逢ケルカ同姓ナルヿヲ不知贈物ノ禮モ不述不本意之キ通路長溝氏ノ門前ニテ土屋六衛門迎フテ別ヲ告角石ノ番所迄歩行ス城下入口也此處迄守衛士并年比懇意スル人々送リ來リテ別ヲ告ク維多年守衛士數名ト交ル如兄弟流涙無辭此處ヨリ乘輿ス二里程行古内村ナル寺院ニ休ム長溝氏并ニ秋山等酒肴ヲ携フ來ル依テ暫時杯ヲ酌ム其節駕中ニ一書アリ披キ見レハ古田某の名ありて

別れても言の葉草の露をおき筑波の山の有んかきりは

霜雪のいとゝ深かる草枕身をはゝみなくいゆけますら男

八百萬神の惠のかゝるとふれとゝめておき別之とり

右ニ答へて

故郷ハ筑波の山も遠くともとの葉風ハ絕しとそおもふ

霜雪のふる度とはゝみなくもけてふことをおもひますら男

千早振神の惠のかゝるとふ別きとなれるはそうかなしも

角石てふ所ニ而諸士ニ別るゝとき

別を行ろさも忘れて四年あまりなれつる谷の里を社おもへ

れろはせん身をし分はれ遠近ニ心ゐあるるとふの別路

附箋

此處ヨリ南ニ當リテ佐伯惟春ノ城跡有昔ハ海浪岸ヲ洗ヒ漁人網ヲ引ケリト云今ハ田町一里余ヲ隔城下ヲ經テ海岸ニ至ル碧田桑海可想長溝氏曰佐伯領山中ニ八戸村トテ臼杵領高野村ニ相續キ皆大友ノ舊臣也戰敗レシ時隱レケルナラン紋ハ隅切角ニ三ノ字又兩村ノ外ヘ緣組セズ今ニ

傳來ノ陣大皷アリ長サ貳尺余經一尺余紐ニテカヾリ有之脊ニ負ヒ後ヨリタヽキタル物ナラント云

道をのら天津そらのうち晴ゐるおしきを仰きく
籠鳥の翅ならしてむれくとみそらをかおる心地社すれ

鏡山よて

武士れ鏡の山いむれ曇る空よ心のう総りやとする
むくらむよ移してを見ん鏡山けそらへし身い老やむぬると

此鏡山ハ道險シク山高シ彥山始豐後の山々見亙サル此邊迄小休所三ヶ所ヨシズ小屋ニテ新ニ設ケ置リ薄暮津久見村大庄屋宅へ止宿ス同所迄城下ヨリ五里先年下向ノ折モ同宅へ宿臼杵領ト境ヲ接ス

廿五日晴晝後曇ル晩ニ小雨

未明久津見村ヲ發ス鳥居越ヨリ引續倉角山ニ懸ル山ノ中程ニ臼杵ノ家士野支度ニテ槍ヲ爲持扣居ル中溝等應接ス

扨倉角山ヲ下レハ郡役人上下ニテ路傍ニ扣テ在リ秋山氏ヘ手札ヲ出ス貳里程行臼杵城下ニ至ル昨日牛頭天王ノ祭禮也トテ家中屋敷門内ニ幟立リ城ハ龜城ト唱ヘ海中ヘ出張波濤石垣ヲ打要害頗ル堅固之大友宗鄰ノ縄張ニテ退隠後住之ト云又家士モ城内ニ住スル由四五日前失火市中三百軒程燒失ス町會所役人案内スルニ付會所ヘ休フ市尹渡邊左大夫持祿四百石上下ニテ出向挨拶アリ茶煙并酒肴ヲ出ス是鄰國ノ好公命ヲ以テノ通行故取扱丁寧ノコト察ス末廣村里正宅晝休リ臼杵ヨリ一里白木山ヲ越ユ絶頂ノ眺望無比豐後ノ海島ヲ始メ四國ノ山々烟靄ノ中ニ見渡サル薄暮肥後侯飛地百尾川ヲ渡リ夜五ツ時提燈ニテ高田村ニ止宿里數惣計八里余

附箋

白木越より佐伯の方を見やりて
住なをしかさいきことも白雲のうちとなるまて遠さかるとも

此邊去年八月中洪水山汐ニテ百（マヽ）度川溢レ人家并牛馬流失夥敷今ニ家中ノ者死生不分者有之由止宿ノ里正宅抔も床上五六尺も水ニ浸候跡

アリ田地も多分損失ノ由　此所ニ肥後侯ノ船藏アリ

廿六日霄ヨリ雨終日不止

六ツ半時高田發興府內晝ニ里城ハ平地海岸ニあり家中屋敷不殘郭內ニ在リテ不見町家ハ麁抹ナレ共一里程通行ス城下ハヅレヨリ由原八幡社迄道程一里ノ間石ノ鳥居五六ヶ所建リ何レモ國主ノ寳名ヲ彫レリ此日雨天ニテ時刻後レシ故不立寄遙拜ス街道ヨリ社頭迄五六町モアランカシ四極山ヲ越ル登降共路險ナリ所々海上ヲ見渡サル折悪雨天ニテ所謂笠縫島不見遺憾之右山ヲ越ヘ三里程行テ濱脇別府公領ナリニ至ル入浴場軒ヲ並フ此時既ニ薄暮衛卒等止宿ノ意アレ共宿割治定セシ𛀙故長溝不許雨中提燈ニテ四ツ過小浦村ニ著一同疲勞

附箋

四極山よて

雨雲よ山分衣うち玄ほき戀れと見えぬ笠縫の島

廿七日雨

六ッ半時發足立石迄三里余同所晝休立石ハ木下圖書助領分ナリ右ノ方ニ當テ日出ノ城下海岸ニ見ユル立石ハ燧石名產ナル故求ル宇佐ヘ三里余此日モ終日雨天深泥（マヽ）難行一同疲弊夜四ッ過著止宿頗難澁

此日通路五十町一里所々ニ在

廿八日早天宇佐神宮ヲ拜ス御普請新シク壯麗之但恨クハ兩部故神宮朱塗ナリ境內頗ル廣ク少ク山ヲ登ル御朱印千石社家三百六十人アリト云領地松平主殿頭殿飛地ナリ高瀨村晝宇佐ヨリ四里在途中中津城下ヲ右ニ見渡ス此邊田畠開ケ曠遠ナリ二里行キ蜂屋同所ヨリ駕行五ッ前推田ヘ著止宿此邊海邊ニテ景好シ五十町同前

附

過にし丙年元日の夢に宇佐の社を拜ミ精神貫といふ文字を書て捧ケ歸りしよしをある人ゟ話されい精の字をくつして見きれい二十一月八十八と奈りて其比にはしめて度事あらんといひきれたるかさして霜月の廿八日にてその數ニ當り神のみつけれとも〳〵かしこ

箋
くおもひ侍りたれは
むと日なよきろせぬ神のミつけこそくり返しつゝかしこかりけれ

此日長溝氏ヨリ重役ヨリ兼テ申聞有之迚金ヲ贈テ曰ク餘品ト違ヒ如何敷候得共何欤御土產物御求メ品モ可有之猶又駕夫等夜ニ入難澁ノ節抔御手元ヨリ被下候ハヽ本懷ニ可存候間受納致呉候樣申聽ニ付任其意請取ル依而從卒幷駕夫ヘ夫々遣ス

廿九日曇ル晝後雨

早天推田發途小倉侯領分大橋村晝三里半小倉領之驛ノ樣子賑ヘリ是ヨリ苅田迄步行一里半同所ヨリ駕行三里半行小倉ニ投城下頗ル廣ク町中繁榮尤除夜ナレ共時分カラカ混雜ニモ見ヘス家中ノ者往來スルヲ見ルニ立付羽織ナリ小倉領ハ田畠開ケタルヿ豐後路ニ異ナリ旅亭主人ヨリ除夜ノ祝ニ酒肴出ル」產物袴地等調ル」小倉侯此十一日江戶發足ノ由將軍家御上洛ノ御先乘御直封書到來俄ニ發途ト云」一昨廿七日肥後侯通行人數三千

人上京之ト云正月ニハ薩州侯通行ノ先觸來リ人數一萬人程トイヘリ
旅亭ハ素麵屋ト云佐伯侯用達

附箋
小倉のやとりよて年の暮よ
あら玉の年もつくしれ旅ねさへおもへれ今宵かきりそなり
暮行をおしむ袂よ初老の年浪さへもよおんとそらん

正月元旦曇ル夕ヨリ雨
早起屠蘇雜煮等主人ゟ出る
一苅田村小休ノ主人歌人ニテ僕カ歌ヲ好ムヨシ從卒魯一申ケレバ悅ビテ西田某ノ短册ヲ送ラレケル西田ハ小倉藩ニテ有名ノ歌人之トゾ且佐久間雅ト云仁モ同藩ニテ豐前風土記ヲ著シ是モ歌ヲ能讀リト云西田今ハ故人トナリ臼杵ノ孝世ト云人ノ師ノ由孝世ハ春草集と云歌集ヲ著ハシケル人之ト云
渡海ノ船頭吉作之大悅

晝後渡海下關へ三里小倉ヨリ玄海ノ鼻迄十四里對州へ百里ト云下關ノ〔一〕海上右ニ當リテ與三兵衛島ヲ見昔與二兵衛ナルモノ豐太閤ヲ鐵炮ニテ〔一〕討ントセシ島トテ石燈立テリ又左ニ岸龍島アリ海港ニ大小船數艘懸リ繁昌（マヽ）ナリ夕刻著岸直樣阿彌陀寺へ參詣ス寶物并平家戰沒ノ畫像等ヲ見ル龜山八幡宮ヲ拜ス頗美麗大社之

安德帝御劍僞物敎經大刀同斷薄墨ノ御　綸旨數通大閤ノ杯并羽織ノ〔一〕紐御詠歌〔短冊〕其外朝鮮登海ノ節諸將ノ詠歌トアリ

夕刻ヨリ雨同所止宿本陣方扇面揮書願出レ共固辭

昨年五六月異船七艘滯泊長州侯ヨリモ蒸氣船一艘參リ居海岸へ鐵炮ヲ双へ木戸ヲ打白晝ハ異人上陸ヲ禁候由

住吉明神ハ一里程左ノ山ニ在ト云

附箋（一）〔小倉より下關へ渡りしとき過よし年渡せし事をおもひ出て
このたひは黄染のなかに色かえてあまのそほ舟乘るか嬉しも

赤間關にて元日に逢けれは

附箋(二)

春もやゝ迎へかてらに鳥かなく東路よりや立て來ぬらん

朝日かけはやあかまの關の戸を明くのとけき春は來にけり

附箋(三)

龜島八幡宮を拜ミ

動きなき岩根をしめて萬代も國の守の龜しまの神

二日陰晴　五十町一里貳里アリ

早天發（此所より陸尺チ雇フ）旭の海面ヲ照シ光景好シ海岸ニ添ヒ松原を行長府ニ出（此所貳里）（末カ）毛利右（左カ）京亮領分（城アリ）二ノ宮ヲ拜ス（神功皇后三韓征伐ノ時植サセラレシ遺松アリ）

清瀬驛迄一里半（毛利某侯領）市中家作相應之又一里半行吉田宿へ止宿夜九ツ過ナリ此處大毛利侯領之萩迄十四里ト云

附箋(一)

長門國驛路ニて

春の日もやゝ長門路を昨日けふ吾妻をはそく旅そこひしき

附

此日始て鶯のなくを聞て

(二)箋 なれもまゝ今を春へと古巣より世を鶯の出てゝ鳴らん

三日晴

未明發途二里半朝市宿人家相應此處南ニ當リ陶の本山ト稱スル山アリ尾張守城跡アリト云一里半舟木驛晝休此驛ニテ薩州侯娘江戸ヨリ下向スルニ逢フ家來等晝食ニテ混雜ス長持等百棹駄荷同斷多クハ通シ人足多シ奥家老躰ノ者兩人其外ハ皆小臣ノ樣之村々ヨリ人足三千人ト云小郡ヘ止宿四里半維去未年正月四日此旅店ヘ止宿セシ故主人正月初宿吉祥之迚喜悅不斜ト云同宿ヘ大村丹後守ノ奥歸國ノ由ニテ止宿也

四日朝雨暫時ニメ晴

早發三里佐野峠ニ至ル好景頗佳之佐波川山の麓ヲ流ル田町人家碁布ノ如く左右山々巍々海上ヲ見晴豐後豐前の諸山蒼靄の間ニ出沒ス是ノ峠ヲ下リ佐波川ヲ渡リ一里半宮市休此地豪家多ク妓樓有之繁榮之松崎天滿宮ニ詣ス大社壯麗之晝後肥前家老鍋島河内京師より　勅諚奉戴シ歸

國スル逢フ行列ニ本道具手筒貳挺打物かゐお筒引馬之淺黃綸繻之油タンヲ懸し簞笥ヲ數人是ヲ警衛ス岡本忠左衛門と云もの先行也（富海宿ヲ過）四里半福川へ止宿

附箋「佐野峠よて
越し方よいつくれあれと海山のなゐめゑ（まゑカ）ましき佐野峠哉

ウキカ峠椿ろ峠大サナ越

此邊ヨリ簗杵ノ姫島遠洋ニ見ユル大數十里程之ト云海岸ニイナ取ノ漁船數十見ユ德山領ノ遠島迄

天滿宮ハ菅公左遷ノ時憩ヒ玉ヒ親ラ肖像ヲ書セラレタルヲ神体也ト云唐銅ノ牛馬龍口吐ノ洗手瓶（唐銅同斷）五尺四方之鰐口幷文應手号ノ撞鐘アリ

五日晴未明發

一里程行　莊寺八幡宮ヲ拜ス大社之二里德山城下ハヅレ砥石八幡宮ア

リ是又大社三里半花岡驛晝休花富八幡宮ヲ拜ス同大社之　招キ坂村等
ヲ經て高森驛止宿惣程八里半此處木綿縮名產故土產ニ買フ
右招キ坂村ノ先ニテ先日肥後ノ士馬ニ乘候處馬驚キ落馬スルヲ憤リ馬
子ハ逃去ルニ付獨馬ニ乘鞭ヲ揚て行けるか惡馬故又々落候を憤り馬を
刺殺ス其事ヨリ肥後之者へハ人馬ヲ繼不申騷ニ相成段々事六ヶ敷金三
十兩ニテ內濟ニ成ルト云

附箋
「道のほとりに梅の花の咲ゐるを見て
此春ハ身にしみ〳〵と梅の花おかし色香もあはれこけり

六日晴　晴天

曉天發
貳里柱村此邊惣テ山間一路ナリ半道程行往還ヨリ右へ廿町入レバ岩國
ノ城下也町家も相應也錦ノ里ト云テ錦川河流一里程行テ海へ落ル水上
ハ石州津和那(野カ)ゟ出ル水程十八里之ト云右流へ橋五ツ掛レリ中三ツハ橋

株ナシ前後貳ツハ株アリ何レモ長サ貳十五間幅三間流ヨリ高サ十五間程其橋ノ繼目ハ石垣ニテ築立洪水ノ節水ヲサクルガ爲ニ角ヲ取リ三角之根入深ク疊ミ上鉛ニテ留ムルト云橋ヲ渡突當ハ陣屋ナリ實ニ奇観不可謂道ヲ右ニ取關戸驛ニ至ル十八町此處晝休蚊帳并縮名産商人携來リテ勸ムルヿ頻之關戸ヲ過小瀬川ヲ渡ル下關より三十六里

此間左ノ方ニ龜山ノ城跡アリ

人形石名物之此ハ錦川ノ流ヲ砂を巣ニ作ル蟲アリ巣の口より五月比蝶トなりて飛出ス夫殼へ首ヲ仕繼キ人ノ形ヲ作リ賣フ玖波驛ニ宿ス

二里

七日未明曇曉天晴

晴天玖波驛ヲ發ス此處嚴島ヲヲ向ニ仰キ入海廣ク至テ眺望ヨシ婦人品ヲ運フヿ所謂ヲハラメニ同シ驛ヲ離レ山ヲ登ル所謂四十八坂之始終嚴島を向ニ仰き海面如鏡所々ニ島多く絶景之

四十八坂ニて

附箋
よそしあまり八ツのさこゐ道越るよりうき世の坂いむおしかりけ里
嚴島の周圍七里鹿猿夥シ馴ルヽ丁如犬ト云。土風殊ニ外不淨ヲ嫌フ死亡人ハ病人体ニナシ安藝の地方ニ送リ葬ルト云土人曰ニ昨年祭禮ニ節爲見物ニ狼獸ヲ引渡セシカ如何シテカ逃出シ追々山中ノ鹿ヲ喰殺シ此節ハ鹿ノ數至テ少シト云又昨年八月中天火ヲ發シ草木三日三夜燒ルト云其跡色替リテ見ユル廣島ヨリ一里半同行ノ士七八人詣ス

嚴島ハ海を渡りぬさハ詣てかぬるときゝそ

附箋
人やまの旅ならなそハ又更よいつそしま山よそよ見ましや

廿日市晝四里半此迄同處天滿宮ヲ拜ヲ同所名物ニトテ楊枝賣フ一里半草津ヘ休此邊入海ニテ島々多シ殊ニ天氣和暢艶陽ノ候ニ似ゟリ此草津或茶店ノ庭ニ堀込アリテ海ヨリ續キ絶景ニ過ル年下ノ折晝休ニテ泉ノ魚ヲ喫ス頗美味ニシ丁ヲ予ト同行ノ淺澤覺居レル故立寄ケルカ模樣替リテ

魚ヲ不飼一同失望ス同處より一里半廣島ヒ著町屋廣シ通行橋五ツ渡る

運漕便利ナリ見附内ヨリハ旅人ノ入ルヲ禁ス櫓數ヶ所天主遙ニ見ユ家

中ハ不殘見附内ニ居住ノ樣子之城下ニハ本陣脇本陣ヨリ外ニ旅店なし

皆安藝侯より普請スル由ニテ殊之外手　古屋也

附箋（岩國の錦帶橋ヒて

錦川帶ヒ渡せる橋々のゑくミい何といさ國の里

此附箋ハ六日岩國通行ノ處ニ入ルヘキモノナラン　校訂者識

八日晴霞深風寒

未明廣島發城下町家續壹里余町ノ末ニテ津和野侯ノ奥方歸邑ヒ逢フ龜

井侯い佐伯ヨリ親類ノ由ニテ長溝等下乘ス海田宿小休貳里新宮ヲ拜ス

小社之拜殿奉納之鹿の角

如圖

奇品之

一里行上瀬尾宿晝大山越ヲ經て三里半西條四日市へ止宿廣島ヨリ此處マデ山間ヲ通行ス當處カキ貝名物ナリ

扨石州へ行ニハ近道アレ共アブ山トテ白晝ハアブ禍ヲ爲ス故夜中通行スル由此度ハ奥方ノ事故迂路ナラ〔レカ〕共周防路ヲ經テ歸邑スト云

九日俗云花曇八ッ過ゟ雨

西條四日市曉天發しまゟ市迄小坂あり

濠田庄紫翠庵へ晝休此主人六年以前麥田より兩頭ノ龜ヲ得珍藏ス見之眞靈龜決テ非作物普ク通行之人ノ詩歌を請フ小倉侯ノ短冊を始詩歌并書帖不少予固辭不記其摺本ヲ貰フ同行並河藻門しよむきよ

龜の頭壹つありてそたりぬへしぬるつれなとゟとふとかるへき

と短冊へ書て棚へ置けるゟ跡ニ而主人失望爲るべしと笑いき怒田川懸橋を渡り怒田本郷へ出此より三里行三原城下へ止宿ス城ハ豐大閤之築立櫓も數ヶ所城石垣之模様さま〳〵よ喰違ひ頗ル堅固之城之藝

州家老某三萬石領ス尤一年ニ一ヶ月在城ニて藝州ニ在住のよし此所鐵乃物名物也人々求ム此地海岸ニテ運漕便利九州より大坂へ航海之船懸りニもなる場所なり

十日曉更風アリ雲晴後曇ル北風寒を覺ゆ

曉天三原城下發此邊貳里程瀨戸內よ添て行糸崎八幡宮を拜ス三原城主淺野甲斐建る石表アリ古松海へ横り絕景之

玉くしげ三原の瀨戸の庭をよみ數もしらぬの行きまる見ゆ

三里小野道人家一萬軒寺數七十何ヶ寺と云瀨戸內ノ舟附故繁昌なり二里過いまり宿晝休今津川かけ橋アリ貳里程行福山侯の城右ニ見ユル七ツ過神べ宿へ投ス本陣大家之り今津より四里

福山侯領代官旅宿ニ訪フ

十一日晴暖和

晴天神邊驛發一里半高屋宿福山侯領此邊山間山邑開ケリ且福山領ハ竪

十里横モ十里位之ト云一里七日市一橋公領之日芳橋長拾四五間七日市川流三里行矢かけ川かけ橋を渡り矢掛昼食二里行八坂村ニ吉備公之墳墓あり五尺計ノ塔脇ニ石燈貳ツ圍ヒハ三間四方石矢ライ之脇ニ國主伊東播磨守ノ建ル碑アリ高サ六七尺石ノ鳥居貳ツアリ額ニ吉備大臣ト記ス七ツ過河邊宿本陣泊矢掛ヨリ三里又ハ七十二町此邊五十町

附箋（吉備公の墓にて
大和なる倭文のあやよ唐錦織り重ねてや色ももえあれ

夕刻伊東侯ヨリ使節アリ
夜ニ入佐野兵五左衛門伴所藏兩人宿所ニ來リ水戸會津君御通行ノ由承リ罷出ル・是非御面會致度御藩中ニも武田菊池御兩人ニも江戸表講武場ニ而懸御目候事も有之ト云思フニ定テ會翁ノ間違ナラント心付其趣申通シケレハ引取ヌ
十二日晴暖和

河部驛發宿外河邊川流ル舟渡し山陽道中ニ大川之水色濁ケルヲ怪ミ尋ケレハ春彼岸迄ハ濁彼岸後ハ澄リ然故ハ水上ニ銅山有ハ之ト水手答フ板倉宿へ三里板倉攝津守殿領分也同處より右ノ方五六町隔リテ吉備津宮本宮アリ脇ニ吉備の中山細谷川アリ今ニ細ク岩間ヲ流ル右本宮ハ至テ小社之夫ヨリ左へ土間ニ廻廊百三十間程行テ神宮ニ至ル壯大ナリ皆白木檜肌ブキ御本社八間四方前ニ隨身門貳ツアリ石壇ヲ下リ石ノ鳥居アリ御朱印ハ百六十石社家持之右廻廊ノ中程ニ湯殿アリ祈願人ヨリ願ひ湯ヲ焼クト也宮右ノ邊ニ寺アリ瀬尾太郎兼康ノ墓石其脇ニ陶山左衛門ト云石塔アリ瀬尾ノ家來ナランカ社前ノ町遊女アリテ賑リ夫ヨリ御山ノ下ヲ十町余東ノ方へ廻リ行ケハ吉備ノ一ノ宮アリ是ハ岡山領ナリ六間程ノ石燈籠アリ神宮モ壯大ナリ夫ヨリ橋ヲ越へ本海道へ出ル十八九町ノ廻リ道之正月故參詣人多シ御山ハ松茂リ宇佐同樣之一里行テ宮内村晝休八町行テ岡山城下城ハ平地ナレ共流水石垣ヲ繞リ櫓高く堅固

ノ様見ユ家中屋敷ヲモ通リ筋ハ皆練リ塀長屋ハ土藏腰瓦ニテ美麗ナリ町家ヲ一里程行バ京バシト云橋有間數六七十間小船數艘兩岸ニ繫キ運漕ノ便利繁榮ノ地ト見ユ秋山ハ同藩水筑ヘ内弟子ニ來居ル醫生難波常三郎ナル者ヲ訪フ難波ハ豪家其父醫名世ニ鳴シ仁ノ由此邊田畠等開ケ地味モ宜シ海岸ヘハ三里ト云藤井ヘ二里七ツ時著本陣ヘ投

十三日晴大霜夕刻小雨

曉七ツ時藤井驛發一里半ひと市村吉井川舟渡シ此邊ニての大河之朝霞籠て水尾不見水聲高く幽景之此川上ハ作州津山より出十七八里一里かゝミ村同處より十町程行左之方ニ大内村百姓一井某ノ庭ニ臥龍梅あり枝九條左右前後ニ播茂地を這ひ長サ十八丈年暦百余年を經ると云往來ノ者立寄さる者なし池田丹波守幷母公之休札アリ繪圖を求ム一里いんべ村此間ニ用水堤アリ長廿町幅貳三町水漫々タリ芳烈公幷蟠山之遺業ナラント思ヤラルヽ此いんべ陶器ノ場所ニて店毎ニ種々之燒物あり予

德利ヲ求ム從士皆笑察ルニ酒客ノ所好ト思ナルベシ半里行片山宿一里
入中村晝燒山ヲ越二里三石驛森侯領之右途中木下内匠助奥方歸國ニ逢
フ至テ手輕打物箱駕籠長棒琉球包ミ婦人ノ供不見具足箱爲持シ士駕籠
貳挺跡ハ步卒四五人ナリ
此處ニテ供ノ者ノ話ニ過日　一橋君京都へ御著　將軍家上京日限未
分小倉侯大坂御屋敷逗留岡侯今ニ京都滯留云々一里おしゥ原蠟石ミ名
產ニテ數品アリ肉入印石等ヲ求ム有年峠ヲ越俗ニ播磨箱根ト云格別ミ
險道ニ非ス二里過有年驛此邊猪多シ山際皆土塀石垣ヲ築廻セリ七ッ過
三ッ石宿本陣止宿赤穗領之
雲州ノ士曰御上洛多分二月七日八日方トノ急脚到來故俄ニ出府ト云
十四日小雨四ッ時晴
曉發有年川舟渡シ一里ミやの尾宿又壹里鶴龜村同所ニ龜屋千助龜屋萬
介とて茶屋貳軒アリ鶴屋へ小休ス蓬萊石ヲ見ル竪三寸橫貳寸位自然ニ

鶴亀竹梅ニ模様あり奇石之右ヲ祝候短冊公卿衆ヲ始數百枚アリ又大石始義士ミ石摺あり蓬萊石并大石忠雄鶴ノ書ノ石本ヲ求ム赤尾ノ鹽ニテ製タル櫻花等アリ同求半道程行片島宿又一里正條宿正條川流ル舟渡此處より左ニ龍野城見ユル半道程隔ツランシ右正條川ヲ渡レハ左右ノ山々やゝ遠リ田畠曠大ニ開ケリ一里行鵤宿書山田峠ヲ越青山川歩行渡リ此邊ヨリ右ノ方遙ニ播州灘打渡シ繪島并亀島床島等見ヘ景増絶廣峯書寫法山寺等ミ分道左ニあり又因伯雲州等ヘ分ル道あり貳里半姫路城下天主ハ遠方ゟ見ユレト城下ニ至レハ平城ニテ城ノ形勢不見太閤ノ築シ也ト云町家も一里程通行ス所謂姫路革ノ市店數ケ所アリ胴亂ヲ求ム城下外市の川舟渡し一里行テ御著泊リ

附箋〔繪島のわたりを見やりて

やよ誰かうつられ空ほを家つとに繪島かはきの春れけしきを〕

姫路町ハヅレニ武兵衛ト云モノ迎ニ出ツ是ハ配流ノ節江戸ヨリ送リ

來ル駕夫ノ頭ニテ予其折熱病不辨人事依テ大小便迄モ世話ニ成ケル者也此度中川侯ノ世子下リノ供ヲシテ大坂迄送リ來ルト云一体御著宿住居ノ者ニテ始終江戸往復ヲスル者ナリ御著ノ旅宿ヘ酒肴ヲ祝ニ贈猶浪華迄是非送リ度趣卑賤之者ニハ殊勝也酒料ヲ遣ス

衞士曰中川侯世子方十二月十三日江戸出立シケルカ途中ニテ一橋君ニ行逢隙取今日迄日數三十日ニ至ルナリ室ヨリ舟ニテ豊後ミサヽ渡海スルト也（ミサハ肥後侯ト村替元中川侯領ノ由）

十五日晴

曉天御著發まめ崎へ一里同所曾根ノ松へ十町余之ト聞テ行ク天満宮ノ社脇ニ菅公御手植ノ松アリ寛政年中枯レタリ迚幹今ニ殘レリ松ノ皮ノ模樣恰石垣ノ如ク比類ナキ大木也其側ニ遺蘗（蘖カ）繁茂シ縱横蟠旋セリ夫ヨリ十町余行テ石寶殿ヲ拜ス少彥名尊大已貴命兩神ヲ祭ル其寶殿ノ樣五六間四方ノ角石水ノ上ニ浮ク委ク見ルニ下ニ臺石ハアレ共石ト水トノ

際ノ透タルヿ奇怪也上ニ靈シキ草木生ヘリ三方ハ石山ニテ右寳殿石山トノ間僅ナル所ヲ人往來ス僅一間位モアラン神作トモ謂ベシ一里程北ノ方ヲ指テ往還ニ出ツ加古川舟渡シ此迄ノ大流之京ノ愛宕山ノ後ロヲ流ル、川之ト云一里行西川晝休細川侯奥方歸國ニテ道路荷物混雑スなが池のへ一り此邊な海岸近く淡路島向ニ見ヘ四國九州山々蒼靄の間ニ彷彿ゑり絶景々々一り大久保小式部の森へ行道アリ不立寄一里明石也（二）人丸社を拜そ領主な建る碑あり筆柿とて筆の形なる柿御社ノ後ニあり歯の痛の節含メハ痛去ル之ト云薩摩守忠度ノ塚アリ是ハ家中屋敷ノ間ニアリ石塔ノ側ニ松貳本アリ思フニ昔ハ海邊ナランカシ明石町續キ大倉谷ト云所ニ止宿

附箋（一）
曾根の松の本（木カ）みく
むこそへも枝なる丶迄なりになり曾根の神松幾代經ぬらん

附（一）
人丸の社まて

（二）箋「いまもかく大和ことの葉のなるへとや世に筆かきのみを結らん

此夜五ツ過並川ヲ誘ヒ海邊へ出テ月ヲ賞ス向ニ淡路島左ニ舞子右ニ明石川口常明燈蒼烟ノ中炎彷彿トシテ月影殊ニさへ渡リ未早春故朧ニモナク奇絶ノ景光不可云然ル中ニ秋山來リ暫ク彷徨シテ旅宿ニ返ル

附「明石にて月を詠めて

あかし潟あミうち際に並居してむ月の空の月を見る哉

旅のやとりへ歸りて

春寒ミうらミなからに見し月をおもひ明石の旅枕かな

十六日朝陰ル後晴風寒

未明提燈にて大倉谷發途舞子濱ヲ過ク波濤岸松ヲ打淡路島ヲ去ルコ近ケレ共未明故黒雲棚引カ如見一里半さるみ宿一ノ谷ノ下ニ敦盛ノ塚アリ此邊ニ至ル比日光山ヲ離ル四五町行程ニ左ノ路傍ニ都戀シノ松アリ」

其本ニ小キ祉アリ石表ニ村上帝ノ祉トアリ鹽屋へ壹里須磨寺ニ詣ッ義經腰掛松アリ枯て根のミ殘きり須磨ニ而肥後侯ノ奥方ニ逢行列ノ御道具美麗侍女ノ駕籠百有余薩州へ競ヌレハ人數倍セリ鐵拐峯左ニ見ユル又左方往還ヲ去ル丁三町計小高キ所ニ長州陣屋見ユ一（里カ）壹半兵庫因州侯晝休ニて茶屋塞リ依饅店ニ休楠公ノ墳ヲ拜ス廿町程行ケハ大杯ト長持樣ノ物次ニ勅書ト書タル札ヲ立タル長持數人警衛シ引續因州侯御通行ニ出逢予ハ勿論長溝等迄下乘ス斯テ二三町通過ケルニ因州近臣某來リ侯ヨリノ命ニ京師ゟ御呼出シカ又江戸御召カ其邊ノ模樣御承知被成度旅中迷惑ニハ有ケレ共御逢被成度トノ申聞ニ付俄ニ旅服ヲ替長溝一同駕ヲ兵庫ニ飛ス近臣神戸大介取次ヲ以拜謁ス侯曰長々遠國ニ預ニナリ色々不自由艱苦ナラン併此度ノ歸赦年來ノ志モ達シ難有存候ナラン予モ京都へ被召難有事之是も畢竟

先樣御精忠ノ餘澤ナリ今更悔ミテも詮ナケレ共今一兩年も御在世ナラ

如何計御嬉しく思召候半長々遠國ニ居何事も承申間敷ナレ共此節ハ京都ニ　思召誠ニ難有事之中納言殿ニハ承知之通　先様トハ御向モ違ヒ候ニ付先達而色々申上タル事有之彌右衛門伊賀等も再勤ニ相成此度御上洛ノ御供御願ニテ御上京ニモ成ヘシ何ヲ申モ兄弟中直情ニ申カヌル事も有之候ヘハ歸國之上ハ夫々心付之儀具ニ申上輔佐致候様頼ムトノ命アリ感激且又仰ニ此度我等も國許ヨ難捨置事有之壹ト先歸國又候御上洛前ニ　上京致候心得也色々承度ヿモ候得共旅中又毛利家之家來爲待候間隨分道中無事旅行致候様何そ遣度存候ヘ共旅中不行屆幸ニ承知之通　英明之御噂も有之　青蓮宮様ゟ拜領スル池の氷といふ御菓子有之旅中慰ニ遣可申尚旅中之事ニテ何も無之候ヘ共支度致候　様家來一同相用候様抔御丁寧之尊命ヲ蒙ル

八ツ時比駕ヲ急セ幾田いむら住吉ヲ經テ暮過西ノ宮ヘ投ス拜領之菓子ヲ長溝氏始ヘ配分ス

附箋「須磨の浦ニて
旅衣きちの遠山めもなるよかもむ朝の須磨の浦なミ

十七日晴霜多
西宮曉發武庫川掛橋貳里尼崎間道を通行辰巳川を渡る一里行同所ヨリ武庫山北よ當りて見ユ又淀川ノ下ヲ渡りなつそふ宿晝休八ツ時大坂天滿十貳丁目毛利家藏屋敷ヘ著留守居役今井鐵五郎也夜ニ入小野川秀五郎登坂ヲ聞尋ニ來ル謝シテ不逢
聞ク毛利侯極月九日ニ御家督ヲ世子ニ讓リ老侯九日今侯八日江戶出立今侯ハ京都ヘ御立寄ノ由始テ分ル藏屋敷詰高宮喜惣太ニ逢フ同人ノ短冊及芳樹ノ紀行ヲ贈ラル

十八日雨　陸尺江戶迄一人六兩
大坂ヘ逗留夕刻吉川祿左衞門過訪曰ニ舊臘十二日　傳奏使ヨリ勅書御下ケ水戶公御召ノ急脚江戶ヘ發ス鈴木石州頂戴ニ上京ノ由

君公ニハ　將軍家御洛前御上京ノ由武田氏モ今程ハ御上京ナラン先日
御觸ニ
一橋公爲御警衞武田修理其外有志五六人トアリ長者町御屋敷モ御普請
アレ共御手狹故本圀寺御借入ノ由　將軍家ハ蒸氣船ニテ大坂迄入ラセ
ラレ大坂御城へ御入淀川御通船二條へ御著城ノ由町觸等アリト云
吉川ニ託シ六日便ヲ以國許幷江戸間柄へ一封ヲ仕出ス
十九日陰夕ヨリ晴
雇船手間取レ晝前藏屋敷前より乘船三十石積貳艘難波天神天滿橋ノ下ヲ過キ
御城ヲ右ニ見ル半道モ過レハ櫻ノ宮皆若木之五里過ル比日西ニ傾ク淀川急
流川幅廣ク渺々タル大河之肥後侯姫方江戸ヨリ歸國ノ由ニテ下リ船數
十艘行逢フ
平方ヲ越シテ日暮八幡ニテ月山ヲ上ルヲ仰ク景色幽ナリ四ツ半過伏見
著船同所町屋大名方ノ宿札掛リテ在

廿日晴

五ツ時伏見發ス町縦横頗廣シ一里歡修寺村歡修寺左ニ見ユ四五町來リ右ニ石表アリ行平公ノ塚（藤高公ノ塚）アリト記又貳三町行テ左ニ石表桓武天皇陵道ト記ス此邊孟宗竹山夥シ大津追分ニ出ツ（京伏見追分ナリ）左右共山ニ町屋一側ニ双フ煙草管双六盤ヲ商フ店多シ此邊山ニ松ヲ切倒槇ニス又所々御賄御用會所ト云札アリ十町程行ケハ逢坂關之關明神清水明神アリ此邊運送荷物皆牛ニテ通行スル故道殆惡シ大津驛（伏見ヨリ三里）町家頗多道長シ左ノ方ニ藤森ノ社アリ大社ノ様見受ル同所晝休樓上見拂好（晴カ）シ湖水眼下ニメ比良比叡左ニ在リ濃州諸山雪ヲ帽ニ戴キ百足山ヲ始メ西ノ方ハ石山邊迄見渡サル宿ノ右ニ義仲寺アリ義仲ノ戰死ノ場所之石塔アリ同寺內芭蕉翁ノ塚幷祠堂アリ又右ノ方ニ今ニ兼平戰死ノ塚五町程先ニ田ノ中ニ見ユル十町程行膳所城下ニ至ル町家美ナラス瀨多橋ヲ渡ル新シク掛替タリ湖水流レテ右ニ石山観音見ユル膳所城湖上ニ見ヘ此邊好景不可言

筑州家老浦上信濃ニ行逢フ行裝手筒十挺貳本道具打物箱貳ツ槍具足箱〔品カ〕
供廻多シ草津驛止宿伏見ヨリ七里同宿藤屋某ノ宅ニ活人石慶雲石テフ始〔　〕
々ノ石ヲ存スル由行テ一見ス右ノ外奇石日本ハ勿論外國迄ノ品々アリ
夜ニ入遠城寺源兵衛佐伯侯歸國ノ宿割ヲ勤メ同所著ノ由尋來リ酒一壺
草津產汐見饅頭ヲ祝ニ贈ラル三年超ニテ面會同氏モ喜悦不斜依テ杯ヲ
酌ム江南ノ形勢大略ヲ聞四ツ比枕ニ就

（一）春若ミなゐ山おろし絕へ〱よかきゝ渡きり志賀の海つら

逢坂の關

（二）立返る惠れ浪よあふ坂や關の淸水れ流きよし身も

廿一日晴朝霜

未明提燈ニテ發驛輿中寒ヲ覺一里程行朝日出ツ百足山ヲ左ニ見麓ヲ通
ル二里余石部宿家並不〔　〕一里半田川此邊瓢簞店多シ一里半水口驛晝
休

同處毛利房州晝休ニ付最寄ノ茶店ニ扣ユ長溝並河等直ニ旅宿へ機嫌伺ニ出ツ暫ク在テ予扣所へ國矢藤衞門使ニテ對面モ致度候處聞及モ候通半身不遂言語モ滯ル故乍殘念逢不申旅中不快ノ品ナレ共遣ストノ使之且國矢氏ヨリモ此度ノ佳儀トテ品物ヲ送ラル」家老齋藤衞士ヨリハ秋山氏ヲ以申聞ケニ旅中不快ニテ引籠居候故不掛御目宜敷トノ傳言然ル中ニ長溝氏來リ主人不快中ナガラ幸同宿ニテ出逢候ヿ故言語不自由ナカラ逢度トノ申聞之依テ直樣旅宿へ出國矢披露ニテ謁ス候曰長々在所ニ罷在何カト不自由致候ナラン併此度ノ御□〔赦カ〕免我々始一同大悦ニ存候嘸難儀ノヿモ候半ナレ共　公邊ヨリ御定規モ有存意ニモ任兼ケル抔話アリケレ共言語澀リ不分明余程肥滿ノ容貌ニ見ユ夫々謝禮ヲ述へ右扣居處へ追々是迄守衞ニ出ケル人々來訪土屋牧太山本忠之允黑田省吾同心ニハ又兵衞治兵衞才太郎等也山中肇ニハ宿ノ入口ニテ倉卒ニ面會ス互ニ遺憾之此宿ノ入口ニテ荷札ニ水戸ト書ケル駄荷ヲ駕中ヨリチラト

見受ル誰ナラント氣ヲ付ルニ不逢然所國矢曰ニハ昨日水戸ノ御家士四五人跡先ニ成參リケル故貴君御赦免ニテ明日抔ハ御下リニ御逢成サルヘシト申ケレバ始テ御承知ノ由ニテ大御喜ヒ之ト云然レトモ不逢跡ニテ聞ケバ小子ノ通行ヲ宿々聞繕ケルト云遺憾不已又秋山曰ニ內藤某ト云貴僕先年江戸留守居ノ宅ヲ尋子御國元御兩親始御家內御平安之宜敷申通吳ル樣賴ミケルト云始テ國元ノ安否分リ雀躍不已二里過テ土山宿同處本陣ヘ今侯勢州晝休ノ由ニ付同所ニ扣待ケルカ程ナク著ク追々先年守衞ニ出世話ニ相成ケル人々竹中黑木古河等駈來祝義ヲ述フ又家老佐久間儀衞門用人津川長左衞門ニ始テ面會ス長左衞門取次ヲ以テ勢州侯ニ拜謁ス長々僻地ニ在リ嘸不自由ナラント云御歸途平安幷長キ年月厚恩ニ預ル禮ヲ述ヘテ退ク然後長左衞門ヲ以反物茶等ヲ惠マル又佐久間氏ヨリハ菓子ヲ贈ラル夫ヨリ急キ夜五ツ過貳里余坂ノ下ヘ止宿竹中曰礫邸堀口君ヘハ度々御尋申御安否モ其時ニ委ク申上ケル併此

度下り前ハ繁多ニテ御赦免一條不申上ハ不本意ナりき扨御國表モ一折ハ

勅諚御返上云々ニて御家中派黨分レ夫ニ付テモ御家兄様誠ニ御殘念

尚又二郎君御死去其外ハ御雙親様始御平安ノ由御子息君ハ三人御扶持被下ケルト云々ノ話ヲ始テ聞テ竊ニ旅服ヲ沾ス喜中ノ悲嘆

又九郎君備前ヘ御養子御取極ニテ備前ヨリ家老始メ追々御登余一君喜連川家余四君唐津御養子御取組トノ由

鈴鹿山ヲ下リテ坂下宿坂道長ク險シ鈴鹿明神幷田村ノ社アリ谷流湲々杉林空濛ナリ

水口驛ノ前ニ川アリ横田川ト云其川ノ傍ニ藤房卿ノ古跡アリ其邊ニウツクシキ松トテ一山殊ノ外茂リ見事ノ松アリ夫ヲ他ヘ移セバ葉色變ルト云

附
い呂世の事を夜もすからなかきさく

箋（人れ世のむろなき跡をおもひ絲の枕ゟむじくあろつきの鐘

廿二日雨風モアリ

曉發雨色濛々鈴鹿山ヲ越ス一里半關土〔地カ〕藏堂往還ノ右側ニ在脇寮モ破風作リニテ構ヒ立派ニ見ユ同處製關ノ戸ト云菓子并火繩名物之宿末膳所侯ノ奥方下リニ逢大□人數ナリ又尾公上京ノ先供ニ不絶行逢フ一里半龜山之城ハ堀廣く用害好キ見ユ二里庄野宿晝休此處ょて尾公ノ旅行ヲ拜ス暫く脇本陣ニ休ミて御通行ヲ避ク夥敷御同勢之石藥師へ貳十五丁此日雨殊ニ强シ依テ四日市へ止宿ス二里半夜六ッ半比此日石藥師宿佐々木重藏ノ短册ヲ晉一貰ヒケル由ニテ贈ラル御代官多羅某ノ家來ニテ弘訓ノ弟子柴田左京懇意ノ由其所緣ヲ以賴ミケルナラン

廿三日晴風アリ

六ッ過四日市ヲ發一里富田燒蛤ノ名物ナリ味美ナリ一里小向途中ニテ濱田ノ奥向歸國ノ行列ニ行逢五十八丁行桑名町家賑ハへリ城海中へ押

出波濤壁ヲ搗ッ且構ヒ廣ク家中屋敷皆其中ニ在リ脇本陣晝休舟ヲ雇ヒサヤヘ渡リ海上三里也サヤヨリ薄暮神守ヘ著本陣ヘ止宿ス秋山並河兩子佐屋より鰻魚調へ來リ旅亭ニテ杯ヲ酌ム此邊田畠打開ケ尾州之富饒思ヤラル廿町計行大ナル木ノ鳥居幷石燈籠アリ津島天皇ノ一ノ鳥居之金毘羅へ參詣ノ道者皆兩社參リ辿津島へ行者多シ

廿四日晴暖和殊甚

曉發一里半萬馬宿此邊ニテ島原侯ノ歸國又秋田侯上京ニ行逢ゲベル筒持ッ同心体ノ者多シ貳里岩須賀舟渡を越セハ名古屋城ノ天主遙ニ見ユル貳里宮之　熱田明神ヲ拜ス大社朱塗壯嚴燈籠數百建てり御本社ノ前ニ拜殿貳ツ思フニ　勅使ノ通行スルナラン南ノ方ノ町へ出る町家繁花ナリ一里半來リ笠寺宿笠寺觀世音路傍ニ在リ大伽藍之此邊ヨリ信州御嶽山北ニ當リテ群山ニ聳ヘテ雪ヲ戴キ鳴海へ三十町夫ゟ有松へ半里此處所謂絞ノ名處商店何きも廣大ニテ行客ヲ呼フ竹田屋某（庄五郎）ノ宅ニヨリ晝

休且絞ヲ長溝氏買入レ房州候ゟ賜物ニ贈ラル池鯉鮒宿池鯉鮒明神左ノ方ニ見ユル大濱ヘ一里卅丁此處ニテ日將暮一里余矢萩橋ハ破レ舟渡シ也岡崎迄夜ニ入テ止宿ス

廿五日晴天穩之

早昧岡崎發足一里程行大平村大平川舟渡シ此度板橋新規ニ掛ル(三州ニテ矢作)(大平吉田ヲ三河ト云)途中ニテ小柳津久七富山岩之介ト荷札及駕籠ニ行逢フ志同からさる人なからも戀シク覺ゆ一里半藤川法藏寺ノ驛を過赤坂晝休半里御油宿より五六町行ハ左の方ニ長家構之屋敷あり聞クニ豐大閤ノ伯母ニ當候旗本ノ士松平某之宅ニテ昔ちやを山ニ澤山仕立ケルよし此節其遺法を繼候欤山を開きいと若きちやを植立なり吉田へ貳里半吉田川橋あり頗ル長シ城ハ道ヨリ北ニ當リ平地頗廣シ家中屋敷も城中ニ住居ス一里半貳川此邊山多シ又一里半六ツ過白須賀驛ニ泊ル右之途中岩屋のかんをん道并小松原道之石標あり

廿六日殆輕暑此日長溝風氣流石氣忙數誰も避易
未明挑燈ニて早發一里程ニテ明タリ荒井驛毛利家之用達疋田某宅ニ休主人酒肴ヲ出ス水戸家ノ用達疋田八郎衛門同家之由ニテ品を贈ラル長溝氏ヨリ挨拶物取扱フ御關所ハ斷ノミ二十町舟渡シ此日天氣好海上霞亙リ穩如鏡面高師山何らと顧見きれ霞の中ニ彷彿タリ好景不可言舞坂ヘ著船一里半行篠原又壹里半行濱松之城を往還ノ左ニありて不見此處まて道中桃花漸開折よれ滿開の花もあり宿之末吉野屋ニて晝休此店關東一之茶屋といふ見世れ思ふゟれ狹く見ユレト調味頗美之一里余行て天龍川を渡る諏訪の湖ゟ流落ル此節貳タ川ニて水增シ急流ナリ十町計行池田村ゟ近道ヲ經テ見附ニ出ツ宿賑ヘリ夕刻ゟ雨降出シ一里余急キ六ツ過袋井驛止宿大炊川今朝川留タリトテ諸家之飛脚早打を始大坂御定番神保山城守組與力高家横瀬侍從其他諸家之士絡繹不絶往來殊の外混雜ス

附箋〔荒井の渡を渡るとき
波風のあらゐの海ときゝしゝと霞を渡る舟ののとけさ

廿七日曇

曉天袋井驛發掛川へ貳里十六町城ハ左ノ方ニ在平地ニテ大手のミ往還ゟ見ユル所謂產物ノ葛布ヲ求ム長州家老毛利筑前ニ行逢大分供連なり二里日坂宿坂ヲ登きい夜泣石あり所謂サヨノ中山也峠を貳ッ程越て菊川ニ至る細き流なり光親卿昔ハ南陽縣菊水云々今ニ引競へ昔を思ひや〕る貳三町行て同藩鈴木殿ニ駕籠ニ行逢フ御上京ノ御用ニテ西上スルナラン山を下レハ金谷驛大炊川ニ至レハ藝州侯歸國ニテ渡場混雜ス人夫壹人賃錢九十四文之渡りて島田驛ニ至る比藝州侯ニ逢フ馬上之跡先三四騎双フ又前後四側ニ拾人余西洋筒を持し同心備を爲セリ皆劒付之貳里八丁夜ニ入藤枝止宿

〔大君れ惠の浪ヿ袖ぬきて昔を云のふ菊川れ水

廿八日天欲晴

未明挑燈よて發ス一里行明タリ廿町過て岡部宿夫ゟ宇津の峠ニ懸ル頗ル險シ此處ニて米澤侯上京ニ逢是も炮隊ヲ揃へ皆ケベル之サレド鳥毛の長柄も數本持セゐり笠ハ皆 　鼠黒塗朱塗又金箔へ針（マヽ）貫ノ印之中ニき黒キ毛ニて笠ノ中ヨリふところ樣ニ下リタルモアリ具足箱ヲ爲持候者少ク皆筵包又ハ風呂敷包ニテ國ゟ之人夫ニ爲負タリトナリ古風實用可賞馬ハ惣數十疋計之米澤侯歩行セリ貳里鞠子宿晝休一里程行阿倍川ヲ渡ル夫ヨリ廿八町府中御城ハ左の方ニ在リ町家縱横頗廣シ一里小吉田一リ九丁江尻雲州侯泊ニテ旅宿もなし勤テ興津へ越ス此邊景色尤好シ右三保松原左ハ豆州ノ鼻相對シテ遙ニ烟波ノ中ニ見へ清見寺左ニあり只寒風烈敷ヲ恨ノミ此驛ニモ鍋島閑叟幷秋月侯奥方泊リニテ宿處なし依テ清見寺門前立場ニ宿ル　此日秋山風氣大ニ弱れり

(一)夢ならてかよふよしなきうつの山現に越るけふの歸るさ

（二）　興津のむまゐよて
（妻を子を遠くおきつのかり枕立返る浪の音のゆかしさ

廿九日陰晴夜半風アリ

六ッ半發駕秋月侯奥方下國ニ行逢一里半倉澤村茶店を望嶽亭といひて
田子浦よ富嶽を浮へ奇絶不可言此店行客立寄サルナシ立寄テ杯ヲ酌一）
里由井・驛（麁）之一里蒲原四五町行　晝休此處より富嶽眞向よ見ゆる頂雲懸
きり半里行て岩淵硯水昌等之名物之坂を下きれ藤川之急流之一里行吉
原宿泊リ晝比ゟ長溝氏病症殆苦痛ノ樣子也並河秋山も風邪ニ而不臥旅
宿覺閑靜

附箋（詠めてふんつくれあれとおれやこの名も高きゐの田子の浦ふし

二月朔日深更ゟ雨四ッ比ゟ雨ハ止モ不晴

曉發一里半柏原ハ蒲燒名物此邊富士ノ根ニ添フテ行ト折惡ク不見遺憾
原宿ヲ經テ沼津城ハ平城形勢不分大手ノ前を通ル町並宜シ一里半三島

宿江川太郎左衛門代官預所之三島明神へ參詣ス地震ニて大破此節御普請最中ニテ御假殿之鳥居前ニ而晝休是より箱根山ニ掛ル先年西行ノ節と違ひ道普請アリシ故大ニ人馬之疲ヲ救フ一里八町三ツ谷一里山中五拾町箱根毛利家ノ用達本陣ハ松平豐州泊リニ付紀州家ノ本陣某へ止宿扨毛利家之用達石打太郎衛門ハ水戸ノ用達モ勤ル由ニて爲見舞酒肴を贈られ長溝氏より挨拶ス旅亭臨湖水恰モ瀨戸中之如シ開晴なられ富嶽左之方ニ見ユルト云此夜長溝氏酒ノ肴ニ柏原ヨリ鰻魚調へ來リ山中却而美味を食フ是ハ國矢氏より贈物取扱候よし此日箱根山中ニて松山侯ニ逢本陣戸打ナル者ノ話ニ

我公十一日江戸發駕之觸有之ト云

二日晴九ツ比より雨八ツ過休

早天關門通行下り道險シ途中黑田侯ニ行逢四十余之仁之從士大勢之鐵炮ハ皆常体ノ筒ニテ數も少シ家老ナラン黑田長門又久野一角荷物供連

も多シ又二條御城番安部攝津守并大番詰之人ニ行逢道路甚混雜之畑へ五十丁此處ニて高家京極豐後守と行逢一里湯本湯本ヨリハ道もナダラニテ不險八ツ時ヨリ雨降出一里卅丁小田原晝休城ハ街道ノ左ニ在大手前ゟ僅ニ見ユ町家長シ半道程行酒勾川暮春迄ハ掛橋之青山因州ニ行逢篠山城主鐵炮ハ貳挺之供廻りも至而少し壹里半程行梅澤又貳里大磯宿同處ニ而日暮レ共阿波侯泊ニテ旅店もなし夜ニ入平塚宿へ著宿の前ニ大なる板をしあり大礒ゟ廿六丁

三日晴大霜晝後天氣暖和

未明灯燈ニテ發南郷へ一里此邊ニ而朝日出ツ富嶽右ニ見ゆル霄ニ雨降ケルカ山々皆雪也富士も眞白ニ見ルカ旭日出るニ随ひ色赤シ駿河路より曇りたるか今朝晴々と見ゆるに付從卒穀次相悅之即詠アリ高家有馬兵部大輔ニ行逢戸塚晝休此茶屋之脇より鎌倉へ行道あり境木邊ゟ追々高田侯上京之供連ニ行逢人數多シ和夷兩製鐵炮五六百挺もあらん駕籠ハ

稀ニテ馬を爲引候士數多之武器長持等數不知一同綿服立付人夫も國ミ百姓を連タリ惣勢三千近くと見請る程ヶ谷宿ハ南部家々老檜山佐渡泊りミ樣子鐵炮七八挺爲持あり金川宿ハ宿内所々ヨ番所出來三布白の幕を張ゲベル貳挺棒抔飾り守衛ミ士貳三人ツヽ居全く異人往來ミ騷きを靜候あらん右樣ノ番所生麥邊迄凡十四五ヶ所モアリ金川ニ而松山侯ニ行逢鉋隊貳十人位ツヽ三組之行々横濱ヲ遙ニ見ルニ家數夥敷異船ト覺シキ三段帆ミ船十三貳艘遠近ニ懸リ其ノ外日本船碁布セリ僅五六年ノ内ニ世ノ變化セシヿ嘆ルニ餘アリ貳里半川崎驛泊

四日晴

今日著府ナレバ何角取調等モアラン五時發足佐水ノ茶屋ヘ立寄シカ予ニ旅裝ヲ替ベシトテ黑縮緬ノ羽織小純子ノ野袴等ヲ出ス其意ニ任セテ著ス追々出迎ノ士來ル品川ニテ小休四ツ半時愛宕下毛利家々敷ニ下著案内某ノ指圖ニテ中ノ口ヨリ書院ヘ通ル留守居宮本又左衞門等出席對

話暫ク在テ候ヨリ堀川國廣古備前ノ指添ヲ賜ハル夕刻宮本ヨリ公邊役筋問合セシニ明五日四ツ時町奉行所へ罷出候樣御達有之

五日晴

四ツ時町奉行所よ至ル長溝始メ國元ヨリ同行ノ者付添之玄關ヨリ扣所へ通ル然所礫川へも達有之役筋幷間柄ノ族相居ルナラント見合セケレ共一切不見七ツ過ニ成小十人目附石川清之允詰ル依テ間柄ヘノ御達ノ有無幷駕槍箱等ノ用意尋ケルニ藩邸混雜用意無之迚俄監吏ヲ馳ス然內ニ從弟堀口友之進來ル彼是七ツ時ニ至ル比町與力ヨリ指圖ニテ堀口長溝一同御用席へ出ル町尹淺野備前守ヨリ遠島御赦免ノ申渡有之扣所へ引取ル薄暮毛利家ノ同心等付添小石川堀口ノ第宅へ著折シモ君上　上京ノ御供ニテ御國ヨリ近親知己ノ者不圖モ登リ居一時ニ對面實ニ如夢頻ニ　天幕再生ノ恩ヲ感泣ス

六日七日終日對客夜ニ入參政衆ヨリ明八日御用召ノ命アリ

八日

御殿へ出仕候處地方七拾五石被下置小普請組へ被仰付

九日

御同朋御使ニテ毛利勢州へ日本吏（マヽ）長溝始付添ノ族へ白銀被下置長溝等

屋形へ御禮ニ來ル

十日

毛利家へ多年世話ニ預ケル禮ニ出ッ供廻馬槍箱兩若黨十五日江戸發足

十七日御國へ著路

かしこくも思ひまそみの鏡山くもらぬ御代のかけならはこそ

箱根

いさましな弓矢手たさみ我妹子の箱根の山はゆきゝ絶せぬ

菊川ニ而

國の爲なうれ盡しの歸るさに久ゑてそ志のふ菊川の水

浮島原ニて

うきくと柳のなミの細眉に春のあゝ仮も浮島ゥ原

かきりなき天津み空の程さへもむかるむかりに高き富士の根

疑ひのかゝる雲井に山ハ有りと心にとけぬ雪のふしの嶺

名に高き山をつとへてゐくへてもゐくひおよむぬ山ハふしの嶺

望嶽亭ニて

筆にもさらとのはもなしうらくと霞むあしたの田子の浦ふし

詠むれと田子の浦なミうらくと霞に浮ふ富士の芝山

興津のまゝまやニて

妻や子を遠く興津のかり枕立歸るなミの音のゆかしさ

菊川

大君の恵の波に袖(ぬ脱カ)れてむかしを忍ふ菊川の水

人丸社

いまも猶やまとことのしるへとや世にふてかきの手も床しかる

荒井渡ニて　　　　　　　　　　　　　呂一

荒井の海や霞む朝の庭をよミむれゐる鳥のうけののとかさ

呂一

波風の荒井の海ときゝしかと霞をわたる舟ののとかさ

旅宿夢

妻や子かさそ松風と露しらて草の枕の夢のうきとし

琵琶湖

哀之やつのかしきも八重霞立そふ春のしほ(の脱カ)浦つら

兄を夢みて

天津日の光りに君もあたら身を捨て黄泉をたとりぬる哉

かくはしき名のミ殘して柚の花あはれ嵐にちりにたる哉
たらちねの親の守りをあはれとや神の恵に逢坂のせき
四とせふりやかて嬉しく妻や子にあふ坂山を今日越るかも
播州鶴龜村にてほふらひ石とていとちいさき石に鶴龜梅竹のかたち
おのつからあらはれたる石を見て鶴龜梅竹を哥の中ニ入れてよめる
祝ひつるかめのミならすめもさやにたけのまつかも見ゆる石哉
播州石寶殿を拜て
神つ世のむかしの跡そくつしたれみつくりませし石のみあらか
來て見をれ曾根の神松幾よ經ぬみはへの枝も土にこたれて
あはれ之淡路島まもなミのいろみとりにそらむ春の明ほの
旅衣きての遠山めもはるにかすむ形の須磨の浦山
春寒みうらみなからに見し月を思ひ明しの旅枕哉

明し潟なミ打際よ並居してむ月の望の月を見る哉

御懇之仰有之御前相引

扣所へ土肥健藏ト申者來り面談話ニ梶清次衛門原任藏殿ニも於京師御目ニ掛り申候是ハ一橋様京都御警衛之御供申候武田耕雲齋抔も御召ニて跡より急ニ御登之由云々又御話ニ安島茅根鵜飼等ハ是も御赦免ハ有之候由ニ候得共此世ニ居不申者殘念之事致候云々大坂ニも五六日逗留其節なら行違可申之處能折柄云々

命あれハ罪ゆるされてなとりつるはやの中山今日越るかも

うは山よて

夢のミと此比まてハおもひよし身の嬉しさもうはの山越

藝州路ニ而故郷之方をなかめて

いつしかよ歸り筑もやあしや山み空をなとるよゝち社すれ

紫翠園双頭の龜を見て

契るらしぬふつ頭の龜なれはぬふ萬代の家のはかへを

廣島を立て嚴島をながめて

海山のいつこはあれといつくしま霞ふめなる春の明ぼの

旅宿に梅の花の面白く咲なるを見て故郷の花を思ひやりて

心あらはぬしあり顏に此春はかく故郷の梅も咲くらし

錦帶橋を見て

錦川帶に渡せる橋々のなくミもなにといふ國の里

吉備公の墳へ參りて

大和なる倭文のあやに唐錦織り重ねてや色もはえあれ

長門路旅宿ニて

おとゝひも昨日も今日も長門路にいそく旅ねはむなしかりけり

細谷川

旅衣きひの中山とめ來れハ細谷川の音の静けさ

宮市天満宮を拜して

此神のことの葉風に梅が香も心盡しにいやかをるらん

吉備津宮を拜みて

眞心に祈らハ祈れ眞金ふくきひつの宮の鐘やなるらし

楠公御墓を拜し

身は菊の露となる共湊川かくはしき名は千代やかをられん

都

束の間も忘れやはするつるき大刀とりはくたふの國のみなまハ

かしこくも日影はそらし埋木となりやはてつる谷の此身を

嬉したれよはひぬりにしふみ親をふみゝひ仰くたふにもおふ哉

古田ぬしの駕籠の中に書て置たる哥に答へて

古郷に筑波の山はしけくともそのはくさの露やおくらん

霜雪の降度ことに草枕君かことのそおもひまもら男

はもかまゝ別きとなれハ悲しかれ神の恵のかゝるかふゐに

　別をゝしみて

ぬかゐセん身をし分ねハ遠近に心かかるゝ今日の別を

別きても馴きしはへきの里人をはきくあきとて祈るそかりそ

　四年ふりにて天津空のうち晴ゐるけしきを仰きて

籠鳥の翅ありしてそれ〳〵とみ空をかける心地こそすれ

　鏡の山を越るとき

うきハ身にいやつもるとも鏡山移して見んあかき心を

　廿五日倉角山を越るとき

天津日のあけを仰きて明らけくくらもミ山をかふ越るかな

　廿六日雨中四極山を越る折

年波のよるもわすれて四極山送られ帰る旅そ嬉しき

雨雲に山分衣うちしほれ戀ふれと見えぬ笠縫の島

白木越より佐伯の方をながめて

佳馴れしかふいれなとも白雲の内となるまて遠ざかるかも

廿八日宇佐宮にぬかつきて過にし酉の春元日夢に宮居を仰き精神

貫の字を寫し歸りし事

夢ならてを（マヽ）おもひて宇佐の宮ゐニ晴々と現に仰くけふかも

一日なになかせぬ神のみつの社くり返してもかしこかりけれ

歳暮

よの常のとしの暮哉來る春も初老の波のよすると思へは

別をおし旅の名殘に打そへて猶袖ぬらす年の暮哉

羇中元旦

春も又迎へかてらに鳥かなく東路よりや立て來ぬらん

新玉の年と共にや立歸るなかれ盡しの身社嬉しき

朝日影さしやあかま（マヽ）關の戸を明くのどけき春は來にけり

小倉より下ノ關へ渡海して過にし年渡りける事を思ひ出て

此たひは黄染の屋形そめかえてあけのそほ舟のる心地する

正月二日に朝鶯をきゝて

なれもまたいまを春へと古巣より世をうくひすの出て鳴らん

三年ふり梅の花の咲たさまを見て

四年ふり哀むつきていろも香もわきて身にしむ春や此春

佐野峠ニ而

よはにのミ哀ちそ見し花鳥の音いろ身にしむ春や此春

浮雲も晴て跡なく海山のけしきむましき佐野峠哉

陶尾張守城跡をすへの本山と呼ふよしきゝて

玉鉾の道の本末踏たかひ身のをこり祉哀之けれ

龜島八幡宮を拜みて

動きなき岩根をしめて萬代も國の守りの龜島の神

四十八坂にて

とそしあまり八つのはら道越るより過し浮世の坂そけはしき

嚴島は海上壹里余をたてつきは此旅にも詣てかぬるときゝて

人やりの旅ならなくはまたさらにいつくしま山よそに見ましや

# 春雪偉談

海後氏實歷說話

完

但此筆記ハ直ニ史料中ヘ編纂スヘキ目的ニテ記シタル故ニ其記スル所海後氏一家ノ事ニ限リ他ノ形勢及ヒ事情ヲ言ハス是レ史料ニ詳ナレハナリ

萬延元年庚申三月三日水戸浪士十七人幷ニ薩藩有村兼清時ノ大老井伊直弼ヲ櫻田門外ニ誅ス是レ實ニ奉勅倡義ノ大計畫ニ出タルモノニテ幕吏ノ積威此ニ至テ挫折シ海内尊攘ノ義氣是ヨリ振興シ遂ニ維新中興ノ大原ヲ開ケリ海後宗親ハ則チ十七人ノ一人ナリ今其實歷セシ說話ヲ筆記シ史料ニ編セントス因テ其大要ヲ錄スルモノ左ノ如シ　筆者識ス

二月十三日比ト覺ユ黑澤覺介來リ告ケルハ豫テ期シタル南發一件モ愈ヨ近ツキケレハ十五日方マテニハ城下ニ出テ御聞合セアルヘシ但長岡勢ヘハ此事泄スヘカラストナリ因テ余ハ十五日自宅ヲ發シテ城下ニ至リ先ツ野村彝之介ニ面會シテ模樣如何ト尋ネルニ野村曰ク佐野ヨリモ兼テ海後

ヲハ跡ヨリ上セ呉レヨトノ申置アリキ扨テ出立モ已ニ差迫リ實ハ十六七ノ頃ト豫定セシヨリ昨夜久木ノ一件アリ此上ハ或ハ長岡討拂ノ令ナド出ルモ計リ難ケレハ少シク猶豫スヘシト余ハ此言ヲ聞テ殆ト當惑セリ何トナレハ余ハ當時禁足ノ身ナレハ公然外出スルコト能ハス且ツ旅店ヘ投スルコトモ能ハサレトモ直ニ出府スヘキ決心ナレハコソ出テ來リタルニ猶豫トアリテハ今更歸宅スル事モ叶ハス滯留ノ場所ニ困却セシナリ因テ已ムヲ得ス間柄ナル朝比奈淺之介南町ニ居レリニ到リ病氣治療ノ爲メ出府セシ旨ヲ告ケ兩三日ノ滯在ヲ賴ミタリ折カラ十八日ニ高橋始メ評定所御用ノ事アリテ彼是非常ノ用向モアレ𪜈日中ハ外出スルコト能ハス僅ニ夜中ノミ微行シテ事ヲ辨シタリ一日已ミカタキ用事アリタレハ頭巾ニテ面ヲ掩ヒ金町ヲ通行セシニ監府ノ押ニ咎メラレ大ニ困難セシコトアリ幸ニ小田彦三郎ニ助ケラレ其場ヲハ免レタリ二十日ノ夜ニハ高橋モ愈ヨ出發ノ都合ニテ黑澤覺藏小室治作ト同行ノ由ナレハ余ハ二氏ニ告別シ此上再會ヲ期シカタシ或ハ黃泉ニテ

相見ルコト、アランナゾ語リテ手ヲ分チタリ同二十一日余ハ再ヒ野村ヲ訪ヒ昨夜高橋先生モ出立セシナレハ某等モ又是ヨリ南上スベシト告タルニ野村ハ之ヲ領キ扨テ出府ニハ種々手順モアレハトテ先ツ盃ヲ擧ケ一酌ヲ催シタリ時ニ會々來訪ノ客アリテ妨ケラレシガヤガテ客散シテ再ヒ飲ミ且ツ談スル折シモ又々來客アリシガ這ハ梶清次衛門ナリ後ニ山口德之進ガ下野隼次郎ノ許ヨリ斬奸主意書ノ草稿ヲ持參セシナリ野村ハ之ヲ展閲シテ彼是加筆セシ樣子ナリ少焉クアリテ山口ハ短銃ヲ貰ヒ歸レリ梶ハ尙留リシガ野村梶ヲ顧ミテ扨テ海後モ是ヨリ南發セントノ事ナレトモ此結髮ニテハ困ルト言ヒシニ梶ハ左ラハトテ余ノ頭ヲ理シ大糸鬢ニ改メ（梶ハ每ニ其弟ノ髮チ理シ手甚タ熟セリト自ラ言ヘリ）且ツ余ヲシテ服裝ヲ變シ奥州人ノ態ニ扮セシム是レ途中ノ嫌疑ヲ避クルガ爲メナリ野村ハ乃チ丁寧ニ諸事ヲ指圖シ且ツ割判ヲ渡シテ曰ク江戸ニ到ラハ先ツ馬口勞町三丁目井筒屋嘉七方ヲ訪フヘシ同所ニハ下總國香取郡津宮村窪木新太郎ト杉野（杉山彌一郎ノ變名）初原（増子金八）

名ノ變ノ三人同宿セル故ニ此ノ割判ヲ出シテ同宿ヲ求ムベシ又淺草觀音ニハ毎夕杉野初原ノ內一人出居リ着到ヲ待合スル筈ナレハ先ツ淺草ニ到ルモ可ナリ觀音ニ詣ラハ百度參リヲ爲スベシ彼ノ待受人ハ櫻花ノ印付タル手提灯ヲ持チ居ル約束ナリ彼正ト聲ヲ掛レハ堂ト答フベシ是レ合詞ナリ（蓋シ正ミ堂ミノ意チ取ル）其他反復密話アリ且ツ杉野等ヘ傳言シアリキ是ニ於余ハ野村ヲ辭シテ直ニ出發セシガ其夜ハ大雨アリケレハ大塚村ノ旅店ニ泊シ翌二十二日未明大塚ヲ出立セシニ折シモ大雪トナリ人家モ皆未タ起キスサレハ宍戸ニ到リテ漸ク雨具ヲ求メ夫ヨリ本街道ヘ出テ土浦ニ泊シ同二十三日我孫子泊リ二十四日千住泊リ同二十五日江戸馬口勞町井筒屋ニ到リシニ幸ヒ三人トモ在宿ニテ割符ヲ出サス直チニ面會スルヲ得タリ出府ノ後二日ノ間ハ馬口勞町井筒屋ニ滯在セシガ潛居ノ都合モアレハ杉山孫一郎ノ添書ヲ貰ヒ千住ノ或旅店ニ行キ四五日ノ滯在ヲ賴ミタリ然ルニ此店ノ主人言ヘルハ少々差合アリテ御宿ハ迷惑ナリ他ノ宿ヘ願ヒタシト云フ

因テ淺草俵町ニ行キタリ這ハ同所ニ我郷里近キ多賀郡助川村永山万之介ノ實父万次郎ナル者商業ヲ兼ネ八州手先ヲモ務ムル者アルヲ以テ此ニ在留ヲ賴ミタルナリ然ルニ万次郎言ヘルハ當時公邊ニテハ水戸浪人ノ探索如何ニモ嚴シク町ニハ立番アリテ其六ヶ敷コソ限リナシ昨夜モ已ニ水戸浪人體ノ者四人江戸ニ入リタルヲ見認メ追跡セシニ此四人ハ品川ヲ越シタリ是レ江戸ニハ用ナク多分上方へ行ク者ナラント同役ノ咄アリキ斯ク探索ノ嚴シキ折ナルニ貴殿ガ今迄無事ナリシハ幸ナリキ一刻モ早ク歸ルヘクト勸ム余ハ何モ怪キ者ニハ非ズ商用ノ爲メ出府セシモノ故用濟次第歸國スベシ安心ノ爲メ双刀ヲ預ケ置ント云ヒシニ彼ハ迚モ引受クヘキ色ナク大小ハ勿論何品ニテモ預ルコト出來ヌト云フ因テ彼等ニ賴ムモ無益ナリト斷念シ此世ノ思ヒ出ニト品川へ行キ居續ケトキメタリ斯クテ二十八日トナリヌレハ最早同志ノ面々モ多分揃ヒタルヘシ一擧ノ期モ愈ヨ遠カラシト思ヒ外神田裏旅籠町ナル岡田屋キン方へ行キ木村權之衞門ヲ尋

ネタリ木村變名四ツ目ト云ヒケレハ余ハ先ツ四ツ目樣ハ御宿リカト音問ヒシニ御在宿ナリトテ一ト間ヘ通サル座ニ四五人ノ同志アリテ齋藤監物モ居合セタリ（齋藤ノ變名ハ佐々木馬之介ト云フ）尤モ此ニ居合セタルハ皆一擧ノ場ニ出者ノミニハアラス畑孫平ナトモ座ニアリキ余ハ先ツ一擧期如何ト問ヒシニ木村曰ク未タ確定ニハ至ラサレモ多分來月三日ヲ出サルヘシト因テ諸事ヲ談合シテ去リ又品川ノ或旅店ニ投シ茲ニ二日間滯在セリ（是家ノ主人ハ八州ノ手先ヲ勤メ日々探偵ニ出テ夜ニ至リ歸ルコトアリ又ハ夜中出ルコトモアリキ）三月二日ニハ一擧ノ期モ愈々迫リケレハ余ハ關鐵之介ヲ大音寺前ナル内田屋ニ訪ヒタリ（此内田屋ト云ヘルハ往來ヨリ十間餘モ引込ミシ家ニテ潜匿ニハ倔強ノ場所ト見受ケタリ）家ノ主人曰ク三好殿（關ノ變名）ハ少々都合アリテ吉原大門前ノ平松ヱ轉居セリト因テ平松ヲ尋ネシニ岡部三十郎此ニ居レリ岡部曰ク今日ハ晝後ヨリ品川ノ稻葉屋ニ集會ノ筈ナリ大勢打揃テ行クハ宜シカラス二人三人位ツヽ行クベシト云フ因テ余ハ是ヨリ品川ニ赴キケリ三月二日余ハ先ツ品川ニ行キタルハ時刻稍々早カリケン未タ一人モ來ラス因テ

高輪邊迄引返シ、ニ向ヨリ二人連ノ士來レリサテハ同志ノ者ナランカト待シニ案ノ如ク山口辰之介岡部三十郎ナリキ已ニシテ又一人ノ來ルアリ是レ佐藤鐵三郎ナリ困テ四人打ツレ出府以來潛居中ノ艱難ナツ語リツ、再ヒ品川ニ赴キタリ先ツ稻葉屋ニ到リ酒酌ミカハシテ日ノ暮ル、ヲ待チ更ニ或ル旗亭名ハ忘レタリニ到リシニ關、齋藤、木村、廣岡、稻田、森山、鯉淵、蓮田等已ニ座ニアリヤガテ佐野竹之介黑澤忠三郎ハ大愉快ノ態ニテ躍リ來レリ余出府後茲ニ初メテ佐野ニ面會セシヨリ佐野ハ大ニ悅ヒテ別後ノ挨拶ヲ爲セリ稍ヤアリテ野村彝之介木村權之衞門モ後レテ入リ來ル野村顧テ岡本庄之介岡部三十郎ノ變名ヲ呼ヒ此二人野村木村二人ヲ云フハ用向アリテ早ク引揚ル者樓主ニ告ケヨト言ヘリ扨テ來會セシ同志ニハ皆滿腔ノ忠憤ヲ抱キ一身ヲ鴻毛ヨリ輕クシ明日コソト思ヒ詰メタル事ナレハ痛飲淋漓壯快ヲ極ハメザルハナシ黑澤ハ流行ノチヨンキナ拳ヲ面白氣ニウチ森五六郎ハ佐野竹之介ト居ハリ角力ヲハシメ美事ニ佐野ヲ負カシタ余モ壯年血氣ノ時ナレハムツト森ニ組付シガ關鐵之介聲ヲ掛ケ角力ハ止ムベクト制シタリヤガテ輿酣ナル比野村ハ稲田ヲ呼ヒ佐藤ヲハ金子ノ許ヘ遣ハスベシト告ク是レ金子ハ都合ニ因テハ今夜ノ内ニモ彼處ヲ發スルヤモ計リ難ケレハ手違ヒナキ樣ニトノ注意ナルベシ斯クテ夜モ更ケレハ野村木村佐藤ハ此席ヲ去リタリ三日未明ニハ各稲葉屋ニ立返リ又酒酌カハシヌ關鐵之介曰此處ニハ嫌疑モナク安心ナリト乃チ組合ノ書付ヲ示シ各五人位ツヽ組合チ立タルナリ且ツ各自ノ懷中書幷ニ所持金ヲ調べ各同一ノ高トナサシム時ニ佐野竹之介ハ白繻絆ニ朱ニテ歌ヲ書キタルヲ示シテ曰ク有村ヲ除クノ外ハ彼ノ首級ハ余ニ取ラセヨト夫ヨリ朝飯ヲ終リテ各立出ントスル折シモ凍雲天ヲ鎖シ飛雪霏々トシテ降出セリ關鐵之介仰テ喜色ヲ帶ヒア、此吉兆ヲ下ス是レ天我忠義ヲ祐クルナリト獨語ス是時已ニ戸外ニ出タル者ハ皆口々ニ吉兆ヲ稱セリ頓テ各傘ヲ求メ三々五々前後ニ出立ス余ハ山口辰之介ト同道シ途ニテ草鞋ヲ買ヒ下駄ヲ棄テ步ヲ進メ愛宕山ニ登レリ是時已ニ先登セシハ大關和七郎有村次左衛門増子金八杉山彌一郎廣木松之介ノ五人ナリ明茶屋ニ腰打掛ケ各仕度ナゾセル内同盟ノ士追々到ル時ニ佐野竹之介ハ有村ニ向ヒ海後ハ我友ナリト紹介セシ因テ余ハ茲ニ始テ有村ト初見ノ挨拶ヲ爲セリヤガテ總勢打揃ヒケレハ各ノ組合ニ分レ追々目的ノ地ニ赴キタリ抑モ此部署方略ハ豫テ定メタルコトニテ其場ノ總指揮者ハ關鐵之介ナリ見屆ハ岡部三十郎ナリ（岡部ハ見屆役故人數ヲ離レ居リ且ツ刀ヲ佩ヒス脇差一本ヲ帶セリ）又齋藤監物ハ斬奸主意書ヲ其筋ヘ捧ケ一同ノ志旨ヲ表明スヘキ手筈ナレハ何レノ組合ニモ入ラサリキ（斯ク手筈ハ定メ置キタレドモ其場ニ臨ミテ齋藤ハ傍觀スルコト能ハサリシモノト見ヘ敵中ニ斬入テ美事ニ斬散シ其身モ重傷ヲ負ヘリ）其各組合ハ大抵五人ツヽニテ他ノ組合ハ記臆セザレトモ余ノ組合ハ佐野大關廣岡森山及余ノ五人ナリキ愛宕山ヲ立出テヽ櫻田門外ニ着シ時分如何ト顧ルニ彼未タ登城ノ模樣モアラサレハ余等ノ組合ハ佐野大關ヲ初メトシテ堀ノ方ニ徘徊セリ雪ハ次第ニ降リシキリ寒氣モ身ニシミケレハ余ハ豫テ懷中セシ勝利散ヲ出シテ佐野ト與ニ之ヲ服シ又大關ヨリ人參ナト貰

ヒテノミタリ關鐵之介ハ大名ヲ見物スル態ヲ装シ武鑑ヲ手ニシテ同ク堀ノ方ニ來リキ兎角スル内雪片模糊ノ間ヨリ彼井伊ノ行列ノ來ルヲ見受ヌレハ關ハ向ノ側ニ行キタリ佐野ハ堀ノ側ヨリ進ミ早ヤ羽織ノ紐ヲ解ントセシニ大關ハマダ早シトテ猶豫セシム間モナク供先ノ方ニ物音騷カシク一同斬掛リタル樣子ナリ彼ノ供方バツト崩レ立チケレハ余モ敵中ニ突進セシガ忽チニシテ彼ノ駕籠側ハ頓ニ透キタリト覺ユ是時稻田重藏ニモアランカ半合羽着タル者突進シテ駕籠ヲ貫キタリ是ト同時ニ有村廣岡等モ馳來リテ他ヨリ突ヲ入レ瞬ク間ニ駕籠ノ戸打放ケ彼ノ首級ヲ打取リタリ有村ハ彼ノ首級ヲ刀ノ尖キ貫キ大音ニ呼ハリ一同皆鬨ヲ揚ケタリ是レ兼テ首級ヲ獲タル時ハ鬨音ヲ揚クル筈ナレハナリ是時迄モ佐野ハ彼ノ從者數人ト斬リ結ヒ尙跡ニ留リテ彼追蹤者ヲ斬伏セ其他尙此處彼處ニ鬪ヘル者アリ關ハ始終傘ヲ持チ居リ前後ノ進退掛引ヲ司リ眞ノ指揮者トハ見受ケタリ又齋藤ハ組合ニハ入ラス首尾ヲ見屆テ閣老ノ官邸ニ出テ書ヲ捧ケ

主旨ヲ表明スル筈ナリシガ現場ニ臨ミテハ憤慨抑ヘカネタリケン遂ニ斬入リタル様子ナリ森杉山大關森山ハ共ニ閣老ヘ自首セントテ連立チ大關ハ咽喉ノ邊ニ創ヲ受ケシガ輕傷ニテ最早血モ留リタリトテ擦リナブシツヽ行キケリ道不案内ナレバ傍ニ通リカヽリシ小者體ノ男（誰ノ從僕ナルチ知ラス）ヲ見掛ケテ脇坂ヘ案内セヨト命シタルニ彼ハ戰栗シテ知ラスト謝セシガ杉山一喝シテ之ヲ嚇シ案内サセタル様子ナリキ山口ハ左肩ニ深手ヲ負ヒ歩行ナラストテ余ニ介錯ヲ頼ミシガ余ハ跡ヨリ關モ來レハトテ別レタリ尚少シク行キシニ跡ヨリ聲ヲ掛ル者アリ顧レハ有村廣岡ノ二人ナリ彼ノ首級ヲ刀尖ニ貫キタルマヽ擔ヒ來レルナリ夫ヨリ三人ニテ日比谷ノ見付ヲ通リシニ棒ヲ持タル者三人計見ヘタレドモ敢テ追來ラス廣岡ハ詩歌ナゾ朗吟シツヽ行キシガ辰ロニ到ル比二人ハ深手ニテ歩行カナハス已ムナク余ハ別レ閣老ノ役屋敷ニ出ントセシモ皆堅ク門ヲ閉チ又辻々ニハ追々棒ツツキ番人ナト出テ最早通行モカナハス再ヒ辰ノロニ到リ見レハ二人ハ已ニ

絕命ノ體ニテ群衆取圍ミ近寄ルコト能ハズ因テ是ヨリ余ハ一人ノ進退ト決シタリ初メ事ノ起リシ時ハ何トナク心急キテ彼ノ從者ガ右往左往ニ亂ル、間ニ飛入リ正堂ノ暗號ニ味方ト弁スルモ目先キホノ暗ク恰モ夜ノ引明位ノ心地セシガ少シ斬合シ後ニ夜ノ明ケタル如クナリキ彼駕籠側ノ隙キタル折シモ稻田ニモアンラカ驀地ニ馳セ來リ駕籠ヲ突キヌ己レ後レジト同ク馳セ寄リ一刀突入レシガ手答ナシ扨テハト取リ直シテ再ヒ前ノ方ヲ突キタルトキ手當リアリキ折シモ向側ニテ駕籠ノ戶ヲ開キ有村一刀斬リシモ鬢ヲ薄手ニキリシ斬伏セシニ又ヲキ手ツキタルヲ首打落シ有村首級ヲ刀ニ貫キ呼ハリシ時ハ眞ニ白晝ノ如クナリキ云々

# 下野氏文書

◉高橋愛諸多一郎上書案 弘化元年八月二十八日

乍恐再度以書附奉言上候

中納言様御愼令以何之御沙汰も不被　仰出如何計欤御氣詰ニ被爲入候半と御國中士民一同奉仰案候處仄ニ承知仕候へとも御誠敬益御嚴重

尊體泰然と被爲入候由乍恐兼而之御精忠神明之冥助も有之右様御機嫌克被遊御座候御儀と恐悦奉存候乍去御不眠ニも被爲入候哉ニ承知仕候處乍恐五月以來久敷御閉籠り炎暑陰霖御凌被遊候故自然と御欝氣被遊候而之御儀ニとも有御座間敷哉卑賤之我々共さへ晝夜不安奉仰案候へとも乍恐

當君様

太夫人様御身ニ被爲取候ては尚更御孝慈之尊慮如何計御憂念可被遊候哉餘りニ恐多く勿躰無キ御義ニ奉存候右御儀ニ就而とも乍恐餘多之

御大臣様御揃必定深遠之御良謨被爲在

當君樣御美德を御將順被遊候へ𪜈毫末も御遺策𪜈無之御義と奉恐察
候然るに我々風情卑賤之身柄にて再應差出候義申上候段甚奉恐入候
得共是迄一家安穩に罷在候上𪜈縱貴賤之差別𪜈有之候共有道之
御國恩ニ沐浴仕候義ニ於てハ一同難有仕合ニ奉存候間聊愚心之所感
不顧恐申上候義ニ御坐候
中納言樣天資御英邁ニ被爲渡
天朝
公邊之御爲國家之弊事御改正被遊候御精忠𪜈前書委敷申上候通り天道
も照覽可有御座と奉存候處浮雲掩而乍昏之御變に被爲遭斯く御嚴重
ニ御愼被遊候へハ乍恐於
公邊も罪疑惟輕と申候御仁惠不遠可有御座と御國中一同相愼罷在候得
共五十日と申にも何之御沙汰も無之此時より上下之人心憂苦無申計
候處心得違無之樣　御教諭之御事共被爲有候故一同思直し遂に百日

茂も如年ニ相送候得共尙又何等之御儀も不被　仰出候ニ付御家中ハ
勿論農夫商賈ニ至る迄聊有心者ハ憂悶難忍江府へ馳登り乍恐
公邊迄も御嘆訴可申上と思詰候者不知數候處御筋ゟ尙又遮て重々御懇
之御敎令茂被傳殊ニハ
中納言樣御仁厚之尊慮不一方被仰傳候故無是非差扣罷在候義ニ御座
候扨此上ハ何時迄御愼被遊候共御誠敬之御志ニ於て少も御窮屈とハ
被　思召間敷候へ共餘りニ久敷御閉籠被爲入候てハ御康健之　尊體
ニも萬一御障可被遊歟も難計ヽ御國中一同恐多勿躰無き御義ニ奉存
候乍恐
當君樣
太夫人樣御孝慈之尊慮　御後見樣　御執政樣御贊成被遊如何樣ニも
公邊ニ被　仰立被遊候御良謨可有御座御事と奉恐察候乍恐
中納言樣御忠孝之御志至深ニ被爲渡候旨當君樣御忠孝之御至誠を以

被　仰立被遊候ハヽ速ニ御寃罪御解ケ可被遊と奉恐察候遠く異朝之喩を引申上候ハ如何敷義ニ奉存候得共前漢之淳于意と申者正敷有罪候得共其少女緹縈と申者深く悲嘆仕り父ニ附き隨長安へ罷登り其身を以父之罪を贖父をして自新ニせしめ度由を願出候處文帝深く其意を被為憐其咎誰ニヵ可有之哉乃朕徳之薄而教令之不明故之也自其身を彼為罪民之父母たる者教未施而刑罰を加候ハヽ其行を改而善事を為と欲候共又無由事ニ可有之迚遙ニ肉刑をさへ被除候事有之候斯く一人の少女子ニて萬乘の嚴威を冒し天子を感動せしめ候て父之罪を贖ふ而已ならず夫ニ付て肉刑迄も被除候義ハ何之術ろ御座候半一筋ニ至誠を以貫き候故と奉存候況や堂々たる三十五万石之御國幾多之人民至誠忠孝之志有之者不少清明之御代ニ當て非常之
賢君為讒者御寃罪ニ被為遭候を御申披不相成候御事ハ決而無之道理と乍恐奉仰察候若萬一久敷不被為解候ハヽ前書ニも申上候通り天下

後世ニ何とか可申傳哉乍恐當君様御盛德ニも如何樣御稱し可申哉
御後見樣　御執政樣ニも如何其責御免き可被遊候哉誠ニ恐多御儀ニ
奉存候右等之御事申上候迄も無御座必定深遠之御良謨被爲有候御義
と乍存再應憚も不顧狂愚之言申上候段分を忘等淡踰之罪最不輕恐入
候義ニ御座候得共我々如之縦如何樣之御咎被　仰付候共毛頭後悔不
仕候間只々　中納言樣御宛屈一日も御早く御開き被遊候事のミ奉仰
願候仍而寸心之所感無伏藏奉申上候頓首謹言
辰八月廿八日
謹上

◉高橋愛諸多一郎上書案弘化元年八月

◉原註
義公行實云公嘗曰三年無改父之道不唯孝子不能忍至三年之久賢否得失察

之既熟黠陟更張可以無大過大抵先人元成更事後輩欲輕左右之其爲害甚矣

乍恐以書附奉言上候

中納言様當五月俄ニ御隱居急度　御愼被　仰出候由奉承知御國中貴賤之無差別一同驚愕之至奉存候抑如何成御次第被爲在右樣嚴重被　仰出候御義ニ可有御坐哉卑賤之私共迄晝夜相考當惑仕居候處追々世間之噂承候得ハ御家政向近年御氣隨又ハ御在職中御家政向不宜抔御達も有之哉ニ承知仕候處右ハ全く流傳之訛言ニも可有之哉と愚察仕候其故ハ

中納言様御平生忠孝之御志至深ニ被爲渡候由

御襲封以來

威義二公之御政蹟御尚慕被遊御家中下々迄も　尊慮之程奉恐察候様と

の　思召ニて事ニ因り物ニ觸御教諭無間斷被　仰出候御事ニ而就中

告志篇

御自身御撰御近臣ニ御示被遊候處置郵而命を傳ヘ速ニ民間迄も廣く寫傳へ　尊慮之程奉服膺候者不少候右御書物之義苟爲臣民者目當ニ可仕事ニて忠孝之大節文武之大本此書ニ備り候樣乍恐奉存候其書始も人無貴賤思本報恩事を專一と御立被遊候日本も

神聖之御國ニて

天祖天孫建極垂統明德之遠き寶祚之隆なる君臣父子之道ヘ衣食住之日用ニ至迄皆是

天祖之恩賚ニて萬民永飢寒之患を免ま永祿天正之間ニ至て天下之乱極候處

東照宮參河ニ被爲起上ハ

天朝を奉輔翼下ハ諸侯を鎭撫し二百余年來天下泰山之安を保ち人民塗炭之苦を免ま候事故爲人者苟ゟ　神國之所以尊き

東照宮之德澤を大切ニ可奉存由を被仰次ニ御謙遜被遊候御辭ニハ愚昧
ニて士民之上ニ可立者ニ非共
祖先之餘蔭
天朝
公邊之御恩澤ニて三位之尊三家之重ニ被列天下之藩屏ニ被爲成候へハ
國家を安定士民を撫育本ニ報恩汲報之御志を被爲盡御家之臣民ハ上
之御心を奉恐察面々身分相應　恩德を奉報候樣心懸古之明君賢將忠
臣孝子を今君臣之手本ニ致し上下一致而
天朝
公邊之御恩ニ可奉報義を被仰則今之
天朝之
天祖之日嗣ニ被爲渡今之
將軍家ハ卽

東照宮之神孫ニ被爲在　御身と則
威公樣御血脉を被爲傳御家之諸臣ハ各祖先之家系を繼來事故此所能々
相辨へ
天祖
東照宮之御恩を報ニ先眼前之君父へ忠孝を盡自然と忠孝之大道ニ可叶
由を被仰夫ゟ文武一致之旨を御論被遊候而ハ　神國ニ生て孔子之道
㕝學人と孔子之堯舜を尊如く
天祖天孫を奉仰事則孔子之道ニ可叶迚深く異端ニ迷候者㕝御辨斥被遊其
外奢侈を禁し廉耻を勵し信義を重し勇智を養事ゟ萬事ニ渉り偏御敎
諭被爲在卷末ニ至候てハ御家中相互ニ文武を以勵し合國家之休戚を
共ニし候樣心懸天下安乱を不忘縦何時
公邊ゟ討手之御大將被　仰付候共一同少茂指支無之樣士道之心懸準備
㕝成し不虞之御用ニ供シ可申恐多も

天祖之御恩ニて　神國ニ生育し
東照宮之徳澤ニて太平ニ沐浴し累代安樂ニ暮し居候事申迄も無之萬一
　有事時ハ
天朝
公邊之御爲ニハ御身命を塵芥ゟ輕し
大恩を御報被遊候御所存ニ付面々其心得ニて何時御出馬被遊候共指
支無之樣常々可心懸と被止御筆を且又在町迄も尊慮之御達被　仰出
候御事共皆思本報恩之御趣意ニ非ハ無之右至誠之　御志願御家中よ
り下民ニ至迄一同奉體　尊意各身ニ應候而忠勤相勵ミ
中納言樣ニて
天朝
公邊之御用ニ被爲立候樣心懸罷在候義ニ御坐候されバ萬端御改正御行
屆兩度之凶荒ニも御領民飢餓流㠑之患を免レ又近年異舶之邊警爲天

下深く御憂念ニ被　思召漸く武備も御整ニ相成候御義ニて辱も昨年
五月中
公邊御對顏御褒賞之尊慮尙更莫大之　御拜領御領分末々迄
公邊御德化ニ相靡候樣
源義樣御遺志被爲繼誠忠御勵可被遊旨御沙汰之由御領中之士民歡悦仕
候而已ならぱ天下之士民
公邊之御英明不奉心服ハ無之又水戸家之忠勤不慕も少き樣ニ承知仕候
然るニ今年俄ニ嚴重之御隱居被　仰出候御義何共奉恐入候御次第ニ
て天下之人心何ぞか疑惑可仕誠ニ歎ヶハ敷御義ニ奉存候前文申上候
通り
中納言樣御平生忠孝之御志至深ニ被爲渡候へ共何ヶ重立候御達ニハ必
御家之儀共
公邊之御羽翼

天朝之御藩屏ニ被爲在候義被　仰出候事ハ勿論假初之御事ニても
公邊へ御忠義之尊慮相顯候御義ニて
其一證を申上候ニ前年大鹽謀叛之節彦根家士宇都木某死節之事御論
被遊候御書附と申もの奉拜見候ニ縱敬治義立派ニ死たりとも万一平
八郎存之通ニ相成候ハヽ
公邊之御不爲不少之師ニ向弓を不引事格別なれ共天下之爲を忘たるゟ
感心共不存全く一己之義理を立たる者と可云云々と被仰候然ニ
中納言様
全く御誠心忠孝之大節御心懸被遊候御事ハ天地神明も照覽可有之哉
と奉存候但萬端御政事之內ニハ萬一　御不審ニ似候御義も有御坐哉
難測奉存候得共其大本ニ皆
威義二公之御遺志被爲繼候御事故皆有淵源御事共と奉恐察候願ニ彼尺
も有所短寸も有所長と欤申候諺も御坐候得ニ細疑を以て大義を不害

公邊寛仁大度之　尊慮泼以
中納言樣御赤心　御明察被爲在候樣奉仰願候且
中納言樣御誠敬之餘り御愼至極嚴重ニ被爲入候由傳承炎暑陰霖如何樣
ニ御凌被遊候哉
當君樣御孝思之程
瑛相院樣御老年之御慈心も奉仰察候得ハ匹夫之身ニ取候而も一日半時
も不安慨然と歎息仕候御義ニ奉存候此上ハ
御連枝樣方　御仁慮ニて
中納言樣御忠誠之御義
幕府へ被　仰立速ニ御寃罪御解被遊候ハヽ御親子樣御安心被遊候御義
ハ不及申上候下民歡喜無此上
公邊御賢明之盛德天下後世ニ光被可仕一國之士民益忠孝之大節相勵
明君ニ從て

天朝
公邊無窮之御恩德可奉報實ニ一國之幸甚而已ならす天下之幸甚と奉存
候萬一御不審久敷不被爲解天下後世ニ至而　大政之御得失ニ拘候樣
申傳候段ニも至り候ハヽ尙以恐多歎敷御義ニ奉存候間幾重ニも
中納言樣御忠誠御明察被遊　御海容之御沙汰被　仰出候樣御取成被遊
被下置候樣乍恐奉仰願候私義微賤之者ニ候得共同敷　御國恩ニ奉沐
浴候故乍不及告志篇之尊意竊ニ遵奉仕り恐多も
中納言樣御忠誠之大義ニ不奉背候樣仕度心懸罷在候義ニ御坐候誠ニ不
省身分愚蒙之多言忌諱を犯候段甚以奉恐入候得共芻蕘之言獻芹之愚
聊御哀憐を被爲垂
中納言樣御寃罪御解被遊候萬分之一ニも御用被遊被下置候ハヽ一生之
幸甚難有と申茂恐多御義ニ奉存候何分御了簡之程偏ニ奉仰願候誠惶
誠恐謹言

辰八月

謹上

◉下野遠明　次郎手記　弘化四年夏

江戸惣人員　二百萬人（大方）

大坂　百萬人

宇内ミ大ナル其中ニテ都會ノ盛ナルハ清ノ北京暎咭唎ノ羅嗹我江戸三所ナルヨシ日本小ナリトモ彼ノ二大異域ニ敵スト云各人員二百万許

黠夷等毒煙ヲ以敵ヲ惱シ來ル處毒煙ヲ拒ク方出來且毒煙ニテ味方ヲ損シヿアルヨリ右ヲ止メ候ト云高島話ト云ヲ傳聞ク成程働キヽより味方ノ害ニモ可成事ヽ

弘化丁未之夏　遠明記

## ◉野村鼎實（彝之介）書翰　下野遠明（隼次郎）宛　安政元年二年十二日

雪篁先醒　實拜
奉復御直

華章薫讀春晴御同慶愈御壯勇奉大賀候扨諏訪法性退陳二隱へ親奎等之事情御尋之處小生も昨今梅源等之來話を渇望罷在候へ共例之通奔走多事と相見未承り不申ニ付更ニ承り得不申事御坐候漸々順風ニ赴候へ共小監等玉造へ向ひ候義如何之事ニ候や追々承り候へハ頗ル乙甲之様子少も呑込兼ル次第ニ御坐候何分一と先逆焰ヲ避けさせ進退方専要と被存申候鎮生東海之虚聲馬鹿々々敷事ニ有之格別之害ニハ相成間敷と申

ものヽ弓斷大敵ニ御坐候間正生之盡力尙更大切之場合と奉存候如何今
南便いまゝ一通も一覧不仕候田穗等之義ニ付御抂[枉カ]顧可被下旨大慶此事
よ御坐候何分御待申上候萬々拜眉之節と奉復まて草々不備頓首
二月十二日

◎德川齊昭書翰　金子敎孝孫二郎宛　安政元年九月廿六日

大能へ牛牧之義申付候處寬延之度と違ひ賃錢穀遣召仕候事ニ候へハ東郡
宰へ申聞右普請ニ付而ハ松延貞雄へ申合人足方指出し候やう歸國之上村
田理介へ傳言可致候也
九月念六
金子孫次郎へ

## ◉藤田彪誠之進書翰　金子敎孝孫二郎外一名宛　安政二年五月十一日

金子村田兩賢兄　たけき

拜啓御安健奉賀候扨ハ反射爐一條ニ付三生愈明後十三日北行右ハ中々不容易義ニ御坐候間乍御役介御周旋〔二字不明〕御坐候瓦ニいたし候土さへ有之候へハ成功無疑候處此處何共安心不仕候去ル三日三生琴畫亭へ被召御内々　御直ニ御問なと例ゝ通彼是と御世話被爲在候間僕側ニ侍り申上候い大島生と申者ハ悉く蘭學執心何事も彼書ゝ法ゝ通り分寸も不違樣ニいたし少しも我流を不加相試度よしょ候間右へ御任せ被遊一應大島生存意通りニ仕り仕損候ハヽ其節ハ　御工夫を御加へ被遊可然夫

迄ハ先々　御工夫ハ　御加味無之方と申上候へハ御承知被遊候委曲ハ
三生ゟ御承知可被下候草々頓首
五月十一日

◉徳川齊昭郡奉行へ下紙　安政元年カ二年頃

一小林の金の事
千金手元へ出候事ハ相成間敷哉所々ゟ拂の下直の筒買入度故之

一ドンドロ國ニて製候樣ニハ相成間敷哉の事

一事出來候へハ外ゟ買入ハ六ケ敷候哉故今ゟ國ニて神發流之巾ノ心圓内職抔ニ致させ候てハ如何大中村ゟ石取寄候義ハ郡官へ號令候ハヽ可相成ゥ
雷巾へ水ノ字ニても打出し可然候

◉金子教孝孫二郎書翰　年號未詳

天保之度水行御ふしん以後以來寄洲之儀ハ水行ヲ妨候へ共御定杭も無之候故刈流も不致州體之變化ょく出水之節水開ょも不相成樣相見高地ょても御定杭之通村々人歩も不少刈攘候由ょ而漁事御取締向并葭眞菰等刈流之義も實地ニ協不申候義不少折角水行御直之御趣意も實事實地ニ協ひ不申候樣成行候段且ハ歎敷且ハ恐入候義ニ御坐候

◉金子教孝孫二郎書翰　年號未詳

天保之度水行御普請御坐候霞浦落口息栖下兩澪水神川等何レも衆流之落口ょて霞浦北浦周回利根川緣等一體之水害ょ關係致候場ニ而ょ御坐候間

是非御ふしん水利水脉之場ニ御坐候ゆへ出水之毎度衆流之泥土押出候隨
而寄洲出來候儀ニ而天保之度御ふしん以前之同面へ引合候ハヽ追々水行
不宜樣相成只今ニ而ハ落口之儀ハ僅ニ川幅廿三間ならてハ無之水神川息栖
下横澪之儀平水ニてハ舟行も六ヶ敷やとニ相見右下流なとニ而ハ廣大之
洲體出來以之外水行妨候体ニ相見葭眞菰等外流候儀も天保御定杭之通屹
と相守（三字不明）外流候趣ニ候へ共洲體等大ニ變化致候間（◎以下缺）

松巻トハ金子孫二郎ノコトナリ水戸上市松ノ小路ニ住メルニ因ル竹里トハ下野隼次郎ノコトナリ水戸下市竹隈ニ住メルニヨル　校訂者識

◉金子教孝（孫二郎）草案　年號不明

去ル天保二卯年中霞浦落口下利根川筋水行直御普請被　仰出水行ニ指障
候漁業御制禁ニ相成爾來葭眞菰藻草刈流幷漁事御取締向見分之族時々御
指出相成無間斷
御世話被爲在候へ共右見分之節ハ漁具一切取拂置通行相濟候へハ直ニ漁

具を設候様ニて實ハ御制禁之漁業一般ニ被行候姿ニ有之以下抹消

竹里大兄
御直拆
松巷拜

封
昨四日朝認置

一 ◉金子下野兩家婚嫁許可書 萬延元年

金子孫二郎

其方娘下野隼次郎妻ニ縁邊取組申度旨奉願趣達
高聞可爲勝手次第旨被
仰出もの也

◉金子敎孝孫二郎書翰　下野遠明隼次郎宛　年號未詳

十五金御廻申候御入手可被下候勿論員數不平有之候間深密ニ御承知可被
下候

十八夕　孫

隼次郎樣

◉金子敎孝孫二郎書翰　下野遠明隼次郎宛　年號未詳

中の町トハ金子孫二郎水戸下市ノ町ニ住ミタルヿアルニヨル
竹くまハ下野水戸市竹隈町ニ住メルニヨル
校訂者識

神勢館藤兵衛參上候ハヽ一寸參候様御通可被下候

二月十五日　　中の町

竹くま様

◉金子教孝孫二郎歌稿

ほとゝきす血に啼おもひ我もまたともよ語らむ五月雨の空

◉金子教孝孫二郎書翰　下野遠明隼次郎宛

覺

一長持　一棹

一具足箱　三ツ

金子孫二郎ヨリ下野隼次郎宛書面書面ノ宛名竹隈長谷川様トアルハ下野氏長谷川方長屋ニ住セシ故ナリ　校訂者識

右之通御預り置被下候様奉頼候以上

二月十五日　　金　子

竹隈

長谷川様

⦿高橋愛諸多一郎書翰　年號未詳

別紙入置

三白別紙例之通御廻申上候
呉々も延引御恕可被下候

拝啓度々之雨天御鬱勃奉想像候御不快追々御順快之よし尚更御加養御

専一と存候扨南音御廻申候今日無人延引之段御恕可被下候闕(此字不明)ゟ申參候儀も有之平隄筆記取集闕(此字不明)へ相返し候付而ハ追々御廻申候分原迄も御返し被下候樣相願候との事ニ御坐候五三日來之事情實ニ愕然之至將來之儀御含ハ有之よしニ候へ共既往を以推量致候而も中々六ヶ敷可有之勿論諸生へハ申諭等ハ出來不申事故此上御事業表發ニて安堵致候儀有之候ハヽ格別左も無之而ハ出來なりと申ものニ御坐候餘ハ嘉蜂ゟ御承知可被下候今朝ゟ大酔とかく胷計焦申候草々不備頓首

三初八

尚々只今梶淺傳幢ゟ返り申候うまく參り候よしニ候へ共如何致ものか是亦加ゟ御承知可被下候

◉金子敎孝孫二郎書翰　下野遠明隼次郎宛　嘉永　年二月十一日

雪篁賢兄　　　　　　　　眞東風
四及添

五日薄暮横濱ニ而夷人三人斬られ候よし神速ニ迯去候而何方之ものとも知れ不申候よし但中官以下夷ならんとの風説ニ御坐候
好雨御同慶御安健奉賀候四刀御廻申候間御撰取殘御返可被下候木村方ニ而出來候分ハ二刀ならてハ廻り不申是ハ寸長き方ニ好ニ而他へ過日相廻申候此分も皆祐光作ニ御坐候以上
衣更著十一日

竹里大兄　　　　　　　　松巷
御直披

封

◉鮎澤國維伊大夫書翰　下野遠明隼次郎宛　安政三年五月十五日

〆　隼次郎様
　　貴酬御内拆　　伊大夫

先達而之貴書被成下薫誦遠ニ貴答も可申上之處乍存尫弱御無音申上候段御海恕可被下候時下輕暑ニ之赴候へ共不揃之氣候實ニ秋收も思やられ申候先以御揃彌御勇猛ニ被成御勤仕奉敬賀候隨而小生も碌々奉職乍

憚御放念可被下候扨田獵御凱陣之節神岬之殘花御感慨之由登府以來ハ
尙以吟友乏敷尙雜事ニ被羈絕詩案申候久振ニて高調拜吟感慨不少奉
存候扨貴論過去候事ハ逸之貴答不申上段是又御恕可被下候先以開校無
御滯被爲濟候段御同意恐悅ニ奉存候文武共定而御法則も御建被成候半
此程ハ格別御盛与奉存候九日之御祭儀拜見不仕候ハ殘念ニ御坐候編脩
敎官云々御尤至極今程ハ貴論御通被成候哉當今之急務敎導ニ限り申候
如何となれハ國難以來朋黨相立此度之大獄ニて一統致候へハ宜敷候へ共
やはり朋黨之根ハ絕申間敷何卒後輩仁義忠孝へ眼目を立候樣敎化行候
事何寄大切御負擔之程奉託候」君恩母恩未報云々御尤何分厚誠相守可申
奉存候御察も御坐候通方今會計之難蜀道同樣ニ御坐候節用省費を本与
致し傍正路之仕法相建融通等付候事登り前なる見込ニ御坐候處實地ニ
臨候而ハ萬事不如意又無據右樣不相成情態も有之旁當惑心痛晝夜他事
無御坐候夫故」とかく劍菱ニて愁城を破候事ニ成行申候」龍碑之事貴論縷

々承伏仕候夫々建議も致申候玄蕃府相勤候節義運之碑建白會翁へ被仰付候事ニ相成申候此度之御論ハ尚更先代忠臣之墓墳破壊ニおよひ候事御同嘆之至ニ御坐候」外夷之事情爾來俗事ニ取紛格別之祕說も承込不申候下田墨夷之秡（跋カ）扈貴論之通ニ御坐候此間も奉行之手廻夷館へ這（入脱カ）り候事を憤り散々ニ打擲ニ逢申候余り殘念故奉行へ訴候處日本人との喧嘩ニ候へハ扱方も有之候へ共夷人へ拘候事難取上与申候ニ付自殺致候よし可憐之至ニ御坐候當今之形勢正月十一日佐倉侯ゟ下田奉行へ之達ニ而御洞察可被下候不遠飛鳥之花墨水之月抔遊覽ニ參候樣可相成杞憂此事ニ御坐候此間浪華之警衞羽州讃州兩家へ被仰付候尚又當春蒸氣品川へ著　幕有司等益恐怖右を拵候道具等も蘭よりきゝ殊之外巧之由ニ而何事も西洋ニ限る与申樣子既ニ右へ携候仁之話ニ候へキ可嘆々々但有志ハ　西城之一擧を窃ニ仰候而已夫ニ付而も安中侯之物故嘆ニ有余事ニ御坐候乍末筆上公暫く御水氣ニ被爲入候處此節ハ透与御平癒被遊明日

坏ハ定而御登　營も被爲在候半御同意恐悦ニ奉存候申上度事萬縷拜晤
あらてハ不盡貴答延引御申譯迄此段如此ニ御坐候萬期後音候頓首
五月十四日

◉高橋愛諸多一郎歌稿三首　安政六年七月十三日

しもつふさ乃國葛飾の郡やしろ乃里にいつそのは八幡宮にぬさおき
てよみ侍りける

千早振神におのひを健男の
おもひいる矢乃とやらさら光や

秋もしや風も身にしむ旅衣稲葉色にく利根の旅寐路

安政六年己未七月十三日謹奉献

八幡宮社前

武士乃神よおのひをゐつの弓
思ひいる矢のとかさら兄や

常陸　高橋愛諸拜謹記

⦿高橋愛諸多一郎　詩稿年月未詳

一刻千金江月鮮　微風吹醉意悠然
興來只恨春宵短　花氣透衣冷酒筵
右和鈴安賢兄春夜宴芳韻
伏乞正斧

愛　諸　拜

◉高橋愛諸多一郎詩稿五首　年月未詳

和眞士德入長勝寺咏文治梅之作

相傳源將手移植云是文治赴奥時雪裡吐紅高士節雨中含玉美人姿暗香嘗逐

鐵衣起瓊蘂今依佛宇披覇業空餘一梅樹年々花發欲同誰

謝戸田大夫惠白玉團子尋問拙恙

病床無聊日愈長忽有美人一片章疑是廣寒宮裏落盛來白玉水晶光

謝尼子兄惠磁盃　畫杜若

燕雛花發水雲郷疑是含來酒有香此物却勝金屈（泥カ）盞風流追憶在中郎

愛　拜

下野隼次郎樣
御直披
高橋多一郎

（下野遠明ニ示セシモノカ、封皮ニ宛名アリ、校訂者識）

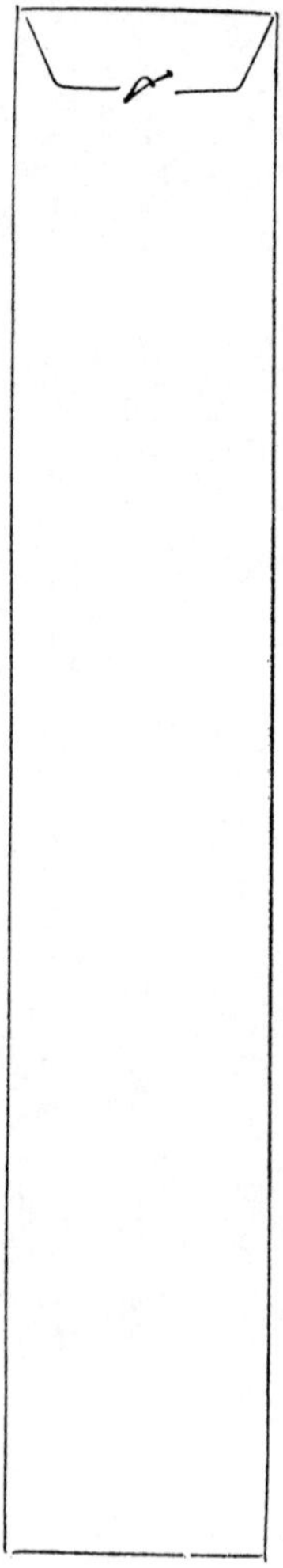

◉高橋愛諸多一郎詩稿 年月未詳

落花醒醉又愁心　知否人間浮與沉
嘯月吟花非我願　春來無奈舊痾侵

伏乞
正斧

愛　諸拜

◉原忠敬市之進詩稿

癸丑歳旦

氣轉洪鈞四海新無私化育仰深仁金縢開去風吹霧琴瑟和來麒配麟五夜坐知窓漸曙十年初覺物皆春從茲孝養眞吾責行道何時要立身（前聯去臘國慶結句用家嚴戒語）

城居不出若山居荏苒逢春亦晏如昨日課爲今日債新年作是舊年餘雖（難カ）家遊學身雖（難カ）勉凭案苦吟頭懶梳顧念慈親思子意窓前先寫報安書

戲贈同塾生

乘輿漫遊元不妨情來一夜向臨叩春臺吾恐多柔舌銷盡平生鐵石腸

遊梅莊

草門繋馬是誰家樹々香來知有花酣雪包林眺綽約冷雲掛樹骨差牙境內地僻清兼雅徑似枝分縱又斜老店待人何淡泊竹牀設處賣新茶

次故人見寄韻酬之

南遊無友獨攤書寂々斯心覺闕如半夜不眠空屈指背來華貌六旬餘

離群何處得鴻書四七瓊章玉不如自有彩光倍昔日知君黽勉業三餘
結社平生與講書幾年交懇竟何如客情不耐多春思拍案高吟微酔餘
詩就晴窓信手書東風入座氣温如想君郊外尋花去正是一番春雨餘
草々走筆仰推讀
忠敬
供粲

◉鮎澤國維伊太夫書翰　下野遠明隼次郎宛　安政五年七月廿一日

野隼賢兄
奉復御自披
不愧

不愧ハ鮎澤ノ號ナリ　校訂者識

貴帖薫誦秋冷愈御佳勝ニ御奉務奉壽候爾來御疎濶御海恕可被下候扨此

度ハ御同様恐入尤甲辱与違　三公御一同爲天下御建議故ニ御坐候へハ
痛哭なハ憤激ニ御坐へき（マヽ）爾來之事情御承知之通御正氣確乎三連屈伏誠
ニ難有御事ニ御坐候此上ハ一國合體して
叡慮を安し又ハ御洗冤之義一生懸命取掛申度奉存候一旦ハ妄説紛々之
所漸々薄らき申候斯る暴横何を　幕も一變を生し可申ともハ存候へ共夫
迚も空論此上機會与申候ハ　京師計ニ御坐候へ共事情一切分り不申
長州仙臺薩州等ハ陰ニ御助ケ申上候樣ニ候へ共足利時代ニも官軍ハ至
而少此度も御持張之處千萬痛心仕候昨日內藤豊州發足嚴密取〆達ニ而
御坐候酒井ハ念四方發足与申事總州ハ未程合分り不申候　大喪も多分
念九ゟ來月八日方与申事ニ御坐候何事も其上之事与奉存候昨日之御用
全く
尊慮愉快々々貴地姦（マヽ）も鳴りを靜め申候半併余り出來過候釣合跡々事却
而心配仕候莵角內實を本とし禍變を待て進退之外有之間敷ちと政府も

頭勝故謹遜抔魁へ爲登申度左も無之而ハ内を關申候事何共安心不仕もむや安堵之色を成候様ニも被察申候貴邦靜謐ハ宜候へ共忠憤之御論不絶同志へ御運ひ御坐候様仕度奉存候拙も此間中眼氣ニ而難澁漸々今日抔宜く略文む御恕可被下候乞(ママ)を期後音候以上

七月廿二日認

二白夷賊共ハ皆々引取申候英ハ尤無事　登城も致不申候蒸氣献上いたし亞ハ來三月ゟ開港ニ御坐候江南ハ迚も此上臭氣ニ而被居申間敷候越矦ハ一國合併表ハ靜謐羨敷候へき(ママ)尾ハ竹腰むびより田宮も近く被追下候釣合長谷川よハ愼哀レニ御坐候薩の家老鎌田ハ近々歸郷之よし尤少々ハ留り可申正論可感仁ニ御坐候諸矦ニ而ハ長州隨一之様ニ御坐候　田安公御後見可笑々々

八二武ハヤツン野隼ノ意ナリ　校訂者識

## 附録

◉鮎澤國維伊太夫書翰　下野遠明隼次郎宛　安政六年二月十七日

主　二月十九日仕出

八二武大兄　不愧

御直披丙丁

寸

鄙簡啓上春寒去兼申候所彌御揃御清安ニ御起居奉賀候扨先達ゟハ御過訪被下候處錦一同窪田へ訪ひ御無約束多罪之至御海恕可被下候其後承り候得ハ　北堂君御不快ニ而俄ニ御歸鞍ニ相成候よし御老年之義如何之御樣子歟乍蔭御案申上候申上迄ニハ不□(候カ)共折角御保護専一ニ奉存候此節柄内外之御心配實御察申候扨當今之事情柚門幷重國等罷下り候間御承知も被下候半内外格別顯程之廉も耳ニ入不申候得共十三日之穿も相延同日之除目山口丹州會計公事方是ハ可賀吉田侯寺社奉行是ハ青閣之二子ニ候へ共御奏者筆頭あたり前なるべし京市尹岡部土州ハ鑓奉行是ハ格別評判ハ無之候へ共召捕一條ニハちと加減も候よし承候事も候

へき青閣も歸府之治定相分不申候七日ニ浪華へ廻候よし外國奉行公用之譯有之候へ共眞僞如何歟　幕も外國一條尙又穿一件ニ付而ハ相續御退出も遲々御懷ハ至極もめ申候樣子相響申候尤赤ハ後庭手一抔之樣子ニ而過日種々之拜領もの殊ニ此度勤勞末代迄御忘れ無之との上意被爲在候よし尤閣与ハ懷分レ居候趣ニ相聞申候必其中ニハもめも出來可申候歟菟ニ角青閣下りならてハ埒明申間敷時日遷延御同嘆之至ニ奉存候將又貴地御一席始之模樣心配いたし候所今程ハ如何駕御之執無之故ニハ候へ共第一之憂との樣ニも纏申度御周旋奉祈候且又追々御承知も候半正論仲摩やき餅より種々之讒間有之樣子扠々あきれ申候謹遜も御地靜謐ニ候へハ早々罷下候樣ニとの御含ニ而滯府之處右も畢竟ハ脇より彼是突申候故ニ可有之此節柄同志之先輩壹人ツヽも留申度周旋候へ共成否難計久供も此度ハ日切御指留ニ無之御用濟迄と被仰出候僕抔も歸國立逐与奉存候皆々御地より種々之說駒之散木幷按抔へ運ひ

老九五之方へ申立候様子ニ相見申候御信用無之ハ勿論之儀ニ候へ共説の入方巧ニ而精忠ニハ候へ共烈敷候故必突當り出來國家之危難を引出申候故御國へ云々与申事眼目ニ而其外雜説も釀候樣子扠々あきれ申候右ハ全く不外御入魂故申上候御覽後御放火必奉賴候尚追々後便可申上早々頓首

衣更著十七

尚々昨日ハ伯仲兩執御馬拜領之よし御首尾至極宜く御同慶先御内輪ハ暫ク無御坐候以上

（附箋）十三日穿ハ呼出し改め預与申計ニ而やもり元の大名へ御預ニ相成申候

◉野村鼎實彝之介外一名書翰　萬延元年三月

開合書二葉入唉覽申候以上

諸賢兄

長ら〔良カ〕
吉作

諸君　輪呈

別啓新短書入御覽申候尚又
別封
御製并存意書等大場大夫へ直樣御巡シ梅澤其外へもよろしく御傳可被
下候

## ◉野村鼎實彝之介書翰　萬延元年三月三日

本文不取敢認め置候間其儘差上申候

書中吉作トアルハ鼎實吉田屋作兵衛トノ變名ヲ用ヒシニヨル　校訂者識

草卒呈寸楮候于今春寒料峭之處愈御勇壯御忠勤奉大賀候扨小生出發前今一度得拜晤度と存候處此表之期日差迫り殊ニ彼砌れ　御一品南飛も難計形勢ニ付是非其以前云々相決不申候而ハ千載之遺憾ニ付大隱大夫へいさゐ演述後事を託申のミニ而俄ニ發途致し候ニ付御暇乞も不仕候段御海容扨兼而御相談申通今日之佳節を吉日と相究め昨夜品海樓ニ而十九人之大會をなし各訣別之痛飲頗愉快を極め嫌疑も忘れ候而之振舞雄氣衝天之勢よ御坐候へキそれゟ曉天を待チ直ニ愛宕山ニ而支度を調左之壯勇士意氣堂々繰出し兼而不共戴天と存候剛愎黠傲暴威ニ募り候天下之巨賊を今斬戮候幸今早曉より白雪繽紛ニ而至極都合もよろしく難なく討取候段實ニ天誅ニ御坐候兩人少々手疵を受申候進退等ニ拘り候程ニも無之只可憐ハ稻重壹人討死いたし殘念にいたし其外ハくそ皮もむられ不申眞丸ニ一と先

ッ引揚申由痛快無此上誠ニ千古之大快事忠勇感激之至ニ御坐候得ヾ、キ見付等も閉不申登　城之旗本等四方へ散乱見物ハ雲霞之如くニ而仇討なるゝし云々又ハよききびと申さぬ計の取沙汰など致候ものも有之よし江南人之薄情誠ニ驚入申候いさゐハ此ものゟ御承知可被下候酒樓等何れも嫌疑有之不能細書且取込候のミならに爾後之進退等分り兼候義も御坐候間得詳悉可得貴意候只此上之苦心ハ彼藩士礫邸へ復讐抔申さんも難計候間幾重ニも御盡力御警衛等之義臨機之御周旋奉萬望候薩州も殊之外盛ニ有之國主ゟ家中有志之面々へ被示候親書寫一覧仕候處勤　王之盛意感涕臆をうるをし申候　京師ハ申上候迄も無御坐近來　御製之趣眞ニ難有と申奉るも愚なる事委曲是ニ而御洞察可被成候愚生抔一兩日之内如何之進退ニ可相成哉難計何れ黄泉ニ而御面會を期候事と被存候間混乱中草略如此御坐候不悉頓首

三月三日夜　　吉　作拜

上街諸君へも可然御通達可被（下脱カ）候

別紙薩侯諭書

方今世上一統動揺不容易時節ニ候萬一時變到來之節ハ第一　順聖院様御
深志を貫き以國家奉護
天朝可抽忠勤心得ニ候右有志之面々深相心得國家之柱石相立我等之不肖
を輔不汚國名誠忠を盡呉候樣偏頼存候依如件

安政六年己未十一月五日　　源　茂　久（花押）

誠忠士之面々中へ

◉下野遠明 隼次郎 手扣　　萬延元年三月五日

副東

此ノ文書輸前文ノ別紙ナルガ如シ　校訂者識

佐竹　黒忠　大和　山辰　森五六　廣岡子　齋長　海後崎　鯉淵

蓮田　稲重　杉山彌　廣木松　森山繁　增子金

薩ニ而

有村治左衞門

右之通りニ御座候何れも御暇願　礫へ差出し候而之事ニ而元藩中と申立赤門追々之罪狀天誅難遁事いさゐニ書取御老中御役宅へ罷出訴候由昨日之風說ニ而ハ直ニ同夕大名へ御預（細川さも榊原さも申未タ志かさ相分り兼申候）被仰付候由昨今江戸中取々之沙汰ニ有之捜索至極嚴重之よし尤家來と家來の爭戰ニ而井侯ハ何之次第も無之抔申說も有之又礫門等何之樣子も無之平日之通故却而怪しと申說も有之邸中殊之外秘候樣子馬鹿々々敷事ニ御坐候礫邸內之義ハいまゝ相分兼候處今日ハ誰欤面會御運可申尤昨便ニ而いさゐ御承知ニハ相成候半と存候山辰ハ少々深手ニ付途中割腹致候とも申候處是又未碇と相分り兼申候必至之潛匿ニ付實說分り兼申候扠潛も餘程六ヶ敷相成候

間何分取急キ要用之大抵ニ仕抹付候ハヽ兼而存詰候處へ進發又一と盡力之積りニ御坐候何も草々不備 右吉田手簡

三月五日認

吉田ハ野村彝之介ノ變名 校訂者識

## 某氏書簡

萬延元年三月三日

一元祿以來の愉快右ミ十九人ハ邸中へハ入不申候昨夜まてニ細川家へ御預ケニ相成申候堅固嚴重池田播磨の論ニて士道相立申候よし名乘て出申候事故之感服云々邸中大ニ驚入申候樣子必死ニ一和之論を起し内輪を調へ申候ニ精々力を盡し且浪の押出し何共安心不仕候大議論最中色々論先方ニ有之樣候得共浪ハ病氣与申事幕儀ニ相成申水家士与赤家士与ミ戰与申事ニ計申振らし申候よし馬鹿々々しき事ニ御坐候先日ハ行違ひ是非得拜眉申度候處何レへ御左右可申や例ミ處へ參上致候や尤内

ハ此節明ヶ申候ヱけニも相成兼候得共忍ひ出申而もよ浅しく候委細之書
取書面ニ而上ヶ申候候而もよろし候得共否らハ拝眉を得申度候例之處ニ
而よ浅しく候や御居所返さく〳〵も相伺度候
三月四日　昨日涙の公用方召出し申而の暮ハ濁無事ニ而り申様ニ御坐候得共涙の家士押出し安心不仕候
尚々内輪一和之論を起し必死ニ周旋の積り御坐候餘程うまみ御坐候得共
十四君ニ而とんと困切申候
用心専門之儀と幕ゟ雪へ達も有之候□の儀流石三藩ゟの勢
御坐候
是非々々拝眉仕度候

右美新手簡

美新未攷
校訂者識

◉關誠 鐵之介 書翰　金子教孝 孫二郎 宛　年月未詳

何日報　明君凄涼三尺蓬窓下笑對筑波嶺上雲

まうつミのあゝらさりせハ國のため盡さんゝ心を誰かしらまし

錦村蟄龍君　丹楓再拝

御自披丙丁

◉野村鼎實 彝之介 書翰　下野隼次郎宛　年月未詳

御直披

雪篁先生　實

傳賢へ御託之華章

薰誦如尊諭輕暖相催候處愈御壯勇奉大賀候先夜ハ乍例失敬御恕可被下候扨今南風韓之分一覽仕候處何欤おもむくあり氣のミニて是と申廉も無之尤止戈之書も內覽之處是以廉ハ無之候へ共意氣揚々之勢と被察申候松島ゟ藤原へ之一通も有之過刻相屆候由之處同人今朝ゟ他出ニていまた開封致兼申候事ニ御坐候將又鎭生動搖之義ハ大抵事情相分り候處格別之事ニハ至り申間敷乍去中々弓斷相成兼先入專一と存候ニゟ今曉俄ニ早脚差立申候今日文武師範等會議ハ如何出來候や未承り得不申候外老佐藤（番頭欤）蘆澤等頗窮鼠ニ組し候よし之處朝比ハかげ乘りと承り候へ共狐へ辨白等可笑之至奉存候右之外ハ大抵傍觀ニ可有之哉兎ニ角邪魔ニハ可相成兩虎之戰ひ氣魄運榮專一と奉存候麥の景氣星の入說等可也とハ申ものゝあゐ〳〵本盡しとも不被存且又應接云々等地藏菩薩ニハ御祈願之處今便是と申御感應も無之よし依ては後手ニのミ相成不申樣手ヲのべ云々田穗を微行爲致眞情ヲ陳し事情ヲ御聞及之上手ヲ展候御工夫

被成度旨至極御同意ニ御坐候間何分御竭盡奉萬望候尤昨日迄之事情ハ
藪梅ゟ前文飛便ニ而相運申候尚更横ひんき方も少シハ相分り可申ニ付
此後五三日之模様ヲも御探索之上ニ而可然歟之ニス斬之儀ハ何分施し
度候へ共都下へ潛所等出來不申內ハ精兵ハ先ツ見合候方ニ愚考仕候右
之外愚存も無ニ無之奉復まて餘ハ期面罄候不備頓首

初八夜三更

尙々昨夜不寐云々每度御辛勞御察申候愚生睫眉ヲ合セ不申今朝ゟ來客
醉書草略御推覽可被下候明日除印有之歟之匂ひ御坐候處如何可相成歟
秘々姑息ハ勿論と存候へ共先ミ四五輩もおし出し度もの（之脫カ）奉存候

# ◉野村鼎實彝之介書翰　年號未詳

下野氏文書

封
拜呈御直拆
　御覽後必御火中是祈
〆

只今承り候へハ富板下著致候よし事情御示可被下候

呈鄙束候寒威凛烈ニ御坐候處御勝中御障も無御坐候哉爾來御無音御海恕可被下候扨二日之南風如何念四後之事情少も不得詳悉渇望罷在候處總而御新聞相伺度奉存候追々推考仕候處先日中形勢一變之機を發候も堀子忠死之力ハ有之義と存候へ共第一ハ蜜柑船漂著之事ゟ松宮又作云々ニ而所謂風聲鶴唳ニ驚候故ニハ有之間敷候哉全一旦之事ニて中々愉快之段ニハ至り兼可申与過憂仕候得共兎ニ角機會ニ候間三隱等出勢周旋有之樣致度且又美部此節彼之地を明々居候而ハ事情も通ひ不申のミならにハ運籌施策等も萬事不都合ニ可有之一日も早く爲登申度樣被存候處ゟ川模樣如何御分りニ相成候哉宜敷御賢慮御盡力奉要望候富板も未

滯舶之處へ小幟等南著定而協心盡力必至ニ可有之少も弖斷相成兼申候
貴考如何御良圖御示教可被下候
一三壯士之義ニ付蓮梅与相談も有之先夜久貞へ竊ニ致面會候處壯勇非常
決心確乎之段ハ感激此事ニ候へ共著眼立策等甚拙劣之樣被存候間方今
之形勢利害得喪等管見之趣猶九雀之內云々之方可然と存候故粗及議論
候處九雀云々ハ至極適意之由ニ候へ共如何ニも不容易事ニ而唐突ニ發
候ハヽ敗衂無疑迚も精神一片のミニ而ハ參り兼候半何分施設之手段運
籌之妙を得不申候而ハ奏捷無覺束候處更ニ承引不致いつ迄ニも時日を
爭候義甚不可思議程ニ而殆致方無御坐候尤一旦決心之上ハ遷延を憂候
段尤至極ニ御坐候へ共決而拙速輕發之業ニハ有之間敷不得已候間隨意
ニ任セ候外無之との蓮梅も決斷ニ相成申候乍去拔群之精神實可惜もの
ニ御坐候間得と御熟慮之上蓮往へ御相談ニ而宜御工風ならまほしく爲
邦家偏ニ奉仰望候尤洩泄ハ至極憂候間御（一字不明）意可被下候書餘跡より可申

上緊要計草々不具頓首
　　臘月四日
尙々嚴寒之砌折角御節哀御盡力御專一と奉存候以上
羈路一件委敷義御分りュ相成候ハヽ伺度前謙いさゐ存居候よし御つる
も御坐候ハヽ事實違不申樣委細ュ調度ものュ御坐候少々施し方心付候
間御周旋可被下候秘々

⦿下野遠明隼次郎書翰　金子久維勇二郎宛　文久三年十二月二日

過日ハ御歸葬無御滯被爲濟御安意此事ニ奉存候小生義御承知之病体故
昇堂も不罷成背本懷候段御海涵是祈且拙宅迄數種之珍菓類御投恵奉深
謝候將又溫泉之義御懇示被下奉謝候然る處此度ハ下總行相決候事故先
ツ相試ミ來春ニも罷成候ハヽ浴泉ニ出懸ケ候心得御坐候間一人へも不

悪御傳語被下候樣奉願候僕從指合等出來候旁漸明朝發程仕候事ニ御坐
候何れ歸宅後緩々拜眉可仕匆々不悉
十二月初二認
尙々乍末筆御尊母樣へもよろしく御申上可被下候且芳兄へもよろし
く過夜ハ來客中故草々之仕合御返事も指上不申候御恕可被下候以上

〆
勇二郎樣
用事
隼次郎

◉安島信立（彌次郎帶刀）書翰　下野遠明（隼次郎）宛　嘉永六年四月廿六日

下野氏文書

ま　隼次郎様　　彌次郎
案下
封

五月十三日武藝上覽有之（海保大胡等登リ居リ上覽有之）安島抔太刀入被仰付候由此外
他流仕合等御好アリ
（一刀流名人）千葉次男榮二郎小十人召出十番三人月俸大關恒右衛門男召出
（無念流ニテハ上手ノ由）五月廿九日　山野部兵庫一年上府　隱居千石被下兵庫上府中海防ヲ務
ル由
今村寺社奉行被成下ル由（小野角用人近藤御守殿へ宇都宮駒邸御用達）
當公武藝御勵ミ且安島原田三浦等ヲ能御扱ニナル事
○薩州軍艦ヲ製スルヿ軍艦トハ不云琉球へ通イ船トノ申立ニテ濟候由
薩州世子ノ傅中山ノ直話ヲ仕谷登リノ時聞クト云
○七月三日　老公隔日ニ御登　營ノ御義被仰出　峯樹院様御逝去後僅

ニ七日御忌御免ニテ御登營天下ノ大變トハ乍申天下ノ大幸モ此ニアリ

五月十三日云々ヨリ此行迄本文ノ前ヨリ本文ノ間ニ書入アル分ナリ達明ノ筆ナリ
校訂者識

○七月六日兩田ニ山國召登ノ命アリ七日登足二日道中ナリ

○同月九日石河召登リ命アリ十三日發途イツレモ百日程ト云」止ム

拜啓漸時節相應之氣候ニ相成候處御揃愈御壯健ニ被成御起居愛度御義奉敬壽候愚事登以來無事ニ勤居候間乍憚御安意可被下候先以而登前何角御世話共ニ相成色々失敬之義迄相願殊ニ發足之節も被懸貴意御見送被下旁御厚志之段々別而不知所謝奉存候尚又登後も早速御懇書之趣却而是より御禮を祉得貴意候筈之所何も汗面仕候右貴答も早速ニ得貴意候心得ニ而日々之繁務ニ取紛を乍存つひ〳〵懶惰只今迄御無音ニ相成候段重々御申譯も無之次第何分ニも御宥恕被下度奉存候此表何等相變候義も無之御地も異狀無之歟之由少しく手透を得候得をとの之貴地之義を存出し諸兄之事を彼是と想像仕事ニ御坐候御承知之通此表知人至

而少く萬事耳遠ニ相成他邸之事邸外甚遠く相成相困申候いづれ手透ニ
も相成一工夫いたし候積ニ御坐候何ぞ御異聞も御坐候ハヽ相伺度此表
之事を却而御地より承知いたし候樣ニ御坐候御一笑可被下候
今日ハ四ツ時御供揃
駒邸へ　出御何欤御催も被爲在候欤尤　祝樣御卒去ニ付御機嫌御伺之
御振ニも候へ共いつも御寛々定而　歸御も御遅く相成候半奉恐察候此
節　兩邸至極御平穩何寄難有事ニ奉存候幕對策之事云々被仰越候處前
分之仕合ニ而いまた得と承不申候過日原順來訪之處彼是其談ニ及不申
候如貴諭異舶出沒之期至候へ共いまた何之沙汰も無之候此表之形勢邸
中ハ勿論異舶之いの字處ニも無之樣樣（マヽ）相見品川沖ニ而十貫め之連發ニ
而も賴不申候而ハ中々夢が覺申間敷今驚候事ニも無之候へ共扨々慨歎
之有樣ニ御坐候大岡之說ハ此方ニ而も承候處實否是と申義も取留不申
候竹之枯候云々之說ハ貴書ニ而初而承申候色々得貴意度義も御坐候處

今日も手透ニ相認前文貴答御禮御申譯迄此段草略得貴意候乱筆宜御推
覽可被下候以上
四月廿六日認置

◉安島信立帶刀書簡　下野遠明宛　年號未攷

拜誦如貴諭次第ニ寒冷ニ趣候處彌御安康被成御起居奉敬壽候當月初三街へ御引移ミ由不存申御無音仕候忌中ニも被爲懸貴意御枉(杜カ)駕被下候處今ニ御禮も延引萬御承知之仕合故と何分御恕可被下候扠指南錄之義被仰下候處八月之比ニも候得き欤鈴安子より御約束申候由ニ而申遣候間是へ相廻候得き返上々々と存無人旁ニ而つひ長々之拜借ニ相成候段多罪至極ニ候太の(マヽ)し寛々と拜見之處ハ別而々々大慶奉厚謝候乍例閑暇ニ候間御氣之向候節御咄御枉駕奉待候何も拜眉之節と貴答迄草々不宣
初冬中の七日

二白御華作拜見奉拜謝候不相知義なゟら御寓意も實ニ感吟仕候貴諭之趣も御坐候へとも例之仕合ニ而拜吟而已不本意之段ともあしまらに御恕可被下候尚御序御近作拜見奉願候

下野賢兄　安島拜

◉安島信立彌次郎帶刀書翰　下野遠明隼次郎宛　年號未攷

下野隼次郎樣　安島彌次郎

貴答

拜見昨夜ハ却而失敬仕候上已清明之處心胸御同意之事ニ御坐候扠横夷南飛之次第日限等入御念御細書之趣別而奉謝候

昨夜御偶作之よし拜見御忠憤實ニ感吟仕候御嘶之義も定而上街等御合

議も可有之尚又御決論之處相伺度奉存候御人爲待置乍失敬以麁帋草略

貴答不宣

三日

尚々其後御無沙汰仕候間賢大兄へも宜奉願候

◉住谷信毅寅之介書翰　下野遠明隼次郎宛　年號未攷

住谷

再拜

下野賢兄

貴報

尚々乍末皆樣へも宜奉願候以上

久貝子御上京ニ付御附託之貴書去ル廿三日相屆拜誦仕候如諭不順之氣候ニ御坐候所御揃愈御安健奉珍重候拙家一同無異乍憚御休思可被下候

其後ゟ此方ゟこそ御無音罷過候御恕可被下候○逐々姦賊之所業承之言語同斷可申樣無御坐候○○御義も逐々遷延仕り今以何等之御沙汰無之御同樣不堪悲憤罷在候其上南公御大變恐入候次第御同樣奉恐嘆□御繼嗣御治定不相成候趣ゟ程御六ヶ敷御樣子ニ承り申候扨御國諸先生御議論如何御坐候御良策伺度奉存候當方ハ友人も無之更ニ憂悶之散候所無之只御國ゟ之狀而已日々相待居候仕合御坐候何レ近々罷下り候樣可相成ト夫已樂居候色々申上度候へ共此間中風邪ニて罷臥罷在候漸一兩日快方ニ而蓐中執筆前後錯乱能々御見分ヶ御覽可被下候荒々申上殘候以上

五月朔日認

下野隼太〔マヽ〕郎樣
要用御直披丙丁
住谷寅之介

# 解題

小西四郎

## 一

幕末期の水戸藩の活動には、注目すべきものがある。関東の北、三十五万石の水戸藩は、御三家の一つであり、そこにおける幕末の藩政の展開は、ただ単に水戸藩の藩政というものではなく、全国的な影響を持つものであった。

文政十二年（一八二九）藩主となった徳川斉昭のもと、翌天保元年から次第に展開していった水戸藩の天保改革は、ついで展開した全国の天保改革の先蹤ともいうべきものであり、特にそれは幕府の天保改革に強く影響を及ぼしたものであった。

またこの頃から展開した後期水戸学は、尊王攘夷を高唱し、それは幕末思想史上に大きな地位を占めるだけでなく、政治史上にも重要な意味を持つものでもあった。

このような藩政の展開の中に、徳川斉昭の持つ強烈な個性と、その側近改革派の形成、これに対する保守派の結集という事態を招き、改革派と保守派の対立は次第に深刻化し、遂には激烈な党争となり、勢の赴くところ元治元年（一八六四）の天狗党の乱とまでなった事は、周知の事実である。このような激しい対立、異常な政争の展開は、どのような水戸藩の特殊事情から生れたものなのであろうか。それを他藩などとの比較の上で考察することは、幕末史研究の一つの大きな課題である。そのような点のみならず、全体として幕末期水戸藩の研究は、極めて大きな意味を持つものといえる。

ところで幕末期水戸藩研究の成果は、問題が重要であるにもかゝわらず、意外に少ない。その原因には種々な理由が考えられるが、一つには史料の刊行の少ないことが挙げられよう。

幕末水戸藩の動きを示す最もまとまった記述は『水戸藩史料』であり、この外個人の伝記や、水戸学関係の書物が公刊されているが、水戸藩の本格的な研究のための史料は、ほとんどまだ未刊行の状態である。

こゝ約十年前から茨城県史編纂事業が開始され、先ず史料集の刊行が進められている。幕末期については、天保期を中心とする一冊が刊行され、また『茨城県幕末史年表』も出版された。なお続刊が計画されているが、これにしても膨大な幕末水戸藩関係史料のほんの一部にしか過ぎない。

このような水戸藩の重要性にかんがみ、初期の日本史籍協会叢書関係者が、『水戸藩関係文書』の刊行を企図したのは、誠に当を得た措置であった。そして当初の計画は、何冊かの『水戸藩関係文書』の刊行であったと思われる。それは本書の背と扉に、はっきりと『水戸藩関係文書　第一』と印刷されていることによってわかる。しかし第二・第三の続刊は、日の目を見なかった。それには種々な理由があったのであろうが誠に残念なことである。

## 二

本書は目次によっても知られるように、そのほとんどが水戸藩士床井親徳の手記によって成立している。即ち本書全七二六頁の中、五八八頁が床井の手記であるから、約八割であり、したがって本書の標題を『床井親徳手記』として、これのみで一冊にしてもよいくらいである。

床井親徳については本書の冒頭に簡単な履歴が載せられている。水戸藩尊攘派の一人であり、藩の内訌戦によって禁錮の身となり、慶応元年（一八六五）四月に斬に処せられている。

手記の中、最初の部分は「日録」であるが、これは万延元年（一八六〇）正月朔日から同月十六日に至る間のもの（秘笈日録）、万延元年八月四日から、同月末に至る間のもの（秘笈日録一）、万延元年九月朔日から同月末に至る間のもの（秘笈日録二）、万延元年十月朔日から十一月八日に至る間のもの（秘笈日録三）の四部によって成り立っている。全体として一九九頁に及ぶ詳細なものである。

床井親徳は非常に筆まめな人物であったと思われるが、万延元年正月十六日から同年八月四日に至る間のものが欠けている。多分この間にも日録を残したのであろうが、それは何等かの理由によって失われたのではないかと考えられる。それにしても万延元年のこれだけ詳細な日録は、当時の水戸藩の内情を知る上で、極めて貴重な史料である。

万延元年の前年安政六年には、安政の大獄の断罪が行なわれ、八月には水戸藩士安島帯刀は切腹に、同茅根伊予之介、鵜飼吉左衛門は死罪に、同鵜飼幸吉は獄門に処せられている。また同月水戸藩主徳川慶篤は差控を、前藩主徳川斉昭は国許永蟄居を、一橋家主徳川慶喜は隠居・慎を、水戸藩附家老中山信宝は差控を命ぜられている。

同年十二月十六日、幕府は若年寄安藤信睦を徳川慶篤のもとに派遣し、勅書返納の朝旨を伝達している。それは安政五年八月に水戸藩に下った勅書であり、この勅書返納問題をめぐって水戸藩内は騒然としていた。多数の水戸藩士は勅書返納に反対し、大挙南下してこれを阻止しようとし長岡駅に屯集して気勢をあげていた。これが安政六年末の情勢であり、ついで万延元年正月を迎えたのであるが、「秘笈日録」の最初の部分はその後の十六日間の様子をこまかに記している。

「秘笈日録一」「同二」「同三」は、万延元年八月から十一月に至る水戸藩の情勢が詳細に述べられている。この年三月大老井伊直弼は水戸浪士らによって襲殺された。また六月十三日、朝廷は水戸藩に下した勅書の返納を命ずる勅書を、幕府に下すことを決定し、これを京都所司代酒井忠義に下附している。この間水戸藩士の勅書返納反対の動きは依然として続いたが、同年八月十五日徳川斉昭は病没した。その直前からはじまる「秘笈日録一」は、斉昭の死について「一国之人々今ハ術尽き心も乱れ、只あきれにあきれ哀しさも余りて涙さへ出す、赤子の父母に離れしも是にはいかてまさるへき、嗚呼万延元年庚申八月十五日といふは、いかなる凶日にてかありけん、古今無双之御明君に被為入、御一生ニ三度迄も重き御寃罪に沈給ふすらあるに、御生前ニ御明白にもならせられ給わて御逝去なし給ひぬる其御残念いか計なるへきや……徳川家之命脉是先如何なるへきや、神州之回復終天期すへからす、千悔万痛血涙紙を湿し筆も下しかたし」と、斉昭に傾倒している真情を記している。さらにその後の水戸藩情や、政局の動き、対外関係などをも記していて、井伊直弼の次に成立した久世・安藤政権の動きなどを知る上でも、誠に貴重な史料である。

次に「秘笈御廟算高松」「秘笈雑録二、三、四」及び「秘笈聞見漫筆」「秘笈筆叢」が収録されているが、それらについては冒頭の解説に委せることとする。「秘笈」及び「秘笈京」は、文久三年（一八六三）二月八日にはじまり、同年九月二十八日に至る間の親徳の日記である。

文久三年に入って尊攘運動はたかまり、将軍の上洛が行なわれることとなった。前年十二月十八日、将軍家茂は朝旨により、水戸藩主徳川慶篤の江戸留守をやめ、先発上京を命じた。二月十六日慶篤は江戸を発して上京の途についたが、床井親徳は慶篤に随従した。日記は、同年二月八日「上京御供」を命ぜられ、「寄合組」を命ぜられた日に始り、東海道を西上する毎日の様子がつゞられている。三月五日慶篤は入京し、親徳は病のため一日遅れて京都に入った。

さらにその後の京都における藩主慶篤の行動などが記されているが、慶篤は三月二十四日将軍目代として東帰し、江戸守備の任に就くべきことを命ぜられたため、翌日京都を発した。床井親徳は、しばらく京都に残留したが、四月十九日京都を発して東下し、五月二日江戸に帰った。日記には、この間の京都の情勢や道中の模様なども記されており、終りに同年八月九日から九月二十八日に至る簡単な日記も収められている。

「秘笈歌詞」「秘笈詩歌」は、親徳の和歌、詩及び同志らのそれを収めたものである。

なお床井親徳は、その兄親忠の養嗣となって床井家をついだのであり、親忠及び親徳の履歴を『水府系纂』（水戸彰考館本）によって示すこととする。

雄三郎親忠、弘化四年丁未八月十四日学問出精ニ依テ白銀三枚ヲ附セラル、嘉永四年辛亥二月十九日弘道館舎長トナリ、役料銀五枚ヲ賜フ、六年癸丑六月十五日御床机廻ヲ命セラル、父死シテ安政元年甲寅八月二十四日其切符（米十石五人扶持）ヲ賜テ、小普請組、是年十一月二十四日馬廻組トナリ、弘道館舎長如元、二年乙卯五月二十四日死ス、二十六歳、嗣子ナシ、故ニ弟荘三親徳ヲ養子トス、荘三親徳、安政二年乙卯七月十六日養子トナリ扶持ヲ賜テ、小普請組、三年丙辰五月二十一日史館雇トナリ、是年七月十九日切符ヲ賜テ歩行士トナリ、万延元年庚申四月九日雇ヲ免セラル、文久三年癸亥二月上公御上京ニ扈従シ奉ル、八月十六日小十人組トナル、元治元年甲子六月願ナク出発シ、武田伊賀等ニ属シ、吉田薬王院ニ来リ、退テ那珂湊エ楯籠リ、官軍並ニ諸家ノ兵主家ノ人数ェ敵対ス、追テ幕府御目代田沼玄蕃頭意尊諭ニ依テ官軍ニ降ル、増子三郎大夫武和女ヲ娶ル、

## 三

「再来記行」は、水戸藩士鮎沢国維の文久二年（一八六二）十二月十六日から、翌三年二月十日に至る間の日記である。国維については本書の冒頭にその小伝が載せられているが、彼も尊攘派の一人であり、安政の大獄に連座し、安政六年（一八五九）八月二十七日には遠島に処せられた。しかし十一月十四日には幕府は遠島配流を止め、佐伯藩御預とし、終身禁錮に処した。

やがて時勢は変転し、尊攘運動がたかまるに及んで、文久二年十一月十八日幕府は朝旨を奉じて大赦の命を布き、故水戸藩士安島帯刀、同鵜飼吉左衛門父子、故萩藩士吉田松陰らの建碑を許し、さらに諸藩に令して国事に殉じた者及び刑に服している者を録上させ、また鮎沢国維ら数十人の釈放を行なうこととなった。

十二月十六日鮎沢国維は佐伯藩士から、御預を解かれ江戸に帰るべしとの幕命を伝達された。日記はこの日に始り、帰府準備の模様などが詳しく記されている。同月二十四日佐伯を出発し、宇佐を経て小倉領に入り、文久三年元日に海を渡って下関に至り、陸路山陽路を東に向い、岩国・広島・三原・岡山・姫路を通過して一月十七日大阪に到着した。さらに十九日大阪を出発し、伏見を経て東海道を東に進み二月四日江戸に入った。

その旅行記は非常に詳細であり、極めて興味深いものである。末尾に約七十首の国維の和歌が収められている。

四とせふりやかて嬉しく妻や子に
　あふ坂山を今日越るかも

このように赦免されて帰る嬉しさが込められているものがあるが、折角藩地に帰った彼は、翌年の藩内党争に巻き込まれ、遂に戦死したのであった。

なお『水府系纂』に記されている鮎沢国維の履歴は左の如くである。

伊大夫国維、初匡俊、初名重次郎、天保十四年癸卯正月十七日養子トナリ、家督ヲ継、本禄ノ内七十五石ヲ賜テ小普請組、閏九月二十三日小十人組、十二月朔弘道館舎長トナリ役料銀五枚ヲ賜フ、弘化二年乙巳六月二十六日舎長ヲ免セラル、四年丁未三月二十一日歩行士、嘉永元年戊申七月十七日不心得ノ事アルニ依テ役禄召上ラレ、四人扶持ヲ賜テ蟄居トナル、二年己酉十一月二十九日蟄居ヲ免セラレ小普請組、五年壬子十二月二十八日思召ヲ以テ本禄七十五石ヲ賜テ小十人組、安政元年甲寅三月十一日弘道館舎長トナリ役料銀五枚ヲ賜フ、是年十二月九日矢倉奉行、二年乙卯五月二十九日寺社役格式馬廻、三年丙辰九月九日定江戸勘定奉行トナル、養父ノ女ヲ娶テ二男ヲ生ム、長ハ力之介某、次ヲ大蔵某ト云、

「春雪偉談」は、「海後氏実歴説話」と表題に注記があるように、水戸藩領常陸国那珂郡米崎村の神職海後大和の次男海後宗親の実歴談を筆記したものである。宗親の略伝は本書の冒頭に収められている。万延元年（一八六〇）三月三日、海後宗親は同志と共に、桜田門外に大老井伊直弼を襲撃して、その首級を奪った。同志のほとんどは闘死したり、自刃したり、或は自首したりしたが、宗親をはじめ数人は逃れて潜伏した。其後宗親は生き延び、明治三十六年（一九〇三）に没した。彼が桜田事変を回顧して記したものがこの「春雪偉談」であり、関係者の一人の実歴談であるだけに、その史料としての信憑性は高く、またこれは事変の様子を実に生々しく述べているものである。

「下野氏文書」は、水戸藩士下野遠明家の諸史料集である。下野遠明については、本書の冒頭にその

略伝が載せられている。

史料はすべて幕末期の水戸藩に関係するものであり、弘化年間の藩士の上書写、主として安政・万延年間における徳川斉昭・金子教孝・鮎沢国維らの書翰などである。当時の水戸藩の情勢を知る上で有効なものである。

なお『水府系纂』に記されている下野遠明の履歴は左の如くである。

隼次郎遠明、天保十四年癸卯十二月十六日学校出精ニ依テ白銀三枚ヲ賜フ、安政元年甲寅八月十四日学問出精ニ依テ合力三人扶持ヲ賜フ、三年丙辰三月二日切符ヲ賜テ、歩行士トナリ、弘道館訓導史館勤ヲ兼ヌ、四年丁巳三月十四日小十人組トナリ勤方如元、万延元年庚申五月十九日史館勤ヲ免セラレ、六月二十四日訓導ヲ免セラル、文久三年癸亥三月二十四日馬廻格軍用懸見習トナル、元治元年甲子六月願ナク江戸邸ニ到リ、後吉田薬王院ニ来リ、退テ那珂湊ヱ楯籠リ、官軍並ニ諸家ノ兵主家ノ人数ニ敵対シ、追テ幕府御目代田沼玄蕃頭意尊諭ニ依テ官軍ニ降ル、慶応元年乙丑四月、幕府ヨリ死罪セラル、故ニ嗣絶、金子孫二郎教孝女ヲ娶ル、

# 水戸藩關係文書

日本史籍協會叢書 181

大正 五 年八月二十五日發行
昭和四十九年六月 十 日覆刻

編 者 日本史籍協會
代表者 森谷秀亮
東京都三鷹市大澤二丁目十五番十六號

發行者 財團法人 東京大學出版會
代表者 福武 直
一一三 東京都文京區本鄉七丁目三番一號
振替東京五九九六四電話(八一一)八八一四

印刷・株式會社 平 文 社
本文用紙・北越製紙株式會社
クロス・日本クロス工業株式會社
製函・株式會社 光陽紙器製作所
製本・有限會社 新 榮 社

日本史籍協会叢書 181
水戸藩関係文書（オンデマンド版）

2015年1月15日　発行

編　者　　日本史籍協会

発行所　　一般財団法人　東京大学出版会
代表者　渡辺　浩
〒153-0041　東京都目黒区駒場4-5-29
TEL　03-6407-1069　FAX　03-6407-1991
URL　http://www.utp.or.jp

印刷・製本　　株式会社 デジタルパブリッシングサービス
TEL　03-5225-6061
URL　http://www.d-pub.co.jp/

AJ080

ISBN978-4-13-009481-8　　Printed in Japan